IBAES Vol. V

Internet-Beiträge zur Ägyptologie und Sudanarchäologie
Studies from the Internet on Egyptology and Sudanarchaeology

Herausgegeben von Martin Fitzenreiter, Steffen Kirchner und Olaf Kriseleit

Genealogie –

Realität und Fiktion von Identität

Herausgegeben von Martin Fitzenreiter

Workshop am 04. und 05. Juni 2004

http://www.ibaes.de

http://www2.rz.hu-berlin.de/nilus/net-publications/ibaes5/lay.html

Golden House Publications London 2005

Impressum

Published by:	Golden House Publications, London http://www.goldenhouse.co.uk.pn/
Layouted by:	Frank Joachim, Berlin http://www.o-rangen.de
World Wide Web:	http://www.ibaes.de http://www2.rz.hu-berlin.de/nilus/net-publications/ibaes5/lay.html

Genealogie – Realität und Fiktion von Identität

Printed in the UK
London 2005

ISBN 0-9547218-8-8

Vorwort

Der vorliegende Band enthält Beiträge, die im Rahmen eines Workshops unter dem Titel „Genealogie – Fiktion und Realität sozialer Identität“ entstanden. Der Workshop fand am 04. und 05. Juni 2004 in den Räumen der Galerie Kunstgiesserei Flierl statt. Ein Brunch am 06. Juni im ehemaligen Atelier der Bildhauerin Ruthild Hahne bot den Rahmen einer regen Abschlussdiskussion. Wir möchten Herrn Marco Flierl und den Kollegen der Kunstgiesserei Flierl sowie Herrn Stefan Hahne ganz herzlich für die Beherbergung und das vielfältige Bemühen danken, die Veranstaltung zu einem harmonischen Ganzen werden zu lassen.

Die Tagungsakten der Reihe „Internet-Beiträge zur Sudanarchäologie und Ägyptologie“ werden hier zum ersten mal parallel in einer Druck- und einer identischen Internet-Version veröffentlicht. Damit haben die IBAES vielleicht den Pfad der reinen Internet-Lehre verlassen, jedoch scheint das Verfahren den zur Zeit üblichen Publikations- und Rezeptionsgepflogenheiten in der Ägyptologie besser angepasst zu sein. Das deutet zumindest die gestiegene Bereitschaft an, in dieser Form zu veröffentlichen. Wir sind Herrn Wolfram Grajetzki, Golden House Publications / London zu hohem Dank verpflichtet, dass er die Arbeit des Verlegers in derart unkomplizierter und entgegenkommender Weise übernommen hat.

Dieser neuen Etappe des publizistischen Auftretens angemessen wurde IBAES mit diesem Band erstmals professionell gestaltet und mit einem neuen Layout versehen. Diese Arbeit hat Herr Frank Joachim / Berlin übernommen, wofür ihm herzlich gedankt sei. Es wird und wurde bei aller Sorge um ein gefälliges Druckbild nicht vernachlässigt, dass auch die Online-Version eine gut benutzbare Fassung bleibt. Zukünftige Aktivitäten der Herausgeber sollen darauf gerichtet sein, sowohl die Druckfassung als auch den Internet-Auftritt der IBAES interessant und nutzerorientiert zu gestalten. Aus diesem Grund freuen wir uns, dass Herr Olaf Kriseleit bereit ist, die Gruppe der Herausgeber zu erweitern.

Kein noch so ambitioniertes Projekt kann ohne Inhalte existieren und so sind wir besonders froh,

Teilnehmer des Workshops: Genealogie – Realität und Fiktion von Identität, am 04. und 05. Juni 2004 in Berlin.

in diesem Band ein breites Spektrum an wissenschaftlichen Beiträgen publizieren zu können. Allen Autoren, die mehr oder minder pünktlich ihre Beiträge fertiggestellt haben, gilt daher Dank. Aber auch allen anderen Teilnehmern am Workshop sei gedankt, denn nur durch die offene und interessierte Atmosphäre konnte die Veranstaltung gelingen, die sich etwas abseits der institutionalisierten akademischen Welt abspielte.

In folgenden sind die Beiträge nach einigen Schwerpunkten geordnet, die in etwa Schwerpunkte bei der Auseinandersetzung mit dem Phänomen der „Genealogie" beschreiben. Es versteht sich von selbst, dass diese Zuordnung etwas Willkürliches hat, denn viele Beiträge könnten unter mehreren oder sogar allen der Rubriken erscheinen. Die Einteilung wurde gewählt, da eine gewisse Anordnung notwendig erschien und die Rubrizierung vielleicht als ein erster Kompass dient. In der Einleitung wird auf die der Unterteilung zugrundeliegenden Aspekte eingegangen, während die einzelnen Beiträge in erfreulicher Weise individuelle Fragestellungen, Materialbasen und persönliche Stile reflektieren. So bleibt vor allem zu hoffen, dass der Leser einen Eindruck davon gewinnt, welch ein intellektuelles Vergnügen die (fast) strategiefreie Beschäftigung mit Wissenschaft bereiten kann und welche erbaulichen Potenzen im Austausch wissenschaftlicher Ansichten liegen.

Martin Fitzenreiter   Steffen Kirchner   Olaf Kriseleit

Berlin, den 28.04.2005

Inhaltsverzeichnis

Zusammenfassungen / Summaries

Martin Fitzenreiter: Einleitung. Genealogie – Realität und Fiktion sozialer und kultureller Identität

Die Einleitung soll einen Einstieg in das breite Spektrum der im Band behandelten Phänomene bieten. Verbindendes Element der verschiedenen Teilstudien ist das Prinzip der Genealogie, der Bestimmung einer *Identität* über das Begriffspaar von *Abstammung* und *Verwandtschaft*. Es wird versucht, das „Genealogische" zu definieren und als ein Praxisphänomen zu beschreiben, wie es in den verschiedenen in der Tagung vorgestellten Beispielen wirkt und darüber hinaus die Konzeptualisierung von Phänomenen in Natur und Gesellschaft insgesamt bestimmt.

The introduction aims to give an overview on the variety of phenomena represented in the volume. As the common element of all contributions the principle of genealogy, the definition of *identity* using the idea of *descent* and *kinship*, is described. The paper sets out to define the "genealogical" as a phenomenon of practice informing the different examples discussed during the workshop, and determining also the conceptualisation of phenomena in nature and society in general.

Olaf Briese: Ursprungsmythen, Gründungsmythen, Genealogien. Zum Paradox des Ursprungs

Gründungsmythen sind Konstrukte, die den Beginn bzw. den Ursprung kultureller Phänomene legitimatorisch überhöhen. Zumeist handelt sich nicht nur um Überhöhung, sondern in der Regel wird ein angeblich planvoller Beginn bzw. Ursprung im Nachhinein erst konstruiert. Das wirft Paradoxien auf. Nicht nur die komplizierte Dialektik von legitimatorischer Ursprungsnähe und delegitimatorischer Ursprungsentfernung ist Gründungserzählungen implizit (und Genealogien, die diese paradoxe Dialektik vermitteln). Sie sind auch durch andere Paradoxien bzw. Antinomien gekennzeichnet: zwischen Ursprung und Gründung, zwischen Ereignis und Prozeß, zwischen Kontinuität und Diskontinuität und andere. Der Beitrag analysiert diese vielgliedrige Struktur von Ursprungs- bzw. Gründungsmythen, und er zeigt am Beispiel Berlin, wie ursprungs- bzw. gründungsmythische Konstruktionen in theoretisch-wissenschaftlichen Modellen von Periodisierung und zeitlicher Klassifikation heutzutage fortwirken.

Myths of foundations are constructions that ascribe hyperbolic meaning to the beginnings and origins of cultural phenomena. Often, such myths are not only inflationary. They retroactively fashion supposedly purposeful beginnings and origins. This engenders a paradoxical situation. Implicit in myths of foundation (and in some genealogies) is a complex, dialectical tension between the claim of proximity to the locus of origin, and thus authority, and an increasing distance from this origin. These myths are also characterized by other paradoxical relationships, such as those between active foundation and passive origin, between singular events and ongoing processes, and between continuities and discontinuities. This article analyses the many-faceted structure of myths of origin and foundation. Using the example of Berlin, it shows the ways in which these mythological constructions continue to reverberate in contemporary theoretical models of historical periodization and temporal classification.

Manfred Kropp: Die traditionellen äthiopischen Königslisten und ihre Quellen

Seit ihrem Erscheinen 1927 war die Ras-Täfäri-Liste in der Forschung zwar bekannt, wurde aber höchst unterschiedlich bewertet. Ihre hunderte von Königsnamen seit der Sintflut, unter denen sich neben dem traditionellen Bestand aus der äthiopischen historischen Überlieferung auf den ersten Blick erstaunliche Anklänge und Parallelen zu ägyptischen und meroitischen Herrschernamen finden, riefen Erstaunen hervor, wurden aber entweder als Phantasieprodukt des äthiopischen Hofes im 20. Jhdt. abgetan, oder aber als Spuren authentischer oraler Überlieferung mystifiziert. Was bisher ganz unterblieb, war die Untersuchung ihres Zusammenhangs mit den anderen Königslisten der äthopischen Überlieferung und die Frage nach dem Urheber.

Der Aufsatz ermittelt als Urheber der Liste den bekannten äthiopischen Diplomaten und Historiker Heruy Wäldä-Sellase. Er zeigt drei verschiedene Fassungen und die Entwicklung von einer zur anderen auf. Er weist zudem auf mögliche Quellen in zeitgenössischer ägyptologischer Literatur hin. Zugleich versucht er, Heruy als wissenschaftlichen Historiker zu verstehen, der auf der Basis der gründlichen Kenntnis der eigenen Tradition das neue und größtenteils fremde Wissen, das von außen herangetragen wird, methodisch und überlegt in sein Geschichtsbild einfügt.

Since its publication in 1927 the Ras-Täfäri-List has aroused very different opinions. Hundreds of kings' names since the flood in this supposedly traditional list of Ethiopian kings, some of them presenting surprising similarities or identities with Egyptian and Meroitic names of monarchs, were either looked upon as the product of mere fancy at the Ethiopian court in the 20th century or the traces of authentic oral history in the Horn of Africa. Surprisingly enough till now the relationship of this list to the rest of Ethiopian historical tradition as well as the question of its authorship has never been investigated.

The present article identifies the well known Ethiopian diplomat and historian Heruy Wäldä-Sellase as the author of the list. Three subsequent versions of the list and the respective development in historical thought are discussed. At the same time it tries to sort out possible sources for the kings' names in question in the contemporary scholarly literature in Egyptian studies. But, most important, there is the attempt to understand and interpret Heruy as a scientific and scholarly historian who tries to harmonize the Ethiopian tradition with the new and mostly foreign historical knowledge of the 20th century in order to create a new vision of the history of his country and culture.

Michael Zach: Die Ras Tafari-Liste in sudanarchäologischer Sicht

Rezente Studien zur Geschichte Äthiopiens beinhalten oftmals Genealogien, die eine mit Menelik I. beginnende kontinuierliche Herrschaft der sog. "Salomoniden-Dynastie" suggerieren. Darin werden für das erste vorchristliche Jahrtausend zahlreiche Namen napatano-meroitischer Könige sowie zu Anthroponymen umgedeutete meroitische Titel aufgeführt. Sie alle basieren auf der von Ras Tafari in Auftrag gegebenen und erstmals von Charles F. Rey in seinem Buch *In the Country of the Blue Nile* 1927 in London publizierten Liste äthiopischer Souveräne. Da für die voraksumitische Periode auf keine realen Personen zurückgegriffen werden konnte, mußte sie sich prominenter Namen bedienen, die mit dem nordostafrikanischen Raum verbunden waren. Neben ägyptischen Pharaonen ließen sich hierfür insbesondere jene Könige von Kusch (des klassischen

Modern studies concerning the history of Ethiopia often include genealogies suggesting a continuous rule of the so-called "Solomonic dynasty" since the times of Menelik I. For the first millennium BC they mention numerous names of Napatan-Meroitic kings as well as Meroitic titles that have been interpreted as personal names. They are all based on a list compiled on the orders of Ras Tafari, which was published by Charles F. Rey in his book *In the Country of the Blue Nile* (London 1927) for the first time. As no real sovereigns for the pre Aksumite period were available, it used prominent names connected with Northeastern Africa. Besides references to Egyptian pharaohs, it relies especially on those kings of the Kushite empire (classical Ethiopia) who were well-known by archaeological or literary sources. For that the chroniclers made use of Henri Gautier's

Äthiopien) heranziehen, die durch archäologische oder literarische Quellen bereits umfassend bekannt waren. Hierzu bedienten sich die Chronisten insbesondere des vierten Bandes von Henri Gautiers *Le livre des rois d'Égypte* (Kairo 1916) sowie möglicherweise einer der Studien George A. Reisners, die seine zeitgenössischen Grabungen im Sudan dokumentieren. In keinem Fall bezeichnet einer dieser Namen eine historische frühäthiopische Herrschergestalt, sondern reflektiert vielmehr Entlehnungen aus dem benachbarten Kusch in einem Konstrukt, dessen sich mit Ras Tafari (dem späteren Kaiser Haile Selassie) der Repräsentant einer dynastischen Nebenlinie zur Legitimation seines Herrschaftsanspruches bediente.

Le livre des rois d'Égypte volume IV (Cairo 1916) and probably one of George A. Reisner's studies documenting his contemporary excavations in Sudan. These names do not designate historic Ethiopian kings at all, but rather represent borrowings from neighbouring Kush within a construct used by Ras Tafari (later emperor Haile Selassie) as exponent of a dynastic collateral line for the sole purpose of legitimating his claim to the Ethiopian throne.

Wolfram Grajetzki: Zwei Fallbeispiele für Genalogien im Mittleren Reich

I. Im Felsengrab des Bürgermeisters von Qusai Uchhotep (B4), befindet sich auf einer Wand die Darstellung anscheinend aller Bürgermeister von Meir, die vor Uchhotep im Amt waren. Diese Ahnenreihe reicht wohl bis in die vierte Dynastie zurück und es kann vermutet werden, dass diese fingierte Ahnengalerie aus politischer Motivation entstand. Es gibt aus anderen Quellen Belege für die Neueinsetzung von lokalen Verwaltern, die dem König anscheinend loyaler erschienen als die alteingesessenen Familien. Die Bürgermeister von Meir versuchten mit dem fingierten Stammbaum ihre eher unstabile Situation ideoligisch zu untermauern, indem sie eine alte, aber wohl nicht reale Herkunft demonstrierten.

II. Stelen des Mittleren Reiches zeigen oftmals die Familie des Stelenbesitzers, aber auch Kollegen, Untergebene oder Vorgesetzte. Die Stele Chiddingstone (EDECC:01.2882) datiert in die 13. Dynastie und gehört dem Vorsteher der Schreiber Za-Amun und dessen Familie. Familienmitglieder werden auf der Stele mit „sein Sohn" oder „seine Tochter"; usw. vorgestellt. Beim Versuch, die genauen Familienzusammenhänge zu rekonstruieren, fällt aber schon schnell auf, dass dieses nicht möglich ist. Es bleibt in vielen Fällen unsicher, worauf sich die Personalpronomen beziehen. Stelen des Mittleren Reiches sind dabei wohl kaum als juristische Dokumente zu verstehen, in denen es darum ging der Nachwelt im Detail die Familienbeziehungen zu illustrieren. Es sind religiöse Monumente mit ihrer eigenen Logik, in der es nicht darum ging, Familienbeziehungen der Nachwelt zu dokumentieren.

I. In the rock cut tomb of the mayor of Qesy Ukhhotep (B4) there is depicted on the rear wall in several registers a list of all mayors of the town, going back to the Fourth Dynasty. The depiction is without parallel for the Middle Kingdom. From a range of sources it is known that the kings of the Twelfth Dynasty installed new mayors at certain places, presumably men selected for their loyalty. Perhaps these new local mayors were in an unstable position in their new territories and tried to stabilise their position with a genealogy claiming roots in the established local families.

II. On Middle Kingdom stelae are often shown the stela owner, his family, colleagues, servants or people in a higher position. The stela Chiddingstone EDECC:01.2882 dates to the Thirteenth Dynasty and belongs to the 'overseer of scribes' Zaamun and his family. Members of the family are introduced as „his son" or „his daughter". However, it is not possible to reconstruct all family relations in detail, on account of uncertainty over where the personal pronomina belong. Researchers must take into account that stelae of the Middle Kingdom are not legal documents, recording family relations for us, but religious monuments obeying their own internal logic of expression.

Martin Fitzenreiter: Überlegungen zum Kontext der „Familienstelen" und ähnlicher Objekte

Der Beitrag setzt sich mit der Problematik der Untersuchung von Quellen mit genealogischen Informationen aus Ägypten vom Alten bis zum Neuen Reich auseinander. Beispielhaft dafür ist die Analyse der sogenannten „Familienstelen" und verwandter Objekte, die Personen in einem funerär geprägten Festzusammenhang zeigen. Die einzelnen Personen werden dabei über Verwandtschaftstermini einander zugeordnet. Es treten aber ebenso Personen ohne Verwandtschaftsbezeichnungen auf und das präsentierte Verwandtschaftsspektrum deckt sich nur bedingt mit dem mitteleuropäischen Idealbild von „Familie".

Als Lösung des Problems wird vorgeschlagen, die Funktion solcher Objekte in den Mittelpunkt der Untersuchung zu stellen. Demnach handelt es sich um Dokumente, in denen die Sakralisierung einer Gruppenbeziehung affirmiert wird. Die abgebildeten oder genannten Personen konstituieren eine soziale Gruppe, die sich um eine Gründerpersönlichkeit sammelt und ihre Beziehungen untereinander über Verwandtschaftstermini oder andere Bezeichnungen beschreiben. Es ist anzunehmen, dass solche Gruppenbildungen die eigentliche Kernzelle der pharaonischen Gesellschaft darstellen. Durch die Inkorporation in derartige Gruppensysteme werden genealogische Beziehungen aufgebaut, die der Weitergabe von Identitäten und Ansprüchen dienen, das endogame Heiratsverhalten regeln und die zur legitimatorischen Integration von ehemals gruppenfernen Personen genutzt werden können.

The article examines problems concerning sources with genealogical information from Egypt dating to the Old till New Kingdoms. Typical are the so-called "family stelae" and related objects displaying persons gathered together during funerary festivals. The different individuals are related to each other by genealogical terms. Still there are persons without such designations and the whole spectrum of kin fits only very vaguely to the middle-european idea of the ideal "family".

To solve the problem it is proposed to concentrate on the function of the objects. Thus they can be seen as documents affirming the sacralisation of social relations. Individuals shown on the stelae constitute a social group centred around a founding ancestor, describing their internal relations by kinship terminology and further designations. Probably those groups formed the social core of pharaonic society. Incorporation into this kind of social entity established genealogical ties used for the perpetuation of identities and claims, to regulate endogamous marriage and to integrate originally alien individuals for legitimatory purposes.

Joachim Friedrich Quack: Ämtererblichkeit und Abstammungsvorschriften bei Priestern nach dem Buch vom Tempel

Das Buch vom Tempel ist ein umfangreiches Handbuch über den Betrieb an einem idealen ägyptischen Tempel. Es enthält Sektionen zur Architektur und zu den Priestern. Bei letzteren sind in der Beschreibung der Dienstpflichten verschiedener Spezialisten üblicherweise auch Vermerke über die Nachfolgeregelung zu finden. Die betreffenden Sektionen werden im Detail vorgestellt und kommentiert. Sie gehen von einer Abfolge des Amtes vom Vater auf den Sohn aus. Allerdings zeigt gerade die Sektion über den Oberlehrer, daß bei der Auswahl der Kinder auch die Frage individueller Kompetenz eine Rolle spielte. Der Befund wird mit einigen anderen ägyptischen Quellen verglichen.

The Book of the Temple is a comprehensive handbook on the operation of an ideal Egyptian temple. It contains sections on the architecture and on the priests. Sections on the latter contain, besides descriptions of the duties of the various specialists, remarks on regulations for the succession. These sections are discussed in detail. The assumed procedure is father-to-son succession. However, the section on the head teacher shows that the selection of children also involved the question of individual competence. The results are compared with other Egyptian sources.

Frank Feder: Ammon und seine Brüder. Eine ägyptische Familie aus Panopolis (Achmim) im 4.Jh. zwischen ägyptisch-hellenistischer Kultur und Christentum

Die Akten aus dem Archiv des Ammon, eines Scholasticus im spätrömischen Panopolis in Ägypten, beleuchten die Situation einer ägyptischen Familie in einer Provinzstadt (Metropolis) im späten 3. und frühen 4. Jh. n. Chr. Einer reichen Familie von lokalen Priestern mit Besitztümern sowohl in der Stadt als auch im Gau von Panopolis entstammend, genossen Ammon und insbesondere sein Bruder Harpokration eine ausgezeichnete Erziehung in griechischer Sprache, Literatur und Philosophie. Das versetzte sie in die Lage auf Veränderungen zu reagieren, denen sich ihre Familie gegenübersah, als es immer schwieriger wurde, die Nachfolge in Priesterstellen und die damit verbundenen Einkünfte zu sichern. Während Ammon, der möglicherweise Priester im ersten Beruf war, Scholasticus (eine Art Anwalt in der örtlichen römischen Verwaltung) wurde, startete sein Bruder Harpokration nach Anfängen als öffentlicher Sophist sogar eine internationale Karriere als kaiserlicher Panegyriker. Er bereiste mit dem Kaiser die östlichen Provinzen und wurde schließlich Curator und Procurator in Griechenland. Ammon und seine Familie waren offensichtlich Heiden, was Harpokration aber nicht daran hinderte, christlichen Kaisern zu dienen. Obwohl Christen erst zu Lebzeiten Ammons nach Jahren grausamer Verfolgung bis in die erste Viertel des 4. Jh. endgültig toleriert wurden, verdrängte das Christentum am Ende des Jahrhunderts das Heidentum nahezu vollständig. Da die christliche Botschaft, das Evangelium, in Griechisch verkündet wurde und sich an die hellenisierte Bevölkerung richtete, trugen Ammon und seine Familie durch die vollständige Übernahme der griechischen Sprache und hellenistischen Kultur unwillentlich dazu bei.

The records of the archive of Ammon, a scholasticus of late Roman Panopolis in Egypt, shed light on the situation of an Egyptian family in a provincial town (metropolis) in the late third and early fourth centuries A.D. Descending from a wealthy family of local priests with property in the town as well as in the nome of Panopolis Ammon and especially his brother Harpokration received an excellent education in Greek language, literature and philosophy. This enabled them to cope with the challenges their family was facing when it had become difficult to ensure the succession in the priesthood and the income connected to that for the family. While Ammon, who may also have been a priest in his first profession, becomes a scholasticus (a kind of advocate in the local Roman administration), his brother Harpokration after having been a public sophist even embarked on an international career, serving and praising emperors as imperial panegyrist. He travels with the emperor through the eastern provinces and eventually becomes curator and procurator in Greece. Apparently Ammon and his family were still pagans but this did not prevent Harpokration from serving Christian emperors. Though in the lifetime of Ammon Christians were finally tolerated after times of cruel prosecutions until the first decade of the fourth century Christianity prevailed at the end of the century condemning paganism to oblivion. Since the message of Christianity, the Gospel, was proclaimed in Greek and appealed to the Hellenized population, Ammon and his family in their own complete adoption of the Greek language and the Hellenistic culture perhaps unwittingly contributed to its spread.

Ludwig D. Morenz: Die doppelte Benutzung von Genealogie im Rahmen der Legitimierungsstrategie für Menthu-hotep (II.) als gesamtägyptischer Herrscher

Aufgrund der spezifischen historischen Situation wurde Menthu-hotep (II.) ein besonderer Status zugeschrieben, der eines gottartigen „Reichseinigers". Für dieses außergewöhnliche Pharao-fashioning wurde die Genealogie in doppelter Weise instrumentalisiert. In den Tempelreliefs wurde insbesondere die Gottessohnschaft dieses Herrschers herausgestellt, indem er als Sohn der Göttin Hathor konzipiert wurde. Daneben wurde aber auch seine irdisch-dynastische Legitimität dargestellt, indem er in einer Reihe mit seinen Vorgängern – den drei thebanischen Potentaten jeweils mit dem Namen Antef abgebildet ist. Ikonographisch zeigen dabei Größe, Tracht und Herrschaftsinsignien einen gegenüber seinen Vorgängern deutlich höheren Status von Menthu-hotep (II.) an. Über diese Vorgänger hinaus wurde Menthu-hotep (II.) in einer invention of tradition sogar noch in eine Linie mit dem wahrscheinlich fiktiven oder jedenfalls proto-mythischen Menthu-hotep (I.) gestellt. Genealogie wurde also nicht nur annalistisch zu rekonstruieren, sondern auch ideologisch zu konstruieren versucht, eventuell unter Aufbereitung konkreter genealogischer Daten.

In a specific historical situation pharaoh Menthu-hotep (II.) was constructed as the divine unifier of Egypt. Genealogy served two purposes in this extraordinary pharaoh-fashioning. The temple-reliefs express the status of Menthu-hotep (II.) as the son of deities: mother Hathor, various fathers. Furthermore a few examples show his dynastic legitimacy as the successor of the three Antefs, but iconography indicates a higher status of Menthu-hotep (II.) as well. In an invention of tradition Menthu-hotep (II.) is even linked to a Menthu-hotep (I.) unknown from contemporary sources. This Menthu-hotep (I.) is either a pure ideological construct or a protomythical regional potentate. For the purpose of legitimacy genealogy was not only historically reconstructed, but ideologically constructed as well (invention of tradition).

Marleen De Meyer: Restoring the Tombs of His Ancestors? Djehutinakht, Son of Teti, at Deir al-Barsha and Sheikh Said

Der Beitrag behandelt einen Korpus von Restaurierungstexten, die in mehreren Gräbern des Alten Reiches in den Nekropolen von Deir al-Barsha und dem benachbarten Sheikh Said gefunden wurden. Die 2002 begonnene Mission der KULeuven in Deir al-Barsha konnte mehrere neue Texte entdecken, die den Korpus erweitern und neue Gesichtspunkte zum Zweck und Wesen dieser Inschriften eröffnen.

The article presents the corpus of restoration texts found in several Old Kingdom tombs in the necropoleis of Deir al-Barsha and neighbouring Sheikh Said. The KULeuven mission to Deir al-Barsha, which started in 2002, has discovered several new texts that extend the known corpus and point to new insights on the nature and intent of these inscriptions.

Karl Jansen-Winkeln: Die Entwicklung der genealogischen Informationen nach dem Neuen Reich

Nach dem Ende des Neuen Reiches werden die genealogischen Angaben auf ägyptischen Denkmälern zunehmend ausführlicher. Nach ersten Ansätzen in der 21. Dynastie erreicht diese Entwicklung ihren Höhepunkt in der späten 3. Zwischenzeit, aus der zahlreiche lange Stammbäume überliefert

After the end of the New Kingdom we increasingly find elaborate genealogical information on Egyptian monuments. Beginning in the 21st dynasty, this development reached its peak towards the end of the Third Intermediate Period; numerous long genealogies are known from that period. In the second half of the first

sind; in der 2. Hälfte des 1. Jahrtausends werden entsprechende Angaben wieder seltener. Die väterliche Linie wird dabei bevorzugt berücksichtigt, entferntere Vorfahren der Mutter werden nur in besonderen Fällen angeführt. Der Zweck längerer Filiationen ist es vor allem, dem Anspruch der Familie auf bestimmte Ämter zu dokumentieren; daneben mag auch der Stolz auf eine vornehme Herkunft eine Rolle spielen. Im allgemeinen sind die genealogische Angaben recht zuverlässig, aber besonders in den langen Stammbäumen finden sich oft Unstimmigkeiten. Ihren Ursprung dürfte diese Sitte letztlich in Traditionen der Libyer haben, die nach dem Neuen Reich Ägypten beherrschen, aber sie hat sich rasch auch in überwiegend ägyptischem Milieu verbreitet.

millenium B.C., genealogical information becomes more scanty. The information mainly concerns the paternal line, maternal ancestors are given only in special cases. The chief purpose of the long genealogies is to document a family's claim to certain offices; the demonstration of the family's distinguished lineage may have also played a role. Egyptian genealogies are generally reliable, but the more elaborate family trees often show inconsistencies. The custom may have originated from the tradition of the Libyans who ruled Egypt after the New Kingdom, but it spread quickly into native Egyptian surroundings as well.

Angelika Lohwasser: Die Ahnenreihe des Aspelta

Im Fokus der Untersuchung steht eine linear über sieben Generationen von weiblichen Vorfahren laufende Genealogie, die auf der Inthronisationsstele des Königs Aspelta, der im frühen 6. Jh. v. Chr. in Nubien herrschte, erhalten ist. Es wird vorgeschlagen, dieses in seiner Art einmalige Zeugnis als einen von mehreren Versuchen der Legitimation des Aspelta zu sehen. Die Identifikation der im Giebelfeld dargestellten und zugleich an erster Stelle in der Genealogie genannten Frau mit Nasalsa wird hinterfragt und abgelehnt.

The main focus of this article is the genealogy of Aspelta, written on his inthronisation-stela. There seven generations of female members of the royal court, all bearing the title *snt njswt* (king's sister) are mentioned to legitimate the election of the Nubian king Aspelta (early 6th cent. BC). The women, their titles and the function of the genealogy will be discussed. The identification of the depicted *mwt njswt* (king's mother) as Nasalsa is questioned and rejected.

Friederike Herklotz: Der Ahnenkult bei den Ptolemäern

Der Artikel beschäftigt sich mit dem Dynastiekult der Ptolemäer, der sowohl griechisch-hellenistische als auch ägyptische Elemente aufwies. Da nicht nur einzelne Personen dieser Herrscherfamilie, sondern die göttliche Funktion innerhalb der Familie verehrt wurde, kam den vergöttlichten Ahnen eine herausragende Stellung zu. Ein charakteristisches Merkmal dieses Kultes bildeten vor allem die Titel der eponymen Priester und die hieroglyphischen Ahnenreihungen. Darüber hinaus werden andere Formen vorgestellt, in denen die Verehrung der vergöttlichten Ahnen der Dynastie erfolgte. Besprochen werden zudem die griechischen und ägyptischen Vorbilder für den Ahnenkult der Ptolemäer. Ein spezielles Kapitel beschäftigt sich mit der herausragenden Rolle der Königinnen in diesem Kult, denn nur gemeinsam konnten das männliche und das weibliche Element die Königsherrschaft an ihre Nachkommen weitergeben.

The article discusses the dynastic cult of the Ptolemies, which contained Greek-Hellenistic as well as Egyptian elements. Not only individual members of this ruler family were honoured, but also the divine function within this family. So, the deified ancestors too received a particular position. Characteristic features of this cult were the titles of the eponymous priests and the hieroglyphic series of ancestors. Beside this, other types of ancestor-worship in Ptolemaic Egypt are presented. Furthermore the Greek and Egyptian patterns of the Ptolemies ancestor-cult are covered. A special chapter discusses the peculiar position of queens within this cult, because only both together, the male and the female element of the dynasty could pass on the kingship to their descendants.

Caris-Beatrice Arnst: Naturae imitatio. Hinweise auf Ritualpraktiken zur Adoption

Spruch 565 der Pyramidentexte beschreibt, wie der tote König durch die Göttin Nut aufgenommen wird. Während des freudigen Empfangs kommt der König irgendwie mit dem Saum ihres ꜥḳ-Lendenschurzes in Berührung (§ 1426). Diese Passage, bislang missgedeutet, ist das Herzstück eines komplexen Adoptionsrituals. In Spruch 565 sind alle wesentlichen Einzelriten genannt, die vermutlich auch im Alltagsleben der alten Ägypter praktiziert worden sind. Sie lassen sich unterteilen in eine Phase der Trennung, der Umwandlung und der Angliederung – die typische Abfolge aller Übergangsrituale. Die simulierte Geburt (§ 1426) und das rituelle Stillen (§ 1427) sind Riten der Kategorie *naturae imitatio*, die biologisch-körperliche Vorgänge nachahmen und darauf abzielen, familiäre Bindungen zu erzeugen. Weil viele bildliche Darstellungen eine Göttin zeigen, die einen König stillt, ist dieser Einzelritus genauer betrachtet worden. Abgesehen von anderen Aspekten muss er auch als Teil eines Adoptionsrituals aufgefasst werden.

Spell 565 of the Pyramid Texts describes how the dead king is received by the goddess Nut. During the joyful reception the king has came somehow into contact with the hem of her ꜥḳ-cloth (§ 1426). This passage, misinterpreted until now, is the heart of a complex adoption-ritual. Within spell 565 are mentioned all the essential single rites, that might have been practiced in the daily life of the ancient Egyptians. They may be subdivided into phases of separation, transformation and affiliation – the typical sequence for all "rites de passage". The simulation of birth (§ 1426) and the ritual breast-feeding (§ 1427) are rites of the category naturae imitatio, that imitate biological-physical processes and were intended to create family ties. As many images show a goddess nursing a king, this single rite is considered in greater detail. While allowing for other aspects, it has to be understood also as part of an adoption-ritual.

Matthias Müller: „Unter Brüdern!" Verwandtschaftsbezeichnungen zum Ausdruck hierarchischer Positionen zwischen Herrschern altorientalischer Reiche am Ende des 2. Jahrtausends v.Chr.

Der Beitrag untersucht den Gebrauch von Verwandtschaftsbezeichnungen (z.B. „Bruder", „Schwester", „Vater") in der internationalen Kommunikation zwischen Herrschern des antiken Vorderen Orients in der zweiten Hälfte des 2. Jahrtausends v.u.Z. Der Gebrauch von Verwandtschaftsbezeichnungen kontrastiert mit Ausdrücken, die Abhängigkeiten beschreiben, wie „Herr" und „Diener". Beide Verwendungsmuster können spezifischen Kommunikationskontexten zugeschrieben werden: sozial Gleichgestellte benutzen die Verwandtschaftsterminologie, während Personen in unterschiedlichen sozialen Straten Begriffe nutzen, die Abhängigkeiten beschreiben. Die Unterscheidung ist nicht zufällig oder wurde *ad hoc* für den spezifischen Gebrauch in der internationalen Korrespondenz eingeführt, sondern wurzelt in einem pragmatischen Subsystem der konventionellen vorderasiatischen Briefkorrespondenz.

This article examines the use of kinship terms (e.g. "brother", "sister", or "father") in the international communication between rulers of ancient Near Eastern realms in the latter half of the second millennium bce. The use of kinship terms contrasts with the use of terms expressing dependency like "lord" and "servant." Both patterns can be assigned to specific contexts of communication: it will be shown that social equals use kinship terms while those on different levels of a social scale use the dependency terms. This distribution is not random or initiated in an *ad hoc* manner for the special needs of international correspondence but is rather based on pragmatic subsystems of Near Eastern letter writing.

Martin Stowasser: Die Genealogien Jesu im Evangelium des Matthäus und Lukas

Die fiktiven Stammbäume Jesu im Evangelium des Matthäus und des Lukas sind tief im genealogischen Denken Altisraels verankert, das kreativ den eigenen theologischen Absichten dienstbar gemacht wird. Die matthäische Genealogie erfüllt zunächst den legitimierenden Zweck, Jesus als Messias Israels auszuweisen, was durch die Aufnahme Davids in dessen Ahnenreihe geschieht. Sie bereitet darüber hinaus einen zeitgenössisch kontroversen theologischen Gedanken vor, der das gesamte Buch prägt: Die Aufnahme von Heiden ins Gottesvolk Israel und damit eine universale Heils-Geschichte. Mit Abraham, dem Vater der Proselyten, und vier Heidinnen unter Jesu Vorfahrinnen setzt die Genealogie dafür erzähltechnisch das erste Signal. In der lukanischen Genealogie sticht einerseits die in jüdischer, nicht jedoch hellenistischer Tradition auffällige Rückführung bis auf Gott ins Auge. Sie entspricht Jesu Würde, aus Gottes Geist gezeugter Sohn zu sein. Als entscheidender für das Verständnis dieser Genealogie erweist sich jedoch die Rückführung Jesu bis auf Adam. Lukas schafft damit einen ersten wichtigen Baustein für sein universales Heilskonzept, indem er Jesus in die gesamte Menschheitsgeschichte einschreibt. Er bereitet aber besonders sein beispielhaft-paränetisch akzentuiertes Jesusbild vor, das bereits im unmittelbaren Kontext durch das Bestehen der satanischen Versuchung narrativ entfaltet wird und den Lesern als erste Aufforderung zur Nachahmung dient. Beide Genealogien Jesu bilden also wichtige Mosaiksteine im literarischen wie theologischen Konzept des Matthäus- und Lukasevangeliums.

The fictitious genealogies of Jesus in the Gospels of Matthew and Luke are strongly connected with the use of such lists in the literary and theological tradition of Ancient Israel. The evangelists used this tradition in a quite creative way. The genealogy of Matthew lists king David among the ancestors of Jesus since the (kingly) Messiah was expected to be of Davidic offspring. The occurrence of Abraham, in Jewish tradition called "father of the proselytes", is to be understood in line with the listing of four women, all of gentilic origin. By modelling the genealogy Matthew introduces a central but in his days disputed topic of his book: the incorporation of gentiles among Israel, God's chosen people, in order to grant salvation to all mankind. The genealogy in Luke traces Jesus back to Adam adding God himself as last element to the list. This divine descendance, being more peculiar for Jewish eyes than those of gentile readers, echoes Jesus' dignity as Son of God, rooted in the infancy narrative where the child is begotten by God's Spirit. More important, however, in Luke's concept seems to be the Adamitic line of the genealogy. The evangelist favours the idea of universal salvation for all mankind, not just for Israel. Adam as the common ancestor of all humanity as well as of Jesus, the Son of God and redeemer, expresses this in genealogical terms. The following story of the temptation of Jesus develops another aspect. The Son of Adam serves here and in the rest of the Gospel as example for Christians struggling with their vocation in everyday life. In summary, both genealogies are important bricks in the literary as well as the theological mosaics of the books they belong to.

Claus Schönig: Fiktive Völkergenealogien im Diwan Lughat at-Turk des Mahmud al-Kaschgari

Im letzten Viertel des 11. Jahrhunderts entstand in Baghdad eines der wohl bedeutendsten Werke mittelalterlicher Philologie, das arabisch geschriebene und nach den Vorgaben der arabischen Nationalgrammatiker strukturierte enzyklopädisch-philologische Wörterbuch der damaligen Türkdialekte, genannt *Diwan Lughat at-Turk*. Dabei finden sich die meisten Informationen über die Dialekte der Tschigil und der Oghusen. Ersterer ist eng verknüpft mit dem Sprach-

In the last quarter of the 11th century one of the most important pieces of medieval philology was compiled according to the rules of Arab national philology – the encyclopaedic dictionary of the contemporary Turkic dialects named Diwan Lughat at-Turk. Most of the linguistic and folkloristic relevant entrances concern the dialects of the Chigil and the Oghuz. Chigil data are also relevant for the linguistic situation of the Karakhanid empire. This state had con-

standard des türkischen Karachaniden-Reichs, das hundert Jahre vorher zum Islam konvertiert war; aus der Oberschicht dieses Reiches stammte auch Kaschgari selbst. Zum Oghusischen gehörte die Sprache der Seldschuken, die 1055 die Macht im Kalifen-Staat an sich gerissen hatten; sie waren damit auch die Herren von Baghdad, wo Kaschgari lebte und sein Werk verfaßte.

Der Diwan hatte zum einen die Aufgabe, die Dialekte, aber auch Bräuche, Geisteswelt, Alltag etc. der Türken der neuen Umgebung soweit wie möglich zugänglich zu machen; wie bei wissenschaftlichen Werken üblich wurde dabei das Arabische als Metasprache gewählt. Zum anderen hat das Werk auch eindeutig propagandistische Funktionen. Zum ersten sollen dabei die Türken im allgemeinen als seit Urzeiten her der im islamischen Nahen Osten ansässigen Völkerfamilie zugehörig identifiziert werden; dies geschieht mit Hilfe genealogischer Anknüpfung an biblisch-koranische Figuren und eines nicht-existenten Hadiths. Zum zweiten soll die Stellung der neuen seldschukischen Herren hervorgehoben werden, wozu ein weiterer nicht-existenter Hadith herangezogen wird; daneben werden auch angebliche Passagen aus der Iskender-(Alexander-) Geschichte herangezogen, um Oghusen und andere Türken als seit altersher zum Bestand der nah- und mittelöstlichen Völkerfamilie auszuweisen. Bei aller Hervorhebung der Stellung der Seldschuken wird dabei aber gerade im philologischen Teil darauf geachtet, daß es zu keiner echten Zurücksetzung seiner heimatlichen Karachaniden und ihrer Herrscherdynastie kommt. Schließlich erfahren wir noch, daß sich die Karachaniden bereits darauf eingelassen hatten, mittels eines epischen Stoffes ihren Platz auf der mentalen Karte dieses Teils der islamischen Welt einzunehmen: wohl nicht durch Zufall war das auf älterem iranischen Sagenstoff beruhende Schahname von Firdawsis zumindest im Staat Sultan Mahmud von Ghazna gefördert worden, der sich, obwohl türkischer Herkunft, auf eine größtenteils persischsprachige Bevölkerung stützte. In dem Epos kämpfen die Helden von Iran gegen die Völker von Turan, dem Türkenland, das von Afrasiyab geführt wird. Und ebendiesen Namen übernahm der Herrscherclan der mit Ghazna konkurrierenden Karachaniden, der sich nach Kaschagari offiziell „Dynastie des Afrasiyab" nannte.

verted a hundred years before Kashgari to Islam. Kashgari himself was a member of the ruling class of this state. The Oghuz language was at the same time the language of the Seljuks, who had overtaken power in the Caliphate in 1055. In this year they had conquered Baghdad, the town, in which Kashgari lived and composed his dictionary.

The Diwan was written not only to give information about the dialects of the Turks. At the same time it provides the reader with informations about customs, everyday life, the spiritual world etc. of the Turks to the inhabitants of their new homelands. As usual in this region of these times the dictionary was written in Arabic. But the Diwan was not only composed to give information, it had also propagandistic function. The Turks appear as relatives of the peoples living in the Near and Middle East since most ancient times. To connect the Turks with these peoples connections are constructed to Biblical and Koranic characters and a non-canonical (non-existing) hadith. Furthermore Kashgari intends to underscore the prominent position of his new masters, the Seljuks, by the help of another non-canonical hadith. Additionally he uses equally doubtful passages of the Alexander romance to designate the Oghuz and other Turks of ancient members of the „peoples' family" of the Near and Middle East. But even if he underscores the prominent position of the Seljuks, he always takes care that the Karakhanis Turks and their ruling clan remain in a comparable position. This mainly holds true for his philological remarks. In addition we learn that already the Karakhanids joined the game of integrating themselves into the mental map of the Near and Middle East by using old epics. Not without political and propagandistic intentions the Shah-name of Firdawsi (based on old Iranian epics) was promoted in the state of Mahmud of Ghazna. This ruler, although of Turkic offspring, ruled over mostly Iranian, Persian-speaking people. In the Shah-name the heroes of Iran fight against the peoples of Turan, the land of the Turks, who were led by Afrasiyab. And exactly this name was overtaken by the enemies of Ghazna, the Karakhanids, as their official dynastic name, i.e. „Dynasty of Afrasiyab".

Einleitung. Genealogie – Realität und Fiktion sozialer und kultureller Identität

MARTIN FITZENREITER

1. Genealogie und Geschichte

1.1.

Am Anfang des hier publizierten Projektes stand ein Text, der unabhängig voneinander drei der Teilnehmer an der späteren Tagung beschäftigte.[1] Es handelt sich um eine Herrscherliste, die den Untersuchungen von Manfred Kropp zufolge im ersten Viertel des 20. Jahrhunderts von dem äthiopischen Gelehrten Heruy Wäldä-Sellasse im Zusammenhang mit der Machtergreifung des Ras Tafari Makonnen als Kaiser Haile Sellassi I. zusammengestellt wurde (KROPP, *äthiopische Königslisten*). Das Besondere an dieser Liste ist, dass unter den Herrschern der eher grauen Vorzeit Namen erscheinen, die aus der pharaonischen und kuschitischen Geschichte bekannt sind. Gleich mehrere Ramses, Amenophis und Thutmosis treten dort neben den kuschitischen Königen Pije, Taharqo, Aspelta und Nastasen oder dem legendären Herrscherinnentitel Kandake auf (ZACH, *Ras Tafari-Liste*).

Es verwundert daher kaum, dass diese als Ras-Tafari-Liste bekannte Kompilation nicht nur für den engeren Kreis der Äthiopisten, sondern auch für Ägyptologen, Sudanarchäologen, Afrikanisten, Historiker usw. von Interesse ist. Als historiographisches Werk ist die Liste ein typischer Vertreter dafür, wie Geschichte als ein Geschehen konstruiert wird, das mit Namen verbunden ist. Als ein politisch intendiertes Konstrukt ist sie ein Beispiel für das Prinzip der Legitimation über Herkunft. Vor allem aber ist die Ras-Tafari-Liste als das Werk eines afrikanischen Gelehrten, der in seine Arbeit neuere Forschungen westlicher Archäologen einbezog, ein wichtiger Vorbote der afrikanischen Geschichtsschreibung der moderneren Zeit. Da die Liste ein ganzes Bündel interessanter Fragen aufwirft und in einem kulturellen Umfeld steht, in dem genealogische Konstrukte – Stammbäume, Ahnenlisten, der verwandtschaftliche Bezug ganz allgemein – eine wichtige Rolle spielen, bot es sich an, diese, ähnliche, verwandte oder das Themenfeld berührende Quellen in einem erweiterten Kreis zu diskutieren.

1.2.

Genealogien sind das Resultat und zugleich – zusammen mit dem Mythos – der Ursprung historischer Forschung. In ihnen wird das Phänomen der *vergangenen Zeit* erfassbar, indem man sie auf sinnvoll verknüpfte Weise mit Inhalt, mit Ereignissen füllt. Der Mythos stellt die Ereignisse vor, er konstruiert aus einer Anzahl von Motiven eine Geschichte. Die Genealogie, der Stammbaum, in weiterem Sinne: das „Genealogische", setzt diese Geschichten in einen Zusammenhang. Die genealogische Beziehung ist der Nexus des historischen Entwurfes.

Und: Im „Genealogischen", und zwar in der Bestimmung von *Abkunft* und enger *Verflechtung*, findet *Zeit* eine vom menschlichen Denken erfassbare Fassung. Durch das „Genealogische" in der Anordnung der Ereignisse wird die Vergangenheit als ein dimensioniertes Gebilde, als „Zeit-Raum" konstruiert: es gibt einen Anfang / ein „Hinten", es gibt Abzweigungen / „Seiten", es gibt verknüpfende „Nähen" und trennende „Entfernungen", es gibt das Jetzt / „Vorn". Durch das „Genealogische" wird die Vergangenheit zudem als bewegt und als kausal verknüpft gesehen; die Ereignisse „werden", sie „blühen" sie „vergehen", sie entstehen aus einander. Durch das „Genealogische" wird die Vergangenheit schließlich zu einem logischen Teil – zum Ursprung – der Gegenwart (BRIESE, *Ursprungsmythen*).

[1] Manfred Kropp hat sich bereits länger mit der Ras-Tafari-Liste auseinandergesetzt, seine Erkenntnisse bisher aber nur in Vorträgen öffentlich gemacht. Michael Zach legte eine Analyse in M. Zach, Die „sudanesischen" Namen sogenannter frühäthiopischer Herrscher, in: T. A. Bács (Hg.), A Tribute to Excellence. Studies offered in Honor of Ernö Gaál, Ulrich Luft und László Török, Studia Aegyptiaca XVII, 2002, 507-514 vor, ich selbst habe die Liste in M. Fitzenreiter, Ahnen an der Ostwand. Notizen zum Grab des Pennut Teil III, in: J. Thiesbonenkamp u. H. Cochois (Hgg.), Umwege und Weggefährten, Festschrift für Heinrich Balz zum 65. Geburtstag, Neuendettelsau, 2003, 307-310 behandelt.

1.3.

Stammbäume und andere (man sagt ja auch: *verwandte*) „genealogische" Elaborate sind kulturelle Produkte. Sie sind von hohem ästhetischen Anspruch; in ihnen äußert sich ein ursprüngliches Bedürfnis nach Harmonisierung, Ordnung, Vollständigkeit und Sinnsuche. Genealogien sind das Mittel, die unendliche Anzahl von Phänomenen zu strukturieren, aus ihnen ein überschaubares Ganzes zu formen. Genealogien verbinden Ursache und Wirkung, bieten Erklärungen und Perspektiven (STOWASSER, *Genealogien Jesu*). Genealogische Konstrukte sind auch zweckdienliche, einem bestimmten Ziel dienende Entwürfe, mit denen Positionen bezogen und verteidigt werden. Und sie werden als Abbilder von Realitäten „geglaubt" und so zur imaginären Realität ihrer selbst. Am Boden des genealogischen Konstruktes lauern der „Samen", das „Blut", die „Ehre", der „Segen" oder der „Geist"; Prädestinationen, gegen die es letztendlich kein Mittel mehr gibt, die Schicksal sind und die Gegenwart als genealogisches Fatum verklären (BRIESE, *Ursprungsmythen*; SCHÖNIG, *fiktive Völkergenealogien*).

1.4.

Die Beschäftigung mit historischen Quellen, die dem genealogischen Prinzip verpflichtet sind, kann zwei Wege gehen. Sie kann einerseits historisch-hermeneutisch sein, d.h. die gegebenen Fakten analysieren, ihre Verknüpfungen prüfen, die Motive der Kompilation rekonstruieren und so die Entstehungsbedingungen nacherzählen. Sie kann andererseits ethnographisch sein, indem sie den Charakter der Verknüpfung der Fakten in den Mittelpunkt stellt, Terminologie und in der Terminologie ausgedrückte Haltungen analysiert und so ein Modell der genealogischen Struktur entwirft. In der Regel werden in den historischen Fächern unbewusst beide Methoden simultan verwendet und kollidieren in dem Augenblick, in dem das genealogische Konstrukt als „richtig" oder „falsch", als „wahr" oder „fiktiv" klassifiziert wird. Denn an dieser Stelle werden die Nacherzählung einer genealogisch konstruierten Ereigniskette und die Struktur des idealen genealogischen Bezuges gegenübergestellt und je nach Übereinstimmung oder Diskrepanz bewertet. Über die *Richtigkeit von Geschichte* entscheidet die *Legitimität der genetischen Beziehung*. Dabei bleibt jedoch unberücksichtigt, dass die ethnographische Analyse oft genug dürftig ausfiel und sich auf eine wenig modifizierte Übernahme des dem Forscher vertrauten Idealbildes genealogischer Beziehungen beschränkt. Aber genau hier, im Nexus von Ereignis und Struktur, von singulärer Handlung und gesellschaftlichem Bezug, von Geschichte und Genealogie muss die Analyse einer genealogischen Forschung ansetzen.

2. Verwandtschaft, Abstammung, Identität

2.1.

Um dem Problem der Bewertung genealogischer Konstrukte beizukommen, soll definiert werden, was das „Genealogische" an einem solchen Konstrukt ist. Es sind wohl zwei Aspekte, die mittels des „Genealogischen" ausgedrückt werden: die *Umgebung* eines Phänomens und seine *Herkunft*. Umgebung und Herkunft sind aber keine genealogischen Begriffe, sondern beschreiben einen Raum und eine Richtung. Im genealogischen Zusammenhang haben sie jedoch eine spezifische Nuance: Umgebung beschreibt hier *Verwandtschaft* und Herkunft beschreibt *Abstammung*. Diese Nuancierung erfahren die Begriffe aus ihrem Gebrauch in der sozialen Sphäre, in der Klassifikation der menschlichen Gemeinschaft: in der sozialen Praxis wird die Umgebung des Individuums und der Gruppen als Verwandtschaft beschrieben und deren Herkunft als Abstammung. Die Praxis der Konzeptualisierung der sozialen Sphäre bildet also das Modell, nach dem eine „genealogische" Begrifflichkeit auch in weiteren Aspekten kultureller Konzeptualisierung produktiv werden kann. Die soziale Praxis ist also nicht nur ein Feld unter anderem, in dem „Genealogisches" eine Rolle spielt, sondern sie ist das Feld, dem das Konzept des „Genealogischen" entspringt. Es ist auch der in der sozialen Sphäre übliche, normierte Gebrauch der genealogischen Begriffswelt, der in der Regel über die Realität oder Fiktion von genealogischen Konstrukten entscheidet.

2.2.

In der sozialen Praxis entstehen genealogische Termini, indem Positionen benannt werden, die Individuen im Prozess der gesellschaftlichen Interaktion zueinander einnehmen („Mutter", „Vater", „Kinder", „Geschwister", „Onkel" und „Tanten", „Volksgenossen", „Fremde" usw.). Sieht man diese Termini idealtypisch, so beschreiben sie prinzipielle Phänomene und geben ihnen als Denkformen eine bestimmte (hier „grafisch" formulierte) Fassung. Dazu gehört:

a) Genealogische Termini setzen *Grenzen*. Sie definieren ein „Außen" und ein „Innen"; innerhalb der Grenzen bestimmen sie Bereich, die „nah" und „fern" sind, sie beschreiben „Übergangszonen" zwischen den begrenzten Bereichen. „Innen" kann die eigene Familie, das eigene Geschlecht, die Altersklasse usw. sein, „Außen" die eben nicht zur Familie, zum Geschlecht oder überhaupt zu den „richtigen" Menschen gehörende Gruppe. In den Gruppen kann endlos weiter differenziert werden oder es werden Begriffe verwendet, die Grenzen verwischen, im Deutschen z.B. die nebulösen „Onkels und Tanten".

b) Genealogische Termini bilden ein *Netz*. Sie verbinden die Individuen der Gruppe auf vielfältige, oft überschneidende Weise. Über genealogische Konstrukte können neue Verbindungen geknüpft oder gelöst werden. Elternschaft, Kindschaft, Geschwisterschaft, Erbe, Heirat, Scheidung, Altersklassenschaft, Berufsgenossenschaft usw. etablieren diese netzartigen Verbindungen.

c) Genealogische Termini beschreiben eine *Kette der zeitliche Abfolge* von Positionen. Sie definieren die Reproduktion von überindividuellen Positionen in der Gruppe („Vater", „Mutter", „Nachkomme") und der Evolution der Persönlichkeit des Individuums („Kind", „Erwachsener", „Greis", „Ahn"). In dieser verketteten Abfolge gibt es eine Richtung und durch die Verkettung der Positionen auch jeweils einen Ausgangspunkt, eine Position, die zeitlich „davor" liegt.

Aus diesen drei Merkmalen genealogischer Beschreibung lässt sich ein *begrenztes, verkettetes Netz* konstruieren, in dem Individuen in eine sinnvolle Abhängigkeit gebracht werden. Die Position, die jedes Individuum innerhalb dieses Netzes einnimmt, beschreibt seine *Identität*.

Allerdings vermag diese Grafik immer nur einen statischen Augenblick festhalten und stellt nicht dar, wie sich Grenzen verändern, Verknüpfungen bilden oder lösen und die Ketten ständig gegeneinander verschieben. In der Realität ist dieses idealtypische genealogische Gebilde ein sich beständig bewegender Körper, der zudem aus jeder Position (der Identität eines jeden Individuums) eine andere Form und Fassung gewinnt.

2.3.

Realität finden alle diese idealtypischen Termini nur in der genealogischen Praxis, also in dem beständigen Bemühen der Individuen einer Gesellschaft, ihre Positionen zueinander zu beschreiben, die Identität also zu finden, neu zu konstituieren, zu bewegen. Erst im Rahmen dieses Bemühens erhalten die verschiedenen Termini den Charakter, begrenzend, vernetzend und verkettend zu wirken und so Verwandtschaft und Abstammung zu definieren. Es ist die Eigenschaft, vor allem ein *System der Haltungen* (bzw. der *Handlung*) zu sein, das einem *System der Benennungen* sinnvoll und wirksam macht – und prinzipiell auch erst schafft.[2] Denn es ist nicht der Terminus, der eine bestimmte Haltung gegenüber einem Individuum bewirkt, sondern die aus einer konkreten Situation bedingte Haltung bewirkt, dass das Individuum mit einem bestimmten Terminus belegt wird. „Vater" ist ein Begriff, der im Deutschen auf den biologischen Erzeuger (genitor), den Gatten der Mutter, den Familienvorstand (pater) oder eine höherangigen Führungsperson (meist) männlichen Geschlechts bezogen sein kann – die Situation der sozialen Kommunikation entscheidet, wem dieser als Benennung also recht vielschichtige, in der Bestimmung der gehörigen Haltung aber sehr präzise Terminus zukommt. Titel oder Kleider – Benennungen – können gelegentlich aufgrund ihres realitätskonstruierenden Charakters zwar Leute machen, aber eben nur solange die Situation anhält, in der alle bereit sind, die entsprechende Haltung gegenüber dem Titelträger einzunehmen. Die Dialektik von Benennung und Haltung findet ihre statische, augenblickhafte Realität in der Benennung, wird aber durch die permanent veränderte Haltung bewegt.

2.4.

Stellt man diese praktische Seite genealogischer Termini in den Mittelpunkt (nämlich situationsbezogen bestimmte Haltungen zu reflektieren), dann dienen derartige Benennungen vor allem zwei Zielen:

a) Die Definition von Grenzen und Verbindungen, von *Verwandtschaft*, dient der Regulierung von *Kommunikation*, worunter sowohl die Inkorpora-

2 Claude Lévi-Strauss, Strukturale Anthropologie, Frankfurt / M, 1971, 50f ; zitiert nach: Detlef Franke, Altägyptische Verwandtschaftsbezeichnungen im Mittleren Reich, Hamburg, 1983, 1f.

tion, aber auch der Ausschluss von der Kommunikation zu sehen ist. Auf diese Weise wird reguliert, wie geheiratet wird, mit wem Männer, Frauen, Kinder, Greise verkehren dürfen, mit welcher Gruppe ökonomischer Austausch getrieben oder politische Allianzen eingegangen werden usw. Zugespitzt formuliert: jede Kommunikation beruht auf bzw. konstituiert „Verwandtschaft".[3]

b) Die Definition von Ketten, von *Abstammung*, beschreibt Herkunft und Ziel, Bruch und Kontinuität, dient so zur Selbstbestimmung, vielleicht zu Motivation oder Trost, vor allem aber zur *Legitimation*. Legitimation heißt in diesem Sinne Erklärung, Konstruktion einer sinnvollen, vor allem aber unumstößlich „richtigen" Begründung. In der sozialen Praxis ist dies die „richtige" Begründung einer sozialen Identität, die Erklärung, warum bestimmte Individuen oder Gruppen bestimmte Positionen einnehmen (müssen) oder eben nicht (dürfen).

- Beide Aspekte sind in der Praxis eng verknüpft: Die „richtige" Begründung (b) legitimiert den Status der Verwandtschaft (a) und entscheidet so auch darüber, ob Kommunikation überhaupt möglich ist oder nicht; wie wiederum Legitimation (b) nur im Rahmen von Kommunikation (a) notwendig und denkbar ist.

In den beiden Aspekten *Kommunikation* und *Legitimation* findet das Begriffspaar *Umgebung* und *Herkunft* eine praktische Nuance, die es aber wieder von der sozialterminologisch ausgerichteten Fokussierung auf *Verwandtschaft* und *Abstammung* löst. So werden *Kommunikation* und *Legitimation* zu den Begriffen, mit denen sich „genealogisches Handeln" oder „genealogisches Denken" beschreiben lässt, ein Handeln und Denken, das im Feld sozialer Interaktion in die Konstruktion von *Verwandtschaft* und *Abstammung* mündet. Außerhalb der engeren sozialen Sphäre erbringt analog vorgehendes genealogisches Handeln (oder Denken) schließlich Konstrukte, die eine bestimmte *Umgebung* und eine bestimmte *Herkunft* in eine kulturell akzeptierte und gegebenenfalls auch ästhetisch elaborierte Fassung bringen; Geschichtswerke, die als Zeugnisse einer Kultur der Genealogie Gegenstand der Forschung sein können. So wird aus der genealogischen Beschreibung der sozialen Umgebung ein Modell für die sinnvolle Beschreibung der Welt an sich.

3 K.-H. Kohl, Ethnologie – die Wissenschaft vom kulturellen Fremden. Eine Einführung, München, 1993, 33.

3. Realität und Fiktion

3.1.

Wenn man die Frage stellt, ob ein bestimmtes genealogisches Konstrukt „real" oder „fiktiv" sei, gerät man schnell an den Punkt, an dem sich die Frage stellt, was denn an einem genealogischen Konstrukt überhaupt „real" sein *kann*. Letztendlich ist ja jeder genealogische Terminus ein Konstrukt, das zwar eine gegebene Umgebung und Herkunft beschreibt, diese aber als Verwandtschaft und Abstammung erst konstruiert und etabliert. Andererseits sind diese Verwandtschaft und Abstammung dennoch Fakten, die in der sozialen Praxis Realität gewinnen und die Beziehungen zwischen Menschen nicht nur bestimmen, sondern das soziale Individuum, die soziale Gruppe, die menschliche Gesellschaft als Subjekt überhaupt erst etablieren. Es ist auch genau diese Dialektik von Struktur und Praxis, in der sich die große Bedeutung des „Genealogischen" in der menschlichen Kultur manifestiert. Für Claude Lévi-Strauss bildete das „Genealogische" (in seinen Worten die „Verwandtschaft" / parenté) den Nexus von Natur und Kultur.[4] Im „Genealogischen" verwirklicht sich die schiere biologische Existenz der menschlichen Art in der ihr eigentümlichen Form der sozialen Selbstdefinition. Abstammung und Verwandtschaft sind real, weil sowohl die biologische Existenz und Reproduktion als auch die soziale Interaktion der Menschen real sind. In den Konzeptualisierung und Benennungen dieser hier „genealogisch" genannten Beziehungen zwischen biologischer und sozialer Existenz liegt die kulturelle Verwirklichung des natürlichen Daseins. In der kulturellen Verwirklichung bildet sich zugleich auch das Spezifische des menschlichen Daseins ab. Das betrifft das Spezifische gegenüber nicht-menschlichen Gruppenbildungen, die sich zumindest nicht in diesen kulturellen Formen etablieren. Es betrifft aber ebenso das Spezifische innerhalb der menschlichen Art zwischen verschiedenen Gruppen, deren kulturelle Verwirklichung trotz einiger offenbarer Dominanten jeweils andere Ausformungen erleben kann. Daher variieren die so konstituierten Beziehungen von Gruppe zu Gruppe und es fällt immer schwer, einheitliche Begriffe und Beschreibungen für die verschiedensten Formen der Konstruktion von Verwandtschaft

4 Claude Lévi-Strauss, Les structures elementaires de la parenté, Maison des Sciences de l'Homme, Collection de Rééditions II, Paris, Mouton, 1971, 28f

und Abstammung zu finden, derer sich menschliche Gesellschaften bei der Konstitution ihrer selbst bedienen.[5]

3.2.

Aus der Perspektive der Spezifität jeder kulturellen Verwirklichung des natürlichen Daseins klärt sich jedoch, was umgekehrt an einem genealogischen Konstrukt überhaupt „fiktiv" sein kann. Fiktiv ist bei der Beschreibung von Verwandtschaft und Abstammung alles, was nicht mit den in einer gegebenen menschlichen Gesellschaft – oder auch nur Gruppe – üblichen Formen der Konstruktion von Verwandtschaft und Abstammung harmoniert. Über Realität und Fiktion eines genealogischen Konstruktes entscheidet also die Perspektive des Betrachters, wobei sich diese aus den ihm habituell vertrauten Gepflogenheiten der Konstruktion von Verwandtschaft und Abstimmung seiner kulturellen Umgebung ergibt. Das Urteil „fiktiv" deutet so gesehen nur an, dass der Beurteilende das ihm vorliegende Modell genealogischer Beziehungen nicht teilt, ist also das Resultat einer Außenansicht, während aus der Innenansicht der betreffenden Gemeinschaft die Beziehung absolute Realität besitzt. Das wird eklatant auftreten, wenn relativ verschiedene Kulturen aufeinandertreffen, aber kann durchaus auch im Rahmen enger und engster Nähe vorfallen: eine Ehescheidung wird auch unter Katholiken vollzogen, ist sakramental gesehen aber nichtig. Hier treffen simultan zwei grundverschiedene Konstruktionen des Ehebundes aufeinander, die entsprechend in verschiedenen kulturellen Realitäten münden und auch in der sozialen Praxis unterschiedliche Folgen haben.

3.3.

Genealogische Konstrukte sind aber auch innerhalb der jeweils gegebenen Gesellschaft oder Gruppe kein unentrinnbares Fatum, sondern das Resultat von Handlungen. Eine bestimmte Struktur der genealogischen Beziehungen „ergibt" sich zwar für jedes Individuum aus dem Faktum seiner biologischen Geburt in eine bestimmte Menschengruppe hinein, sie ist aber keineswegs unbeweglich. Vielmehr muss jede dieser Beziehungen durch praktisches Handeln erst etabliert und verwirklicht, muss erhalten und gegebenenfalls verändert werden. Dieser Prozess unterliegt einer kollektiv-habituellen Steuerung, ist aber in bestimmtem Rahmen offen und individuell regelbar. Und so wird die Beurteilung, ob die aktuelle Verknüpfung des Individuums in ein Netz aus Verwandtschaft und Abstammung – seine Identität – real oder fiktiv ist, zum Indikator des Erfolges einer „genealogischen Strategie". Es liegt hier ein zweckrationales Element jeder genealogischen Praxis vor, nach dem die Grenzen von Realität und Fiktion je nach Perspektive, Interesse oder auch durch Zufall eng oder weit gezogen werden: Unter bestimmten Umständen kann der Papst eine Ehescheidung unter Katholiken durchaus für rechtens, d.h. „real" erklären.

Genealogische Praxis ist in jedem Fall „logisch" und hat unter den gegebenen Prämissen durchaus die Absicht oder Hoffnung, Realität zu konstituieren (im Fall bewusster Fälschungen zwar nicht in der Eigen-, aber wenigstens in der Fremdperspektive). Und da außerdem in der Praxis die genealogische Beziehung in jedem konkreten Fall neu gesucht, verhandelt und konstruiert wird, sind unterschiedliche Ergebnisse geradezu zwangsläufig, schon deshalb, weil der Bezugsrahmen ständig differiert. So ist die Identität eines Individuums eine andere, wenn es um seine Position in der eigenen oder zu einer anderen Familie, einem Klan, einem Stamm, Volk oder Staat geht. Schließlich können für dieselben Individuen oder Phänomene in bestimmten Situationen sogar scheinbar widersprüchliche genealogische Identitäten konstruiert werden, die trotzdem im Rahmen ihrer Entstehungsbedingungen absoluten Anspruch auf Realität erheben – und bei Akzeptanz der Entstehungsbedingungen auch erheben dürfen (STOWASSER, *Genealogien Jesu*).

3.4.

Wenn Realität und Fiktion genealogischer Konstrukte sich aus der Relativität des Bezugsrahmens erschließen, warum ist dann dennoch in jedem konkreten Fall die Bewertung des Konstruktes als real oder fiktiv in der Praxis so ungeheuer wichtig? Weil es um ein zentrales Element der menschlichen Existenz geht – um die *Identität*. Die Identität konstituiert auf kultureller Ebene die Existenz des Individuums und der Gruppen. Ohne kulturell sanktionierte Identität gibt es den biologisch anwesenden Körper eines Menschen praktisch nicht. Schon in der Ansprache als „Mensch" wird ein Wesen in eine

5 Siehe zu diesem Problem: R. Needham (Hg.), Rethinking Kinship and Marriage, London, 1971.

erste identitätsstiftende (= „verwandtschaftliche") Kategorie gehoben und jede weitere Form der Interaktion ist von dieser kulturellen Ansprache abhängig. Wird einem Individuum oder einer Gruppe eine bestimmte Identität aber als fiktiv abgesprochen, wird diesem Individuum oder dieser Gruppe auch die schiere Existenz in Frage gestellt. Dieser Vorgang kann mehr oder weniger dramatisch sein, es kann um das schlichte Enterben eines illegitimen Nachkommen oder aber um die Versklavung einer ganzen Rasse gehen. Und es ist sogar so, dass überhaupt erst im Streit um die Identität das „Genealogische" seine Wirksamkeit in der gesellschaftlichen Praxis erfährt. Denn immer geht es bei der Aktivierung des genealogischen Prinzips ja darum, für ein Individuum, eine Gruppe, für irgendein Phänomen eine richtige oder falsche, eine legitime oder illegitime Umgebung und Herkunft zu konstruieren. Wäre die Umgebung und Herkunft nicht in beständiger Diskussion, bräuchte man auch kein genealogisches Argument, um deren Richtigkeit oder Falschheit zu belegen. Genealogie ist der beständige Versuch, die Realität einer bestimmten Identität zu beweisen (LOHWASSER, *Ahnenreihe des Aspelta*).

4. Genealogische Praxis

4.1.

Genealogische Konstrukte ergeben sich aus dem Streit um Identität, oder einfach aus der inneren Notwendigkeit, Identitäten zu bestimmen. Dem Namen „Genealogie" nach handelt es sich dabei in erster Linie um soziale Identitäten, um Verwandtschaft und Abstammung. In den folgenden Beiträgen werden mehrere Aspekte der Konstruktion solcher Verwandtschafts- und Abstammungsverhältnisse vorgestellt, in denen sich recht deutlich zeigt, dass es sich dabei um die habituell gesteuerte, aber dennoch gewollte, aktiv betriebene und strategisch intendierte Konstitution dieser Beziehungen durch bestimmte Individuen handelt. Was dabei gerade für die Konstitution allgemeinster (sogenannter „Kern-") Gruppen auch deutlich wird ist, dass die so konstituierten Gruppen keineswegs einem engen Familienbild folgen müssen, sondern vielfältige Formen sozialer Verbände existieren, die sich vom idealen Normbild mitteleuropäischer Kleingruppen abheben (GRAJETZKI, *Fallbeispiele*; FITZENREITER, *Überlegungen*). Dass bedeutet aber nicht zwangsläufig, dass man (wie von David Schneider gefordert)[6] auf die Kategorie der „Verwandtschaft" bei der Beschreibung sozialer Beziehungen ganz verzichten sollte. Selbst in scheinbar nur übertragenen Gebrauch als reine Statusmarker drücken genealogische Termini eindeutig ein spezielles, wohl definiertes und den Teilnehmern an der Kommunikation geläufiges Verhältnis von Individuen zueinander aus; z.B. solcher Individuen, die Herrschaftspositionen im des 2. Jahrtausend v.u.Z. im Vorderen Orient innehaben (MÜLLER, *„Unter Brüdern"*). Genealogische Termini der *lingua franca* kategorisieren so die Rollentitel der verschiedenen Gesellschaften und Sprachen.

Die Beiträge zeigen aber auch, welche Faktoren die Konstitution derartiger Beziehungen regulieren, die eben nicht etwas Zufälliges, nur Zweckintendiertes darstellen. So wird die Aufnahme bestimmter Individuen in eine Gruppe oft als Imitation des natürlichen Vorganges des „Hineingeborenwerdens" inszeniert (ARNST, *Naturae imitatio*). Die Aktivierung des „genealogischen" Prinzips hat gerade deshalb große Wirksamkeit, weil sie sich auf ein natürliches, vom menschlichen Handeln scheinbar unabhängiges Prinzip berufen kann. Genealogisch legitimierte Konstrukte sind, wenn sie denn akzeptiert werden, jenseits individueller Meinung angesiedelt und bilden etwas Transzendentes ab. Aus ihnen erklärt sich die Weitergabe des göttlichen Segens (STOWASSER, *Genealogien Jesu*) ebenso wie der Herrschaftsanspruch einer Volksgruppe (SCHÖNIG, *fiktive Völkergenealogien*). So kann „Blut" zum „Schicksal" werden und die Überlegenheit bestimmter Identitäten (Volk, Rasse, Bekenntnis, Kultur) wird aus der Nachfolge in von vornherein prädestinierten Positionen abgeleitet.

4.2.

Dass aus dem letztgenannten Umstand heraus genealogische Konstrukte in besonderem Maße zur Legitimation taugen, wurde bereits erwähnt. So verwundert es nicht, dass die historisch und ästhetisch interessantesten Dokumente genealogischer Praxis der Legitimation einzelner Persönlichkeiten (MORENZ, *doppelte Benutzung*; KROPP, *äthiopische Königslisten*), ganzer Völkerschaften (SCHÖNIG, *fiktive Völkergenealogien*) oder ideologischer Bekenntnisse (STOWASSER, *Genealogien Jesu*) dienen. Der in

6 David M. Schneider, A Critique of the Study of Kinship, Univ. of Michigan / Ann Arbor, 1984, VII-IX.

der eben besprochenen Gruppe immer noch vorliegende Bezug zu verwandtschaftlichen Beziehungen im engeren Sinne wird hier bereits aufgelöst in den erweiterten Gebrauch genealogischer Vorstellungen und dient vor allem der sinnvollen Konstruktion kausaler Zusammenhänge. Legitimation bedeutet in diesem Zusammenhang ja nicht einfach die Behauptung einer Machtposition, sondern vor allem die vernünftige, sich und den anderen überzeugende Bestimmung einer Identität.

Auch hier muss davor gewarnt werden, derartige Konstrukte als zwar ästhetisch interessante und gegebenenfalls belustigende Versuche abzutun, die aber letztendlich nur fiktives Beiwerk im Gang der realen Ereignisgeschichte sind. Die Konstruktion genealogisch fundierter Legitimation ist nicht nur ein probates Mittel, sondern vor allem eine Notwendigkeit. Ohne ein Modell, dass die Weitergabe von Positionen jeglicher Art in einer gegebenen Gesellschaft reguliert, ist die Gesellschaft bewegungsunfähig. Denn ohne definierte Muster, wie Positionen im Zuge der sozial-biologischen Bewegung einer Gesellschaft weitergegeben (= „vererbt") werden können, ist gesellschaftliche Bewegung unmöglich bzw. schwer behindert. Abstammungsvorschriften für bestimmte Positionen (QUACK, *Ämtererblichkeit*) belegen die elementare Bedeutung genealogischer Legitimation. Besonders in Perioden, die einen gewissen Umbruch oder Neuanfang markieren, ist die genealogisch fundierte Neubestimmung von Positionen in hohem Maße dringend. Das kann durch die Konstruktion genealogischer Kontinuität geschehen (DE MEYER, *Restoring the Tombs*; JANSEN-WINKELN, *Entwicklung*; LOHWASSER, *Ahnenreihe des Aspelta*), es kann aber auch die bewusste Definition eines Neubeginns sein (MORENZ, *doppelte Benutzung*; HERKLOTZ, *Ahnenkult bei den Ptolemäern*) oder die Definition einer „ganz anderen" Identität, die sich dennoch des Prinzips genealogischer Herleitung bedient (STOWASSER, *Genealogien Jesu*).

4.3.

An dieser Stelle setzt die praktische Bedeutung von Geschichtsschreibung ein. Kein historiographisches Konstrukt ist nur ein Spiel mit den Fakten. Jede Legende, Ahnenreihe, Stammbaum oder jedes Geschichtswerk dient dazu, Identitäten nachzuweisen, zu widerlegen, zu konstruieren, zu de-konstruieren usw. Dabei wird das entstandene Produkt von verschiedenen Faktoren bestimmt; vom verfügbaren Quellenstand ebenso, wie von der wissenschaftlichen Schulung und Intention des Kompilators (KROPP, *äthiopische Königslisten*; ZACH, *Ras-Tafari-Liste*). Wesentlich ist auch die Zielgruppe, an die das betreffende Werk adressiert ist - vom Konkurrenten um dieselbe Machtstellung (MORENZ, *doppelte Benutzung*; LOHWASSER, *Ahnenreihe des Aspelta*; HERKLOTZ, *Ahnenkult bei den Ptolemäern*) über die eine sinnstiftende Deutung ihrer Position (ihres „Schicksals") erwartende Gruppe (STOWASSER, *Genealogien Jesu*; SCHÖNIG, *fiktive Völkergenealogien*) bis zum Konkurrenten in einer akademischen Position. Das eingangs genannte Beispiel der Ras-Tafari-Liste ist auch deshalb hochinteressant, weil in ihm die Verflechtung solcher Zielgruppen und der entsprechenden Interpretation nachvollzogen werden kann. Erstellt wurde die Liste als Teil einer historischen Abhandlung, die die Krönung des Kaisers Haile Sellassie I. feiern und damit legitimatorisch affirmieren sollte. Sie wurde aber auch dem Briten Charles F. Rey übergeben, u.a. wohl mit der Intention, gegenüber europäischen Rezipienten auf die besonders lange Geschichte Äthiopiens zu verweisen, die zudem mit den Pharaonen und Kuschiten eng verbunden war.[7] Dabei diente die Heranziehung neuester westlicher Forschung u.a. dazu, ein modernes Geschichtsbild zu reproduzieren, von dem man sich erhoffen konnte, dass es in Europa entsprechend gewürdigt wird. In neuerer Zeit ist die Liste dann in einer für historiographische Werke fast typischen Weise gewissermaßen ein zweites Mal zum Leben erweckt worden. So wird sie im heutigen Äthiopien mittlerweile durchaus als eine „alte" und damit vertrauenswürdige indigene Quelle gesehen und dient dazu, ein äthiopisches Nationalbewusstsein zu fördern.[8] Die ursprüngliche Intention, nach „außen" zu wirken und die westliche Welt zu beeindrucken, wurde gewissermaßen umgekehrt: nun erbaut die Liste vor allem das inneräthiopische Selbstwertgefühl. Daneben hat die afrozentristische Bewegung in den USA die Liste wiederentdeckt und vermutet in ihr (allerdings wohl in Unkenntnis der

---

7 Charles F. Rey, In the Country of the Blue Nile, London, 1927, 263-269.

8 So findet sich ein Exzerpt abgedruckt in dem in den 90iger Jahren in Äthiopien sehr verbreiteten populären Buch von Belai Giday, Ethiopian Civilization, Addis Ababa, 1992, 175f.

Entstehungsbedingungen) eine Erinnerung an pan-nordostafrikanische Kulturhorizonte.[9] Der besondere Wert der Liste wird aber vor allem darin liegen, dass sie einer der ersten Versuche der Neuzeit ist, indigene afrikanische Geschichtsbilder mit den Ergebnissen moderner Feldforschung zu kombinieren. Dass die Ergebnisse inzwischen überholt sind, trifft diese Liste genauso, wie es ihre westlichen Quellen trifft: die Rekonstruktionen der historischen Zusammenhänge der Kuschitenzeit von Gaston Maspero, Eduard Meyer oder Henri Gautier sind durch die Forschungen George Reisners ebenso obsolet geworden, wie inzwischen dessen Theorie der Einwanderung der kuschitischen Herrscher aus Libyen usw.

5. Genealogisches Denken

5.1.

Es wird deutlich, dass die besondere Potenz der genealogischen Konstruktion darin liegt, sinnvolle Zusammenhänge zu konstruieren und Ursachen – vor allem den Anfang, den Ursprung von Phänomenen – in eine Form fassen zu können, die dem menschlichen Rezeptionsvermögen offenbar liegt (Briese, *Ursprungsmythen*). Was immer der Grund dafür ist, diese Potenzen resultieren in einer spezifischen Form der genealogischen Praxis, die ganz allgemein als „genealogisches Denken" oder „Denken in Genealogien" bezeichnet werden kann. Jede Konzeptualisierung von „Geschichte" ist dem genealogischen Denken verpflichtet, sei es, dass sie Geschichte als gerichteten Prozess mit einem Ursprung begreift, als zyklische Erneuerung oder als statische Interaktion mehrerer Kraftfelder. Aber das Denken in Genealogien ist nicht auf die Konzeptualisierung von Gesellschaft oder Geschichte beschränkt. Auch die Reflektion von Phänomenen fern der menschlichen Handlungsebene werden prinzipiell in Terminologien und durch Abbilder beschrieben, die dem Muster von Herkunft und Umgebung, von Abstammung und Verwandtschaft entsprechen. Es sei nur an die in allen Fächern beliebten Baumdiagramme erinnert, die Phänomene in einen sinnvollen Bezug bringen sollen, zugleich aber auch den genealogischen Zusammenhang der zeitlich gestuften *Abstammung* und der räumlich geordneten *Verwandtschaft* evozoieren.[10]

5.2.

Auch das „genealogischen Denken" zeigt einige Konstanten. Einleitend wurde bereits angeführt, dass über das „Genealogische" das Phänomen der *Zeit* zu erfassen ist. Das betrifft die vergangene Zeit ebenso wie die zukünftige. Vergangene Zeit kann nur sinnvoll gedacht werden, wenn sie mit dem Jetzt verknüpft wird; ebenso kann die zukünftige Zeit nur als etwas verstanden werden, das vom Jetzt ausgeht.

Diese Vorstellung von der *Zeit als Linie* ist ganz offensichtlich durch die Kettenstruktur aufeinanderfolgender Phänomene im genealogischen Netz beeinflusst. Wobei diese Auffassung durch die Erforschung des „Genealogischen" auch als ein relativ spezifisches, eher neuzeitliches und zumindest nicht universelles Konstrukt erkannt werden kann. Denn dem „Genealogischen" liegt nicht zwingend der Gedanke der Linie zugrunde; die Vorstellung des „genealogischen Körpers" ist weitaus komplexer. Dieser Körper kann auch als anfangslose Wiederholung bestimmter Verkettungen verstanden werden, was höchstwahrscheinlich auch Auffassungen vom Charakter der Zeit beeinflusst. Neben der Auffassung von der Zeit als Linie können daher solche stehen, die die Zeit als Zyklus (sich in den Schwanz beißende Schlange), konzentrische Kreise (Baumringe, siehe Kropp, *äthiopische Königslisten*), als die Aufeinanderfolge von jeweils vergleichbaren Körpern (Zeitalter) u.ä. abbilden.

Im Zusammenhang mit den hier behandelten Fällen und Quellen muss festgehalten werden, dass die lineare Verknüpfung nicht zwingend das Ziel der

---

9 Carolyn Fluehr-Lobban, Nubian Queens in the Nile Valley and Afro-Asiatic Cultural History, in: T. Kendall (Hg.), Nubian Studies 1998, Boston, 2004, 256-264 diskutiert die in der Liste mehrfach auftretende Bezeichnung Kandake unter dem Aspekt femininer Herrschaftskonzepte.

10 Wobei oft genug aus dem resultierenden Baumdiagramm einer klassifikatorischen Zuordnung ein zeitlicher und räumlicher Prozess herausgelesen wird, den die Klassifikation gar nicht vorgibt. Hans-Peter Wotzka hat dieses Phänomen genealogisierender Fehlinterpretation aufgrund clusteranalytischer Sprachanalyse am Beispiel der Bantu-Wanderung in seinem Vortrag „The Problem of Bantu Expansion in Linguistic and Archaeological Perspective" exemplifiziert, der in den Akten der Tagung Kultur-und Landschaftswandel im ariden Afrika: Aspekte und Ansätze der Forschung erscheinen wird. Dasselbe Phänomen von allzu genealogischer Interpretation kann man auch bei anderer kulturellen Merkmalen (Keramik, Wirtschaftsformen etc.) beobachten.

jeweiligen genealogischen Konstrukte ist. Es kann durchaus darum gehen, vor allem die Totalität, den umfassenden Charakter eines Phänomens zu beschreiben, wenn es über genealogische Prinzipien erklärt wird. Es war erst ein bewusster Schritt der Ordnung von Phänomenen, wenn diese aus der diffusen Verkettung im Netz in eine streng linear gedachte und auf das Prinzip der „Aufeinanderfolge" reduzierte Linie gebracht wurden. Die moderne Chronologieforschung hat oft den Fehler begangen, genealogische Konstrukte verfrüht als lineare Ereignisketten zu interpretieren und so z.B. Angaben, die primär der sozialen Positionierung dienen, als Zeitangaben missverstanden. Wobei einzuräumen ist, dass in ästhetisch durchgearbeiteten Quellen immer auch die Idee wirkt, die gesammelten Fakten durch die Konstruktion einer linear-chronologischen Abstammung mit gewisser historischer Tiefe in ihrer legitimatorischen Wirkung zu steigern (JANSEN-WINKELN, *Entwicklung*).[11]

5.3.

Auch dieser legitimatorisch positive Charakter der zeitlichen „Tiefe" ergibt sich aus dem genealogischen Denken. Aus ihm heraus können *Ereignisse als Punkte* im Zeit-Raum definiert werden, die als Anfang und Ende, als Bruch oder Neubeginn das Jetzt erklären. OLAF BRIESE, *Ursprungsmythen* setzt sich mit diesem Phänomen auseinander, das zugleich auch der Ort der klassischen Genealogie ist, der Stammtafel, der Herrscherliste oder des Stammbaumes – von Konstrukten, die einen Anfang kennen, Zwischenräume lückenlos füllen, Ende, Brüche, Neubeginne einfügen und zum Jetzt führen.

Als „Ursprung" definiert der Punkt in der Zeit einen Anfang. Oft wird über diesen Ursprung auch die Frage der Priorität geklärt: das „Erste" ist das „Älteste" und statusbezogen das „Oberste", von dem alles herabkommt, oder, umgekehrt gesehen: ein tiefer Punkt, aus dem sich alles zu ungeahnten Höhen heraufschwingt (MORENZ, *doppelte Benutzung*). Gelegentlich kann dieser Punkt auch einen Bruch, einen bestimmten Neubeginn markieren. Es gibt Linien, die darauf zulaufen, aber erst in dieser Bruchstelle werden sie gebündelt und dann in das Jetzt weitergegeben (LOHWASSER, *Ahnenreihe des Aspelta*). Oder sie werden an diesem Punkt bewusst gekappt und von ihm aus konstituiert sich ein neues Netz sinnvoller Beziehungen (HERKLOTZ, *Ahnenkult bei den Ptolemäern*). Ein solcher Punkt kann auch das Jetzt selbst sein, wenn eine genealogische Konstruktion dazu dienen soll, der Zukunft eine bestimmte Gestalt zu geben (STOWASSER, *Genealogien Jesu*).

5.4.

Wie die Denkformen Linie und Punkt bei der Kompilation genealogischer Konstrukte in bestimmte Fassungen gebracht werden, ist kulturspezifisch. Stammbäume – also baumartig „gewachsene" und „verästelte" Schemata – sind nicht die frühesten Belege der Konstruktion. Älter sind fortlaufende Listen (KROPP, *äthiopische Königslisten*) oder im Bereich der Bilder die Gruppierung der betreffenden Personen (FITZENREITER, *Überlegungen*). Das „Lineare" tritt in den Hintergrund, wenn es um die Präsentation von Komplexität geht. Bestimmend wird das „Lineare" erst, wenn eine exklusive Beziehung konstruiert werden soll, die von besonders starker legitimatorischer Wirkung ist. Eine „gerade" Linie / Abstammung suggeriert besonders hohe Legitimität, indem sie die Komplexität der genealogischen Beziehungen negiert und auf die unilaterale Kette reduziert (JANSEN-WINKELN, *Entwicklung*).

Es ließen sich mehrere Kategorien finden, wie genealogisches Denken in medialen Fassungen reproduziert wird. Erwähnt sei nur die zweifache Form des in Europa beliebten Stammbaumes. In seiner „ursprünglichen" Fassung als „Baum" wächst er tatsächlich aus einer unten gelegenen Wurzel und verästelt sich in beliebig vielen Trieben, deren jüngste die Baumkrone bilden. Erst in neuerer Zeit wurden Baumdiagramme üblich (z.B. ethnographische Deszendenztafeln), die sich von oben her aufspalten, ihren Ausgangspunkt also genau umgekehrt haben. Der Grund hier ist wohl, dass sie nach dem Modell des von oben zu lesenden Textes konstruiert werden. Die „botanische" und die „textuelle" Fassung des Stammbaumes transportieren dieselben Vorstellungen (Herkunft und Umgebung), sind also zwei Ausprägungen desselben Prinzips. In beiden Fällen

11 Siehe dazu den erhellenden Aufsatz von Jay Spaulding, The Chronology of Sudanese Arabic Genealogical Tradition, History in Africa 27, 2000, 325-337, der die Konstruktion sudanarabischer Stammbäume im Licht anderer Quellen bricht und zu dem Ergebnis kommt, dass vor allem inhaltliche Schwerpunkte die Kompilation solcher Listen regieren und die „linear-chronologische" Aufbereitung nichts anderes ist, als den Dingen einen logischen Zusammenhang zu geben.

ist zu beobachten, dass die äußere Fassung solcher Schemata geradezu einen Zwang zur symmetrischen, in sich geschlossenen, „schönen" Konstruktion ausübt, dem auch die genealogische Forschung oft genug erliegt.[12]

5.5.

Auch für das genealogische Denken gilt, was oben über Genealogien in der sozialen Praxis gesagt wurde: Nur aus der praktischen Umsetzung gewinnen die Konstrukte Realität, aber es ist auch ihr besonderer Charakter, dass die Realität nur in Form dieser Konstrukte reflektiert und sogar konstituiert wird. „Genealogisches" muss geglaubt werden, um real zu sein, und es ist real, wenn es geglaubt wird. Die naturae imitatio (ARNST, *Naturae imitatio*) schafft die natürlichen Gegebenheiten neu. Die beschwörende Rezitation oder Aufzeichnung genealogischer Listen verleiht der beschriebenen Identität Realität. Der Kult affirmiert die Realität des genealogischen Konstruktes – wie auf dem Titelbild dieses Bandes am Beispiel der Königsliste im Tempel Sethos' I. in Abydos dargestellt.[13] In der „geglaubten" praktischen Kommunizierung liegt das Tröstende oder Stärkende des genealogischen Handelns, das Phänomene zu verbinden vermag, die scheinbar entfernt oder auch widersprüchlich sind (STOWASSER, *Genealogien Jesu*). Hier mag auch die geradezu archetypische Suche nach den eigenen Wurzeln ihren Ort haben, die eine Erklärung dafür zu bieten scheint, wer oder was man eigentlich ist (BRIESE, *Ursprungsmythen*).

Allerdings vermag diese Identitätszuschreibung auf genealogischen Prinzipien durchaus auch dem Individuum zum Verhängnis werden. Die Verknüpfung mit unbeliebten Vorfahren kann individuelles Handeln behindern;[14] sie kann sogar zur Ausgrenzung ganzer Gruppen führen, denen die Qualität der Zugehörigkeit – praktisch bis zum „Menschsein" – abgesprochen wird.

So erweist sich das „Genealogische" letztlich als eine Strategie, in der zwar als Handlungsmuster bestimmte Haltungen vorgegeben sind, die aber in jeder konkreten Fassung nur ein Mittel ist, um Realitäten zu konstituieren, die den größeren sozialökonomischen Verhältnissen eine adäquate Form geben. Genealogisch konstruierte Realitäten können unabdingbares Schicksal sein, wenn die Bedingungen es so wollen – sie können aber ebenso geschmeidige Strategien der Anpassung an sich verändernde Zeitläufe bieten. FRANK FEDER, *Ammon und seine Brüder* beschreibt gewissermaßen das Gegenkonzept zum „Genealogischen": wie kulturelle Adaption über Habitus, Sprache und schließlich ideologisches Bekenntnis den Protagonisten Wege eröffnet, auf gesellschaftliche Veränderungen zu reagieren, ohne in eine Identitätskrise zu stürzen.[15] Das „Genealogische" ist in sich selbst keine unabhängige Realität, kein „Schicksal". Das „Genealogische" ist ein Handlungsmuster, das wie viele andere Handlungsmuster auch zur Konstituierung menschlicher Interaktion aktiviert werden kann. Das „Genealogische" wird zum „Schicksal" erst gemacht.

---

12 Der Drang, immer harmonisch geschlossene Kreisläufe des Frauentausches zu konstruieren, trieb z.B. Claude Lévi-Strauss in *Les structures élémentaires de la parenté* dazu, immer kompliziertere Regeln für verwandtschaftliche Interaktionen zu entwerfen, die in ebenso komplizierten Diagrammen Gestalt fanden, deren praktischer Nutzen bei der Befundinterpretation letztendlich nicht mehr gegeben ist.

13 In ihrem leider nicht in diesem Band veröffentlichten Beitrag „Die Königstafel Ramses II. in seinem abydenischen Millionenjahrhaus" zeigte Jana Helmbold die enge Verbindung auf, die zwischen der Königsliste, dem Anbringungsort im Tempel und dem realen Kultvollzug bestehen. Zu dieser und ähnlichen Listen: Donald B. Redford, Pharaonic King-Lists, Annals and Day-Books, SSEA Publication 4, Missisauga, 1986.

14 Leider nicht in diesem Band konnte der Beitrag von Claudia Tiersch „Aristokraten in der athenischen Demokratie. Statusvorteile durch genealogische Legitimation?" veröffentlicht werden, der die ambivalente Wirkung von Abstammungsverhältnissen im politischen Alltag im Athen des klassischen Zeitalters behandelt.

15 Den Aspekt der bewussten Konstruktion einer vor allem kulturell definierten Identität behandele ich selbst in Martin Fitzenreiter, Identität als Bekenntnis und Anspruch – Notizen zum Grab des Pennut (Teil IV), Der Antike Sudan / MittSAG 15, 2004, 169-193.

Ursprungsmythen, Gründungsmythen, Genealogien. Zum Paradox des Ursprungs

Olaf Briese

In Douglas Adams Sciencefiction-Bestseller "The Hitch Hiker's Guide to the Galaxy" enthüllt der Held des Romans, ein Erdbewohner, einen skandalösen Tatbestand: die Erde ist das Kunststück eines mittlerweile gealterten kosmischen Designers. Der wäre im Ganzen recht zufrieden mit seinem Werk gewesen, wenn nicht seine Auftraggeber, hyperintelligente intergalaktische weiße Mäuse, versäumt hätten, ihn ordnungsgemäß auszuzahlen.[1] Das ist eine Szene, die in klassischer Weise Ursprung und Gründung miteinander konfrontiert. Was für Erdbewohner passiv widerfahrener Ursprung ist, ein Widerfahrnis, dem sie zwangsweise ausgesetzt sind, ist für die Mäuse intentionale Gründung, das Ergebnis einer absichtsvollen Handlung. Pointiert gesagt: Ursprünge sind etwas, dem man ausgesetzt ist, wie ablehnend oder aufgeschlossen man sich dazu positioniert. Gründungen hingegen sind Resultate aktiver Absichten und Handlungen, wie sehr man die tatsächlichen Resultate dieser Handlungen akzeptiert oder nicht.

Ohne auf die komplexen Diskussionen zum Thema Mythos auch nur eingehen zu können, versucht dieser Beitrag in einem ersten Teil, bestimmte ursprungs- bzw. gründungsmythische Merkmale sowie ihre *Unterschiede* präzisierend herauszuarbeiten. In weiteren Abschnitten wird am Beispiel der Ursprungs- bzw. der Gründungdiskurse um die Stadt Berlin bestimmten Facetten dieser beiden Muster nachgegangen. Adelsdiskurse des Mittelalters bzw. der Renaissance stellten sich in den Sog antiker Ursprünge, und sie datierten – in Konkurrenz zu christlichen Geschichtsmythen – die Legitimität politischer Herrschaft bis auf Troja zurück. Nationale und nationalistische Strömungen seit Reformation und Renaissancehumanismus beriefen sich hingegen auf germanische Siedlungsursprünge und prägten das ursprungs- bzw. gründungsmythische Muster der nur durch ein kurzes slawisches Interregnum unterbrochenen germanischen Besiedlungskontinuität in Berlin aus. Das reicht hin zur These einer direkten kulturellen – nicht genealogischen – Kontinuität von der Kultfigur Arminius an. Der Schlußteil arbeitet mit Blick auf aktuelle Modelle in Wissenschaftszweigen wie Archäologie und Historiographie heraus, wie diese modernen Erben solcher genealogischer Diskurse, die sich allen mythischen und religiösen Implementen zu entschlagen glauben, selbst im Bann von Ursprungslegenden stehen und sie pro domo wissenschaftlich ausmünzen.

1. Sehnsucht nach dem Ursprung

Ursprungs- und Gründungserzählungen üben eine unwiderstehliche Faszination aus. Die, die sie produzieren, überliefern und rezipieren, begeben sich in einen scheinbar unwiderstehlichen Sog. Akteure, die sich in ihre Macht stellen, haben Teil an Mächten, die nicht ihrer Verfügung unterliegen. Sie haben Teil an Strukturen, die, als vorgängige Metastrukturen, die Bedingung der Möglichkeit von Handeln überhaupt ermöglichen.

Diesem ursprungs- bzw. gründungsmythischen Komplex liegt etwas zugrunde (und mit diesem "zugrunde" stelle ich mich bewußt und zirkelhaft in jenes kulturell unausweichliche Bedürfnis, das man als "Sehnsucht nach dem Ursprung" apostrophieren könnte). Zugrunde liegt ihm, was man mit dem Barockphilosophen Gottfried Wilhelm Leibniz das Prinzip des zureichenden Grundes bezeichnen könnte. Dieses Prinzip des zureichenden Grundes sah er als das Haupttheorem seiner Philosophie an und gleichzeitig als Realprinzip, als Hauptprinzip dessen, was Welt genannt werden kann. Es umschloß bei ihm mindestens drei Ebenen. In *erkenntnistheoretischer* Hinsicht hat jede Wahrnehmung, Vorstellung und schließlich jede Idee eine Referenz, einen Ver-

1 Vgl.: Douglas Adams, The Hitch Hiker's Guide to the Galaxy, (1979), 20. Aufl. 1982, S. 123f.

weisungsgrund, eine reale Entsprechung. Ideen können aus vorangegangenen Ideen produziert werden. Aber genau das ist der Grund ihrer Produktion. In *kausal-ontischer* Hinsicht hat jedes Phänomen der Welt eine Ursache, einen Grund außerhalb seiner selbst, es ist Wirkung von etwas Vorangegangenem, Bewirkendem, Verursachendem sowie Veranlassendem. In *metaphysischer* Perspektive schließlich geht es um die Qualität des Seienden als solches: Warum ist überhaupt etwas? Warum ist nicht nichts? Das ist eine Linie, die vom kasuistischen Denken der Scholastik bis zu den philosophisch-metaphysischen Entwürfen Schellings oder Heideggers reichte und immer wieder an die Grenzen des Denkbaren führte. Auch Leibniz kam an diese Grenzen des Denkbaren, und auch bei ihm fungierte *Gott* als großer Ursprungsgenerator. Gott war die paradoxe *causa sui*, war die letzte Ursache und Ursache seiner selbst. Diese Lösung Gott gab einen Ausweg aus dem ursprungstheoretischen Paradoxon, bzw. sie verkörperte dieses Paradoxon genuin.[2]

Denn das, was man als das "nackte Daß" des Seienden bezeichnen könnte, versteht sich nicht aus sich selbst. Es wäre ein bloßes spiegelbildlich verfülltes *Nichts*, dem zu einem *Etwas* ein Werden und Gewordensein fehlt. In seiner bloßen, herkunftslosen Präsenz ist es eine beständige Zumutung. Das ist der Ort von Religion, Wissenschaft und Kunst. Sie konstruieren Ursprungsmythen, sie betreiben *Ursprungszauber*. Sie geben Struktur in Raum und Zeit, sie schaffen Stabilität, Ordnung und Hierarchie, sie stemmen sich gegen Kontingenz. Ursprungs- und Gründungsmythen geben geschichtlichen Grund, stiften Orientierung, geschichtlichen Sinn und Identität, sie attestieren einen geordneten geschichtlichen Verlauf und ein entsprechendes Ziel. Sie befriedigen das, was der nicht unumstrittene Religionswissenschaftler bzw. religiöse Adept Mircea Eliade emphatisch als "Sehnsucht nach dem Ursprung" bezeichnete.[3] In etwas distanzierterer Form ließe sich vielleicht von gründungsmythischen Versuchungen, von protologischen Präferenzen sprechen. Die Gründe dafür sind äußerst vielfältig. Ich möchte hier nur einen einzigen Aspekt unter vielen anderen besonders hervorheben, den der Exterritorialität, den der Philosoph Helmuth Plessner ins Zentrum seiner anthropologischen Entwürfe stellte. Plessner, einer der wichtigsten Vertreter der philosophischen Anthropologie des 20. Jahrhunderts, hat insbesondere mit seiner Theorie der Positionalität nachfolgende Debatten immer wieder beeinflußt. In seinem Hauptwerk "Die Stufen des Organischen und der Mensch" (1928) arbeitete er heraus, daß Menschen sich grundsätzlich in einer exzentrischen – statt zentrischen – Position befinden, in einer Art Nichtfeststellbarkeit. Das nennt Plessner "unerträgliche Exzentrizität".[4]

Aufgrund dieser nichtfeststellbaren Position wollen und müssen Menschen sich und ihr Um- und Vorfeld permanent entwerfen. Das können sie nur in der Position der Selbstäußerlichkeit, des selbstunterscheidenden Gegenübertretens. Daran anknüpfend ließe sich vermuten, daß auch Ursprungsmythen stabilisierende Medien eines selbstunterscheidenden Gegenübers sind, stabilisierende Medien der Standortsuche im U-Topischen, die, rückwirkend ausgerichtet, Feststellbarkeit fingieren. Das hieße nichts anderes: Menschsein ist sich selbst der größte Ursprungsmythos, es erfindet sich retrospektiv seine Ursprungsdaten, seine Ursprungsschwellen und vorgelagerte Ursprungsschwellen permanent neu. Insbesondere die unablässigen Debatten über die Ursprünge von Kultur dienen diesem Geschäft. Spätestens nach dieser thesenartigen Engführung sollten Ursprungs- bzw. Gründungsmythen analytisch ausgefächert werden. Dazu folgen – ebenfalls thesenartig – sechs mögliche Unterscheidungen, die, mit Blick auf weitere Konkretisierungen, selbstverständlich weiter ausfächerbar sind:

1. Es gibt die systematische Differenz Ursprung *oder* Gründung. Diese Unterscheidung ist eingebunden in die Frage nach der Aktivität menschlicher Subjekte. Sind sie Subjekt oder Objekt, verhalten sie sich aktiv oder unterliegen sie Verhältnissen? Veranstalten sie gründungstechnisch etwas oder wird ursprungstechnisch etwas mit ihnen veranlaßt?

2 Vgl.: Gottfried Wilhelm Leibniz, Monadologie (1714), in: Philosophische Werke in vier Bänden, hrsg. v. Ernst Cassirer. Neuausgabe Hamburg 1996, Bd. 2, S. 603–621, hier: S. 609f. (§ 32–38). Zur philosophiegeschichtlichen Frage nach der Existenz von Etwas statt Nichts bei Leibniz, Schelling, Heidegger u.a. vgl.: Ludger Lütkehaus, Nichts. Abschied vom Sein. Ende der Angst, Zürich 1999, S. 131ff., 151ff., 408ff.

3 Vgl.: Mircea Eliade, Die Sehnsucht nach dem Ursprung. Von den Quellen der Humanität (1969), Wien 1973.

4 Vgl.: Helmuth Plessner, Die Stufen des Organischen und der Mensch (1928), 3. Aufl. Berlin, New York 1975, S. 311.

Befinden sie sich im Status des Anfangens oder des Angefangenseins, des Machsals oder des Schicksals?

2. Zu unterscheiden wären unterschiedliche Quellen und Gattungen, beispielsweise Gerücht, Sage, Religion, Literatur, bürokratische Genealogie, Ideologie, Wissenschaft usw. Das ist u.a. abhängig von jeweiligen Produzenten und intendierten Rezipienten. Diese vorerst klare Unterscheidung von Produzenten und Rezipienten ist eine Supposition, die sich beständig kassiert, ebenso, wie gar nicht klar feststellbar ist, inwiefern Ursprungs- und Gründungsnarrationen *sich* produzieren bzw. produziert *werden*.

3. Unterschiedliche Medien der Transformation konstituieren andere Inhalte. So ist es möglich, mit Jan Assmann lebendiges kommunikatives Gedächtnis und autoritatives kulturelles Gedächtnis voneinander zu unterscheiden. Das heißt auch: Ursprungs- und Gründungsnarrationen handeln nicht nur von Gewalt – dem fast universellen Faktum von Ursprungs- und Gründungsgewalt –, sondern können mitunter erst auf der Basis von Autorität, Macht und Gewalt etabliert und tradiert werden.

4. Es bestehen Differenzen in der Reichweite bzw. in der Dimension von Ursprungs- oder Gründungsmythen: rein lokal fokussiert, limitiert politisch-sozial, universell-kulturell, universell-kosmisch.

5. Sie weisen unterschiedliche Ebenen von Fiktionalität auf, unterschiedliche Grade von performativer Evidenz. Sie können erstens einen Anspruch auf Objektivität deklarieren, können zweitens ein spielerisches Als-Ob inszenieren, können drittens rein ästhetisch-performativ auftreten usw.

6. Schließlich wären Differenzen der jeweiligen Bindungskraft zu berücksichtigen: nach kleineren, größeren und großen Gruppen. Betreffende Mythenensembles können hierarchisiert sein, sind aber *in actu* dennoch komplex miteinander verbunden. Hier wäre auch zu berücksichtigen, daß entsprechende Ursprungs- und Gründungsnarrationen auf Basis eines stabilen Kerns verschiedene variable Anschlußoptionen gewähren und das Gleichgewicht von Invarianz und Varianz innerhalb bestimmter Grenzen ermöglichen.

Bei diesen nicht zu übersehenden Differenzen weisen alle, oder präziser, fast alle Ursprungs- und Gründungsmythen bestimmte gemeinsame genealogische Antinomien oder Paradoxien auf. Der Religionswissenschaftler Klaus Heinrich hat insbesondere die Paradoxie von legitimatorischer Ursprungsversicherung und delegitimatorischer Ursprungsentfernung thematisiert, eine Entfernung, die sogar den Verfall, gar den Abfall einschließt.[5] Das heißt: wer in Ursprüngen steht, ist *entfernt* vom Ursprung, und wer einen Ursprung *sucht*, entrückt und entfernt diesen Ursprung per definitionem von sich selbst. Neben dieser Antinomie bzw. Paradoxie von Ursprungsversicherung und Ursprungsentfernung lassen sich noch weitere Antinomien von Gründungs- bzw. Ursprungsmythen herausstellen. So stehen Kontinuität und Diskontinuität sowie Vergangenheit und Präsenz zur Disposition, denn wer sich vergangener Instanzen versichert, scheint sich der Gegenwart nicht grundsätzlich sicher zu sein. Damit verbunden ist auch der Aspekt der Ubiquität bzw. Singularität von Ereignissen. Wer universell operiert und universelle Legitimation beansprucht, kann sich selbst nur einen besonderen und vorübergehenden Platz innerhalb übergreifender Zusammenhänge zuschreiben. Zu beachten wäre weiterhin die Antinomie von biologischer und kultureller Gründung, d.h. von bloßer transpersonaler Generationenabfolge und autarker Selbstbestimmung der Generationen. Nicht zuletzt ist auch die Antinomie innerweltlich versus religiös/transzendent zu berücksichtigen.

Auf diese letzte antinomische Figur, innerweltlich versus religiös und umgekehrt, soll im nächsten Teil näher eingegangen werden. Am Beispiel Berlin wird das Hauptaugenmerk erstens darauf liegen, daß es bereits im Mittelalter in Herrschaftsgenealogien den Versuch gab, sich einem christlich-religiösem Sog zu entziehen, genuin adlige Ursprungsmythologeme zu etablieren und Adelsherrschaft bis ins Zeitalter des trojanischen Kriegs zurückzudatieren. In weiteren Abschnitten des Beitrags soll verdeutlicht werden, wie neuzeitliche Wissenschaft, die alle mythischen und religiösen Implemente hinter sich zu lassen glaubt, gerade im Modus von *theoria*, selbst im Bann von Ursprungslegenden steht und sie in *ihrem* Erkenntnishorizont aktualisiert.

5 Vgl.: Klaus Heinrich, Die Funktion der Genealogie im Mythos, in: ders., Parmenides und Jona. Vier Studien über das Verhältnis von Philosophie und Mythologie, Frankfurt/M. 1966, S. 11–28; vgl. auch: Emil Angehrn, Ursprungsmythos und Geschichtsdenken, in: Der Sinn des Historischen. Geschichtsphilosophische Debatten, hrsg. v. Herta Nagl-Docekal, Frankfurt/M. 1996, S. 305–332.

2. Mark Brandenburg I: Christlich-theokratisch oder antik-autokratisch?

Diese Fragen vorweg: Weil Ursprung und Genealogie gleich Herrschaft? Oder weil Herrschaft gleich Ursprung und Genealogie? Ein kürzlich erschienener Sammelband "Genealogie als Denkform in Mittelalter und Früher Neuzeit" läßt keinen Zweifel daran: Macht und Herrschaft schaffen sich ihre eigenen Ursprünge.[6] In der Mark Brandenburg standen Ursprungs- und Gründungsmythen jedoch unter einem besonderen Vorzeichen. Es gab keine kontinuierliche Herrschafts- und Erfolgsgeschichte der Mark, es gab, nachdem Mitte des 12. Jahrhunderts die Askanier dieses Gebiet ihrem Einflußgebiet einverleibten, alsbald politischen Verfall und Degeneration. Im Grunde kann man sogar von Anarchie sprechen – in dem Gebiet, das, um einen moderneren Terminus anzuführen, im Reich als Zonenrandgebiet galt. Ein Tiefpunkt war sicher Ende des 14. Jahrhunderts erreicht, als unter der Herrschaft der Markgrafen aus dem Haus Luxemburg die Mark vollends dem kriegerischen Griff von Kleinadligen und Raubrittern überlassen blieb. Vorerst gab es einen permanenten destabilisierenden Wechsel der Herrschaftsgeschlechter: Askanier (ab 1157), Wittelsbacher (ab 1323), Luxemburger (ab 1373), Hohenzollern (ab 1415). Unter anderem platzte in die Herrschaft der Wittelsbacher um 1350 der sogenannte "falsche Woldemar", der, als angeblicher Sproß der Askanier, plötzlich aus den Kreuzzügen zurückgekehrt, eine erhebliche politische und militärische Krise auslöste.[7]

Unter diesen unübersichtlichen Bedingungen entwickelte sich in Berlin kein ausgeprägter Totenkult zur Zementierung von Genealogie. Erst spät, erst im 19. Jahrhundert, kann man davon sprechen. Vorher sah es nach einem bunten Leichenlotto aus: die Gebeine der Askanier waren über verschiedene Klöster der Mark verteilt. Wittelsbacher, Luxemburger und frühe Hohenzollern wurden in ihren über ganz Deutschland verstreuten Stammlanden bestattet. Im Jahr 1536 bestimmte der Hohenzoller Kurfürst Joachim II. zwar das als Schloßkirche eingerichtete Domstift zu Cölln als kurfürstliche Grablege. Aber der Leicheneigensinn ging weiter und eroberte mehrere verschiedene Plätze in Charlottenburg oder Potsdam.[8] Auch wenn man die sicher besonders heterogene und instabile Herrschaftsgeschichte der Mark außer Acht läßt: selbst die jeweils einzelnen sogenannten Herrschergeschlechter konnten und können keine homogenen Gebilde sein, auch wenn die feudale Ideologie hartnäckig die Fiktion des Gegenteils suggeriert. Bei analytischem Blick erweist sich, daß jedes Geschlecht in actu die Tatsache eines homogenen Sets permanent dementiert. Hält man sich allein an das Haus der Askanier, bemerkt man abstammungsgeschichtlich eine völlig normal-unübersichtliche Lage. Es handelt sich, wie bei allen anderen Dynastien auch, um eine Patchworkfamilie. Unter den acht Urgroßeltern Albrecht des Bären, des sogenannten Gründers der Mark, befanden sich väterlicherseits und mütterlicherseits ein Magyare, eine Norwegerin, eine Polin. Woldemar, der letzte legitime Askanierfürst, hatte unter dem genealogischen Set von sechzehn Urgroßeltern acht Slawen, eine Magyarin, eine Dänin, zwei Romanen, drei Deutsche, eine Unbekannte.[9]

Es gab Abstammungslinien, Stammbäume. Aber sie waren reduktiv auf Einlinearität getrimmt. Die hartnäckige Annahme, ein bestimmtes Familienblut in eigenen Adern zu haben und weiterzutransportieren, erweist sich bei genauerem Hinsehen als Fiktion, die das Gegenteil gezielt verwischt. Es existierte keine biologische Familien- und Verwandtschaftskontinuität, außer die tatsächliche biologische Kontinuität von Eltern und Kindern, die wieder zu Eltern werden konnten. Die jeweils herausgestellte männliche Abstammungslinie – ein mögliches kulturelles Arrangement neben vielen möglichen anderen Systemen von Verwandtschaft und Genealogie – sollte diesem Dilemma begegnen, sollte erstens Kontinuität schaffen und zweitens

6 Vgl.: Genealogie als Denkform im Mittelalter und Früher Neuzeit, hrsg. v. Kilian Heck/Bernhard Jahn, Tübingen 2000.

7 Vgl.: Rainer Christoph Schwinges, Verfassung und kollektives Verhalten. Zur Mentalität des Erfolges falscher Herrscher im Reich des 13. und 14. Jahrhunderts, Sigmaringen 1987.

8 Vgl.: Olaf B. Rader, Denkmal, Gräber, Wunderblut. Gebrochenes Gedächtnis und Geschichte am Beispiel der Mark Brandenburg, in: Akkulturation und Selbstbehauptung. Studien zur Entwicklungsgeschichte der Lande zwischen Elbe/Saale und Oder im späten Mittelalter, hrsg. v. Peter Moraw, Berlin 2001, S. 391–413.

9 Vgl.: Adolf Hofmeister, Die Ahnentafeln der Markgrafen von Brandenburg von den Askaniern bis zu den ältesten Hohenzollern als allgemeine Geschichtsquelle, in: Forschungen zur Brandenburgischen und Preußischen Geschichte, 33.1 (1920), S. 1–87, hier: S. 20f.

die genealogische Kluft von Ursprung und Ursprungsentfernung nivellieren. Dieses Arrangement vermochte es, unter Vorspiegelung natürlich-biologischer Evidenz eine kulturelle Konvention als Faktum zu etablieren. Letzteres schuf das erstere, nicht umgekehrt. Aber selbst innerhalb seiner eigenen Logik dementiert sich die Fiktion biologischer Kontinuität und Immanenz. Schon jede einfache Generationenfolge von Vater zu Sohn baut auf den Kompromiß des biologischen und blutmäßigen Halbparts. Und geht man weitere Schritte zurück, summieren und potenzieren sich diese Halbierungen. Bei genauerem Hinsehen ist die Tatsache blutmäßiger Abkunft nichts anderes als der Prozeß seiner permanenten Selbstdividierung und Selbstaufhebung, der sich heroisch mit der Larve biologischer Kontinuität maskiert. Dieses Ideal genealogisch-biologischer Kontinuität hielt schon in der jeweiligen Ist-Zeit selbst kleinsten Nagelproben nicht stand. Die Wirklichkeit der zum Teil gewaltsamen Konkurrenz- und Aushandlungspraktiken, in denen unterschiedliche Akteure sich auf unterschiedliche Legitimationssysteme stützten, holte es beständig ein.

Von diesen inhärenten Antinomien einmal abgesehen, die für *jede* vermeintlich einlineare neuzeitliche Geschlechterfolge kennzeichnend ist – gerade, weil in der Mark Brandenburg Herrschaftsentwicklungen abbrachen, weil es Diskontinuitäten und einen permanenten Wechsel der Herrschaftsgeschlechter gab, machte es zusätzlich Sinn, an Ursprungsmythen festzuhalten bzw. sie zu etablieren. Denn, wie der Politikwissenschaftler Herfried Münkler an Gründungs- bzw. Ursprungsmythen herausarbeitete, sie leisten Unschätzbares: Loyalitätsreduktion, Komplexitätsreduktion, Kontingenzreduktion.[10] Um diesen Ansatz weiterzuführen: sie homogenisieren, was inhomogen ist, sie führen zusammen, was de facto nicht zusammengehört, sie organisieren Integration. Deshalb der bemerkenswerte Kult um das Gründungsgeschlecht der Askanier seit der Geschichtsschreibung der Renaissance. Diese Historiographie schuf rückwirkend einen starken zureichenden Grund, einen sicheren Boden – ein Brückenschlag von den Askaniern zu den Hohenzollern, der nicht zuletzt auch aktuellen Herrscherinteressen dienen konnte. Die Askanier, so der Grundbestand dieser Mythe, waren die glorreichen Eroberer der Mark. Ihr Ruhm überglänzte die Wirrnisse danach, sie hatten eine zivilisatorische Entwicklung begründet, die durch die mehrmaligen Herrschaftswechsel danach nicht grundsätzlich beeinträchtigt werden konnte. Askanier überstrahlten teleologisch das nachfolgende Wirrwarr. Es schien, als ob sie intentional eine Entwicklung eingeleitet hätten, die zwingend zur Hohenzollernherrschaft führte und die sich in ihr vollendete. Bezogen auf solche scheinbar gezielten Gründungen, die ein bestimmtes, später eingetretenes Ergebnis bewußt antizipiert und aktiv verwirklicht hätten, sprach Edward Said von "transitive beginnings". Ihnen gegenüber steht die nüchterne Realität der permanent offenen, nichtteleologischen Geschichte, charakterisiert durch "intransitive beginnings".[11]

Der Kern dieser Askaniermythe war bereits in dynastischen Kämpfen des Mittelalters entstanden, fast zur Ist-Zeit der Kolonialisation der Mark. Auch die Askanier definierten, wie fast alle anderen Dynastien des Mittelalters, die Abstammung ihres Hauses von Ascanius her, Sohn des Aeneas, des sagenhaften Gründers von Rom. Über die latinisierte Schreibform *Aschariae* – für Aschersleben, den anhaltinischen Stammsitz der Familie – ließ sich der Bogen zu *Ascania* schlagen, wie es wahrscheinlich erstmals eine Urkunde von 1323 praktizierte.[12] Somit war die Askanierherrschaft bis auf den sagenhaften Ascanius, bis auf den trojanischen Krieg zurückgeführt, in dessen Nachfolge sich Rom ja gründungsmythisch verankerte.[13] Insofern führte eine direkte

10 Vgl.: Herfried Münkler, Wirtschaftswunder oder antifaschistischer Widerstand – politische Gründungsmythen der Bundesrepublik Deutschland und der DDR, in: Der Wandel nach der Wende. Gesellschaft, Wirtschaft, Politik in Ostdeutschland, hrsg. v. Hartmut Esser, Wiesbaden 2000, S. 41–65, hier: S. 43f. Münklers fundierter Artikel zeichnet sich gegenüber positivistischen Fallsammlungen (vgl.: Geschichtsbilder und Gründungsmythen, hrsg. v. Hans-Joachim Gehrke, Würzburg 2002) durch theoretisch-methodische Reflexion seines Gegenstandsbereichs aus.

11 Edward Said, Beginnings. Intention and method (1975), 2. ed. New York 1995, S. 72f.

12 Vgl.: Matthias Springer, Die Kraft der Namen: Askanier und Anhalt, in: Die frühen Askanier. Protokoll der Wissenschaftlichen Konferenzen zur politischen und territorialen Herrschaftsgeschichte sowie den sozialen und kulturhistorischen Aspekten der frühen Askanier-Zeit, hrsg. v. Landesheimatbund Sachsen-Anhalt e.V., Halle 2003, S. 11–22, hier: S. 13f., 20.

13 Vgl.: Hans Jürgen Hillen, Von Aeneas zu Romulus. Die Legenden von der Gründung Roms, Düsseldorf und Zürich 2003. Archäologiegeschichtlich-mythengeschichtlich vgl.: Andrea Carandini, Die Geburt Roms (1997), Düsseldorf, Zürich 2002.

genealogische Linie von Troja über Rom in den Nordharz und bis in die Doppelstadt Berlin-Cölln.

Dieser Rekurs auf Troja war keine askanische Besonderheit, war locus communis damaliger Herrschaftslegitimation. Viele, sogar fast alle Herrscherhäuser im Mittelalter stützten sich aus ganz verschiedenen Gründen auf diese Mythe Troja.[14] Sie ließen sogar per Auftragsarbeit entsprechende literarische Genealogien ausdrücklich erstellen bzw. fingieren.[15] Warum diese Attraktivität Trojas? Warum der gezielte Rekurs auf nicht nur nichtchristliche, sondern sogar gegenchristliche Traditionen? Das lineare religiös-geschichtsphilosophische Weltbild des Mittelalters, das, anders als antike Kreislaufmodelle, solche langen Kontinuitätsverläufe begünstigte, ist keine hinreichende Erklärung, selbst wenn es die Antike rückwirkend in das Schema einer Progressionslinie integrierte. Als wichtigster Faktor dieser Mythendisjunktion ist vielmehr die machtpolitische Konkurrenz Adel – Kirche anzusehen. In Einflußkämpfen mit kirchlichen Institutionen schuf Adelsherrschaft sich ihre Komplementär- bzw. gegenchristlichen Mythen oder hatte diese, wie etwa das Beispiel der Franken zeigt, im Anschluß an römische Vorlagen schon vor diesen gravierenden Konflikten entwickelt.[16]

Troja wurde, neben und vor dem religiös besetzten Jerusalem und trotz bestimmter unterschiedlich intensiver Wellen des Troja-Rückgriffs, die *number one* der gründungsmythischen Kartographie. Hätte es Wissen über die exakte Lage Trojas gegeben – das nach zwei starken Erdbeben nach dem 6. Jahrhundert allmählich in Vergessenheit geriet –, wären herrschaftliche Troja-Besuche zweifellos verbindlich gewesen und hätten die christlichen Pilgerreisen nach Jerusalem ausgestochen. Schon in der Antike gab es diese obligatorische Troja-Touristik, von Alexander über Cäsar, Augustus und andere bis hin zu Konstantin und darüber hinaus. Unter diesem Druck soll Konstantin der Große sogar erwogen haben, in Troja die neue christliche Welthauptstadt zu errichten.[17]

Auch vor diesem Vorzeichen enthielt der Hype um Troja unter wilhelminischen Bedingungen – Stichwort Schliemann – eine deutliche machtpolitische Komponente. Das 1938 posthum erschienene Buch Kaisers Wilhelm II. "Das Königtum im alten Mesopotamien" postulierte eine grundlegende kulturelle Kontinuität von Assur bis ins wilhelminische Deutschland.[18] Wilhelm II. – der unter anderem auch mit "Vergleichende[n] Zeittafeln der Vor- und Frühgeschichte Vorderasiens, Ägyptens und der Mittelmeerländer" hervortrat – nutzte für diese Kontinuitätslinie den abgeschliffenen Begriff des Erbes (nicht den der Genealogie). Das bezeugt einen endgültigen Wechsel der Kausalitätsebenen. Er postuliert keine genealogische, noch dazu einlineare Kausalität, sondern kulturelle Kontinuität von vermeintlichen dynastischen Ursprüngen der Zivilisation bis in die Ist-Zeit des Kaiserreichs und danach. Er demonstriert darüber hinaus *pars pro toto*, wie die Versicherung eines Ursprungs zwar mit Ursprungsentfernung erkauft ist, aber umgemünzt wird. Er wird aufgewogen mit bewahrender partieller Neubegründung innerhalb dieser Tradition, mit der Aspiration, nicht nur nachzufolgen, nicht nur zu bewahren, sondern auch konstruktiv weiterzuführen und fortzusetzen. Bloße Ursprungsversicherung wäre Selbstentmächtigung. Sie fungierte auch bei Wil-

14 Vgl.: Wolfgang Brückle, Noblesse oblige. Trojasage und legitime Herrschaft in der französischen Staatstheorie des späten Mittelalters, in: Genealogie als Denkform, S. 39–65; Beate Kellner, Zur Konstruktion von Kontinuität durch Genealogie. Herleitungen aus Troja am Beispiel von Heinrichs von Veldeke 'Eneasroman', in: Gründungsmythen – Genealogien – Memorialzeichen. Beiträge zur institutionellen Konstruktion von Kontinuität, hrsg. v. Gert Melville/Karl-Siegbert Rehberg, Köln, Weimar, Wien 2004, S. 37–59; dies., Ursprung und Kontinuität. Studien zum genealogischen Wissen im Mittelalter, München 2004.

15 Vgl.: Klemens Alfen/Petra Fochler/Elisabeth Lienert, Deutsche Trojatexte des 12. bis 16. Jahrhunderts. Repertorium, in: Die deutsche Trojaliteratur des Mittelalters und der frühen Neuzeit. Materialien und Untersuchungen, hrsg. v. Horst Brunner, Wiesbaden 1990, S. 7–198.

16 Vgl.: Arnold Angenendt, Der eine Adam und die vielen Stammväter. Idee und Wirklichkeit der Origo gentis im Mittelalter, in: Herkunft und Ursprung. Historische und mythische Formen der Legitimation, hrsg. v. Peter Wunderli, Sigmaringen 1994, S. 27–52.

17 Vgl.: Fabrizio Brena, Trümmerromantik als Touristenziel? Kaiserliche Troja-Besuche in Antike und Neuzeit, in: Troia. Von Homer bis heute, hrsg. v. Heinz Hofmann, Tübingen 2004, S. 101–117.

18 Vgl.: Wilhelm II., Das Königtum im alten Mesopotamien, Berlin 1938; vgl. auch: Olaf Briese, Aquarell – Ölbild – Fotografie. Jerusalemzüge deutscher Regenten im medialen Wandel, in: Von hier nach "Medium". Reisezeugnisse und Mediendifferenz, hrsg. v. Katrin Callsen/Regina Eickelkamp/Jörg Schäfer/Christian Berkemeier, Münster 2004, S. 59–79.

helm II. in einem Erwartungsfeld, in dem sich Ursprungsversicherung, Bewahrungsversprechen und Gründungsanspruch komplex überschnitten.

Vorläufig zusammengefaßt: Herrschaft in der Mark Brandenburg führte sich schon seit dem Mittelalter über das antike Rom zurück auf Troja. Adelsmacht erweiterte ihren Radius, löste sich dezidiert aus dem Bereich christlicher Legenden und der christlichen Kirche. Eine starke Konkurrenz Staat – Kirche fand in gründungsmythischen Konstrukten ihren Widerhall. In diesem Konkurrenzgefüge prägte politische Herrschaft ihre eigenen Ursprungsmythen aus.

3. Mark Brandenburg II: Stammesgeschichtlich, nationalistisch

Jede wirklich nationalistische Historiographie ist im Prinzip gegenadlig angelegt. Sie umfaßt Stammes-, Nations- oder sogenannte Rassegeschichte statt die Geschichte dominanter Herrschergeschlechter. Der wissenschaftliche Wert solcher Konstruktionen wie Stamm und Rasse steht hier nicht zur Debatte. Hier kommt es darauf an, daß diese Konzeptionen eine adlige Geschlechtergeschichte konterkarieren und eine Gegengeschichte fundieren.

Jede nationalistische Historiographie ist aber nicht nur gegenadlig, sondern, das muß nicht ausführlich begründet werden, implizit oder explizit auch gegenchristlich angelegt. Wenn eine solche Art von gegenchristlicher Historiographie sich im Kampf gegen die Konventionen des christlichen Abendlandes mitunter sogar legitimatorisch auf Barbaren stützt, geriert sie sich sogar gegenzivilisatorisch. Sie thematisiert vorübergehende Brüche, sie unterstellt illegitime religiöse Usurpationsperioden. Ziel ist, eine eigentliche Geschichte jenseits dieser Fremdgeschichte herauszuarbeiten.

Dieser *turn* hin zum Barbarentum erfolgte nicht erst in dubiosen Geschichtsbildern Ende des 19. Jahrhunderts, sondern spätestens seit der Renaissance. Seit der Renaissance in Deutschland etablierte sich, fußend u.a. auf eine verklärende Tacitus-Lektüre, ein stetiger Arminiuskult. Das war nicht nur ein für Renaissanceverhältnisse üblicher Personen- und Heldenkult, sondern war der Kult um andere kraftvolle Kultur- und Sittenformen überhaupt. Dieser sogenannte Barbarendiskurs war von Italien ausgegangen. Hintergrund war, angesichts der Bedrohungen durch das osmanische Reich – "Türkengefahr" –, kulturkritisch vor höfischer Überverfeinerung und Unnatürlichkeit der Renaissancekultur zu warnen. Diese Vorlagen wurden in Deutschland adaptiert, aber gezielt antipapistisch, nationalistisch und pro-germanisch gewendet. Zwei Figuren überschnitten sich dabei: einerseits die Entdeckung des Vorchristentums innerhalb der Antike durch den Humanismus und andererseits der anti-römische und anti-papistische Kampf der deutschen Reformatoren. Humanistische Antikenverehrung und reformatorisches Gegenchristentum gingen Hand in Hand. Martin Luthers Selbstbezichtigung als Barbar, die *Selbstaffirmation* barbarischer Eigenschaften, war nur ein bezeichnendes Beispiel. Sie war eingebettet in einen ganzen humanistischen bzw. reformatorischen germanischen Nationalismus *vor* dem Nationalismus seit 1500.[19]

Hervorzuheben ist, daß sich diese pro-germanische Orientierung in Deutschland auch antislawisch profilierte. Für gründungsmythische Diskurse im Raum Berlin-Brandenburg blieb das nicht folgenlos. Einerseits begrüßten Humanisten den einstigen Sieg der deutschen Kolonisatoren über die heidnische Bevölkerung, und einige feierten die Unterwerfung der Slawen im Prozeß der Kolonialisation der Mark als Ausrottung mit Feuer und Schwert. Am radikalsten verfuhr dabei sicher 1572 der brandenburgische Humanist Paul Creusing. Erst mit Vernichtung aller Wenden seien "Zucht und Ordnung in Gehorsahm" in der Mark eingekehrt, und – eine Wendung, die das adlige Abstammungsprinzip nach Blut pro-national ausweitete: "Also können die Einwohner dieser Landen sich rühmen, daß sie nicht wendisches, sondern teutsches Geblüthes sind".[20] Andererseits, und hier zeigt sich eine gründungsmythische Radikalisierung (denn um *Gründungs-*, nicht um Urzeugungsmythen handelt es sich hier): es wird eine direkte Kontinuität

19 Vgl.: Manfred Schneider, Der Barbar. Endzeitstimmung und Kulturrecycling, München, Wien 1997, S. 105ff.; Nationenbildung. Die Nationalisierung Europas im Diskurs humanistischer Intellektueller. Italien und Deutschland, hrsg. v. Herfried Münkler/Hans Grünberger/Kathrin Mayer, Berlin 1998.

20 Creusing, Chronicon Aller Regierenden Marggraffen und Churfürsten [...] (1572), zit. nach: Johannes Sziborski, Die Germanisierung der Mark Brandenburg in der märkischen Geschichtsschreibung des 16. Jahrhunderts unter dem Einfluß von Humanismus und Reformation, Phil. Diss. Gießen 1969, S. 108.

germanischer Besiedlung von Arminius, dem vermeintlich germanischen Gründer Berlins, bis zu den Askaniern unter Albrecht dem Bären angenommen. Letztere hätten das illegitime slawische Intermezzo beendet und die ursprüngliche germanische Gebietshoheit wiederhergestellt.

In der Tat erwähnt Tacitus in seiner Schrift "Germania" den Stamm der Semnonen, dessen Siedlungsgebiete nach dem Mathematiker und Geographen Ptolemaios zwischen Havel und Oder zu lokalisieren sind. Gestützt auf diese und andere Quellen postulierte deshalb der Humanist Nikolaus Leutinger Ende des 16. Jahrhunderts für Berlin eine direkte kulturelle – nicht genealogische – Brücke von Arminius bis hin zu Albrecht dem Bären.[21] Zu Leutingers Ehren ist zu sagen, daß er sich vieler kruder Nationalismen enthielt, durch die andere Humanisten in dieser Slawen- bzw. Wendenfrage hervortraten, etwa Ernst Brotuff, Wolfgang Jobst oder Paul Creusing. Diese und andere Humanisten gingen in der Frage nach Gründungen bzw. Ursprüngen übrigens noch viel weiter. Man kann von einem bizarren Gründungsgezerre sprechen. Nach Georg Sabinus – Schwiegersohn Melanchthons, Rektor der Universität Frankfurt, Gründungsrektor der Universität Königsberg – wären römische Kolonisatoren in der Mark schon im 5. vorchristlichen Jahrhundert tätig gewesen. Andreas Engel, ein weiterer aus dieser humanistischen Gilde, setzte das in zeitliche Parallele mit der Gründung Roms.[22] Das belegt, wie auch die Renaissancehumanisten den Anschluß an den dezidiert adligen Herrschaftstops "Rom" wahrten – an das antike, nicht das christliche, an das Rom, das sich gründungsmythisch von Troja herleitete.

Wie oben erwähnt, können Gründungsmythen auf Basis eines stabilen Kerns verschiedene variable Anschlußoptionen gewähren, und sie vermitteln Invarianz und Varianz innerhalb bestimmter Grenzen. Die nationalistische, stammesgeschichtliche Variante der *origo gentis* ließ Verbindungen zur Kirchenmythe der Missionierung heidnischer Gebiete ebenso zu wie zu der konkurrierenden Adelsmythe heroischer Landnahme. Vor allem ließen beide sich zu komplementären Bestandteilen einer National- oder Stammesgeschichte heranziehen, die, als Zentralmythe, imstande war, Periphermythen unter ihrem genuinen Vorzeichen zu integrieren.

4. Mark Brandenburg III: Die Mythen der Wissenschaft

Der bekannte Problemkomplex, ob Aufklärung "dialektisch" in Mythen und Mythologie umschlägt oder nicht, muß hier nicht diskutiert werden. Zumindest ist auf das bemerkenswerte Interesse aufklärerischer Diskurse an Ur-, Anfangs- und Gründungsereignissen oder -zuständen hinzuweisen. Mit Blick darauf konstatiert Hans Robert Jauss, Mythen des Anfangs seien als geheime Sehnsucht der Aufklärung anzusehen: Urvölker, Urhütte, Ursprache, Urreligion. In der Logik dieser Faszination stehe auch die Einführung des neuen Kalenders nach der Französischen Revolution, Gründungsakt par excellence.[23] Hinsichtlich Berlins, so ließe sich ergänzen, steht die bekannte wissenschaftliche Suche nach Gründungsurkunde und exaktem Gründungsdatum der Stadt in derselben Logik.

Die Suche nach diesem exakt belegbaren Gründungszeitpunkt ist nur *ein* wissenschaftliches Problem unter vielen, mit dem sich die Geschichtsschreibung seit der Aufklärung auseinandersetzt. Es geht in diesem Kontext auch um die Eckdaten der Markgrafschaft Brandenburg, in der die Doppelstadt sich befand. Dazu, nur als ein Beispiel, zwei jüngere landesgeschichtliche Publikationen von Autoritäten des Fachs: "1157 [...] gilt als die Geburtsstunde der Mark Brandenburg"; "Das Jahr 1157 kann als das Geburtsjahr der Markgrafschaft Brandenburg bezeichnet werden".[24] Zusätzlich zu dieser Suche nach dem Gründungsdatum der mittelalterlichen Stadt bzw. der Markgrafschaft, in der sie sich befand,

21 Vgl.: Leutinger, De Marchia [...] (1587), in: Sziborski, Die Germanisierung der Mark, S. 140.

22 Vgl.: Sabinus, De Brandeburgo Metropoli Marchiae [...] (1552); Andreas Engel, Annales, Marchiae Brandeburgicae [...] (1596), in: Sziborski, Die Germanisierung der Mark, S. 66, 151.

23 Vgl.: Hans Robert Jauss, Mythen des Anfangs. Die geheime Sehnsucht der Aufklärung, in: Macht des Mythos – Ohnmacht der Vernunft, hrsg. v. Peter Kemper, Frankfurt/M. 1989, S. 53–77.

24 Eberhard Bohm, Die Frühgeschichte des Berliner Raumes (6. Jahrhundert v. Chr. bis zum 12. Jahrhundert nach Chr.), in: Geschichte Berlins, Bd. 1, hrsg. v. Wolfgang Ribbe, München 1987, S. 3–135, hier: S. 129; Winfried Schich/Jerzy Strelczyk, Slawen und Deutsche an Havel und Spree. Zu den Anfängen der Mark Brandenburg, Hannover 1997, S. 9.

werden historiographisch nach wie vor andere Gründungsprobleme diskutiert: Hat es Slawen auf unmittelbarem Gebiet der Kernstädte Berlin bzw. Cölln gegeben? Baute die christliche Stadt auf vorhandene slawische Siedlungen auf? Hatten diese wiederum germanische Vorläufer?

Darüber hinaus wird in größerer zeitlicher Perspektive u.a. gefragt: nach dem ersten menschlichen Relikt, nach dem ersten Siedlungsplatz, dem ersten Begräbnis, nach dem ersten Zeugnis bronzezeitlicher Verbänden sowie von Germanen oder Slawen – und hier ist der Punkt, wo womöglich gründungsmythische Überlegungen in ursprungsmythische umschlagen. Eine archäologische Publikation von 1977: "Wer waren die Urberliner? [...] Waren es Angehörige der in der letzten Eiszeit zugrunde gehenden Gruppe der Neandertaler oder aber Vorläufer des Homo sapiens, eines Menschentyps den wir als unseren direkten Vorfahren anzusehen haben?".[25] In dieser Logik vermerkt das neueste archäologische Standardwerk über Berlin: "Die ersten eindeutigen Nachweise menschlichen Lebens im Berliner Raum gehören in das 9. Jahrtausend v. Chr.", "Aus dem späten Abschnitt der mittleren Steinzeit stammen auch die ältesten menschlichen Skelettfunde aus dem Berliner Boden", "Die erste bäuerliche Kultur in Mitteleuropa, die sich entlang der fruchtbaren Lößgebiete ausbreitete, wurde nach der Verzierungsart ihrer Gefäße als Bandkeramik bezeichnet".[26]

Hier liegt auf der Hand: wissenschaftliche Periodisierung ist die zeitgenössische, kulturell erweiterte Form von Genealogie. Sie ist entpersonalisierte Genealogie, perspektivisch erweitert auf Siedlungsgruppen und ganze Kulturen. Ergebnis ist die heute gängige Unterscheidung von Steinzeit, Bronzezeit, Eisenzeit, letztere wiederum unterteilt in vorrömische und römische. Diese Unterscheidung, das sogenannte Dreiperiodensystem, war schon Mitte des 18. Jahrhunderts von verschiedenen Gelehrten ins Gespräch gebracht worden. Aber erst Mitte und Ende des 19. Jahrhunderts setzte sie sich durch. Epochemachend war hier – um mich selbst in einen gründungsmythischen Diskurs zu begeben – das Jahr 1836. In diesem Jahr traten voneinander unabhängig drei Gelehrte mit Vorschlägen zu diesem Dreierschema an die Öffentlichkeit: Christian Jürgensen Thomsen, Direktor des Altnordischen Museums in Kopenhagen, der Gymnasialprofessor Johann Friedrich Danneil aus Salzwedel in der Altmark und der Schweriner Archivar George Christian Friedrich Lisch.[27] Dieses Schema ist heute nach wie vor anerkannt, selbstredend gab und gibt es Verfeinerungen und Präzisierungen für unterschiedliche Regionen.

Bei neuen Ursprungskontroversen wie denen über In- oder Out-Theorien bezüglich der Herkunft steinzeitlicher Menschen (*in Europe* versus *out of Africa*) wird noch deutlicher als bei bloßen Periodisierungen: es handelt sich um ursprungsmythisches Denken im Gewand von Wissenschaft. Neuerdings wandern diese ursprungsmythischen Kompetenzen vor allem zum Fach Archäologie. Es ist in besonderer Weise dazu prädestiniert, und auch das forciert seinen Kultstatus. Aus mehreren Gründen hat sich dieser Status eingestellt. Archäologie spürt nicht nur Vergangenheiten nach, sondern ältesten Spuren der Vergangenheit.[28] Sie präsentiert mit der Aura des Authentischen behaftete materiell-dingliche Artefakte, rekurriert also auf etwas scheinbar Untrügliches, auf kulturelle *hardware*. Und sie geht alten und uralten sozialen Wunschvorstellungen, Imaginationen und Obsessionen mit Mitteln modernster Technologie nach und schlägt auf diese Weise einen zukunftsträchtigen Bogen von ambitioniertesten Verfahren der Gegenwart zu ältester Vergangenheit. Aber diese Kultdisziplin belegt auch: Wissenschaft bezieht ihre Evidenz aus dem performativen *looping*, daß die Rekonstruktion der Quellen die Quellen selbst schafft. Wissenschaft schafft Evidenzen. Den Makel ursprungsmythischen Denkens kann sie den-

25 Adriaan von Müller, Berlins Urgeschichte. 55000 Jahre Mensch und Kultur im Berliner Raum, 3. Auflage Berlin 1977, S. 18.

26 Uwe Michas, Spurensuche in Berlin. Ein archäologischer Stadtführer, Berlin 2003, S. 17, 18, 20.

27 Vgl.: Ernst Petersen, Ein Beitrag zur Geschichte des Dreiperiodensystems, in: Nachrichtenblatt für deutsche Vorzeit, 8 (1932), S. 167–169.

28 Vgl.: Knut Ebeling, Die Mumie kehrt zurück. Zur Aktualität des Archäologischen zwischen Philosophie, Kunst und Technik, in: Weimarer Beiträge, 48 (2002), S. 273–289; ders., Die Mumie kehrt zurück II. Zur Aktualität des Archäologischen in Wissenschaft, Kunst und Medien, in: Die Aktualität des Archäologischen in Wissenschaft, Medien und Künsten, hrsg. v. Knut Ebeling/Stefan Altekamp, Frankfurt/M. 2004, S. 9–30.

noch nicht verwischen. Wissenschaft – auch Naturwissenschaft[29] – ist nicht nur beständiger ursprungsmythischer oder ursprungstheoretischer Versuchung ausgesetzt, sondern, noch präziser: sie unterliegt offenbar einem unhintergehbaren ursprungsmythischen Fatal.

Ein Fatal? Gibt es keinen Ausweg daraus? Nein, es gibt keine Wissenschaft neben der Wissenschaft. Sie ist nicht zu überholen, zu überbieten oder zu unterbieten. Wissenschaft ist Wissenschaft und ein mit gutem Grund institutionalisiertes Verfahren von Welterklärung und Weltveränderung. Was erreicht werden kann ist, wissenschaftliche Verhärtungen, Fixierungen und Substantialisierungen abzubauen. Eine kritisch-methodische Selbstreflexion von Wissenschaft hat zum Standard eines jeden Fachs zu gehören. Unter anderem auch dadurch läßt sich vermeiden, daß heuristische Periodenbegriffe zu Substanzbegriffen erstarren und ein Rollentausch von Bezeichnetem und Bezeichnendem eintritt. Periodisierungsbegriffe sind Funktionsbegriffe, keine Substanzbegriffe. Das, was sie leisten und nicht leisten, in welchem Kontext sie dienen und nicht dienen, unter welchem Erkenntnisinteresse sie eingeführt oder abgewiesen werden, ist auch im wissenschaftlichen Tagesgeschäft idealerweise selbstreflexiv präsent zu halten. Die Frage nach der tatsächlichen juristischen Inauguration der Stadt bzw. Doppelstadt schrumpft zu einem punktuellen Marker auf einer Achse multiversaler zeitlicher Kontinuität, bzw. sie markiert eine jeweilige Zeitschicht neben divergierenden oder komplementären anderen Schichten.[30] Dennoch gibt es immer wieder die wissenschaftliche Versuchung, das historische Gemenge, den gordischen Knoten Geschichte gründungsmythisch oder gründungstheoretisch zu zerteilen. Welche gewollten oder ungewollten herrschaftslegitimen Muster inhaltlich darin eingehen und damit perpetuiert werden, kann hier nicht thematisiert werden. Die gründungsmythische Versuchung selbst steht zur Disposition. 1880 hielt ein Berlin-Historiker ahnungsvoll fest, von Berlin könne man "mit gutem Gewissen sagen: Es ist überhaupt nicht gegründet. Es hat keinen Romulus und Remus. Es kennt nicht seinen Ursprung".[31] Das bietet eine ebenso skeptische wie plausible historiographische Basis. Die Stadt kennt ihren Ursprung nicht, weil sie keinen besitzt.

29 Vgl.: Genealogie und Genetik. Schnittstellen zwischen Biologie und Kulturgeschichte, hrsg. v. Sigrid Weigel, Berlin 2002; Generation. Zur Genealogie des Konzepts – Konzepte von Genealogie, hrsg. v. Ohad Parnes/Ulrike Vedder/Stefan Willer/Sigrid Weigel, München 2004.

30 Vgl.: Reinhart Koselleck, Zeitschichten. Studien zur Historik, Frankfurt/M. 2003, S. 25f., 217f.

31 Karl Braun-Wiesbaden, Von Berlin nach Leipzig. Reichs-, rechts-, wirthschafts- und kulturgeschichtliche Plaudereien, Leipzig 1880, S. 111.

Die traditionellen äthiopischen Königslisten und ihre Quellen[1]

Manfred Kropp

Doch, sie sind es, die Äthiopier, Pedanten!

Diesen vielleicht überraschenden Satz stelle ich einmal so voran – nicht um in zaghafter Weise und am ungeeigneten Verb *sein* einen neuen Abschnitt der deutschen Sprachgeschichte mit der Einführung einer objektiven Konjugation und der ansonsten bei Sprachen selten zu beobachtenden Satzstellung Verb-Subjekt Objekt zu markieren, sondern um eine gängige Vorstellung über südliche, gar afrikanische Völker von Ichvergessenheit, Lässigkeit, gar Schlamperei zurechtzurücken. Die Äthiopier waren von Anfang ihrer bezeugten Geschichte an pedantische Verwalter, sagen wir es pfälzisch derb: Erbsenzähler.[2]

1 Am 29. 4. 1993 hielt ich im Rahmen der Ringvorlesung "Historische und kulturelle Beziehungen im nordostafrikanischen Raum" des IAK Nordostafrikanisch/Westasiatische Studien der Universität Mainz den Vortrag "Die traditionellen äthiopischen Königslisten und ihre Quellen". Für viele sachdienliche Hinweise damals bei der Ausarbeitung, besonders auf dem Gebiet der Ägyptologie, danke ich Herrn Kollegen Rolf Gundlach und Frau Silke Roth. Vor nun über zwei Jahren sprach mich Martin Fitzenreiter auf diese Arbeit an, von der er den Text des Manuskripts erhalten hatte. Aus der längeren Diskussion zwischen uns beiden darüber erfolgte nicht nur die Einladung zu dem Berliner workshop. Deren und dessen Ergebnisse änderten auch mein Urteil über die Ras-Täfäri-Liste, die ich als Heruy-Liste Nr. 1 erweisen konnte. In die letzte Redaktionsphase fiel die detektivische Suche nach der von Heruy angegebenen Quelle "Moräyä, 1. Buch S. 237", an der sich Martin Fitzenreiter and Christian Heitz (Archäologie, Heidelberg) mit großer Hingabe und großem Fleiß beteiligten. Wenn sie auch noch nicht die genannte Quelle identifizieren konnte, so förderte sie doch vieles und wesentliches Material aus den ägyptologischen Fachbibliotheken in Berlin und Heidelberg zutage, das Licht auf die Literatur wirft, die Heruy damals ab 1920 in Addis Abeba zur Verfügung gestanden haben dürfte. Zugleich weitete sich die Fragestellung auf den geistigen Hintergrund und Horizont von Heruy Wäldä-Sellase und machte den Blick frei für die große und eigenständige Leistung im Entwurf eines äthiopischen (afrikanischen) Geschichtsbilds unter kreativer Einbeziehung der eigenen Tradition und der westlichen Moderne. Dies wird Gegenstand einer weiteren Untersuchung werden. Allen genannten, wie auch einigen ungenannten Partnern bei dieser Arbeit danke ich herzlich für ihre Hilfe.

So ist einer der traditionellen Fürstentitel des äthiopischen Reiches der *sahafe-lam*,[3] der "Rinderzähler und -schreiber", zur Festsetzung der in Naturalien oder Vieh zu entrichtenden Steuer. Hier liegt, zumindest an der Oberfläche, eine der Parallelen, ohne daß es für den betreffenden Fall weitere zu benachbarten semitischen Kulturen oder Sprachen gäbe, zu ägyptischen Bezeichnungen oder Einrichtungen, deren weitere wir, zur Freude von Ägyptologen, noch kennenlernen werden. Auch der Titel für den König kommt nicht, wie bei allen anderen semitischen Sprachen von der Wurzel √MLK (*malik, melek* usw.) sondern von dem prosaischeren semantischen Feld der Wurzel √NGS, der man den spezifischen Sinn "schlagen, bedrängen, Steuer auferlegen" geben kann: *negus*, bzw. *negasi*, uns bekannt im Titel *negusa nagast* "König der Könige" für Haylä-Sellase, den vorläufig letzten Monarchen des der Tradition nach seit Menilek I., dem Sohne Salomons und der Königin von Saba, ununterbrochen in Äthiopien herrschenden Geschlechts.

Die Pedanterie der Äthiopier zeigt sich nicht nur in ihrer zu ausgeprägter Symmetrie und Häkchenarbeit neigenden Schrift, einem Pseudo-Syllabar von über 350 Zeichen – Symmetrie, die einem oft gehörten ästhetischen Urteil zufolge, das ich aber so nicht ohne weiteres teilen möchte, ein untrügliches Zeichen mangelnden Geschmacks ist. Sie zeigt sich auch darin, daß von Anfang an in ihrer schriftlichen Hinterlassenschaft die Gattung *Liste* – sei es nun die Aufzählung von Brot- und Bierrationen für Arbeiter oder die getöteter Feinde oder entlassener Kriegsge-

2 Zu ähnlichem Urteil kam schon Theodor Nöldeke 1913 : 696: "In der genauen Zählung der Beutetiere, der getöteten und gefangenen Feinde, öfters mit Additionen, zeigt sich eine eigentümliche Pedanterie". Ich darf hinzufügen "liegt der besondere Reiz für den Sozial- und Wirtschaftshistoriker".

3 Die Umschrift der äthiopischen und anderer Wörter semitischer Sprachen ist hier auf das im lateinischen Alphabet ohne diakritische Zeichen Darstellbare vereinfacht. Dabei wurde versucht, dem deutschen Leser eine angenäherte Aussprache zu vermitteln. Der Fachmann wird das Original leicht erkennen und rekonstruieren können.

fangener, aber auch von Fleisch- und Bierrationen für Opferfeste oder Bankette – eine wichtige Rolle gespielt hat. Hier einige Beispiele: Inschrift auf Schiefersteinen von Safra, vielleicht 3. Jhdt. v. Chr., mit nicht ganz deutbaren Opferanweisungen;[4] die Stele von Anza, wo die Entlohnung für den Transport der Säule für 15 Tage in Brot und Bier angegeben ist – hier vermißt der kundige und bürokratisch geschulte Pedant freilich die Angabe der Zahl der Arbeiter, ohne die das ganze seine "tarifliche" Aussagekraft verliert.[5] In einer Inschrift des Königs Ezana von Aksum aus 4. Jhdt. n.Chr. vermerken wir mit Genugtuung, daß der König 4 Völkerschaften, einen König mit zwei Kindern gefangen nahm, 503 Männer und 202 Frauen tötete, was zusammen 705 macht; weiterhin waren Gefangene Männer und Weiber des Trosses , an Zahl Männer 40, Frauen und Kinder 165, was zusammen 205 ergibt; er erbeutete 31.900 und 57 Rinder; Lasttiere aber 827; und wohlbehalten kehrte zurück.[6]

Eine Ausfeilung und Präzisierung der Verwaltungskunst wird in den Anweisungen des königlichen Hoflagers im Mittelalter erreicht – Fortschritt in der Geschichte läßt sich ja auch von Leuten meiner Denkungsart nicht immer ganz leugnen: hier gelang es, ein mobiles Hoflager von ca. 30.000 Personen für Marsch, Ab- und Aufbau des Lagers und dessen Verpflegung in einer pedantischen Mustergültigkeit zu organisieren, die auch einen preußischen Manöverbeobachter alten Stils überzeugt hätte.[7] Erhalten sind z. B. die Dienstanweisungen für den Lageraufbau und die Anlage der Latrinen; auch Appetitlicheres wie Speisen[8] und Rationen für das königliche Bankett: über 30 Lieferanten haben in penibel festgelegter Weise für zwei aufeinanderfolgende Tage für 12 verschiedene Lieferungen in bis zu 1000 Rationen zu sorgen. Sie werden verstehen, daß bei der ansonsten nur für literarische Zwecke gebrauchten Sprache, dem Ge'ez, dem Mittellatein Äthiopiens, der Wortschatz schlicht versagt und in solchen Texten eine Menge höchst interessanter Vokabeln der Umgangssprache, vielleicht sogar zu präzisieren als eines Fachjargons der Hofbeamten, zu finden ist, die aber leider oft dunklen Sinnes sind.[9] Der Kompliziertheit der bürokratischen Materie entsprechen bruchlos die bezeugten Streitereien um Einzelheiten der Hofordnung.[10]

Zur weiteren Belegung fortgeschrittener Pedanterie könnte man anführen die Lust an Inventaren und Bücherverzeichnissen, die allenthalben als Glossen und Beischriften in Kodices von Kirchen und Klöstern zu beobachten ist[11] – ob die jeweiligen Zahlen und Additionen immer stimmen, ist eine andere Frage – ungeschickterweise hatte man bei aller Detailverliebtheit, die in der Silbenschrift zum Ausdruck kommt, vergessen, die Zahlzeichen genügend von Buchstaben und z.T. auch untereinander zu differenzieren;[12] doch kann man dies auch als die Aufforderung zu weiteren Bemühungen werten – und, was Summen angeht, so scheint es damit beim Finanzgebaren mancher moderner Staaten auch nicht viel besser zu stehen als im mittelalterlichen Äthiopien.

So ist es dann keine Frage, daß es in der äthiopischen Tradition auch andere Listen gibt, in schriftlicher wie mündlicher Form, die dann mehr dem Beleg und Nachweis von Kontinuität in Raum und Zeit dienen, der natürlich letztlich mit der Freude am Sammeln und Zählen verbunden ist.

4 RIE 183; Drewes 1962 : 30-64.

5 RIE 218; Drewes 1962 : 65-68; Kropp 2005 (im Druck).

6 RIE188; DAE 10; eine ähnliche Aufzählung in DAE 11.

7 Überzeugt hat dies in jedem Fall portugiesische Beobachter der Zeit, die uns darüber detailliert berichten: Alvarez, Castanhoso, schließlich Paez; vgl. dazu zusammenfassend Pankhurst 1983; eine Schilderung der – praktisch noch gleichen – Verhältnisse zur Zeit Menileks II. bei Guébré Sellasié 1930 : 389 ff.

8 Den Vegetarier begeistern hier die Aufzählung von zahlreichen Gemüse-, Salat- und Kräutersorten, dies umso mehr als sich diese Vielfalt in der modernen äthiopischen Kücher verloren zu haben scheint, in der nun definitiv Fleisch den Ton angibt.

9 Vgl. zu dieser Bankett- und Hofordnung Kropp 1988.

10 Vgl. einen ausführlich geschilderten Streitfall des 15. Jhdts. mit anschließendem Prozeß und königlichem Urteil bei Kropp 2005a (im Druck) und zu einer Serie ähnlicher Streitfälle aus dem 18. Jhdt bei Kropp 2004.

11 Hier genügt ein Blick in die Indices von Handschriftenkatalogen unter "inventories" o.ä. Handelt es sich um Inventarverzeichnisse von liturgischem Gerät und Gewändern sowie sonstiger Kirchenausstattung, so geben diese auch sprachlich wertvolle Hinweise auf Realien, aber auch Handelsbeziehungen (meist handelt es sich um Importgüter) der Zeit. Handelt es sich um Bücherverzeichnisse, so können wir uns ein Bild davon machen, was an zumeist theologischem Schrifttum an Bibliotheken der betreffenden Institutionen zur Verfügung stand, mithin auch die Grundlage der Ausbildung der Kleriker darstellte, womit auch der geistige Horizont der Zeit zu bestimmen ist.

12 Die Einfassung der Zahlzeichen durch horizontale Strichlein oben und unten ist relativ jungen Datums.

Da ist zum einen der Nachweis der biologischen Kontinuität in der Familie, mit dem Anspruch der Aufrechterhaltung persönlicher Eigenschaften und Qualitäten (im Blute) und daraus resultierenden materiellen und politischen Ansprüchen auf Macht und Besitz, der sich materiell in genealogischen Listen und Stammbäumen[13] niederschlägt. Zum anderen zählt hierzu der Nachweis der politischen, kulturellen und sozialen Kontinuität im Bestand der Gemeinschaft, des Staates oder Reiches, und seiner Lenkung. Er drückt sich aus in Bestandsverzeichnissen des Reiches, seiner Provinzen (mit allfälligem Steueraufkommen und Gerichtskompetenz nebst Gebühren, denn das Ideelle sollte man nicht übertreiben). Und er drückt sich aus in den Listen der Herrscher des Reiches, die auch im Wechsel der Dynastien doch in der fortlaufenden Zählung der Herrschernamen die Kontinuität der Herrschaft belegen. Diese sind entweder Keimzelle der schriftlichen Gestaltung der historischen Erinnerung einer Gemeinschaft, eine Art *aide-mémoire* zunächst, das durch die mündliche Erinnerung und Überlieferung aufgefüllt wird, oder sie sind, ähnlich wie unser Plötz, Auszüge aus einer schon existierenden, entwickelten Historiographie. Auf die notwendigen "Hilfsmittel" wie etwa einen funktionierenden Kalender, und unverlierbare Eckdaten der Geschichte usw. kann ich nur hinweisen. Sie sind im Rahmen einer christlichen Kultur festgelegt,[14] allerdings durch ein typisch äthiopisches, zyklisches Zeitbewußtsein ergänzt.

Auch auf geographische Verzeichnisse will ich hier nicht eingehen, so wie sie das traditionelle Landrecht, auf dem Land lastende *servitudes* bzw. bestehende Privilegien anzulegen erforderten. Ich will lediglich das Stichwort nutzen, Sie in einer *tour de force* durch dreitausend Jahre äthiopischer Geschichte im nordostafrikanischen Raum zu zwingen: Der Ursprung des Reiches liegt im Norden bei den Häfen des Roten Meeres; erstes städtisches Zentrum war Aksum, das noch in Äthiopien im heutigen staatlichen Sinn liegt; aber viele Klöster und Zentren der frühen äthiopischen Christenheit befinden sich im jetzigen Eriträa. Aksum, das antike Zentrum (ab dem 3. Jhdt. n.Chr.), findet unter unbekannten geschichtlichen Umständen sein Ende in dunklen Jahrhunderten: im Lichte der Geschichte steht dann wieder die Dynastie der Zagwe weiter im Süden in Lasta, Lalibala (Felskirchen) ca. 10-13. Jhdt. Diese Zeit heiliger Könige und kultureller Blüte, aber angesehen als Usurpation, geht über in das Reich der Amharen mit Yekuno-Amlak (1270 n.Chr, ein Eckdatum der Tradition). Diese *Salomoniden*,[15] ethnisch gesehen Amhara, stammen aus dem heutigen Wollo, nochmals weiter im Süden, von Lasta und Aksum aus gesehen; das Reich als ideele Kontinuität setzt die Südbewegung in Christianisierung und Verstaatlichung fort bis nach Shoa, wo die heutige Hauptstadt Addis Abeba, eine Gründung des späten 19. Jhdts. liegt. Die christliche Expansion und Durchdringung des Hochlands wird im 16. Jhdt. aufgehalten durch die muslimischen Invasoren aus Südosten und Führung Ahmed Grañs und den Einbruch – p.c. Wanderbewegungen der Oromo-Völker. Dies bringt zunächst den Verlust von Schoa und großen Teilen des Südens des Reiches. Das Rest- und Rumpfreich organisiert sich in der neuen Hauptstadt Gondar; auf erste kraftvolle Herrscher im 17. Jhdt., die eine Reconquista der verlorenen Gebiete einleiten, folgt die staatliche Zersplitterung in einer *Zeit der Richter* (18. bis 19. Jhdt.); eine Desintegration, die erst unter dem – und das ist nicht untypisch – Usurpator Tewodros II. Mitte des 19. Jhdts. beendet wird. Menilek II.,[16] Sproß des schoanischen Fürsten-, später Königshauses, gelingt es, die Unabhängigkeit des Landes in das 20. Jhdt. zu transferieren, im Gegensatz zu dem kolonialen Afrika, das Äthiopien umgibt.

---

13 Solche sind als graphische Darstellung selten; meistens handelt es sich um durchlaufenden Text. Wählt man eine graphische Darstellung, so ist es die von Generationsringen, ähnlich den Jahresringen eines Baumes; z.B. die Darstellung der Nachkommen des schoanischen Königs Sahlä Sellase, Großvaters von Menilek II. bei Matämä Sellase Wäldä Mäsqäl 1972.

14 Hier wirkt, als Element der gemeinsamen orientalisch-christlichen Kultur und universalen Geschichtsbilds, letztlich Sextus Julius Africanus bis ins 20. Jhdt. hinein weiter.

15 Die Bezeichnung ist definitiv nicht äthiopisch, u.U. von Humanisten, Vittorio Mariano (?), geprägt worden. Eigenbezeichnungen sind Israel, Thron und Reich Davids, Zion. Salomo ist sicherlich neben der Königin von Saba mythologischer Ahnherr, aber er ist, abgesehen von der Gründungserzählung, wie sie etwa im Kebrä Nägäst erzählt wird, eine eher blaße Figur in der historisch-politischen Tradition, die Dawid bei weitem überstrahlt. So ist kennzeichnend, daß in den legendären Königslisten verschiedene Davide auftauchen, kein Salomon.

16 Nicht von ungefähr schon vom Namen her der programmatische Rückgriff auf die legendären Ursprünge des Reiches, wie so oft in der Geschichte, verbunden mit zukunftsgewandter Modernisierung.

Sein Enkel Lijj Iyasu wird während des 1. Weltkriegs wegen Affinität zu den Achsenmächten und zum Islam abgesetzt; es folgt, und damit sind wir schon in der Zeit der Entstehung der *Ras-Täfäri*-Liste, die Regentschaft der "Königinmutter" – zumindest der Generation nach, in Wirklichkeit war sie die Tante des letzten Monarchen – Zauditu, die in Teilung der tatsächlichen Macht mit zwei fähigen und entschlossenen Männern, Habta Giyorgis und Ras Täfäri Mäkonnen, regierte, wobei letzterer schon als Thronfolger *alga wärash* benannt war.

Thronfolger *alga wäras*: eigentlich Bett-Erbe: Das Bett gilt in seiner Form, ein Holzgestell mit Lederriemen als Rost, als wichtiges Beispiel für materiellen ägyptischen Kultureinfluß; die jemenitisch-arabische Welt kennt es so nicht. In der Kirche von Abreha und Asbeha in Tigre wird das Bett, d.h. das Thronbett des Königs Kaleb (6. Jhdt.) aufbewahrt. König Sahlä Sellase von Schoa ist in einem zeitgenössischen Stich auf seinem Thronbett mit den Geschenken des Bürgerkönigs Louis Philippe dargestellt, noch einmal – in seiner Banketthalle "bettend" – ich erinnere dazu an die oben erwähnten Speiselisten. Der Tisch wird, zumindest sprachlich, gleich doppelt zu hellenistischer Zeit in den äthiopischen Kulturraum übertragen (*ma'ede, tarapeza*).[17] In ferner Vergangenheit, vielleicht in einer neolithischen Koiné des ostafrikanischen Raums, steht der Ursprung des gemeinsamen Pflugs: der traditionelle äthiopische Pflug hat die größte Ähnlichkeit mit dem altägyptischen; Hamito-Semitisten sehen das Wort für Pflügen als gemeinsames Erbgut an, wie viele andere landwirtschaftliche Begriffe. Auf die äthiopischen Verhältnisse übertragen heißt das: nicht erst semitische Siedler und Kolonisten brachten unbedarften Hamiten in Äthiopien im 1. Jtd. v.Chr. die Landwirtschaft bei; sie stießen dort auf eine hochentwickelte Kultur, der sie nur Akzente verleihen konnten, in dem Maße freilich, wie wohl auch sie von ihr Neues empfingen. Auf Sistrum und Kreuz, auf die Schilfboote im Tana – oder Zway-See – alles Dinge, die vergleichbaren ägyptischen Erzeugnissen ähneln - kann ich hier nicht mehr eingehen, wie auch nicht auf weitere Sprachvergleiche.

Wir müssen zu den Listen zurück, und dazu nehmen wir eine Genealogie, genauer die einer adligen Familie aus Süd-Schoa, Wallaqa (Nebenfluß des Jimma), die eine dunkle Zeit beleuchtet. Die Adelsfamilien der Amharen, die das neue Reich, beginnend wohl im 18. Jhdt., bauten, hatten oft empfindliche Lücken, Schwierigkeiten zu beweisen, wie sie eigentlich, nach der islamischen und Oromo-Invasion, mit dem alten Adel des Reiches vor 1550 n.Chr. verwandt waren. Doch diese hier hat einen einwandfreien Stammbaum (siehe Abb. S. 25)[18]

Grundelemente: Weibliche und männliche Ahnen sind, fast, gleichberechtigt; wenn es sich um Töchter von Königen handelt, mit Sicherheit. Es gibt ambilineare Erbfolge. Wir wollen den sicheren, historischen Teil nur beeindruckt anschauen – Haylä Sellase hätte ihn mit Neid studiert – : wichtiger für uns ist, wie der Stammbaum über die historisch einwandfrei bezeugte Zeit hinausgeführt wird, in unvordenkliche Zeiten: durch Personifizierung von Grundelementen des eigenen historischen Bewußtseins; hierzu zwei Textteile des gleichen Stammbaums, deren erster die Tabelle nicht wiedergibt (siehe Abb. S. 26)[19]

Der König von Rom verkörpert die Idee der Kontinuität des Reiches, der Herleitung von den Weltreichen (ich erinnere an Manis Kephalaia und entsprechende Weltreichsvorstellungen bei den frühen Omayyaden): als Name wird einfach eine Doppelung eines späteren Ahnennamens gewählt: Sahl-Wärba ("Geschenk der Gnade"). Bazen, Abreha und Asbeha sind die Namen des äth. Königs z. Zt. Christi, bzw. der Könige, die das Christentum eingeführt haben. Auch hier ist eine einfache Namensübertragung, die nicht – gemeinte – Identität bedeutet, das Mittel, die zweite Säule der Reichs, das Christentum anzudeuten. Man beachte die Zusammenstellung äthiopischer und fremder Namen. *Aus dem Hause Levi* spielt auf die dritte Säule äthiopischen Geschichtsverständnisses an: Herkunft von Israel, David und Salomo; der Adel von den Leviten, die die Bundeslade und ihren Entführer nach Äthiopien, Menilek I., begleiteten, spielte immer eine große Rolle, in die-

17 Vgl. Kropp 2004.

18 Entnommen aus Kropp 1989 Tafel 14 und S. 193.

19 Es sei hier gesagt, daß in der Regel die Stammbäume, auch schriftlich, als fortlaufende Texte wiedergegeben werden. Die Veranschaulichung durch Graphiken (Stammbäume) ist in den Hss. unbekannt. Die einzelnen Linien werden in jeweils getrennten Absätzen verfolgt. Für das im wesentlichen optisch geprägte moderne Leseverständnis erschließt sich der Zusammenhang zumeist erst in der Übertragung in Einzelgraphiken und deren endliche Zusammensetzung. Hier funktioniert das auf mündliche Übertragung und reines Wort trainierte traditionelle Gedächtnis einfach anders.

Genealogie des Hauses Wäläqa (im Auszug)

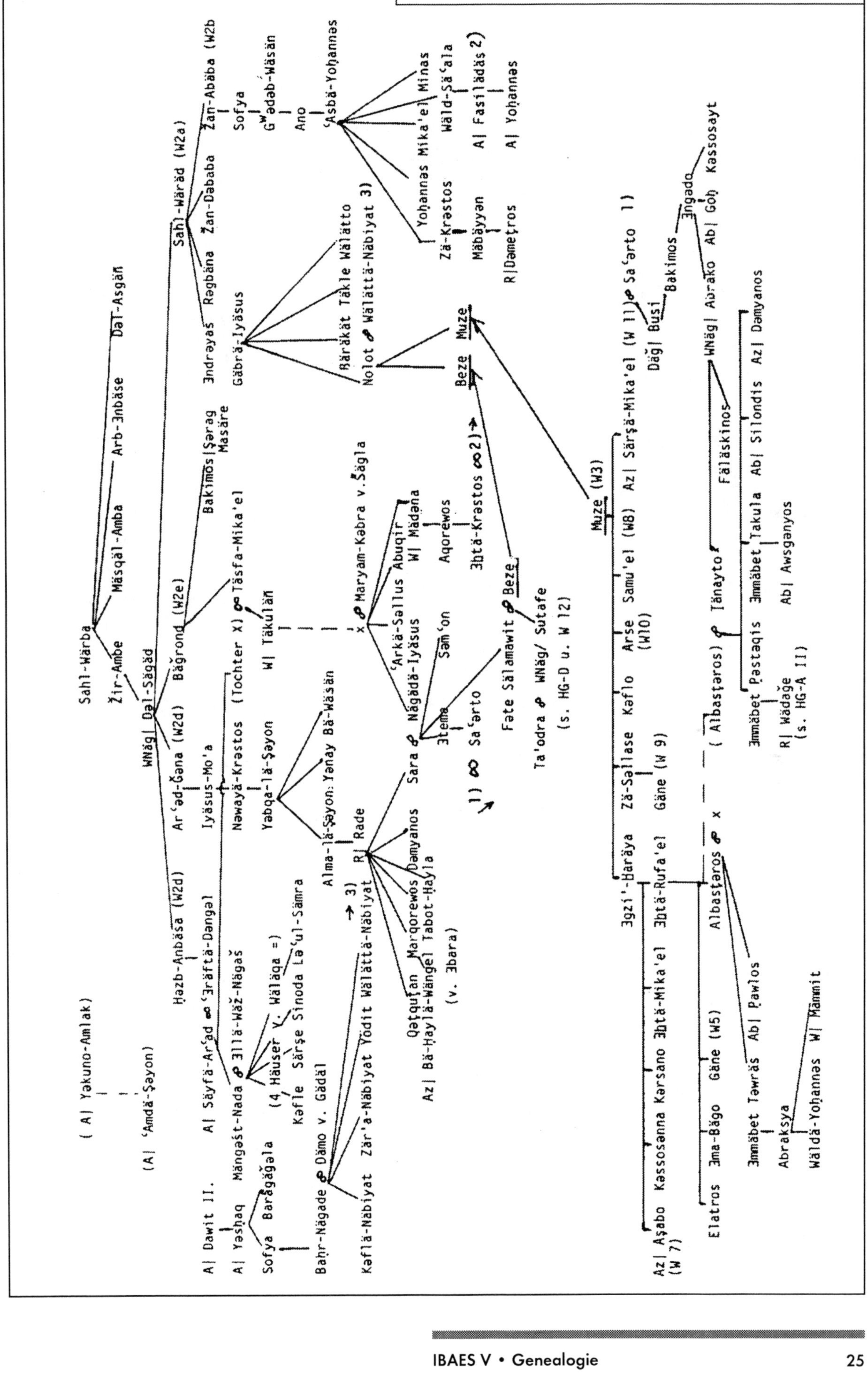

W 1

Der König von Rom mit dem Taufnamen Sahl-Wärba (zeugte) den Bazen. Bazen den Arbəḥa und den Aṣbəḥa; deren Mutter war eine aus dem Hause Levi.

Arbəḥa den Gum; Gum den Asg^{w}ämg^{w}əm; Asg^{w}ämg^{w}əm den Qur; Qur den Abä-Qur; Abä-Qur den Gubaḥq^{w}ə; Gubaḥq^{w}ə den G^{w}äbälo; G^{w}äbälo den Näfṭatañ; Näfṭatañ den Färäs-Atañ; Färäs-Atañ den Qästatañ; Qästatañ den Sahl-Wärba.

Sahl-Wärba (zeugte) den Žir-Ambe, Mäsqäl-Ǝmbe, Arb-Ǝnbäse und Dəl-Asgäñ.

Der Erbteil (əṣa) von Mäsqäl-Ǝmbe und Arb-Ǝnbäse war vom Anzo bis zum Ǧəmma; der Erbteil von Del-Asgäñ und Žir-Ǝmbe vom Anzo bis zum Bota.

W 2 a

Während Mäsqäl-Ambe den Täsfa-Mäsqäl zeugte, zeugte Žir-Ambe den König von Wäläqa Dəl-Sägäd.

Dəl-Sägäd den Sahl-Wäräd, den Bäǧrond, den Ar'əd-Ǧəna und den Ḥəzb-Anbäsa.

Sahl-Wäräd zeugte den Ǝndrəyas, die Wäyzäro Žan-Abäba, Regbäna und Žan-Dəbaba.

Ǝndrəyas zeugte den Gäbrä-Iyäsus.

Der Yä-Säqäla-Geta Gäbrä-Iyäsus zeugte den Nolot, Bäräkät, Täkle und Wälätto.

Nolot heiratete Wälättä-Nabiyat und zeugte den Beze und den Muze.

sem Falle bei geistlichen Würdenträgern. In volkstümlicher Form werden diese Anschauungen quasi als *comic strip* in bekannten Bildfolgen der Geschichte der Königin von Saba in der äthiopischen Volksmalerei gezeigt. Die literarische Ausformung findet sich im *Kebrä Nägäst.* In der staatsrechtlichen Form der Verfassung hört sich das so an: Die erste vom Negus oktroyierte Verfassung vom 16. Juli 1931: "Es ist durch die Verfassung festgelegt, daß die kaiserliche Würde nicht von den Nachkommen Haylä Selasses I. weichen wird, der aus dem Geschlechte des Königs Sahlä Selasse stammt; ein Geschlecht, das in direkter Folge abstammt von Menilek I., Sohne Salomons, des Königs von Jerusalem und der Königin von Äthiopien, genannt "Königin von Saba"." Die zweite Verfassung vom 4. November 1955, erlassen zum 25. Thronjubiläum, kennt den Artikel 2: "Die kaiserliche Dynastie Äthiopiens stammt direkt ab von Menilek I., Sohn der Königin von Saba und Salomos, des Königs von Jersualem und ohne Unterbrechung vom Kaiser Sahlä Selasse[20] und Haylä Selasse I."

Gewisse Zweifel an der eigenen Stellung in dieser Geschichte sind zu sehen, denn schließlich bezeichnet sich Haylä Selassie als Begründer der (neuen) Dynastie.

Ein viertes Element: *Gum, Asgwamgwam*: Es handelt sich um verballhornte aksumitische Namen aus Inschriften oder Münzen, u. U. sogar naiv auf äthiopische Ähnlichkeit hin gelesenes Griechisch.

Ein fünftes Element, die zivilisatorische Funktion und Leistung des Adels in erfundenen Ahnen wie: *Näftatañ* "er brachte mir das Gewehr", *Farasatäñ* "er brachte mir das Pferd" usw.

War dies reine Familiengenealogie, so ist das folgende verknüpft mit Gebietsansprüchen: *Zufan*, ein Thron, ist die Apanage, meist in der Form von Krongütern, einer Kaisertochter, die in der Familie vererbt wird. In unserem Beispiel ein Adliger aus dem 18. Jhdt., der gleich Ansprüche auf vier "Throne" nachweisen kann, über Töchter von Königen aus dem 15. und 16. Jhdt., dokumentarisch in einer Hs. des 18. Jhdts. als Glosse, aber sicherlich auf frühere Notizen oder mündliche Überlieferung zurückgehend (siehe Abb. S. 27).

Die Abstammung von einer Prinzessin eröffnete zugleich auch hohe Richterämter etc., man war eben "Israelit". Dies kann in einer politischen Kultur nicht verwundern, in der die Königin (auch wenn es deren drei legitime und vom Hofprotokoll vorgesehene gibt) *Itege* genannt wird, in einer möglichen etymologischen Deutung "Schwester des Königs", und in der die Königinmutter eine starke politische Stellung hat, die sie nicht nur zu kraftvoller Regentschaft etwa während Minderjährigkeit des Sohnes befähigt.

20 Bemerken wir hier, ungeniert, die Pikanterie entweder verfassungsmäßiger Hochstapelei oder Schlamperei: Sahlä Sellase war "nur" König von Schoa; erst sein Sohn Menilek II. erlangte die Würde eines Königs der Könige.

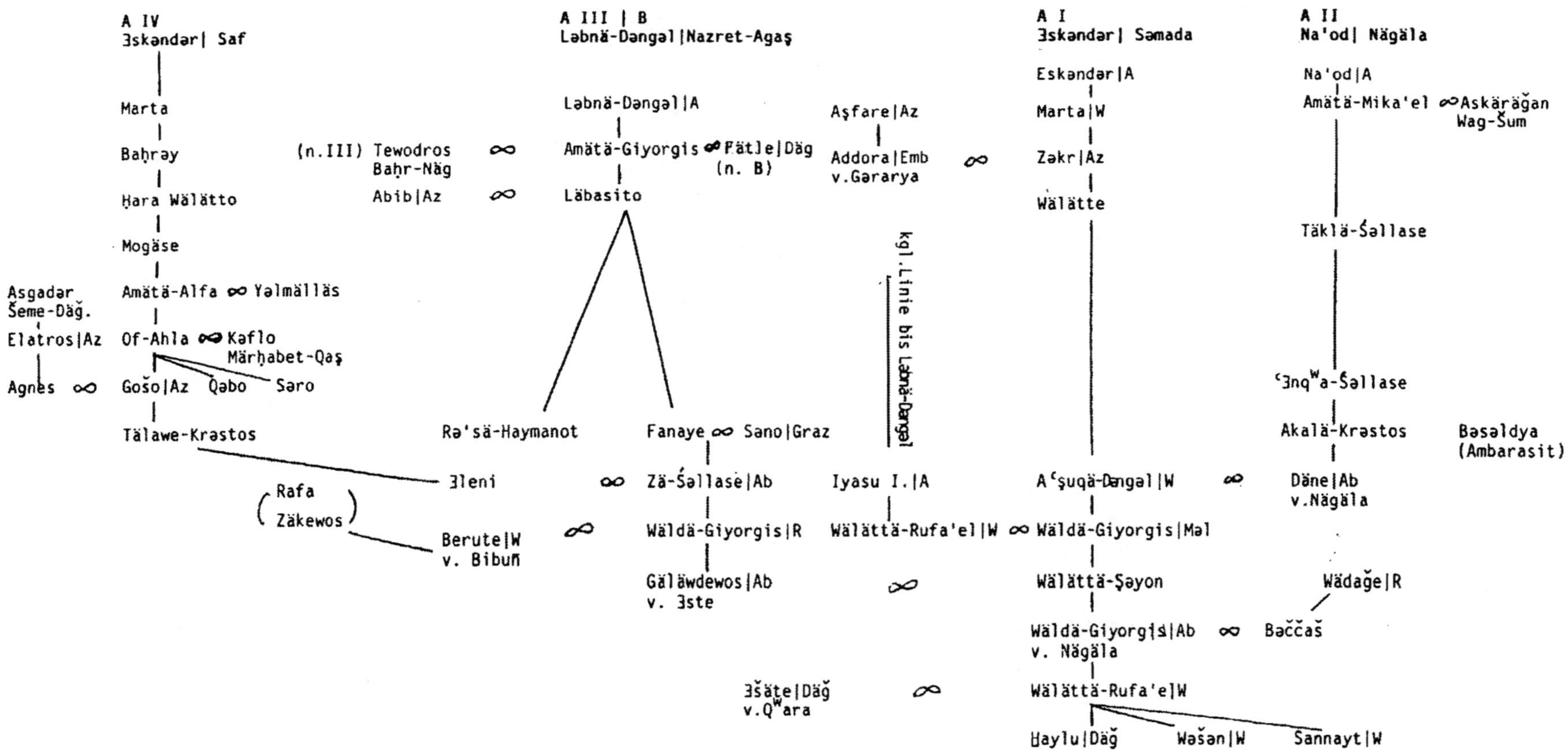

Abkürzungen: **A** = Aşe (König); **Az** = Azzaž; **Emb** = ȝmäbet; **Däǧ** = Däǧǧazmač; **Graz** = Grazmač; **M** = Məlməl; **R** = Ras; **W** = Wäyzäro.
Ab= Abeto
WNäg = Wäläqa-Nägaš

Auffällig sind die im Vergleich zu IV zu kurzen und wohl lückenhaften Linien in I - III in den Generationen direkt nach den die Linie und den Zufan begründenden kaiserlichen Prinzessinnen; s. HG Anm. 2. und 3.

Nein, der Sohn tut gut daran, die Macht der Mutter zu respektieren: im gegenteiligen Falle sind blutige Mönchsrevolten möglich; andere weibliche Waffen, wie eine schlichte Vergiftung, sind natürlich nicht ausgeschlossen.

Die Genealogie und Königsfolge ist also für Äthiopien ab 1270 n. Chr. mit den Salomoniden im Lichte der Geschichte und Dokumentation bis etwa 1800 geradlinig. Nicht nur in Verzeichnissen, ausführlichen Chroniken: Dokumente erlauben z. T. Itinerare des Wirkens einzelner Monarchen zu erstellen. Später, aber auch zuvor, gibt es Sonderheiten der Überlieferung, die für den jetzt zu besprechenden Fall von Bedeutung sind.

Aus einer solchen, das Selbstbewußtsein und die nationale Tradition sichernden Situation heraus, kann es den damaligen Thronfolger Ras Täfäri Mäkonnen, den späteren Kaiser Haylä Sellase I, nicht ganz unvorbereitet getroffen haben, als ihn der englische Reisende und Wirtschaftsberater Charles F. Rey im Frühsommer 1922 bat, ihm eine Liste aller äthiopischen Könige und deren Geschichte zu schicken, mit anderen Worten, seinen politischen Stammbaum aufzuzeigen. Diese Bitte, und nicht die nach des Regenten Familienstammbaum, zeugt von Feingefühl, denn bei der zweiten hätte dieser doch - nach Möglichkeit - rot werden müssen. Zwar hatte er der anderen, gerade eben entmachteten Linie der Dynastie, der Menileks II. und der noch herrschenden Tochter Zauditu, nichts zu neiden: er war ein Enkel Sahlä Sellases, des Gründers der schoanischen Dynastie, der Sohn des größten Heerführers des Reiches, Ras Mäkonnen, der wiederum Sohn der Prinzessin Tänagnä Wärq (weibliche Erbfolge).

Um auf das Rotwerden zurückzukommen: eine relative Verlegenheit. Wir wissen, daß es auch einem einfachen Europäer, mit einigen Wochen Frist, und den Künsten der Genealogie, verbunden mit dem Faktum des Ahnenschwundes, nicht schwer fallen sollte, seine Abstammung von Karl dem Großen zu beweisen, wie dies ja einst einmal Mode war: ich freilich würde, im gegebenen Fall, Energie und Zeit nutzen, die meinige von einem der *rois fainéants* der Merowinger, besser gleich noch von Romulus dem Großen - ich meine den von Dürrenmatt - zu beweisen.

Rückblickend gesehen freilich sieht es um die Herkunft der Linie des Königs von Schoa, Sahlä Sellase von den Salomoniden des Mittelalters her etwas dunkler aus; kein geringerer als ein Mitglied der Familie, Prinz Asfa Wossen Asserate Kasa,[21] gibt dies zu. Er lebt heute als Berater in Deutschland und hat eine Dissertation über die Geschichte Schoas 1700-1865 geschrieben, nach dem Geschichtswerk des Belattengeta Heruy Wäldä Sellase, eines anderen Beraters von Menilek II. und Haylä Sellase I., der uns als der zweite in Frage kommende Urheber der *Ras-Täfäri-Liste* beschäftigen wird:

Asfa Wossen Asserate 1980: 25: „Über die genaue Genealogie des Begründers der Dynastie von Schoa herrscht immer noch Uneinigkeit" muß er, wohl errötend wie – in unserer Einbildung einst – sein Großonkel Haylä Sellase zugeben. Und bestimmt: "So wichtig es für die exakte Genealogie auch sein mag festzustellen, ob (der Ahne) väterlicherseits oder mütterlicherseits Salomonide war, so unwichtig war das für seinen Anspruch, ein echter Salomonide zu sein. Im christlichen Äthiopien ist dank der hervorgehobenen Stellung der Frau das Abstammungs- und Erbprinzip fast ambilinear." Wohl wahr, ergänzen wir zustimmend, freilich beruht dies nicht oder nicht nur auf dem Christentum, wie z. B. die europäische Geschichte belegt, und bleibt der schoanischen Königsfamilie doch das kleine Problem nachzuweisen, ob überhaupt von einer Seite her ein sicherer Salomonide/eine sichere Salomonidin in der Familie ist; wir sind weit entfernt von der Sicherheit der oben gezeigten Genealogie des Hauses Wäläqa!

Der Anschluß an den Kaiser Lebna Dengel, den unglücklichen Herrscher, der einen großen Teil seines Landes anfangs des 16. Jhdts. an die muslimischen Invasoren verliert, bleibt eben unsicher;[22] selbst Heruy Wäldä Sellase findet nur 4 Generationen für die Zeit von 1540 bis 1700! Umso mehr käme die Rolle der mündlichen historischen Überlieferung ins Spiel, die Asfa Wossen Asserate Kasa noch in Mänz (Schoa) aufzufinden suchte. Doch sind hier den Dokumenten der Adelsfamilie aus Wäläqa vergleichbare Dokumente bisher nicht aufgetaucht.

Schließlich, und für einmal, dieses Hindernis wird überwunden indem man es verschweigt; in der Tat ist die Antwort auf Reys Frage, eingegangen mit einem Brief des Regenten vom 11. Sane 1914, das

---

21 Er findet sich bei Mahtäma Sellase Wäldä Masqal 1972 : 18 und 81 in der fünften Generation.

22 Die anderen salomonischen Linien, die in verschiedenen Zweigen danach regieren, sterben mit den letzten Schattenkaisern in Gondar zu Beginn des 19. Jhdts. aus.

entspricht dem 19. Juni 1922 n.Chr., eine Königsliste mit Regierungsjahren und absoluten Daten, die mit dem Jahre 1779 n. Chr., dem letzten tatsächlich regierenden Gondar-Kaiser abbricht. Sie enthält 312 Namen und ist, wie gesagt, bis zu der Zeit ab 1270 n. Chr. nicht problematische, gut bezeugte Geschichte. Auch für die Zeit der Zagwe -Dynastie, also etwa 933 bis 1270, ist sie eine der traditionellen Listen, die in Äthiopien seit dem frühen Mittelalter bezeugt sind.

Als Verfasser für die Antwort vom Hofe und die später so benannte und bekannt gewordene *Ras-Täfäri-Liste* kommen in Frage:

Der Berater des Regenten, spätere Finanz- und Landwirtschaftsminister, Belattengeta, später Balambaras (hohe, für Gelehrte der Hofkapelle, des intellektuellen Zentrums des Hofes, vorbehaltene Titel) Mahtämä Selassie Wäldä Mäsqäl, das bedeutet "Siegel der Dreieinigkeit, (Sohn des) Sprosses des Kreuzes", war der wohl profundeste Kenner des alten Äthiopien, von den Archiven, vom Rechtssystem und der Geschichte her, der auch die wichtigsten Arbeiten über den alten Staat Menileks verfaßt hat, die für den mittelalterlichen Historiker, der aus dem Ausgang der Verhältnisse auf die frühere Zeit extrapolieren kann, von größtem Interesse sind.[23] Er hat ein genealogisches Register der Nachkommen des Sahla Selassie in sieben Generationen verfaßt, das erst 1965 a. m. = 1972/73 äthiopischen Stils veröffentlicht wurde,[24] also kurz vor dem Sturz Haylä Sellases. Es umfaßt 2442 Nachkommen, und ist als Schaubild, wie die Jahresringe eines Baumes, angelegt. Doch war er, 1902 geboren als Sohn eines Sekretär der Kaiserin Taitu, mit 18 Jahren damals zu jung, wohl auch (eine genaue Biographie über ihn ist ein dringendes Desiderat) gerade zum Studium der Landwirtschaft in Frankreich.

Somit erweist sich, im Vergleich mit seinen späteren Veröffentlichungen auf dem gleichen Gebiet, der Blattengeta Heruy Wäldä-Sellase (1878-1939) als der Urheber und Autor. Der brillante Diplomat, der mehrere europäische Sprachen beherrschte und spätere Außenminister (1930), Philosoph, Historiker und Schriftsteller, war, nachdem er schon Menilek II. als Sekretär gedient hatte, Haylä Sellases I. vertrauter Berater, der für ihn u.a. auch das zivile und kirchliche Gesetzbuch[25] edierte. Er ging mit Haylä Sellase I. ins englische Exil, wo er auch starb. Seine 1936 gerade noch gedruckte, aber nicht mehr gebundene, von den Italienern – aus gutem Grunde – zum größten Teil vernichtete Geschichte Äthiopiens liegt der Dissertation des Prinzen Asfa Wossen Asserate (1980) zugrunde. Ausgezeichnet durch einen einfachen, klaren, aber höchst wirkungsvollen Stil zählen seine literarischen Werke zu den Begründungen der modernen amharischen Literatur.[26] Zur fraglichen Zeit, 1922 war er Präsident des *Special Court* in Addis Abeba, dessen Aufgabe es war, Streitfälle zwischen Äthiopiern und Ausländern zu schlichten.

Zurück zur Liste:[27] Anders dagegen als mit der zagwe-Dynastie und dem historischen Mittelalter Äthiopiens sieht es aus mit der Zeit zuvor, also der christlich-aksumitischen, der heidnisch-aksumitischen und dem ganzen Zeitraum bis König Salomo (um 957 v. Chr. in der traditionellen äthiopischen Zeitrechnung). Hier ist diese *Ras-Tafari-Liste*, als die sie in die Forschung eingegangen ist, und die *Heruy-Liste* Nr. 1, so wie sie jetzt zu benennen wäre, keine traditionelle äthiopische Königsliste mehr, sondern ein komposites und kunstvoll geflochtenes Dokument geboren aus dem rationalen, wissenschaftlichen[28] Versuchs eines gebildeten Äthiopiers zu Beginn des 20. Jhdts., sein traditionelles Geschichtswissen und Geschichtsbild mit dem von Europa aus eindringenden Wissen zu vereinbaren, mit viel Schweiß und Überlegung, aber durchaus nicht naiv. Sehr wahrscheinlich hat er sich dazu auch der Hilfe europäischer Freunde, mit großer Wahrscheinlichkeit französischer Missionare, zumindest deren Werken und Bibliotheken bedient, die in der Umgebung und bei der Erziehung des jungen Däjjazmaj,

23 Vgl. HistDict 1981 : 121.

24 Wegen der politisch verworrenen Umstände, unter denen Ras Täfäri Mäkonnen nach der Absetzung Lijj Iyasus 1916 zur Regentschaft, später zur Herrschaft kam, und weil diese Entwicklung gegen den erklärten und proklamierten Willen Menileks II. zustande kam, verfügte Haylä Sellase über alles historische Material, das diese Zeit zum Gegenstand hatte, für lange Zeit eine unerklärte, aber effektive Zensur.

25 Nicht umsonst zitiert er unter seinen Quellen den bekannten äthiopischen Richter und Historiker Aläq Tayyä.

26 Vgl. HIST DICT 94; DICT AFR BIOGR. 86f.

27 Nebenbei bemerkt eine der häufigeren Floskeln in der an Disgressionen so reichen äthiopischen Literatur: negba'-ke khabä tentä nägär "laßt uns zum Thema zurückkommen!".

28 Beim genauen und ehrlichen Hinsehen auf historische Hypothesen der modernen, westlichen Wissenschaft muß man entweder beiden dieses Attribut zuerkennen, oder ehrlicherweise beiden absprechen.

dann Ras Täfäri, des späteren Haylä-Sellase I. eine große Rolle spielten.

Die Liste wurde nach ihrem Erscheinen 1928 sofort gebührend gewürdigt, fand Eingang in die wissenschaftliche Literatur und wurde auf verschiedenste Weise kommentiert und kritisiert.[29] Bis in die jüngste Zeit mußte sie für verschwommene Vorstellungen eigenständiger historischer Überlieferung im nordostafrikanischen Raum herhalten.[30] Weil aber die späteren amharischen und nicht übersetzten Ausarbeitungen Heruys zum Thema nicht beachtet wurden, blieben sein intellektueller Hintegrund, seine Intentionen, seine Quellen und Arbeitsweise unklar.

Betrachten wir doch das Produkt aus dem Jahre 1922 etwas näher:

Nie zuvor ist einer der fremden Namen mit Anklängen bis Identität zu altägyptischen Königsnamen in einer äthiopischen Handschrift aufgetaucht. Nie zuvor wurde der Versuch gemacht, äthiopische Könige ab dem Jahr der Erschaffung Welt 970, und das auch chronologisch lückenlos, nachzuweisen; diese setzen der einheimischen Tradition nach erst mit Menilek I. ein. Und nie zuvor ist der Versuch in der Tradition bekannt, – mit wenigen Ansätzen ab etwa Christi Geburt – die Zeit ab etwa 950 v. Chr. (Salomon) bis zu den Zagwe-Herrschern (um 933 n.Chr. entsprechend der traditionellen Chronologie) konsequent auszufüllen. Und nie zuvor ist in "Jahren vor Christi Geburt" – natürlich in der äthiopischen Ära, d.h. 8 bzw. 9 Jahre nach der westlichen Ära "Christi Geburt" – gerechnet worden.

Versuchen wir im folgenden die wichtigsten Elemente zur Interpretation und Bewertung des wissenschaftlichen historischen Bemühens von Heruy Wäldä-Sellase als Antwort auf die Frage des englischen Reisenden C. F. Rey zu geben. Dies können nur Grundlinien der äthiopischen Kalendergeschichte, im Verbund damit des äthiopischen Geschichtsbilds sein. Zugleich können bei der Einzelinterpretation der Heruy-Liste nur exemplarisch ausgewählte Kennzeichen aufgezeigt werden. Eine ausführliche Kommentierung bleibt einer weiteren Arbeit vorbehalten, die am besten im Rahmen einer längst fälligen Übersetzung seines historischen Werks *Wazema* "der Vigilie und Einleitung" zum historischen Fest der Thronbesteigung Haylä Sellases I. erfolgen sollte.[31]

Die schon angesprochenen aksumitischen Inschriften bringen in den Tatenberichten der verschiedenen Herrscher eine Fülle sehr präziser historischer Details, beweisen Sinn für sprachliche Darstellung und lassen eine dahinterstehende, uns nicht erhaltene Geschichtsschreibung ahnen. Allerdings gibt es erstaunlicherweise neben Monatsangaben, die auf einen traditionellen Kalender schließen lassen, keine Jahresdaten, weder absolute noch relative.

Die Christianisierung brachte die Einführung des alexandrinischen Kalenders, wahrscheinlich schon sehr früh, evtl. 5. Jhdt.; vgl. Neugebauer 1983. Unter dem Namen *Abu Shaker* (zu diesem christlich-arabischen Autor des 13. Jhdts. s.u.) oder *Bahrä Hasab* "Meer der (Zeit-)rechnung" hielt und hält sich im Prinzip im Kalender der Äthiopisch-Orthodoxen Kirche der alexandrinische Kalender in seiner ursprünglichen und von den Prinzipien her klarsten Form – ein rein kalendarisches Regelwerk, ohne astronomische Beeinflussung. Die Ausgestaltung von Kalendertafeln, zumeist zyklisch im Turnus von 532 Jahren angelegt, gab Anlaß, in einer besonderen Spalte *tarik* "Geschichte" historische Ereignisse zu notieren. Retrospektiv wurden Eckdaten der christlichen Universalgeschichte, etwa Könige Israels, Daten aus dem Leben Christi, Entstehung der Evangelien, Christenverfolgungen und Konzilien, eingetragen. In dieser Zeit entstehen auch die ersten legendarischen Verzeichnisse aksumitischer Könige, als reine Namenslisten, die den Anschluß der mittelalterlichen "salomonischen Dynastie" als Brücke über die Zeit der Usurpatoren an die frühchristliche, "legiti-

29 Es seien einige der wichtigeren Fundstellen genannt: Schon der italienische Numismatiker Anzani (1941) versuchte seine Kombinationskünste darin, die numismatischen Befunde über die aksumitische Zeit mit der Liste zu vergleichen, in falscher Einschätzung des Dokuments, denn nichts anderes tat schon der anonyme äthiopische Kompilator. Schlimmer noch, in einem 1971 auf polnisch, 1978 in dt. Übersetzung erschienenen Werk (Mantel-Niecko u. Bartnicki: Geschichte Äthiopiens), das zwar eine Lücke füllt, aber auf schlechte Weise, werden Auszüge aus dieser Liste als "Traditionelles Verzeichnis der Herrscher von Äthiopien" gegeben, was diese Liste nun auf keinen Fall ist.

30 Hier hat M. Zach in dankenswerter Weise schon Klarheit geschaffen, was den meroitischen Bereich betrifft; sein Beitrag auf diesem Symposium ist ein weiterer Baustein bei diesem Bemühen.

31 Auch die anschließende und so glücklich gerettete "Geschichte Äthiopiens" verdient eine vollständige Übersetzung und Untersuchung, über den sehr verdienstvollen Beginn der Arbeit von Asfa Wossen Asserate hinaus.

me" Vergangenheit bringen sollen.[32] Die Sammlung solcher Notizen in Klöstern und am Hofe führten zu rudimentären Chroniken, aber auch zu Herrscherlisten,[33] die das Rückgrat der historischen Überlieferung, im Prinzip ab 1270 n.Chr. ausmachen. Daneben entstand, ursprünglich als epische Berichte über die Taten eines Herrschers, daneben aber auch als eher nüchterne Verwaltungsberichte von Bürokraten, eine Hofgeschichtsschreibung, die sich dieses Datengerüsts bediente. Im 16. Jhdt., nach der muslimischen Invasion, folgte durch die Übersetzung zweier christlicher Universalgeschichten, die jeweils ausführliche Kalendertraktate einschließen, eine neue Etappe historischer Methodenkenntnis, Reflexion und dementsprechende Werke der Geschichtsschreibung. Es handelt sich zuerst um den koptischen Universalgelehrten des 13. Jhdts., Nušū al Ḫilāfa Abu Šākir Ibn ar Rāhib ("der Sohn des Mönchs"), auf äthiopisch Abushaker Wäldä Mänäkos genannt. Sein Werk wird im 16. Jhdt. von Enbaqom, ursprünglich jemenitischer Qadi, dann konvertiert und als Abt des Klosters Däbrä Libanos in Äthiopien gestorben, übersetzt. Der kalendarische Teil gibt, sachlich unzutreffend, dem äthopischen Kirchenkalender seinen Namen; die bis heute weder in Arabisch noch in Äthiopisch edierte Universalgeschichte wird neben dem zu nennenden zweiten Werk Modell der späten äthiopischen Geschichtsschreibung,[34] in der gezierten Anwendung verschiedenster Ären bei der Datierung, Parallelperspektiven verschiedener Staaten und Kulturen bei der Darstellung etc. Der zweite Autor, ein Zeitgenosse, der seinen großen Vorgänger ausgiebig benutzt, ist al Makin Ǧirǧis (Georgios) Ibn al-ᶜAmid, äth. Wäldä Amid, dessen Weltgeschichte *al-Maǧmūᶜ al mubārak* "die gesegnete Sammlung" ungefähr zur gleichen Zeit ins Äthiopische übersetzt wird.[35] Beide fußen im antiken Teil über frühchristliche Historiker letztlich auf Sextus Julius Africanus, und haben über ihn Anteil an den historischen Überlieferungen Manethos zur ägyptischen Geschichte.[36] Diese neuen Daten regen ihrerseits zu einer Neubearbeitung der eigenen Überlieferung an. In den Kalendertafeln finden sich nun weitere universalhistorische Einträge, die bereits versuchen, die historische Zeit ab den biblischen Patriarchen über Israel bis zur Geburt Christi mit "äthiopischen" Daten aufzufüllen.[37] Dabei entstehen altäthiopische Königslisten mit Regierungsjahren,[38] z.T. auch mit absoluten Daten, darunter besonders verschiedene der Christianisierung

32 Ich erinnere dazu an die "Anschlußlücke" der schoanischen Dynastie an die mittelalterliche Vergangenheit; s.o.

33 Es sei darauf hingewiesen, daß auch "genealogische" Listen den geistlichen Bereich – Mönchsgenealogie, Listen von Äbten und Metropoliten etc. – entstanden.

34 Vgl. dazu zusammenfassend Adel Sidarus 1975 : bes. 27-61; GCAL 2, 428-434; Neugebauer 1979 passim; Neugebauer 1988.

35 Vgl. GCAL II, 348-351. Dieser Text lieferte eine Weltgeschichte von der Erschaffung der Welt 4450 v. Chr. in 166 Generationen bis zum dem Mamlukensultan Barsbay (um 1270 n. Chr.). Darin enthalten waren die Patriarchen der Bibel, die Völkertafel und Genealogien; die Geschichte Israels, die übergeht in die persische Geschichte, Alexander der Große und die Ptolemäer, schließlich das römische Reich und die Geschichte der Patriarchen von Alexandrien: Sie endet mit dem Islam und den islamischen Staaten. Ab 1270 tritt für den Äthiopier die eigene, gut bezeugte und nun gepflegte nationale Geschichte ein, wird die Universalgeschichte also eingeengt auf den eigenen Rahmen.

36 Damit ist ein zweites gemeinsames Erbteil historischer Überlieferung mit Europa schon gegeben: neben der Bibel, die ja bis heute in der westlichen Wissenschaft eine paradigmatische Rolle spielt, und sei es nur zu ihrer Widerlegung ("hat sie recht? oder mit Finkelstein/Silberman ist sie "unearthed"?), steht die Überlieferung Manethos, auch sie – oder vielleicht doch besser: ihre Überlieferung im Kreuzfeuer moderner wissenschaftlicher Kritik.

37 Hier hat Heruy durchaus Vorläufer; z. B. die Handschrift No. 63 in Dillmanns Katalog der äthiopischen Handschriften zu Berlin (1878), ein interessantes Palimpsest (sehr rar im äthiopischen Bereich!).

38 Zusammenstellungen und ansatzweise Kommentare finden sich bei Dillmann 1878; 1880; Conti Rossini 1909; Drouin 1882. Eine solche Liste, beginnend mit Adam, dient in der Regel als Einleitung zur sogenannten "Kurzen Chronik" (vgl. Kropp 1994) der äthiopischen Könige; vgl. Béguinot 1901: 1-6. Dort hält sich das traditionelle Datum 333 für die Konversion Äthiopiens. Das Namensmaterial entstammt, neben reiner Phantasie, personifizierten geographischen Namen, wie auch Kulturgütern (s.o.), bekannten aksumitischen Münzen und Inschriften; oft grotesk mißverstanden, evtl. griechische Aufschriften verlesen. In ähnlicher Form existiert das für die jemenitische Geschichte zu islamischer Zeit und die altsüdarabischen Inschriften auch. Auch unsere aksumitische Königsliste ist weit davon entfernt, definitiv und begründet zu sein. Immerhin war die Namensgebung der Könige ganz praktisch: man hat einen Taufnamen, einen Thronnamen, den Namen seines Klans, einen Kriegsnamen und - wer weiß vielleicht schon im Altertum – den Namen seines Schlachtrosses; da läßt sich viel verdoppeln und vermehren.

Äthiopiens, die in ihrer Entstehung und Bedeutung noch nicht untersucht und geklärt sind.[39]

Die neue historische Wissenschaft Europas traf somit in Äthiopien in seinem traditionellen Gelehrten auf ein reflektiertes und ausgearbeitetes, selbstbewußtes Geschichtsbild, dem der Kontakt mit fremdem Wissen und dessen Einarbeitung nicht fremd war. Über die Bibel und Manetho (wenn auch nicht namentlich bekannt) waren Bausteine gemeinsamer Tradition gegeben. Somit führte der neue Kontakt nicht zum Einsturz des traditionellen Geschichtsbildes, sondern zu fruchtbarer Auseinandersetzung, die letztlich – hoffentlich – in unserer Zeit zu gemeinsamer wissenschaftlicher Arbeit an der Erforschung und Aufhellung der – äthiopischen, aber nicht nur - Geschichte geführt hat.

Nach dieser längeren Ausleuchtung des Hintergrunds und der Überlieferung ist es nun möglich, das durch die in Äthiopien am Ende des 19. Jhdts. bekannt gewordene europäische historische Literatur[40] neu Hinzugekommene und kreativ Verarbeitete in der Heruy-Liste herauszulösen und hier mit wenigen illustrativen Beispielen vorzustellen und zu erläutern.

Der chronologische Rahmen ist in der ersten Fassung (bei Rey wiedergegeben) zwar noch abgesteckt durch die Weltära seit Erschaffung der Welt, somit in seinen Eckdaten (etwa David, Christi Geburt) festgelegt; doch tritt daneben – zum ersten Mal in der äthiopischen Tradition – die negative Zählung der Jahre "vor Christi Geburt", natürlich in der äthiopischen Ära.[41] In der *Wazema*-Fassung wird der Weltära der traditionelle Rahmen abgeworfen, die Geschichte wird nach rückwärts geöffnet, ist somit für neue Erkenntnisse und Entdeckungen offen.

Die Datierung der Christianisierung Äthiopiens in den verschiedenen Fassungen läßt sich folgendermaßen darstellen: Zunächst ist 317 äthiopischen Stils ein Eckdatum der christlichen Universalgeschichte mit dem Konzil von Nikaia (325 n.Chr.). Hier wird die Taufe der Königin Aḫyäwa ("man hat sie zum Leben (des Glaubens erweckt") Sofya und ihrer Söhne gelegt. Aus der im Synaxar und der äthiopischen Tradition namenlosen aksumitischen Königin wird eine Sofya mit sprechendem äthiopischen Beinamen; die Züge ihrer Legende sind deutlich denen um die Kaiserin Helena nachempfunden, mit der sie ja rivalisieren soll. Das ökumenische Konzil dient als Eckdatum, um die Herkunft des äthiopischen Christentums gerade vor der, in Äthiopien besonders verachteten, Häresie des Arius, also grundsätzlich ökumenischen Christentum zu erweisen.

In der überarbeiteten Fassung des Wazema wird die Evangelisierung um zehn Jahre vorverlegt, vom Datum des Konzils, das im Gleichklang als allzu auffällig erscheinen mußte, verlegt. Dies bedingt eine durchgehende Korrektur aller Daten rückwärts, bis mit Nr. 66 Luzay, Vorgänger Bazens um Christi Geburt, diese Differenz von 10 Jahren wieder ausgeglichen wird; es verbleibt allerdings eine andere Differenz von 10 Jahren, die sich aus der anderen Richtung mit Nr. 4 Amenhotep (aus mir noch nicht erklärbarem Grund) ergibt. Zugleich findet eine Harmonisierung mit einem der traditionellen Daten der Christianisierung (330 bzw. 333) statt. Die Evangelisierung wird, durchaus historisch gedacht, prozessual gedacht: erste Etappe ist die Christianisierung des Königshauses durch den fremden Christen Frumentius. Nach diesem Erfolg wird der Laie mit Empfehlungsbriefen der Königin versehen, nach Alexandrien geschickt, um dort einen Bischof oder Priester zu holen. Nach der Weihe zum Metropoliten

39 Vgl. zu einer ersten Zusammenstellung Dillmann 1880: 18f: "...theils auf das Jahr 333 oder 340, theils auf 430 oder 425 n.Chr.; die aus einer arabischen Handschrift der Vita Takla-Haimanôt geschöpfte Zahl 245 ist jedoch fehlerhaft und kommt nicht in Betracht." 245 ist allerdings eine der häufigsten Daten in den Listen; vgl. Neugebauer 1979: 69f: 245 - 31 years before Diocletian, obviously wrong or unreliable"; wandelt sich in Neugebauer 1989 index s.v. "conversion of Ethiopia" "commonly accepted date". Das Datum ist nicht so sehr als falsch zu erweisen; interessant ist, es auf Mechanismen des Kalenders, bzw. Überlegungen im Rahmen der Universalgeschichte (Hier etwa: auch zeitlicher Vorrang vor Konstantin!) beruhend zu erklären. In der Heruy-Liste ist dies genau einer der Punkte, wo sich der Autor einer harmonisierenden Erklärung, etwa in Schaffung des Doppelnamens "Abreha-Asbeha = Ezana", von Tradition und moderner Wissenschaft versagt.

40 Es ist klar, daß ich den präzisen Einzelfall Heruys und seiner beruflichen Umgebung, den Hof des Regenten Ras Täfäri, im Auge habe. Hier waren es v.a. französische Geistliche, die ihr Wissen an ihre Schüler, zu denen Täfäri selbst zählte, weitergaben, zugleich ihre Bibliotheken zur Verfügung stellten, bzw. veranlaßten, daß der Fürst und spätere Kaiser sich eine Hofbibliothek aufbaute, die später den Grundstock der Bibliothek des Haylä Sellase College, der späteren Universität Addis Abeba bilden sollte.

41 Wie das Rey 1927: 263 auch schon anmerkt, ohne das Neue, Moderne festzustellen.

Äthiopiens kehrt Frumentius selbst als Abba Salama Käsate Berhan 330 nach Äthiopien zurück und beginnt sein Missionswerk im Lande. Ähnlich wird die "erste Bekehrung" des Kämmerers der Königin Kandake durch den Diakon Philippus als "unvollkommene" Bekehrung gedacht, weil nur Taufe und Glaube vorliegen; dem soll allerdings der größte Teil der Äthiopier gefolgt sein. Er soll aber, mangels apostolischer Unterweisung in Evangelium und Glauben, weiterhin die jüdische Religionspraxis befolgt haben.

An diesem Teil der Auseinandersetzung mit der Moderne und dem neuen Wissen überrascht, daß die archäologische Forschung und die Entdeckung der aksumitischen Inschriften zu Beginn des 20. Jhdts., die den Religionswechsel des Königs Ezana belegen, wie auch die philologisch-historische Forschung der Berichte von nichtäthiopischen Kirchenhistorikern (mit dem Zeitansatz "nach 340") nicht eingehen bzw. zur Kenntnis genommen werden. Man hätte hier eigentlich die Schaffung eines königlichen Brüderpaares doppelter historischer Identität Abreha und As.beh.a = Aizanas und Saizanas erwartet, die sich in jeder Hinsicht angeboten hätte und wie dieses Verfahren an anderen Stellen der Liste ja geübt wird. Dies wird noch aufzuklären sein, wie das nach wie vor unerklärte andere Datum 245 für die Christianisierung Äthopiens (ob hier die Diokletiansära, bzw. die Christenverfolgung zu seiner Zeit eine Rolle spielt?).[42]

Bei der Einpassung in das chronologische Gerüst europäischer Geschichtswissenschaft ging Heruy nicht nach einer der traditionellen Listen vor, die für die Könige von Menelik I. bis Christi Geburt (Bazen) Regierungsjahre geboten hätten, etwa Liste C (Conti Rossini 1909: 293-295). Vielleicht wären gerade die Zahlenangaben hinderlich gewesen. Auf der anderen Seite scheint diese Liste, zumeist in Verbindung mit der Vita des äthiopischen Nationalapostels Täklä Haymanot, eine besondere Autorität besessen zu haben. Hingegen ist auch in solchen Listen anekdotisch typisch Äthiopisches enthalten: die Regierungszeiten von nur Stunden, Tagen oder Monaten, die vielleicht auf historischen Legenden über Herrscher beruhen.

Das Namensmaterial ist einfach zu trennen in traditionelles aus den äthopischen Listen und neues, fremdes, dessen Ursprung in westlicher Fachliteratur zu finden wäre. Die besondere Form der Anordnung von Herrscherfolgen, die Umschriftform der Namen, die ja wohl aus einer lateinischen Form ins Äthiopische transkribiert wurden (und im Anhang wieder rücktransformiert in lateinische Schrift sind) sollten ja im besten Falle die Quellen bestimmen lassen.

Eine erste konkrete Angabe macht Heruy selbst, wenn er im *Wazema* S. 13 schreibt: „Für die Geschichte Yoqt.ans Heruy verweise ich auf das erste Buch des Werks von *Moräyä* (Moret?) S. 237." Die äthiopische Namensform ist leider nicht eindeutig einem entsprechenden europäischen Namen eines Ägyptologen oder Althistorikers zuzuordnen.[43] Aus sachlichen Gründen hat sich die Suche nach dem Zitat – bisher noch erfolglos[44] – auf eine der Publikationen Morets eingeschränkt. Wie Heruy aber selbst sagt, hat er mehrere Werke benutzt, und da sollten inhaltliche oder formale Namensparallelen den Ausschlag geben.

Die "tanitische" Dynastie (Nrr. 43 Herhor bis 49 Pinotsem III., findet sich als Liste der Oberpriester in Theben genauso bei *Meyer* 1884: 383. Dies ist besonders aussagekräftig, da Pinotsem III. ein eher kurzlebiger Irrtum der Ägyptologie war – etwa 1881 -1904.[45] Zu diesen sachlichen Indizien kommt die Namensform von "Pinotsem". Die in der Ägyptologie der Zeit, von Lepsius, Brugsch und Maspéro verwandten Schreibungen wie Pai-neƏeni, Pinot'em, Pai-netchem, Painodjem und Pinezem kommen als Vorlage nicht Recht in Frage. Hingegen ist Meyers "semitistische"

42 Ein ähnlich heikles Thema ist ist die Geschichte der Usurpatorendynastie, der Zagwe. Wird sie im Wazema noch ausführlich und kontrovers diskutiert, unter Heranziehung der Werke von J. Bruce, Perruchon, Aläqa Tayyä und Bildwerken über die Kirchen von Lalibäla, so ist sie in der späteren Geschichte Äthiopiens vereinheitlicht und gekürzt, die fremden Quellen bis auf die Bildwerke nicht mehr erwähnt.

43 In Frage kämen Namen wie: Morié; Mauret, Moret. Aber auch (Margaret Alice) Murray wäre nicht auszuschließen. Ihr Werk Index of Names and Titles of the Old Kingdom konnte ich bisher nicht einsehen; aber es ist nicht mehrbändig. So konzentrierte sich die Suche auf die Werke Alexandre Morets, der neben eigenen insbesondere solche von Eduard Meyer in der Zeit übersetzt hat.

44 Ich konnte allerdings bisher nicht einen aussichtsreichen Kandidaten einsehen: seine Übersetzung von Eduards Meyers Geschichte des Altertums u.d.T. Histoire de l'Antiquité. Paris, 1914. Meyer erweist sich aufgrund von Sachblöcken und Namensformen, die sich in der äthiopischen Umschrift definieren lassen, als eine wahrscheinliche Hauptquelle.

45 Vgl. z.B. Naville 1883.

Umschrift Pinoṣem ein guter Kandidat. Das semitische emphatische "ṣ" wird in der am Bibelhebräisch orientierten, letztlich auf der ashkenazischen beruhenden Gelehrtenaussprache affriziert als "tsade" gesprochen. Solches konnte Heruy durchaus von seinen französischen Gelehrten und Kollegen gehört haben, wofür er dann korrekt im Äthiopischen Pinotsem schreibt; dies auch weil die äthiopischen Emphatika anders realisiert werden.

Die Umschrift Piankihi (so in der Täfäri-Liste) mit der späteren, deutlich "verbessernden" Variante Piankiya deutet hinwiederum weniger auf Meyers[46] Pianchi hin, mehr auf Maspéros (1898: 217 u.ö.) Piankhi. Was ist passiert? Hier scheint Heruy einfach direkt gelesen zu haben, und er teilt die Konsonantengruppe "kh", die einen Laut angibt, in gut semitisch-alphabetischen Denken in zwei selbständige Konsonanten auf: ki-hi. Die spätere Form -kiya erscheint eine Korrektur (viellewicht auf guten Rat eines Korrektors hin?). Das gleiche wiederholt sich bei dem Namen Kashta, wo er "sh" ebenfalls teilt, nach amharischer Manier gar einmal emphatische und einfache h-Laute nicht unterscheidend Kas-h.eta schreibt (Nrr. 10 und 30). Maspéro 1898 : 217 liefert auch das genaue Vorbild für Härsiätäw (Nr. 21) neben sonstigem Horsiatef. Zu Aktisanis (Nr. 19) vgl. Maspéro 1899: 666 und n.2: "der gute äthiopische König".

Zu den Namensformen der napatanischen Dynastie hat M. Zach (2002) bereits Wesentliches gesagt und ich verweise auf seinen weiteren Beitrag in diesem Band. Zu bemerken ist, daß Heruy natürlich in seiner Erstfassung der Liste die "Reisnersche" Wende noch nicht berücksichtigen konnte, bei den anderen aber auch nicht berücksichtigt hat.

Eine weitere Untersuchung der Heruy-Liste sollte, nach hoffentlicher genauer Identifizierung seiner Quellen, sich darauf konzentrieren, seine Folge- und Zeitmuster bei der Erstellung herauszuarbeiten und in einer entsprechenden synoptischen Edition der drei Fassungen zusammen mit den Quellenbausteinen darzustellen. Die Liste hat seitdem noch nicht den ihr gebührenden Platz in der nationalen äthiopischen Historiographie erhalten. Auf der einen Seite muß ihre eher weltanschaulich bedingte Verwendung als Beispiel für autochthone afrikanische Überlieferung der regionalen Antiken Geschichte als verfehlt abgelehnt werden. Auf der anderen Seite sollte sie gerade durch äthiopische Historiker als interessantes und vor allem wissenschaftliches Dokument ihrer nationalen Geschichtsschreibung anerkannt werden, dies möglichst verbunden mit der eingehende Erforschung des historischen Werks von Blattengeta Heruy Wäldä Sellase.

Zum Schluß mag man mir mein assoziatives Vagieren im vorgegebenen Thema und darum herum verzeihen; es steht in der besten äthiopischen Tradition des Erzählens und Darstellens. Aus Gründen der Interdisziplinarität mußte ich an manchen Stellen Exkurse in die Nachbarfelder machen. Auch suchte ich das dürre Thema, das nüchterne Faktum "Liste", und sei es auch die von Königen, etwas in der Mentalität und der weiteren Geschichte Äthiopiens zu verankern.[47] Und wenn man das nun als Entschuldigung nicht annehmen wollte, so bin ich gern bereit, den stillen Leservorwurf hinzunehmen: Er hat halt zu sehr die Denk- und Schreibweise seiner geliebten Äthiopier mit aller umständlichen Pedanterie verinnerlicht.

46 Unter der Voraussetzung, daß Moret die Umschrift in seiner Übersetzung belassen hat.

47 Vgl. zu diesem Aspekt auch Cech 2002.

Literatur

ANZANI, A. 1941: *Le monete dei Re di Aksum.' Rivista Italiana di Numismatica. 43: 49-73. Die Liste im appendice. S. 62-73.*

ASFA-WOSSEN ASSERATE 1980: *Die Geschichte von Sawa (Äthiopien) 1700-1865. Nach dem Tārika Nagaśt des Belāttēn Gētā Ḫeruy Walda Śellāse. (= Studien zur Kulturkunde. 53.) Wiesbaden.*

BARTNICKI, A. und J. MANTEL-NIECKO 1978: *Geschichte Äthiopiens. Von den Anfängen bis zur Gegenwart in 2 Teilen. Berlin. (Königslisten S. 369-378).*

BÉGUINOT, F. 1901: *La cronaca abbreviata d'Abissinia. Roma.*

CECH, P. 2002: *Königslisten und ihre (Ir)relevanz für die Geschichtsschreibung', Ugaritforschungen. 34 (2003): 39-44.*

CONTI ROSSINI, C. 1909: *Les listes des rois d'Aksoum. Journal Asiatique. Sér. 10. Vol. 14: 263-320.*

CONTI ROSSINI, C. 1914*: Notice sur les manuscrits éthiopiens de la collection d'Abbadie. Extrait du Journal Asiatique. Paris.*

DAE 4, LITTMANN, E.1913: *Sabaische, griechische und altabessinische Inschriften. Berlin.*

DICT AFR BIOGR 1977: *Dictionary of African Biography. Hrsg.: L. H. Ofosu-Oppiah. (= The Encyclopaedia Africana.) 1. Ethiopia - Ghana. New York.*

DILLMANN, A. 1853: *Zur Geschichte des Abyssinischen Reichs. 1. Die Verzeichnisse der abyssinischen Könige bis auf die Zeit des Jekunô-Amlâk'. Zeitschrift der Deutschen Morgenländischen Gesellschaft. 7: 338-355.*

DILLMANN, A. 1878: *Über die Anfänge des Axumitischen Reiches.' Sitzungsberichte der Preußischen Akademie der Wissenschaften. Philosophisch-Historische Klasse. Berlin. 177-238.*

DILLMANN, A. 1878a: *Verzeichniss der abessinischen Handschriften. (= Die Handschriftenverzeichnisse der Königlichen Bibliothek zu Berlin. 3.). Berlin*

DILLMANN, A. 1880: *Zur Geschichte des Axumitischen Reichs im vierten bis sechsten Jahrundert.' Sitzungsberichte der Preußischen Akademie der Wissenschaften. Philosophisch-Historische Klasse. Berlin. 1-51.*

DREWES, A. J. 1962: *Inscriptions de l'Éthiopie antique. Leiden.*

DROUIN, E. 1882: *'Les listes royales éthiopiennes et leur autorité historique'. Revue archéologique. N.S. 23e année. 44: 99-115; 153-172; 206-224 + pl. XXI.*

GCAL Georg GRAF: *Geschichte der christlichen arabischen Literatur. 1-5. (= Studi e Testi. 118. 133. 146. 147. 172.). Città del Vaticano, 1944 - 1953.*

GUÉBRÉ SÉLLASIÉ 1930: *Chronique du règne de Ménélik II Roi des Rois d'Éthiopie. Traduit de l'amharique par Tésfa Sellassié. Publiée et annotée par Maurice de Coppet. Tome 1+2. Paris.*

ḪERUY WALDA ŚELLĀSĒ 1928/29: *Wazema. Addis Abeba, 1921 äth. Stils.*

ḪERUY WALDA ŚELLĀSĒ 1936: *Tarikä Nägäśt. Kopien der ungebundenen Druckfahnen von Kapitel 1 - 66 (S. 1-112) "Schlacht bei Maqalle" und handschriftliche Ergänzungen bis Kapitel 69 (S. 113-126) "Die Schlacht von Adua". Aufbewahrt in der Bibliothek des Frobenius-Instituts, Frankfurt am Main, unter der Signatur Af VII 821.*

HIST DICT 1981 Prouty, Chris und Eugene ROSENFELD: *Historical Dictionary of Ethiopia. (= African Historical Dictionaries. 32). Metuchen, N.J. und London.*

KROPP, M. 1988: *The śəratä gəbr: a mirror view of daily life at the Ethiopian Royal Court in the Middle Ages. In: Northeast African Studies. 10, 2-3: 51-87.*

Kropp, M. 1989: *Die äthiopischen Königschroniken in der Sammlung des Däggazmac Haylu. (= Heidelberger Orientalistische Studien. 13.) Frankfurt am Main.*

KROPP, M. 1994: *Die Stimme der Opposition in der äthiopischen Geschichtsschreibung. Kaiser und Kirche in Äthiopien.' Horizonte der Christenheit. Festschrift für Friedrich Heyer zum 85. Geburtstag. (= Oikonomia. 34.) Erlangen. 36-48.*

Kropp, M. 2003: *Viele fremde Tische, und noch einer im Koran: Zur Etymologie von äthiopisch ma'əd(d)ə und arabisch mā'ida/mayda. Oriens Christianus. 87. 140-143.*

KROPP, M. 2004: *Das gute alte Recht. Schriftlichkeit und Mündlichkeit in der Praxis des äthiopischen Königsrechts. In: Blicke gen Osten. Festschrift für Friedrich Heyer zum 95. Geburtstag. Hrsg. von Martin Tamcke. (= Studien zur Orientalischen Kirchgeschichte. 30.). Münster. 293-310.*

KROPP, M. 2005: *Die Stele von ʿAnza und ihre Aufschrift: ein altäthiopisches Aktenstück. USJ. Annales de l'Institut des Lettres Orientales. In memoriam Louis Pouzet, S. J. (Im Druck).*

KROPP, M. 2005a: *„Antiquae restitutio legis". Zur Alimentation des Hofklerus und einer Zeugenliste als imago imperii und notitia dignitatum in einer Urkunde des Kaisers Zär'a Ya'qob im Condaghe der Hs. BM Or. 481, fol. 154'. Varia Aethiopica. Festschrift für Sevir Chernetsov. St. Petersburg. (Im Druck).*

LITTMANN, E. 1952: L'iscrizione di Anza. RSE. 11: 5-8.

MÄHTÄMÄ SELLASE WÄLDÄ MÄSQÄL 1972: *Khwelqwä tewled zä-negusä Sahlä Sellase. Addis Abeba, 1965 äth. Stils. ("Verzeichnis der Nachkommenschaft des Königs Sahlä Sellase").*

MASPÉRO, G.1898: *Études de mythologie et d'archéologie égyptiennes. 3. Paris, 1898. S. 217-296: "Annales éthiopiennes".*

MASPÉRO, G. 1899: *Histoire ancienne des peuples de l'Orient Classique. Les empires. Paris.*

MEYER, E. 1912: *Chronologie Égyptienne. Traduit par A. Moret. (=Annales du Musée Guimet. Bibliothèque d'Études. 24,2.)*

MEYER, E. 1884: *Geschichte des Alterthums. 1. Geschichte des Orients bis zur Begründung des Perserreichs. Stuttgart. (Die frz. Übers. von A. Moret Histoire de l'Antiquité. Paris, 1914 konnte noch nicht eingesehen werden).*

MEYER, E. 1904: *Aegyptische Chronologie.' Philosophische und historische Abhandlungen der Königlich Preussischen Akademie der Wissenschaften. Berlin. 1-212.*

MORET, A. 1926: *Le Nil et la civilisation égyptienne. (= L'Evolution de l'humanité. 1.2. Le monde antique. Les civilisations de l'Orient. 1.). Paris.*

NAVILLE, E. 1883: *Inscription historique de Pinodjem III, grand prêtre d'Ammon à Thèbes. Traduite et commentée. Paris.*

NEUGEBAUER, O. 1979: *Ethiopic Astronomy and Computus. (= Österreichische Akademie der Wissenschaften. Philosophisch-Historische Klasse. Sitzungsberichte. 347; Veröffentlichungen der Kommission für Geschichte der Mathematik, Naturwissenschaften und Medizin. 22.) Wien.*

NEUGEBAUER, O. 1983: *Abū-Shāker's and the Ethiopic Ḥasāb. Journal of Near Eastern Studies. 902: 55-58.*

NEUGEBAUER, O. 1988: *Abū-Shāker's "Chronography". A Treatise of the 13th Century on Chronological, Calendrical and Astronomical Matters written by a Christian Arab, preserverd in Ethiopic. A Summary. (= Österreichische Akademie der Wissenschaften. Philosophisch-Historische Klasse. Sitzungsberichte. 498.) Wien.*

NEUGEBAUER, O. 1989: *Chronography in Ethiopic Sources. (= Österreichische Akademie der Wissenschaften. Philosophisch-Historische Klasse. Sitzungsberichte. 512.) Wien.*

NÖLDEKE, Th. 1913: *Rezension zu LITTMANN, E. Sabaische, griechische und altabessinische Inschriften. (= Deutsche Aksum Expedition. 4.) Berlin, 1913. Zeitschrift der Deutschen Morgenländischen Gesellschaft. 67: 694-706.*

PANKURST, R. 1983: *The tents of the Ethiopian court. Azania. 18: 181-195.*

PÉTRIDES, S. Pierre 1964: *Le Livre d'Or de la dynastie salomonienne d'Éthiopie. Paris. Die Ras-Täfäri-Liste besprochen in ch. 2: les listes royales S. 32-68.*
REISNER, G. A. 1923, 'The Meroitic kingdom of Ethiopia: A chronological outline'. The Journal of Egyptian Archaeology. 9: 34-77.

REY, C. F. 1927: *In the Country of the Blue Nile. London.*

RIE Recueil des inscriptions de l'Éthiopie des périodes pré-axoumite et axoumite. (Hrsgg.): *E. Bernand, A. J. Drewes, R. Schneider. Introduction de Fr. Anfray. Paris, 1991. Tome I: Les documents. Tome II: Les planches.*

SIDARUS, A. Y. 1975: *Ibn ar-Rāhibs Leben und Werk. Ein koptisch-arabischer Enzyklopädist des 7./13. Jhdts. (= Islamkundliche Untersuchungen. 36.). Freiburg.*

ZACH, M. H. 2002: *Die „sudanesischen" Namen sogenannter frühäthiopischer Herrscher'. A Tribute to Excellence. Studies offered in honor of Ernö Gaál, Ulrich Luft, László Török. Ed. by T. A. Bács. (= Studia Aegyptiaca. 17.). Budapest. 507-514.*

Anhang: Synopse der drei Fassungen der Heruy-Liste

Die folgende Tabelle ist die transliterierte Wiedergabe der Königslisten aus Heruy Wäldä-Sellases Buch *Wazema.* Sie setzt im Unterschied zu der vom selben Autor stammenden *Ras-Täfäri-Liste* erst mit der Dynastie aus den Nachkommen Kams und dem Jahr 2545 vor Christus ein, d.h. mit dem 4. Herrscher der zweiten kamitischen Dynastie der Täfäri-Liste nach dem Turmbau zu Babel. Weggelassen ist die erste Dynastie der Nachkommen Arams mit 21 Herrschern ab 4470 v. Chr., und die ersten drei, Kam, Kout und Habassi, Herrscher der Kamiten. Die Aufstellung wird fortgeführt bis zu den letzten Herrschern der äthiopischen Dynastie Menileks104 n.Chr., bei denen Anklänge an meroitische Namen auftauchen. Ab der Königin von Saba und deren und Salomons Sohn Menilek wird auch die dritte Fassung aus der Feder Heruys berücksichtigt, die er beginnend mit der Königin von Saba in seiner gedruckten, aber nicht mehr veröffentlichten *Geschichte Äthiopiens* = **TI** (1936) gegeben hat.
Als Quellen gibt Heruy ausdrücklich an, daß er europäische Literatur benutzt habe, neben der ersten Autorität der Bibel und traditionellen äthiopischen Geschichtswerken. Namentlich zählt er auf den unten genannten "Moräyä", J. Bruce *Travels to discover the Source of the Nile,* Jules Perruchons Ausgabe des *Gädlä Lalibala* und Reisewerke von Europäer, in denen Photographien der Kirchen von Lalibala zu finden seien.
Die *Ras-Täfäri-Liste* verzeichnet neben den Regierungsjahren und den Jahren vor Christi Geburt auch noch die Jahre nach Erschaffung der Welt gemäß der byzantinischen Weltära **WÄ** (und der der christlich-orientalischen Universalgeschichten im Gefolge des Sextus Julius Africanus), die in Äthiopien für universalgeschichtliche Darstellungen, im Gefolge der Übersetzungen arabischer chronologischer und chronographischer Werke, in Gebrauch war. Es ist bezeichnend, daß Heruy in seinen beiden späteren Fassungen nur die "moderne, zeitgemäße" Zählung der Jahre vor Christi Geburt angibt, die in der genuin äthiopischen Traditition keinen Platz hat.
Die abweichenden Daten und Namen sind (**a.Nr., a. Name, A. Reg.-J., a. J.v.Chr.** wie auch alle **WÄ**-Angaben) sind der *Ras-Täfäri-Liste* entnommen, sofern nicht mit **TI** ≠ *Tarikä Ityopya* gekennzeichnet sind.
Der Namensbestand der traditionellen äthiopischen Königsliste B (Conti Rossini 1909 : 293-295) ist mit kursiv gekennzeichnet. Die Reihenfolge ist nicht berücksichtigt; dies hätte das Schema überladen.

2. Dynastie, die Nachkommen Kams in Äthiopien nach dem Turmbau von Babel.

Nr.	a.Nr.	Name	a.Name	Reg.-J.	a.Reg.-J.	WÄ	J.v.Chr.	a.J.v.Chr.
	1		Kam		78	2865		2635
	2		Kout		50	2915		2585
	3		Habassi		40	2955		2545
1	4	Sabtah/Sabeta[1]	Sebtah	30		2985	2545-2515	
2	5	Elektron		30		3015	2515-2485	
3	6	Näbir[2]	Neber	30		3045	2485-2455	

1 Interessanterweise gibt der Autor selbst zuweilen Varianten der Namen; die kann u.U. aus der schwankenden Transliteration, aber auch aus der gehörten Wiedergabe (in frz. Aussprache?) der betreffenden Namen beruhen.

2 Ob Hier Lord Napier, aus der jüngeren Geschichte Äthiopiens, seinen Einbau in genealogische Schemata findet?

4	7	Amen I.	Amen	21	3066	2455-2434
5	8	Nahset Nays	Nehasset Nyas Königin[3]	30	3096	2434-2404
6	9	Tarkim	Horkam[4]	29	3125	2404-2375
7	10	Saba I.	Saba II.	30	3155	2375-2345
8	11	Sofarid	Sofard	30	3185	2345-2315
9	12	Eskendi	Askndou	25	3210	2315-2290
10	13	Hohey Sät.wo	Hohey	35	3245	2290-2255
11	14	Ahyat.	Adglag[5]	20	3265	2255-2235
12	15	Adgas	Adgala	30	3295	2235-2205
13	16	Bakundon Mälis	Lakniduga[6]	25	3320	2205-2180
14	17	Manturay Häqbi	Manturay	35	3355	2180-2145
15	18	Rakhu Dedme	Rakhu	30	3385	2145-2115
16	19	Sobi I.	Sabe I.	30	3415	2115-2085
17	20	Azegan Fär'on	Azagan	30	3445	2085-2055
18	21	Sosah.ul Atonzanes	Sousel Atozanis	20	3465	2055-2035
19	22	Amen II. S.owiza	Amen II.	15	3480	2035-2020
20	23	Raminp.ähti[7] Mäsälne	Ramenpahte	20	3500	2020-2000

3 Könnte aus der weiblichen Namensform erschlossen sein; Heruy gibt allerdings sonst an, wenn es sich um Herrscherinnen handelt.

4 Könnte eine Verlesung des äthiopischen Schriftzugs sein.

5 Verlesung des äthiopischen Schriftzugs. Bei den weiteren Abweichungen gilt das Gleiche, wenn nichts anderes angemerkt.

6 Bei den in R nicht enthaltenen Namenszusätzen handelt es sich um "sprechende" Namen, wie sie in der äthiopischen Tradition gerne erfunden werden: *mälis* "zurückkehren"; *h.äqbi* "evtl. arab. "Zeitraum".

7 = Menpehtire ?

21	24	Wanuna		3Tage			
22		P.i'ori I.		15	3515	2000-1985[8]	

Dynastie der Ag'azyan[9], d. h. die Nachkommen Yoqt.ans

Die Einleitung zum 3. Kapitel des *Wazema* sei hier resümierend wiedergegeben. Sie spiegelt vorzüglich die Denkweise Heruys (zum damaligen Zeitpunkt) wieder, mit der er versucht, die beiden biblischen genealogischen Linien - Kam auf der einen, Hoah, Ofer, Eber, Yoqtan auf der anderen Seite zusammenzubinden. Hatte er in der Einleitung zu Kapitel 2 schon gesagt, daß die Kamiten, von Asien (Nahen Osten) kommend von Äthiopien (Aksum) her über Meroe sich Ägypten und Nordafrika unterwarfen, so führt er die zweite Linie nun fort. S. 5 des *Wazema* gibt er bereits an, daß er sich hierzu auch europäischer Literatur bediene. Daraus muß er die Gleichsetzung Yoqt.an (Ahnherr der südarabischen Stämme in der arabischen Tradition) = Saba (Jemen) entnommen haben.

Er gibt die populäre Etymologie von *Ge'ez* bzw. *Ag'azyan* als "in die Freiheit führen" an. Die drei Stämme (Nachkommen) Yoqt.ans teilen sich nach ihrer Ankunft Äthiopien auf: Saba erhält Tigre, Abal erhält Adal, Ofer den Ogaden (=Goldland Ofir). Piori (Pianchi ?) unterwirft zunächst Yoqt.an, bis er von dem König von Indien, Rama, besiegt wird. Diese Befreiung vom Joche der Kamiten ist der Anlaß für die Namensgebungs *Ag'azyan*. Für die Geschichte Yoqt.ans Heruy verweist dazu ausdrücklich auf seine Quelle: Das erste Buch des Werks von *Moräyä* (Moret?) S. 237.

1	Akhunas Saba III.	Aknunas Saba II.	55	3570	1985-1930	
2	Näkhäti Kalenso	Nakehte Kalnis	40	3610	1930-1890	1871
3	Kasiyop.i	Kasiyope, Königin	19	3629	1890-1871	1890[10]
4	Sabi[11] II.		15	3644	1871-1856	
5	Ityop.is I.	Etiyopus	56	3700	1856-1800	
6	Lakendun Nowär Ori	Lakndun Nowarari	30	3730	1800-1770	
7	Tutemh.eb	Tutimheb	20	3750	1770-1750	
8	H.erh.ator I.		20	3770	1750-1730	
9	Ityop.is II	Etiyopus II.	30	3800	1730-1700	

8 R gibt die Summen der Herrscher, 25 aus den Nachkommen Kams, 21 aus dem Stamme Ori, nacht 46 Herrscher.

9 In R Agdazyan genannt (Lesefehler, die athiopischen Silbenzeichen *da* und *'a* sind relativ leicht zu verwechseln).

10 Die beiden Zahlen sind in den Reihen vertauscht.

11 Druckfehler für Sobi? S. o. Nr. 16.

10	Sänuka II.	Senuka I.	17	3817	1700-1683
11	Bonu I.		8	3825	1683-1675
12	Mumazes	Mumazes, Königin	4	3829	1675-1671
13	Aru'aso	Aruas, Tochter von 12	7 Monate		
14	Amin Asaro	Amen Asro I.	30	3859	1671-1641
15	Ori II.	Ori (Aram) II.	30	3889	1641-1611
16	P.i'ori II.		15	3904	1611-1596
17	Amenemh.at I.		40	3944	1596-1556
18	S.awe'	Tsawi	15	3959	1556-1541
19	Aktisanis	Aktissanis	10	3969	1541-1531
20	Mandis	Mandes	17	3986	1531-1514
21	P.rotaws	Protawos	33	4019	1514-1481
22	Amoy		21	4040	1481-1460
23	Konsi	Konsi Hendawi (der Inder)	5	4045	1460-1455
24	Bonu II.		2	4047	1455-1453
25	*Sabi*[12] III.	Sebi III. (Kefe)	15	4062	1453-1438
26	Jagonso	Djagons	20	4082	1438-1418
27	Sänuka III.	Senuka II.	10	4092	1418-1408
28	Angabos I.	Angabo I. (Zaka Laarwe)[13]	50	4142	1408-1358
29	Mi'amur		2Tage		
30	Kälina	Helena, Königin	11	4153	1358-1347

12 S. o. Nr. 4.

13 "Der der Schlange geopfert hat"?

31	*Zädgur*	Zagdur I.	40		4193	1347-1307
32	H.erh.ator II.		30		4223	1307-1277
33	H.erh.ator III.	Her Hator (Za Sagado) III.	1		4224	1277-1276
34	Nekate IV.[14]	Akate (Za Sagado) IV.	20		4244	1276-1256
35	Titon *Sotyo*	Titon Satyo	10		4254	1256-1246
36	H.ermäntu I.		1 Monat	5 Monate[15]		
37	Amen'emh.ät II.		5		4259	1246-1241
38	Konsab I.		5		4264	1241-1236
39	Konsab II.	Sannib[16] II.	5		4269	1236-1231
40	Sänuka IV.	Sanuka III.	5		4274	1231-1226
41	Angabo II. (*H.ezbay*)[17]	Angabo II.	40		4314	1266-1186
42	Amen Astat	Amen Astate	30		4344	1186-1156
43	H.erh.or		16		4360	1156-1140
44	Piyankiya I.	Wiyankihi	9		4369	1140-1131
45	Penotsem I.		17		4386	1131-1114
45	Pentosem II.		41		4427	1114-1073
46	Masah.erta		16		4443	1073-1057
48	Ramenkop.erem	Ramenkoperm	14		4457	1057-1043

14 Wie aus R hervorgeht, zählen hier die gleichen - äthiopischen - Beinamen Zägdur, Zä-Agado o.ä. und führen zu einer Reihe 1-4.

15 Verlesung der Zahlzeichen 1 und 5 im Äthiopischen.

16 Verlesung des äthiopischen Schriftzugs von Konsab.

17 Schon der Gebrauch runder Klammern zur Kennzeichnung von- hier äthiopischen - Namensergänzungen bzw. Parallelformen ist ein äußeres Zeichen orthographischer Modernität, das aus westlicher Literatur übernommen wird.

49	Pinotsem III.[18]		7		4464	1043-1036
50	Sabi IV.		10		4474	1036-1026
51	*Täwasya* Dewes	Tawasaya Dews	13		4487	1026-1013
52	*Makeda* (Königin)	Makeda	31		4518	1013-982

Die Abschlußnotiz zu Kapitel 3 und die Einleitung zu Kapitel 4 (die Dynastie Menileks) gibt die Summen von Herrschern und Jahren, sowie die Synchronismen zur biblischen Chronologie: Vor Christi Geburt herrschte der Stamm Yoqt.an (= Saba) vom Jahre 1985 bis zum Jahre 982 (= Menilek). Aus dieser Dynastie der Ag'azyan waren es 52 Herrscher; sie regierten 1300 Jahre.
(*Wazema* S. 16 f, Kapitel 4): Vom Regierungsantritt Menileks bis zur Regierungszeit Bazens (unter dem Christus geboren ward) sind es die Jahre 4518 bis 5500 der Weltära. Der Autor versichert sich, nach den langen Reihen der Jahre vor Christus in europäischer Manier, wieder der Leitdaten seiner eigenen Tradition in der (byzantinischen) Weltära. Auf den Seiten 16-19 gibt er einen gedrängten Überblick über den Inhalt der Legende der Königin von Saba (und über das *Kebrä Nägäst*) und argumentiert für die Überlegenheit Äthiopiens über Israel.

In der Geschichte Äthiopiens gibt Heruy der List noch einmal eine Variante dadurch, daß er die Königin von Saba als erste der neuen Dynastie zählt.

1	*Menilek I.* (Dawit)	Menelik I.	25		4543[19]	982-957	
2	*H.andyon*	Hanyon	1		4544	957-956	
3	Sirah I. *(Tomay)*[20]	Sera I. (Tomai)	26		4570	956-930	
4	Amenhotep *Zägdur*		41	31	4601	930-889	899
5	*Aksumay* Ramisu		20		4621	889-869	879
6	Sirah II. *(Awseyo)*	Awseyo (Sera II.)	38		4659	869-831	841
7	*Täwasya* II.		21		4680	831-810	820
8	*Abralyos* P.inyankiya II.	Abralyus (Wiyankihi II.)	32		4712	810-778	788

18 Hier sind die deutlichsten Anleihen aus dem ägyptologischen Wissen der *Zeit*. Es handelt sich dabei nicht nur um Herrscher, sondern um Oberpriester von Theben; besonders Pinotsem III. hat eine kurzfristige Rolle in der Forschung gespielt. Die "tatsächliche" Abfolge der historischen Persönlichkeiten, die Heruy wohl bewußt vertauscht hat, ist 44 43 45 47 48 49.

19 Von Rey bereits angemerkter Druck- oder Lesefehler R: 4582

20 Kennzeichen dieses Teils der Herrschersliste ist die immer häufigere und konsequentere Verschränkung traditioneller, legendarischer äthiopischer Listen, die mit Menilek beginnend in der historiographischen Tradition Äthiopiens belegt sind, mit Namensmaterial, das moderner westlicher, ägyptologischer und nubiologischer Forschung entnommen wird.

9	*Aksumay Wärädä S.äh.ay*		23		4735	778-755	765
10	Kash.eta *H.ändyon*	Kashta Hanyon	13		4748	755-742	752
11	Sabaka II.		12		4760	742-730	740
12	Nikanta Qändaki II.[21]	Nikauta Kandake, Königin	10		4770	730-720	730
13	S.awe' Tirhaq *(Wärädä Negash)*	Tsawi Terhaq Warada Nagash	49		4819	720-671	681
14	Ard'amen *Awseya*	Erda Amen Awseya	6		4825	671-665	675
15	*Gasyo*	Gasiyo Eskikatir	6 Stunden	keine Angabe			
16	Nu'atmi'omun	Nuatmeawn	4		4829	665-661	671
17	*Tomas.eyon* P.iyankiya III.	Tomadyon Piyankihi[22] III.	12		4841	661-649	659
18	Amin'asro II.	Amen Asero	16		4857	649-633	643
19	Biyankiya[23] IV. *(Awt.eyo)*	Piyankihi IV. Awtet	34		4891	633-599	609
20	*Zäwarenebrät* Asp.urta		41		4932	599-558	568
21	*Säyfay* H.ärsi'ätäw[24]	Saifay Harisataw II.	12		4944	558-546	556
22	*Rämh.ay* Nastosonan	Ramhay Nastosannan	14		4958	546-532	542
23	*H.andiw*'äbra	Handu Wuha Abra	11		4969	532-521	531
24	*Sofelya* Näbikon[25]	Safelya Sabakon	31		5000	521-490	500
25	*Aglebul* Sewekos	Aglebus Sepekos	21	22	5022	490-469	478
26	P.esmärit *(Wärädä Negash)*	Psemenit Waradanegash	21		5043	469-448	457

21 Die Herkunft aus anderen Herrscherlisten verraten z.B. die hier bei erstmaliger Nennung auftretenden Ordnungszahlen 2. etc.

22 Hier wird in R zum ersten Mal der Schriftzug richtig gelesen.

23 Variation aus P.iyankiya; dies deutet vielleicht auf mündliches Vorsagen und Diktieren des in den Quellen abgelesenen Namens hin.

24 Nimmt man hier als Ausgangsform Harsi'otef an, so könnte wieder eine Hörvariante vorliegen.

25 Nakibon in Tl.

27	*Awseya* Burakos	Awswya Tarakos	12	5055	448-436	445
28	Qäniz[26] P.eshmez	Kanaz Psmis (Sohn von 27)	13	5068	436-423	432
29	Ap.raso	Apras	10	5078	423-413	422
30	Kasheta Wäldä Ekhuhu[27]	Kashta Walda Ahuhu	20	5098	413-393	402
31	*Elalyon* Tä'äniki	Elalion Taake	10	5108	393-383	392
32	Atsirkä'ämin III.	Atserk Amen III.	10	5118	383-373	382
33	Atsirkä'min IV.	Atserk Amen IV.	10	5128	373-363	372
34	H.ädina[28]	Hadina, Königin	10	5138	363-353	362
35	Atsirkä'ämin V.	Atserk Amen V.	10	5148	353-343	352
36	Atsirkä'ämin VI.	Atserk Amen VI.	10	5158	343-333	342
37	Nikawla Qendake III.	Nikawla Kandake, Königin	10	5168	333-323	332
38	*Bas'u*	Bassyo	7	5175	323-316	325
39	Nikawsis Qendake IV.	Akawkis Kandake III, Königin	10	5185	316-306	315
40	Arkamin II.	Arkamen II.	10	5195	306-296	305
41	*Awt.et.* Arawra[29]	Awtet Arawura	10	5205	296-286	295
42	Käl'as II. Kalito	Kolas II.(Kaletro)	10	5215	286-276	285
43	*Zäwarenebrät*[30]	Zawre nebrat	16	5231	276-260	269
44	*Sotyo*	Stiyo	14	5245	260-246	255

26 Nicht in Liste B, aber aus anderen bekannt.

27 Rein äthiopisch, aber eine Neubildung "Sohn seines Bruders", etwa im Anklang an die Titel der Ptolemäer.

28 Nicht in B, aber aus anderen Listen bekannt.

29 In TI 40 und 41 in vertauschter Reihenfolge.

30 Warum keine Zählung?; vgl. Nr.

45	*Säyfay*	Safay	13		5258	246-233	242
46	Nikosis Qendake V.	Nikosis Kandake IV, Königin	10		5268	233-223	232
47	*Rämh.ay* Arkamin IV.	Ramhay Arkamen IV.	10		5278	223-213	222
48	*Felya* H.urnekeht	Feliya Hernekhit	15		5293	213-198	207
49	*Hendi* Awkirara	Hende Awkerara	22[31]	20	5313	198-176	187
50	Aghabu Besehran	Agabu Baseheran	10		5323	176-166	177
51	Sulay Käwawminun	Sulay Kawawmenun	20		5343	166-146	157
52	Mäsleni Qurarmer	Messelme Kerarmer	8		5351	146-138	149
53	*Nägsay* Besinti	Nagey Bsente	10		5361	138-128	139
54	Etbinukawir	Etbenukawer	10		5371	128-118	129
55	*Säfelya* Abramin	Safelya Abramen	20		5391	118-98	109
56	Sänay	Sanay	10		5401	98-88	99
57	Awasina (Königin)	Awsena, Königin	11		5412	88-77	88
58	*Dawit* II.		10		5422	77-67	78
59	*Aglebul*[32]		8		5430	67-59	70
60	*Bäwawäl*	Bawawl	10		5440	59-49	60
61	*Bärwas*	Barawas	10		5450	49-39	50
62	Danidad	Dinedad	10		5460	39-29	40
63	Amoy Mäh.äsi	Amoy Mahasse	5		5465	29-24	35
64	Nikotris Hendake (Königin)	Nicotnis Kandake V.	10		5475	24-14	25
65	*Nolki*	Nalke	4	5	5480	14-10	20

31 Druckfehler im Text: 20.

32 Keine Zählung; vgl. aber Nr.; Tl: Aglebuls

66		*Luzay*		2	12	5492	10-8	
67		*Bazin*		8		5500	8- +1	

Mit Bazin und Christi Geburt beginnt Heruy eine neue Zählung, obwohl kein Wechsel der Dynastie vorliegt; es ist eben eine neue Ära *(Wazema* S. 23 Kapitel 5). So zählt er nun die 94 Herrscher der traditionellen äthiopischen Königlisten mit Regierungsjahren durch bis zur Zagwe-Dynastie, die er als Usurpatoren, aus seiner und der traditionellen äthiopischen Sicht, getrennt zählt. Im folgenden wird nur noch der Anfang dieser Liste gegeben, bis zur Königin Gersamot Hendake; hier ist eine der letzten Namensübernahmen aus nichtäthiopischen Quellen.

1		*Bazin*[33]		9		5509	1-9	
2		Särt.u *S.enfä Asägäd*	Sartu Tsenfa Assegd	21		5530	9-30	
3		Akat.atah (*S.enfä Ar'ed*)	Akaptah Tsenfa Ared	2	8	5538	30-32	38
4		Her'emteku II.	Horemtaku	2		5540	32-34	40
5		Gärsamot[34] (Hendake) Königin	Garsemot Kandake VI.	8	10	5550	34-42	50
...								
35	103[35]	*Tazir*	Tl: Tazen	10			281-291	
36		Ah.yäwa (Sofya)	Mutter von 37	7		5806	291-298	299-306
37		*Abreha* und *As.beh.a* (gemeinsam)		26		5832	298-324	306-332

(Rey S. 269) im Jahre 317 n.Chr.[36], im elften Jahre ihrer Herrschaft[37] wurde durch Abba Salama das Christentum in Äthiopien eingeführt, die Königin Sofya wurde getauft und ward eine gute Christin.

(*Wazema S. 25.*) Im elften Jahr ihrer Herrschaft [= 309] kam Feremenat.os (Frumentius), genannt *Käsate Berhan* "Aufdecker des Lichts (des Glaubens)" von Äthiopien nach Alexandrien wurde dort vom Patriarchen dem Hl. Athanasius (als Metropolit von Äthiopien) eingesetzt und unterrichtete und taufte nach seiner Rückkehr im Jahre 330 die Äthiopier als Christen
Tl S. 6-7 gibt eine ausführlichere Erzählung nach dem Synaxar. Frumentius wird von der Königin Sofya mit Briefen an den Patriarchen von Alexandrien versehen nach Ägypten geschickt. Er kommt dort vor dem Konzil von Nikaia (317. äth. Stils) an; erläßt aber Ägypten erst wieder, um 330 in Äthiopien anzukommen.

---

33 Der damit doppelt gezählt wird, bzw. dessen Regierungszeit gespalten gezählt wird, ein Teil vor Christi Geburt, ein Teil danach.

34 Neuerfindung aus einem Herrscher Germa Sor oder Germa Asfare.

35 Tl zählt ab der Königin von Saba durch.

36 Rey gibt fälschlicherweise 327.

37 Nicht der Herrschaft von Mutter und Sohn, wie Rey anmerkt.

Die Ras Tafari-Liste in Sudanarchäologischer Sicht

MICHAEL H. ZACH

In einer vor einigen Jahren erschienenen Untersuchung analysierte ich die sudanesischen Namen frühäthiopischer Könige und Königinnen, die in Herrscherlisten rezenter Monographien zur Geschichte Äthiopiens aufscheinen.[1] Darunter sind jene angeblichen Herrschergestalten zu verstehen, die entweder eine Namensgleichheit mit Pharaonen des im Sudan beheimateten napatano-meroitischen Königreiches von Kusch aufweisen oder deren Namen offensichtlich aus als Anthroponymen aufgefaßten meroitischen Titeln bestehen und die – mit einer Ausnahme – während des ersten vorchristlichen Jahrtausends regiert haben sollen. Sie alle suggerieren eine mit Menelik I., dem legendären Sohn Salomons von Israel und Maqedas von Saba beginnende und sich bis Haile Selassie ersteckende kontinuierliche Regentschaft der sog. Salomoniden-Dynastie, die nur durch die Zeit der Zagwe unterbrochen war. Insgesamt sind 27 der 67 Könige und Königinnen von Menelik I. bis Bazin, der um Christi Geburt regiert haben soll, in unsere Studie einzubeziehen.

Äthiopische Herrscherliste	Generation	Datierung	napatano-meroitisches Äquivalent
Abralyus Wiyankihi II.	8	820-788	Piye/Pianchi
Kashta *Hanyon*	10	765-752	Kashta
Sabaka II.	11	752-740	Shabaqo
Tsawi Terhaq *Warada Negash*	13	730-681	Taharqo
Nuatmeawn	16	675-671	Tanwetamani
Tomadyon Piyankihi III.	17	671-659	Piye/Pianchi
Amen Asero	18	659-643	Amanislo
Piyankihi IV. (*Awtet*)	19	643-609	Piye/Pianchi
Zaware Nebret Aspurta	20	609-568	Aspelta
Saifay Harsiataw II.	21	568-556	Harsiotef
Ramhay Natossanan	22	556-542	Nastaseñ
Safelya Sabakon	24	531-500	Shabaqo
Agalbus Sepekos	25	500-478	Shebitqo
Awseya Tarakos	27	457-445	Taharqo
Kashta *Walda Ahuhu*	30	422-402	Kashta
Atserk Amen III.	32	392-382	Adikhalamani
Atserk Amen IV.	33	382-372	Adikhalamani
Atserk Amen V.	35	362-352	Adikhalamani
Atserk Amen VI.	36	352-342	Adikhalamani
Arkamen II.	40	315-305	Arqamani
Ramhay Arkamen IV.	47	232-222	Arqamani
Agabu Baseheran	50	187-177	Baskakeren?

Tabelle 1: Korrelation der frühäthiopischen und napatano-meroitischen Herrscher[2]

Zunächst zeigt der Vergleich mit den traditionellen äthiopischen Handschriften, daß keiner der ange-

1 M.H. Zach, die „sudanesischen" Namen sogenannter frühäthiopischer Herrscher, in T.A. Bács (ed.), A Tribute to Excellence. Studies offered in honor of Ernö Gaál, Ulrich Luft and László Török = Studia Aegyptiaca XVII (2002), 507-514.

2 Beinamen wurden, ebenso wie in Tabelle 2, kursiv gesetzt.

führten Namen jemals in einer von diesen aufscheint. Exemplarisch sei hierbei auf drei der bedeutendsten Manuskripte verwiesen, und zwar Bodleian Library (Oxford) *Cod. Aeth.* 26, 28, 29 und 32,[3] Bibliothèque Nationale (Paris) 160 A 7b, 1-20[4] sowie British Museum (London) *Oriental.* 821 fol. 28 b[5]. Dasselbe gilt auch für alle weiteren Chroniken, die in europäischen Sammlungen oder äthiopischen Kirchen und Klöstern aufbewahrt werden,[6] sowie die seit dem 16. Jahrhundert in der Reiseliteratur wie z.B. bei Mariano Vittorio, Pedro Paez, James Bruce und Henry Salt publizierten Herrscherlisten.[7] sich in diesem Kontext Amen Asro I. (= Amanislo; Generation 14 [1671-1641]), Aktissanis (= Aktisanes *Mn-mꜣ.ʿt-Rʿ stp-n-ỉmn*; Generation 19 [1541-1531] sowie Wiyankihi I. (= Piye/Pianchi; Generation 44 [1140-1131]). An ägyptischen Namen sind Tutimheb (= Djehutiemhet), Amen Emhat (= Amenemhet; zweimal), Herhor (= Herihor), Pinotsem (= Pinodjem; dreimal), Massaherta (= Masaherta) und Ramenkoperm (= *Mn-ḫpr-Rʿ*) belegt, während für die sog. Salomoniden die Adaption ägyptischer Herrscher mit Ausnahme jener der 25. Dynastie nicht allzu häufig ist, jedoch zumindest Amen Hotep (= Amenophis; Generation 4 [930-899]), Ramissu (= Ramses; Generation 5 [899-879]), Erda Amen (= Rudamun; Generation 14 [681-675]) und Apras (= Apries; Generation 29 [432-422]) nennt. Weiters zeigt sich, daß alle Pharaonen der 25. Dynastie sowie ausgewählte Könige der Napata-Zeit, jedoch nur insgesamt vier der meroitischen Periode in zumeist entstellter bzw. defekter Form Aufnahme in die Liste fanden. Daneben beinhaltet diese auch meroitische Titel, die als Anthroponyme aufgefaßt worden waren. In erster Linie handelt es sich um jenen der Kandake, der von der Königsmutter in Meroe getragen wurde. Letztlich mag Messelme Kerarmer den meroitischen Herrschertitel *qore* beinhalten. Nicotnis Kandake V. bildet ein Konstrukt mit dem Namen der bereits im Turiner Königspapyrus sowie später bei Herodot und Manetho genannten legendären Pharaonin Nitokris.[9]

Äthiopische Herrscherliste	**Generation**	**Datierung**	**Meroitischer Titel**
Nicauta Kandake I.	12	740-730	Kandake
Nikawla Kandake II.	37	342-332	Kandake
Akawsis Kandake III.	39	325-315	Kandake
Nikosis Kandake IV.	46	242-232	Kandake
Messelme Kerarmer	52	157-149	*qore* (?)
Nicotnis Kandake V.	64	35-25	Kandake
Garsemot Kandake VI.	---	40-50	Kandake

Tabelle 2: Korrelation frühäthiopischer Namen mit meroitischen Titeln

Erst das 1927 von Charles F. Rey veröffentlichte Buch *In the Country of the Blue Nile* beinhaltet als Appendix A jene Aufstellung legendärer und realer äthiopischer Herrscher zwischen 4530 v.Chr. (!) und Kaiserin Zawditu (1916-1930),[8] die nicht nur erstmalig die sudanesischen Königsnamen aufführt, sondern gleichfalls als Grundlage für alle seither publizierten Genealogien dient. Dieser läßt sich ebenso entnehmen, daß bereits für die sog. Agdazi-Dynastie (1985-982), die jener des Menelik I. vorangegangen sein soll, mehrere napatano-meroitische sowie ägyptische Pharaonen genannt werden. So findet

Im Hinblick auf das Thema der vorliegenden Untersuchung erhebt sich die Frage, warum in den Genealogien plötzlich napatano-meroitische (und in

3 A. Dillmann, Zur Geschichte des abyssinischen Reichs, Zeitschrift der Deutschen Morgenländischen Gesellschaft 7 (1853), 41 f.

4 O. Neugebauer, Chronography in Ethiopic Sources = Österreichische Akademie der Wissenschaften. Philosophisch-Historische Klasse. Sitzungsberichte 512, Wien 1989, 117 f.

5 E.A.W. Budge, A History of Ethiopia. Nubia & Abyssinia (According to the Hieroglyphic Inscriptions of Egypt and Nubia, and the Ethiopian Chronicles), London 1928, 206 f.

6 vgl. die Zusammenstellung bei M.C. Conti Rossini, Les listes des rois d'Axoum, Journal Asiatique 14 (1909), 277 ff.

7 Conti Rossini, Les listes, 284 ff.; Budge, A History of Ethiopia, 205 ff.

8 C.F. Rey, In the Country of the Blue Nile, London 1927, 263 ff.

9 J.v. Beckerath, Chronologie des pharaonischen Ägypten. Die Zeitbestimmung der ägyptischen Geschichte von der Vorzeit bis 332 v. Chr. = Münchner Ägyptologische Studien 46, Mainz 1997, 151 f.

weiterer Folge auch ägyptische) Königsnamen sowie zu solchen umfunktionierte meroitische Titel als frühäthiopische Herrscher aufscheinen. Den Ansatz hierfür bietet uns Rey selbst, indem er darauf verweist, daß die von ihm publizierte Liste im Auftrag von Ras Tafari, dem späteren Kaiser Haile Selassie I., zusammengestellt und ihm 1922 zur Veröffentlichung übermittelt worden war.[10] Mit Recht gestand er zu "that this list could not by any stretch of the imagination be regarded as an historical document",[11] obwohl er sie trotzdem als wichtigen Beitrag zur Rekonstruktion der Geschichte des Landes erachtete.

Tatsächlich lassen sich aus diesen Angaben zwar keine historischen Daten ermitteln, jedoch die ihnen zugrundeliegende Intention erschließen, die in direktem Zusammenhang mit der Staatsideologie des äthiopischen Kaiserreiches steht. So hatte im Jahr 1270 Yekuno Amlak (1270-1285) die aus Lasta stammenden und später als Usurpatoren diffamierten Zagwe-Herrscher gestürzt und damit die mit einigen Unterbrechungen bis in das 20. Jahrhundert anhaltende Dominanz der Amharen begründet.[12] Mit der Machtübernahme der neuen Dynastie, durch die eine Verlagerung des politischen Zentrums in den Süden nach Schoa erfolgte, war gleichfalls die Notwendigkeit ihrer Legitimierung gegeben. Als brauchbares Instrument erwies sich hierfür die zu dieser Zeit im Orient weitverbreitete Legende der Liaison von Salomon und der Königin von Saba, die auf den Darstellungen in 1 *Könige* 10, 1-13 sowie 2 *Chron.* 9, 1-12 beruhte. Zu Beginn des 14. Jahrhunderts im *Kebra Nagast* (Kapitel 22 ff.)[13] erstmalig in Ge'ez schriftlich niedergelegt, implizierte sie die direkte Abstammung Yekuno Amlaks von Menelik I. und begründete damit das ausschließliche Recht seiner Nachkommen auf den Thron Äthiopiens. Somit diente sie einerseits als nützliches Propagandamittel der neuen Dynastie, andererseits schuf sie das Gefühl der nationalen Besonderheit und erwies sich dadurch als wichtiges Instrument zur Einigung des Landes unter einer zentralen Autorität. Es war daher ein Gebot der Legitimation der sog. Salomoniden, eine Genealogie Yekuno Amlaks beginnend mit Menelik I. zu erstellen, in die auch die weitgehend ephemär bekannten Könige Aksums einbezogen und deren Kontinuität über die Zagwe-Epoche hinweg durch das Konstrukt ihres Exils gewahrt wurde.

Für die Periode zwischen Menelik I. und Bazin verfügten die Chronisten allerdings über keine realen Namen, datiert doch auch die archäologische Forschung die Anfänge des aksumitischen Reiches erst in das erste nachchristliche Jahrhundert.[14] Nicht weiter verwunderlich, differieren die traditionellen Listen teilweise beträchtlich voneinander, weisen jedoch zwei Gemeinsamkeiten auf. Zunächst kann keiner der aufgeführten Könige – etwa durch Inschriften – nachgewiesen werden. Wesentlich bemerkenswerter ist die Tatsache, daß keine der Chronologien eine entsprechend umfangreiche Aufstellung bietet, um ein knappes Jahrtausend ausfüllen zu können. So nennen z.B. Oxford Bodleian *Cod. Aeth.* 26 21 Könige (213 Jahre, 4 Monate, $^1/_2$ Tag), Paris BN 160 7^b, 1-20 40 Könige (476+? Jahre, 10 Monate, 2 Tage), London BM *Oriental.* 821 fol. 28b 21 Könige (228 Jahre, 1 Monat, $^1/_2$ Tag), Bruce 22 Könige (231 Jahre) sowie Salt 17 Könige (135 Jahre, 10 Monate, $^1/_2$ Tag).

Spielten diese Divergenzen zuvor offensichtlich keine Rolle, war für Ras Tafari die Konstruktion einer kontinuierlichen Genealogie von unabdingbarer Bedeutung. Aus einem Seitenzweig der von Menelik II. (1889-1913) begründeten kaiserlichen Schoa-Linie stammend, war er im Zuge der Krönung dessen zweitältester Tochter Zawditu am 11. Februar 1917 zum Thronfolger und Regenten ernannt worden, sah sich jedoch aufgrund seiner Reformpolitik (die durchaus auch seinem persönlichen Machtstreben diente) mit wachsender Opposition seitens der traditionellen Eliten konfrontiert, die sich zunehmend um die Kaiserin gruppierten. Hinzu kam, daß man in einigen Provinzen wie beispielsweise Gožžam und Tigre die Schoa-Linie als illegitim betrachtete und das Recht auf den Thron nur den direkten Nachkommen des aus Tigre stammenden ehemaligen Kaisers Yohannes IV. (1872-1889) zubilligte.

10 Rey, Country of the Blue Nile, 235 und 262.

11 a.a.O., 236.

12 A. Bartnicki / J. Mantel-Niećko, Geschichte Äthiopiens. Von den Anfängen bis zur Gegenwart. Teil 1. Von den Anfängen bis zum Ende des 19. Jahrhunderts, Berlin 1978, 24 f.

13 M.F. Brooks (ed.), Kebra Nagast (The Glory of Kings). The True Ark of the Covenant, Lawrenceville/N.J. 1996, 22 ff.

14 Die bislang vier epigraphisch belegten Herrscher des von sabäischen Kolonisten getragenen präaksumitischen Reiches D'MT (Damot; 5./4. vorchristliches Jahrhundert) im Hochland von Tigre (*mlkn* W'RN HYWT sowie die *mukarribs* RD'M, RBH und LMN) scheinen naturgemäß nicht in dieser Liste auf: vgl. S. Munro-Hay, Aksum. An African Civilization of Late Antiquity, Edinburgh 1991, 63 f.

Vor diesem Hintergrund reflektiert die sog. Ras Tafari-Liste die Intention des Regenten, die direkte Abstammung von Menelik I. zur Legitimierung seines Herrschaftsanspruches zu dokumentieren. Somit ist in weiterer Folge der Gedanke naheliegend, daß Rey bewußt als probates Mittel dazu benutzt worden sein könnte, durch Publikation der Genealogie Ras Tafari auch internationale Anerkennung zu verschaffen. Wiewohl vordergründig kein direkter Zusammenhang rekonstruierbar ist, mag durchaus bemerkenswert erscheinen, daß er nur ein Jahr nach der Veröffentlichung von Reys Buch Zawditu faktisch entmachtete (obwohl sie formal weiterhin im Besitz der Krone blieb) und sich kurz danach am 27. Oktober 1928 zum Negus von Schoa krönen ließ. In dieses Bild paßt auch eine der ersten Amtshandlungen Ras Tafaris, der am 3. April 1930 der tags zuvor verstorbenen Kaiserin nachgefolgt war und am 16. Juli 1931 unter dem Namen Haile Selassie I. inthronisiert wurde. Dabei handelt es sich um die erste Verfassung Äthiopiens, die in Artikel 2 u.a. vermerkt, daß „die Würde des Kaisers für immer mit der Dynastie Haile Selassies verbunden bleiben wird, der ... in direkter und ununterbrochener Linie von der Dynastie Menelik I., des Sohnes der äthiopischen Königin Saba und des Königs Salomon von Jerusalem, abstammt".[15]

Unter diesem Gesichtspunkt ist offensichtlich, daß in der sog. Ras Tafari-Liste zur „Komplettierung" auf Namen zurückgegriffen wurde, die sich zwar nicht mit Äthiopien, jedoch mit dem nordostafrikanischen Raum verbinden ließen.[16] Hierfür bot sich nicht nur das pharaonische Ägypten, sondern insbesondere das napatano-meroitische Reich (das klassische Äthiopien) an, womit m.E. auch ein pseudo-historischer Konnex gefunden werden konnte. Dabei kam dieser Konstruktion offensichtlich zugute, daß infolge der am Beginn des 20. Jahrhunderts einsetzenden umfangreichen archäologischen Aktivitäten zahlreiche Publikationen sich mit der Kultur und Geschichte des antiken Sudan beschäftigten, die in der wissenschaftlichen Welt große Beachtung fanden.

15 Bartnicki / Mantel-Niećko, Geschichte Äthiopiens. Teil 2. Vom Beginn des 20. Jahrhunderts bis zur Gegenwart, 459.

16 Bereits Budge, A History of Ethiopia, XV f. äußerte den Verdacht, daß sich die äthiopischen Gelehrten möglicherweise eines modernen Werkes zur ägyptischen Geschichte bedient haben könnten.

Lassen sich somit die Gründe für die Konstruktion einer präaksumitischen Königsabfolge zweifelsfrei erschließen, bleibt in der Folge zu eruieren, warum lediglich bestimmte sudanesische Herrscher in sie aufgenommen wurden, während andere keine Berücksichtigung fanden. In Loslösung von Reys Liste liegt der folgenden Analyse die chronologische Abfolge der inkludierten napatano-meroitischen Pharaonen zugrunde.

Am Beginn steht mit Kashta (ca. 760-747) jener kuschitische Herrscher, der erstmals das Königtum über Ägypten beanspruchte und primär durch das aus Elephantine stammende Stelenfragment Kairo JE 41013 bekannt ist. 1909 aufgefunden und im gleichen Jahr vom Ausgräber M. Maspero in den *Annales du Service des Antiquités* 10, 9 f. erstmals beschrieben, stellt sie das einzige bis dahin zutage geförderte eigenständige Monument des Königs dar.[17] Zu Piye (747-716), Shabaqo (716-702), Shebitqo (702-690), Taharqo (690-664) und Tanwetamani (664-ca. 656) erübrigt sich wohl ein längerer Kommentar. Als Pharaonen der 25. Dynastie seit Manetho historiographisch dokumentiert, standen ihre mehr oder weniger zahlreichen Monumente bzw. Relikte aus Ägypten und dem Sudan seit der Mitte des 19. Jahrhunderts im Mittelpunkt diverser Studien.[18] Darüber hinaus fand Taharqo (Manethos Tarakos) auch als Tirhaqa in das Alte Testament (2 *Könige* 19, 8) Eingang. In beiden Namensformen ist er in der von Rey veröffentlichten Liste wiedergegeben, bezeichnet jedoch zwei durch fast drei Jahrhunderte voneinander getrennt regierende Könige. Ähnliches gilt auch für Shabaqo, der nicht nur als Sabaka, sondern

17 Später gesellten sich noch das Bruchstück einer Opfertafel aus Fayence (RCK I = D. Dunham, El Kurru. The Royal Cemeteries of Kush I, Cambridge/Mass. 1950, 23 f., Fig. 7 c und Pl. XXXII C) sowie eine Ägis und ein Skarabäus dazu (vgl. mit weiterer Literatur J. Leclant, Kashta, Pharaon, en Égypte, Zeitschrift für ägyptische Sprache und Altertumskunde 90 (1963), 74 ff.), von denen 1927 jedoch nur letzterer bekannt war (H. Gautier, Le livre des rois d'Égypte. Recueil de titres et protocoles royaux, noms propres de rois, reines, princes, princesses et parents de rois, suivi d'un index alphabétique. Tome quatrième. De la XXVe dynastie à la fin des Ptolemées, Kairo 1916, 7 Anm. 1.)

18 Vgl. die Zusammenstellung der epigraphischen Quellen bei FHN I = T. Eide, T. Hägg, R.H. Pierce, L. Török, Fontes Historiae Nubiorum. Textual Sources for the History of the Middle Nile Region between the Eighth Century BC and the Sixth Century AD. Vol. I. From the Eighth to the Mid-fifth Century BC, Bergen 1994, 47 ff.

auch in der bei Manetho gebräuchlichen Form Sabakon in die Genealogie aufgenommen wurde. Somit sprechen auch gute Gründe dafür, seinen Sebichos mit Reys Sepekos und demzufolge mit Shebitqo zu identifizieren.

Zeitlich folgend ist Aspelta (Beginn des 6. vorchristlichen Jahrhunderts), von dessen insgesamt fünf bekannten Schriftdenkmälern zum Zeitpunkt der Erstellung der sog. Ras Tafari-Liste bereits drei in umfassender Bearbeitung vorlagen. Es handelt sich hierbei um die „Wahlstele" Kairo JE 48866,[19] die „Exkommunikationsstele" Kairo JE 48865[20] sowie die „Adoptionsstele" Louvre C 257.[21] Dasselbe trifft auch auf die Stelen Kairo JE 48864 des Harsiotef[22] und Berlin 2268 des Nastaseñ[23] zu, die im 4. vorchristlichen Jahrhundert regierten.

Anders verhält es sich jedoch mit Aktisanes (*Gꜣtisn*) (um 300 v.Chr.), dessen einziges – heute verschollenes – Relikt erst später mit ihm in Verbindung gebracht wurde.[24] Seine Prominenz beruht vielmehr auf der bei Diodorus Siculus (1, 60-61.1) überlieferten pseudohistorischen Erzählung des Hekataios von Abdera, derzufolge im Verlauf eines Krieges zwischen Ägypten und Kusch der ungerechte ägyptische Pharao Amasis von seinen Untertanen verlassen wurde. Demzufolge konnte der Äthiope Aktisanes die Herrschaft über Ägypten erlangen, wo er die Todesstrafe abschaffte und die ihrer Nasen beraubten Verbrecher in der eigens für sie gegründeten Ortschaft Rhinokolura an der Grenze zu Syrien ansiedelte. Diese findet sich auch bei Strabo XVI, 759 in seiner Beschreibung der südpalästinensischen Ortschaften.[25] Die zeitliche Differenz von mehr als zwei Jahrhunderten zwischen Amasis (570-526) und Aktisanes belegt jedoch nachdrücklich, daß es sich hierbei um kein reales politisches Ereignis handelt und auch keinen zeitgenössischen Konflikt reflektiert, da der demotische Papyrus Berlin 13615 aus dem Jahr 529 friedliche Beziehungen zwischen beiden Ländern beschreibt.[26] Vielmehr folgt Hekataios einem literarischen Muster, nach dem ein Tyrann (Amasis erfuhr in der ägyptischen Tradition eine negative Charaktierisierung als Usurpator) mit einem „unsträflichen" Äthiopen kontrastiert wurde, wie sich ein solcher bereits im sog. Äthiopenlogos des Herodot (3, 17 ff.) in Antithese zu dem von Hybris befallenen Kambyses findet.[27]

Problematisch ist die Identifizierung des Arkamen, da hierfür zwei meroitische Herrscher zur Verfügung stehen. An erster Stelle wäre mit Arqamaniqo (Ergamenes I.) ein Zeitgenosse Ptolemaios II. Philadelphos (282-246) zu nennen, der – abgesehen von seiner Pyramide Beg S 6 – ebenso wie Aktisanes primär aus dem literarischen Genre bekannt ist. Gemäß der bei Diodor 3.6 überlieferten Stelle des Agatharchides von Knidos hätte der griechisch gebildete König durch einen Staatsstreich die Macht übernommen, der Priesterschaft des Amun von Napata ein gewaltsames Ende bereitet und die Hauptstadt von Napata nach Meroe verlegt. Auch diese Geschichte ist in den mythischen Bereich zu verweisen und die Annahme einer nunmehrigen Trennung von Königtum und Religion mit Sicherheit falsch, zeigt sich doch sowohl die ungebrochene Kontinuität der kuschitischen Königsideologie mit dem Kult des Amun von Napata, als auch das Fortbestehen Napatas als eines der theologischen Zentren des Landes. Vielmehr reflektiert sie mit großer Wahrscheinlich-

19 E.A.W. Budge, Annals of Nubian Kings with a Sketch of the History of the Nubian Kingdom of Napata, London 1912, 89 ff.

20 H. Schäfer, Die sogenannte „Stèle de l'excommunication" aus Napata. Ein angeblicher Religionskampf im Aethiopenreiche, Klio 6 (1906), 287 ff.; Budge, Annals, 113 ff.

21 H. Schäfer, Die aethiopische Königsinschrift des Louvre, Zeitschrift für ägyptische Sprache und Altertumskunde 33 (1895), 101 ff.; Budge, Annals, 105 ff.

22 Budge, Annals, 117 ff.; vgl. zur Forschungsgeschichte N.-C. Grimal, Quatre stèles napatéennes au Musée du Caire JE 48863-48866. Texts et Indices = Études sur la propaganda royale égyptienne II, Kairo 1981, VIII Anm. 6.

23 H. Schäfer, Die aethiopische Königsinschrift des Berliner Museums. Regierungsbericht des Königs Nastesen, des Gegners des Kambyses, Leipzig 1901; Budge, Annals, 140 ff.

24 K.-H. Priese, Eine verschollene Bauinschrift des frühmeroitischen Königs Aktisanes(?) vom Gebel Barkal, in: E. Endesfelder, K.-H. Priese, W.-F. Reineke und S. Wenig (eds.), Ägypten und Kusch = Schriften zur Geschichte und Kultur des Alten Orients 13 (1977), 343 ff.; FHN II = T. Eide, T. Hägg, R.H. Pierce, L. Török, Fontes Historiae Nubiorum. Textual Sources for the History of the Middle Nile Region between the Eighth Century BC and the Sixth Century AD. Vol. II. From the Mid-Fifth to the First Century BC, Bergen 1996, 511 bezugnehmend auf M.F.L. Macadam, On a Late Napatan or Early Meroitic King's Name, Journal of Egyptian Archaeology 33 (1947), 93 f. und D. Dunham, The Barkal Temples. Excavated by George Andrew Reisner, Boston 1970, 34 und Pl. XXXVII (Khartoum 5227).

25 Vgl. auch Priese, Eine verschollene Bauinschrift, 353 f.

26 FHN I, 298 f.

27 FHN II, 520.

keit die Machtergreifung einer neuen Dynastie, derzufolge aber nicht die Hauptstadt (Meroe war spätestens seit der Mitte des 5. vorchristlichen Jahrhunderts eine der Residenzen), sondern der königliche Begräbnisplatz in den Süden verlegt wurde.[28]

Es wäre jedoch gleichfalls der in Beg N 7 bestattete Arqamani (Ergamenes II.) denkbar, der nach 207/6 die von Ptolemaios IV. Philopator (222/1-205/4) begonnene Bautätigkeit in Philae, Kalabsha und Dakke fortsetzte.[29] Wiewohl umfassende Bearbeitungen der spezifischen archäologisch-epigraphischen Belege erst nach Abfassung der Ras Tafari-Liste vorlagen, war die Präsenz Arqamanis in Philae und Dakke bereits zu diesem Zeitpunkt dokumentiert und publiziert.[30] Hierbei wird er jedoch stets mit dem von Diodor beschriebenen Ergamenes I. (Arqamaniqo) gleichgesetzt und es scheint daher nicht unwahrscheinlich, daß aus dieser Verschmelzung zweier Könige ähnlichen bzw. gleichen Namens der in der sog. Ras Tafari-Liste genannte Arkamen hervorging. Dafür könnte durchaus sprechen, daß mit Adikhalamani (in der sich an die Schreibweise der zeitgenössischen ägyptologischen und sudanarchäologischen Literatur angelehnten Form Atserk Amen) auch der zweite durch seine Bautätigkeit im Dodekaschoinos bekannte meroitische König – sogar mehrfach – in der Genealogie Aufnahme fand.[31] Weniger scheinen mir seine Aktivitäten in Debod und Philae als die direkte Nachfolge Arqamanis bemerkenswert, womit es sich um zwei zeitnahe Herrscher handelt, deren Präsenz in Unternubien gemäß des 1922 verfügbaren Forschungsstandes in annähernd gleichem Umfang dokumentiert war.

Mit Amen Asero bewegen wir uns wieder auf sicherem Terrain, indem er zweifelsfrei mit dem um die Mitte des 3. vorchristlichen Jahrhunderts regierenden Amanislo identifiziert werden kann. Nicht nur seit der Sudanexpedition des Richard Lepsius im Jahre 1844 als Grabinhaber von Beg S 5 identifiziert,[32] verdankt er seine Prominenz insbesondere zwei von ihm okkupierten und von Soleb nach Napata verschleppten Granitlöwen Amenophis III., die 1835 als Geschenk Muhammad Alis an Lord Prudhoe in das British Museum nach London gelangten.[33] Sein Bekanntheitsgrad war bereits im ausgehenden 19. Jahrhundert so groß, daß er (anachronistisch) in Verdis Oper Aida als „Äthiopenkönig" Amonasro aufscheint. Als Abschluß ist gemäß Reys Liste Baseheran anzuführen, in dem möglicherweise Baskakeren erkannt werden kann, dessen Pyramide Nuri 17 in der Grabungskampagne 1917/18 von G.A. Reisner erschlossen wurde.[34] Ein zwingender Grund für seine Aufnahme läßt sich infolge seiner fehlenden Prominenz jedoch nicht rekonstruieren, da außer seiner Grabstätte keine weiteren archäologischen oder literarischen Quellen mit ihm in Zusammenhang zu bringen sind. Inwieweit Safelya Abramen (Generation 55 [129-109]) einen auf -amani auslautenden napatano-meroitischen Königsnamen reflektiert, mag mangels einer eindeutig erkennbaren Parallele dahingestellt bleiben.

Im Gegensatz dazu beruht die Inkludierung von insgesamt sechs Herrscherinnen namens Kandake auf der in Anlehnung an klassische und biblische Quellen noch von Reisner vertretenen Auffassung

28 FHN II, 567 und 647.

29 Vgl. mit weiterer Literatur E. Winter, Ergamenes II., seine Datierung und seine Bautätigkeit in Nubien, Mitteilungen des Deutschen Archäologischen Instituts. Abteilung Kairo 37 (1981), 509 ff.; FHN II, 586 ff.

30 G.A. Hoskins, Travels in Ethiopia, above the second cataract of the Nile; exhibiting the state of that country, and its various inhabitants, under the dominion of Mohammed Ali; and illustrating the antiquities, arts, and history of the ancient kingdom of Meroe, London 1835, 314 f.; LD V = R. Lepsius, Denkmaeler aus Aegypten und Aethiopien, Abt. I-VI, Berlin 1849-1858, Bl. 17; LD Text V = W. Wreszinski, Denkmäler aus Aegypten und Aethiopien. Text. Fünfter Band. Nubien, Hammamat, Sinai, Syrien und europäische Museen, Leipzig 1913, 65; W.M.F. Petrie, A History of Egypt. Vol. III. From the XIXth to the XXXth Dynasties, London 1905, 310; E.A.W. Budge, The Egyptian Sudan II, London 1907, 112; F.Ll. Griffith, Meroitic Inscriptions. Part II. Napata to Philae and Miscellaneous, Archaeological Survey of Egypt. Twentieth Memoir, London 1912, 23 f. und 32 f.; Gautier, Le livre des rois IV, 424 f.

31 Vgl. Hoskins, Travels, 315; LD V, Bl. 18; LD Text V, 4 ff.; Petrie, A History of Egypt III, 310; Budge, The Egyptian Sudan II, 113; Griffith, Meroitic Inscriptions, 20 und 32; Gautier, Le livre des rois IV, 429; FHN II, 590 ff. Eine in Philae Jahrzehnte später aufgefundene Stele Adikhalamanis belegt seine Präsenz auch an diesem Ort: A. Farid, The Stela of Adikhalamani Found at Philae, Mitteilungen des Deutschen Archäologischen Instituts. Abteilung Kairo 34 (1978), 53 ff. und Tfl. 9.

32 LD V, Bl. 53 b, c; vgl. auch LD Text V, 323.

33 I.E.S. Edwards, The Prudhoe Lions, Annals of Archaeology and Anthropology 26 (1939), 3 ff.

34 G.A. Reisner, Preliminary Report on the Harvard-Boston Expedition at Nûri: the Kings of Ethiopia after Tirhaqa = Harvard African Studies II, Cambridge/Mass. 1918, 18, 30, 58 und 63.

des Titels der Königsmutter als Anthroponym.[35] Dem könnte durchaus eine inverse Parallelisierung zum zeitgenössischen Ägypten zugrunde liegen, das über nahezu drei Jahrhunderte hinweg fast ausschließlich von Männern mit Namen Ptolemaios regiert wurde. Wiewohl die prominente Rolle einiger ägyptischer königlicher Frauen (insbesondere Kleopatra III.) Auswirkungen auf die im Umbruch begriffene meroitische Sozialstruktur gehabt haben mag und derzufolge im ausgehenden zweiten vorchristlichen Jahrhundert mit Shanakdakhete die erste Frau den Thron Meroes besteigen konnte, ist es jedoch absolut verfehlt, von einer „Frauenherrschaft" oder gar einer Linie von Königinnen namens Kandake zu sprechen.[36] Wie lange allerdings diese seit bereits geraumer Zeit obsolete Fehlinterpretation im Bewußtsein weiterwirkt, zeigt sich leider gelegentlich noch immer im wissenschaftlichen Diskurs.[37] Zuletzt äußerte C. Fluehr-Lobban die Vermutung, daß die Nennung äthiopischer Königinnen namens Kandake zwar durchaus auf dem meroitischen Befund beruhen könnte, jedenfalls aber eine „kulturelle Kompatibilität" reflektiere. Am Beginn dieser Entwicklung sei die während des vierten nachchristlichen Jahrhunderts erfolgte Absorption Meroes in das aksumitische Reich gestanden, da die Legitimität regierender Frauen in beiden Staaten gleichermaßen verankert gewesen sein soll.[38] Dabei ignoriert sie jedoch völlig, daß ausschließlich der Titel *qore* – niemals aber *kdke* – eine meroitische Königin bezeichnete,[39] keine der traditionellen Genealogien eine dieser angeblichen Herrscherinnen aufführt, die zum ersten und einzigen Mal in der sog. Ras Tafari-Liste aufscheinen, sowie insbesondere, daß das Reich von Aksum erst nach der Zeitenwende entstand und somit logischerweise keine vorherigen Dynastinnen existiert haben können. Damit disqualifiziert sich auch das Postulat einer gemeinsamen afro-asiatischen Kulturgeschichte, dem als Argument die Gleichsetzung napatano-meroitischer Königsnamen und meroitischer Titel mit angeblich existenten frühäthiopischen Herrschern und Herrscherinnen zugrunde gelegt wird, schlichtweg von selbst.

Unter diesen Voraussetzungen ist an dieser Stelle auch die primär auf den Ezana-Inschriften basierende Rekonstruktion der Geschichte der Noba von M. Bechhaus-Gerst in unsere Untersuchung einzubeziehen.[40] So wird der bei Rey aufgeführte König Mahasse (Generation 53 [40-35]), dem in unterschiedlichen Schreibweisen (Mohesi, Mahase, Mahasi, Mâhsî u.ä.) mit Ausnahme von Paris BN 160 A 7^b 1-20 je nach Quelle ein oder fünf Regierungsjahre irgendwann zwischen 40 und 24 v.Chr. zugebilligt werden,[41] als Beleg für bereits zu dieser Zeit existierende enge Kontakte Aksums zum sudanesischen Niltal präsentiert. Dabei wird er mit der nubischen Mahas-Sprache in Verbindung gebracht und zur Unterstützung dieser Hypothese gleichfalls auf

35 Plinius, Nat. Hist. VI, 29.184 ff.; Dio Cassius, Epit. LIV, 5 f.; Strabo, Geogr. XVII, 1.54; Acta Apostolorum VIII, 26-39.

36 M.H. Zach, Shanakdakhete, in: T. Kendall (ed.), Nubian Studies 1998. Proceedings of the Ninth Conference of the International Society of Nubian Studies. August 21-26, 1998, Boston, Massachusetts, Boston 2004, 449 ff.; vgl. auch Meroe: Mythos und Realität einer Frauenherrschaft im antiken Afrika, in: E. Specht (ed.), Nachrichten aus der Zeit. Ein Streifzug durch die Frauengeschichte des Altertums = Reihe Frauenforschung. Band 18, Wien 1992, 108 f.

37 z.B. E.G. Huzar, Augustus, Heir of the Ptolemies, in: H. Temporini (ed.), Aufstieg und Niedergang der Römischen Welt (ANRW). Geschichte und Kultur Roms im Spiegel der neueren Forschung. Teil II: Principat. Band 10. Politische Geschichte (Provinzen und Randvölker: Afrika und Ägypten), Berlin-New York 1988, 365.

38 C. Fluehr-Lobban, Nubian Queens in the Nile Valley and Afro-Asiatic Cultural History, in: T. Kendall (ed.), Nubian Studies 1998. Proceedings of the Ninth Conference of the International Society of Nubian Studies. August 21-26, 1998, Boston, Massachusetts, Boston 2004, 257.

39 Tatsächlich führen nur Amanirenas und Amanishakheto die Titel *qore* und *kdke* (Belege bei I. Hofmann, Beiträge zur meroitischen Chronologie = Studia Instituti Anthropos 31, St. Augustin 1978, 88 ff.; L. Török, The Kingdom of Kush. Handbook of the Napatan-Meroitic Civilization, Leiden-New York-Köln 1997, 455 ff.; FHN II, 718 ff.; vgl. auch Zach, Meroe: Mythos und Realität, 98 ff. Gleiches kann auch für Amanitore angenommen werden: M.H. Zach, Gedanken zur *kdke* Amanitore, in: C.-B. Arnst, I. Hafemann und A. Lohwasser (eds.), Begegnungen. Antike Kulturen im Niltal. Festgabe für Erika Endesfelder • Karl-Heinz Priese • Walter Friedrich Reineke • Steffen Wenig, Leipzig 2001, 513 ff.

40 M. Bechhaus-Gerst, Noba Puzzles. Miscellaneous Notes on the Ezana Inscriptions, in: D. Mendel und U. Claudi (eds.), Ägypten im afro-orientalischen Kontext. Aufsätze zur Archäologie, Geschichte und Sprache eines unbegrenzten Raumes. Gedenkschrift Peter Behrens = Afrikanistische Arbeitspapiere. Sondernummer 1991, Köln 1991, 17 ff.

41 Dillmann, Zur Geschichte des abyssinischen Reichs, 342; Budge, A History of Ethiopia, 206 ff.; Conti Rossini, Les listes, 279 ff.; Rey, Country of the Blue Nile, 267. Paris BN 160 A 7b 1-20 weist ihm 17 Jahre zu und setzt seine Herrschaft früher an (Neugebauer, Chronography, 118).

die Namensparallelen angeblicher frühäthiopischer mit napatano-meroitischen Herrschern und Herrscherinnen hingewiesen.[42] Da jedoch die älteste der relevanten Listen erst aus dem beginnenden 17. Jahrhundert stammt und die sonstigen Namen ohnehin ausscheiden, läßt sich dieser Ansatz zur Erschließung der Geschichte der Noba m.E. nicht länger aufrecht erhalten.

punkt seien folgend die Namen der sog. Ras Tafari-Liste den vor 1922 in der Literatur aufscheinenden unterschiedlichen Schreibarten napatano-meroitischer Könige gegenübergestellt.

Bereits ein erster Blick zeigt, daß trotz enger Parallelen mit Ausnahme Kashtas keine der Versionen in vollem Umfang den bei Rey aufgeführten Namen entspricht. Dies scheint jedoch darauf zurückzuführen sein, daß die ihm vorgelegte Liste offensichtlich in Amharisch abgefaßt war, da er sich ausdrücklich bei dem Sekretär der britischen Gesandtschaft in Äthiopien (Philip Zaphiro) für deren Übersetzung bedankt.[45] Somit sind die für eine Identifikation des Ursprungswerkes erforderlichen Details durch Transkription sowie Re-Transkription verloren gegangen und daher wird sich dieses wohl nie eindeutig rekonstruieren lassen. Es ist jedoch bemerkenswert, daß die sog. Ras Tafari-Liste vier Könige namens P/Wiyakihi aufzählt und ebenso viele Piânkhis im vierten Band von Gautiers *Le livre des*

Rey	Petrie	Budge	Griffith	Gautier	Reisner
Kashta	Kashta	Kashta	---	Kachta	Kashta
Wiyankihi/ Piyankihi	Pankhy	Piankhi	Pankhi	Piânkhi	Piankhy
Sabaka, Sabakon	Shabaka	Shabaka	---	Chabaka	Shabaka
Sepekos	Shabatoka	Shabataka	---	Chabatoka	Shabataka
Terhaq, Taraqos	Taharqa	Taharqa	Taraqus	Taharqa	Tirhaqa
Nuatmeawn	Tanutamen	Tanuath-Amen	Tenwetamani	Tanoutamon	Tanutaman
Aspurta	Aspeluta	Aspelta	Aspert	Aspalout	Aspalta
Baseheran?	---	---	---	---	Baskakeren?
Harsiataw	Horsiatef	Heru-sa-atef	Harsiyotf	Har-si-iotf	Harsiotef
Natossanan	Nastosenen	Nastasenen	Nestsen	Nastasen	Nastasen
Ark Amen	Arqamen	Arq-Amen	Arqamani	Arq-Amon	Arikaman
Atserk Amen	Azakheramen	Atchakhar-Amen	Azakheramani, Azikhalamani	Azakheramon	Azaqraman
Amen Asero	Asrudamen	Amen-asru	Amanasrawe	Amonasro	Yesruwaman

Tabelle 3: Vergleich der zeitgenössischen Schreibweisen kuschitischer Königsnamen

Abschließend bliebe die Frage zu beantworten, welcher Quelle(n) sich die Chronisten Ras Tafaris zur Erstellung seiner Pseudo-Genealogie bedient haben könnten. Wie bereits ausgeführt ist vorauszusetzen, daß es sich hierbei um keine traditionellen Handschriften sondern vielmehr um eine oder mehrere Publikationen gehandelt haben muß, welche die Resultate sudanarchäologischer Aktivitäten dokumentieren. Als zeitliche Obergrenze läßt sich 1922 erschließen, als der Regent die Liste an Rey übermittelte.[43] Damit ließe sich den bereits zitierten Werken noch eine Arbeit Reisners zur altsudanesischen Geschichte hinzufügen.[44] Unter diesem Gesichts-

42 Bechhaus-Gerst, Noba Puzzles, 24.

43 Rey, Country of the Blue Nile, 262.

44 G.A. Reisner, Outline of the Ancient History of the Sudan. Part IV. – The first kingdom of Ethiopia, its conquest of Egypt, and its development into a kingdom of the Sudan (1100-250 B.C.), Sudan Notes and Records 2 (1919), 35 ff. Aus zeitlichen Gründen scheiden zwei weitere Arbeiten Reisners, The Pyramids of Meroe and the Candaces of Ethiopia, Sudan Notes and Records 5 (1922), 173 ff. und The Meroitic Kingdom of Ethiopia: A Chronological Outline, Journal of Egyptian Archaeology 9 (1923), 34 ff. aus, womit ich meine früher geäußerte Annahme (Zach, Die „sudanesischen" Namen, 512) revidieren muß, letztere hätte als Grundlage der sog. Ras Tafari-Liste gedient.

45 Rey, Country of the Blue Nile, 236

rois d'Égypte als Pharaonen Ägyptens genannt genannt sind.[46]

Zusammenfassend kann festgestellt werden, daß keiner der Namen frühäthiopischer Herrscher und Herrscherinnen eine real existierende Person bezeichnet. Vielmehr handelt es sich um fiktive (wiewohl aus benachbarten Kulturen entlehnte historische) Figuren in einem Konstrukt, dessen sich mit Ras Tafari der Repräsentant einer dynastischen Nebenlinie zur Pseudo-Legitimation seines Anspruches auf den äthiopischen Kaiserthron bediente. Da beginnend mit dem legendären Dynastiegründer Menelik I. bis zu den Herrschern Aksums für ein Jahrtausend keine Könige verfügbar waren, wurden zur „Komplettierung" seiner Ahnenreihe Namen verwendet, die sich generell mit dem nordostafrikanischen Raum verbinden ließen. Hierbei besaßen seine Chronisten offenbar profunde Kenntnisse der zeitgenössischen ägyptologischen und sudanarchäologischen Literatur, die es ihnen ermöglichte, entsprechend prominente Personen in die Genealogie aufzunehmen. Besonderes Augenmerk erfuhren dabei offensichtlich jene napatano-meroitischen Könige, die darüber hinausgehend von klassischen Autoren oder wie Taharqo in der Bibel erwähnt werden.[47] Wiewohl nicht eindeutig verifizierbar, scheinen primär das *Livre des rois d'Égypte* sowie vielleicht auch Reisners Grabungsergebnisse als Hilfsmittel zur Konstruktion eines Teils der angeblichen Vorfahren Ras Tafaris gedient zu haben. In keinem Fall kann jedoch die von Rey publizierte Liste als Quelle zum frühen Äthiopien, den Kontakten Aksums zu seinen Nachbarn oder gar als Beleg für eine gemeinsame afro-asiatische Kulturgeschichte herangezogen werden.

---

46 Ein bei Gautier, Le livre des rois IV, 59 angeführter Piânkhi(V?)-Aloulou(?) wird von ihm fälschlicherweise als nach den Ende der 25. Dynastie regierender napatanischer Herrscher gesehen und chronologisch vor Harsiotef eingeordnet, ist jedoch mit dem auf der Nastaseñ-Stele genannten Alara und damit dem ersten bislang namentlich bekannten kuschitischen König identisch.

47 So führt Rey auch die Könige Sera I. Tomai (Generation 3 [956-930]) und Awseyo Sera II. (Generation 6 [879-841]) auf, in denen sich unschwer der in 2 Chron. 14, 9-15 als Kontrahent Asas von Juda genannte Zerah „der Kuschite" wiedererkennen läßt. Trotz seines oft belegten jüdischen Names (Sirah), wurde er fälschlicherweise gelegentlich als frühnapatanischer Herrscher angesprochen (S.J. Bersina, Problems on Meroitic Chronology: Beginning and End of Meroe, in: F. Hintze (ed.), Meroitistische Forschungen 1980. Akten der 4. Internationalen Tagung für meroitistische Forschungen vom 24. bis 29. November 1980 in Berlin = Meroitica 7 (1984), 216; ПОХОД ЗАРАХА-КУШИТА, Мероэ 4 (1989), 32 ff.). Mit Sicherheit war er jedoch kein König, sondern ein in Palästina geborener und von den Philistern angeworbener Söldnerführer kuschitischer Abkunft, dessen Vorfahren wohl durch ägyptische Vermittlung in den Vorderen Orient gelangten (I. Hofmann, Kuschiten in Palästina, Göttinger Miszellen 46 (1981), 10; Meroitische Herrscher, Meroitica 7 (1984), 242).

Zwei Fallbeispiele für Genealogien im Mittleren Reich

WOLFRAM GRAJETZKI

Uchhotep III. von Meir

Im Felsengrab des Bürgermeisters von Meir (B4) Uchhotep (III.), Sohn des Uchhotep und der Mersi, befindet sich auf der Westwand der Hauptkammer[1] die Darstellung anscheinend aller Bürgermeister von Meir, nebst ihrer Frauen, die vor ihm im Amt waren (s. Abb.1). Diese Reihe reicht wohl bis in das Alte Reich vor die sechste Dynastie zurück. Die Darstellung, die wahrscheinlich einst nicht weniger als neunundfünfzig Vorfahren/Amtsvorgänger aufführte, beginnt oben links, wahrscheinlich mit den direkten Vorgängern von Uchhotep und endet dementsprechend unten rechts. Die Bürgermeister, die alle den Titel *ḥ3ti-ʿ* – Bürgermeister – tragen, sind auf einem Hocker sitzend dargestellt. Sie sind in einen kurzen Schurz gekleidet und halten in der rechten Hand einen langen Stab. In der Linken halten sie ein gefaltetes Stück Stoff.[2] Unterhalb der Männer in einem weiteren Register sind ihre Frauen auf dem Boden sitzend abgebildet. Sie werden jeweils als „seine Gemahlin" eingeführt. Die dargestellten Frauen riechen abwechselnd an einer Lotusblüte oder halten ein gefaltetes Stück Stoff in der Hand. Alle Personen werden als *m3ʿ-ḫrw* – ‚gerechtfertigt' bezeichnet. Am Ende der Darstellung findet sich eine kurze Inschrift mit der Begründung für dieses ungewöhnliche Bild:

> *Ich machte dies, damit ihre Namen für ewig dauern werden, damit die Stimme herauskommt für sie an jedem Tag seitens der Vorlese- und Wabpriester der Kapelle für ewig.*

Die historische Zuverlässigkeit dieser Darstellung wurde bisher in der Literatur kontrovers diskutiert. H. Stock[3] und R. Anthes[4] hielten sie für wertlos. L. Borchardt[5] dagegen benutzt die Liste – wohl etwas zu optimistisch – sogar als Datierungshilfe für das Alte Reich.[6] Die Darstellung dieser Ahnen oder besser gesagt Amtsvorgängerreihe des Uchhotep ist leider gerade an den Stellen zerstört, an denen es möglich wäre, die Geschichtlichkeit dieser Ahnenreihe zu überprüfen, doch erscheint unter den Gemahlinnen der Bürgermeister eine gewisse Hut-iah, die auch tatsächlich auf Denkmälern der 6. Dynastie in Meir bezeugt ist.[7] Leider ist der Name ihres Mannes zerstört, doch heißt dessen Vorgänger in dieser Ahnengalerie Hepi-aa. Aus der sechsten Dynastie gibt es einen Bürgermeister von Meir namens Hepi-kem, der in etwa zur gleichen Zeit wie der Gemahl der Hut-iah – Pepy-anch-hery-ib im Amt war.[8] Man mag hier deshalb an eine Verschreibung des Namens von Hepi-kem zu Hepi-aa denken. Neben Hut-iah erscheint eine gewisse Pecheret. Auch dieser Name ist in den Bürgermeistergräbern der 6. Dynastie in der Form Pecheret-nefert bezeugt und zwar genau als die Schwiegermutter der Hut-iah. In genau dieser Position erscheint hier auch Pecheret.[9] Im dritten Register erscheint ein gewisser Ima. Das Grab eines Sohnes von einem Mann mit diesem Namen ist aus Meir bekannt. Schliesslich erscheint in der Liste ein Neferchau, welcher der Horusname des Königs Neferefre aus der 5. Dynastie ist. Der Bürgermeister Neferchau erscheint genau in der Position in der Reihe, die man an den Beginn der 6. Dynastie oder an das Ende der 5. Dynastie setzen wollte.

Die ganze Darstellung macht daher einen relativ zuverlässigen Eindruck, zumindest scheint sie stellenweise historisch korrekt zu sein, auch wenn man hier und da kleine Abschreibe- oder Überlieferungs-

1 A.M. Blackman, The Rock Tombs of Meir III, London 1915, pls. X-XI

2 A. Fehlig, SAK 13 (1986), 55-94

3 Die Erste Zwischenzeit in Ägypten, Studia Aegyptiaca II, Rom 1949, 17

4 Die Felseninschriften von Hatnub, Leipzig 1928, 107-108, n. 7

5 Die Mittel zur zeitlichen Festlegung von Punkten der ägyptischen Geschichte und ihre Anwendung, Kairo 1935, 112-14

6 Vgl. D. Kessler im Lexikon der Ägyptologie IV, 14 und H. Kees, Totenglaube und Jenseitsvorstellungen der Alten Ägypter, Berlin 1956, 257

7 PM IV, 254-55; Kamal, ASAE XV (1915), 247-50; A.M. Blackman, The Rock Tombs of Meir IV, London 1924, 7

8 Kanawati, Göttinger Miszellen 111 (1989), 75-80

9 Blackman, The Rock Tombs of Meir IV, 6

fehler findet. Diese Darstellung lässt vermuten, dass es recht ausführliche und detailierte Aufzeichungen über die Bürgermeister von Meir und sicherlich auch von anderen Orten gab. Es ist besteht aber immerhin natürlich auch die Möglichkeit, dass die Namen von in der Nekropole noch sichtbaren Monumenten abgeschrieben worden sind, während andere Teile der Liste frei erfunden worden sind. Überprüfen lässt sich dies vorerst nicht.

Uchhotep III. scheint auch in anderen Teilen der Nekropole von Meir seine Vorgänger besonders geehrt zu haben. Das Grab des Uch-hotep, Sohn des Ima (A3) wird von Blackman in das Mittlere Reich datiert. An der Fassade findet sich eine Inschrift, die davon berichtet, dass das Grab von Uch-hotep III. für Uchhotep, Sohn des Ima hergerichtet wurde. Wobei sich Uchhotep III. als Sohn von Uchhotep, Sohn des Ima bezeichnet.[10] Blackman, der dieses Grab publi-

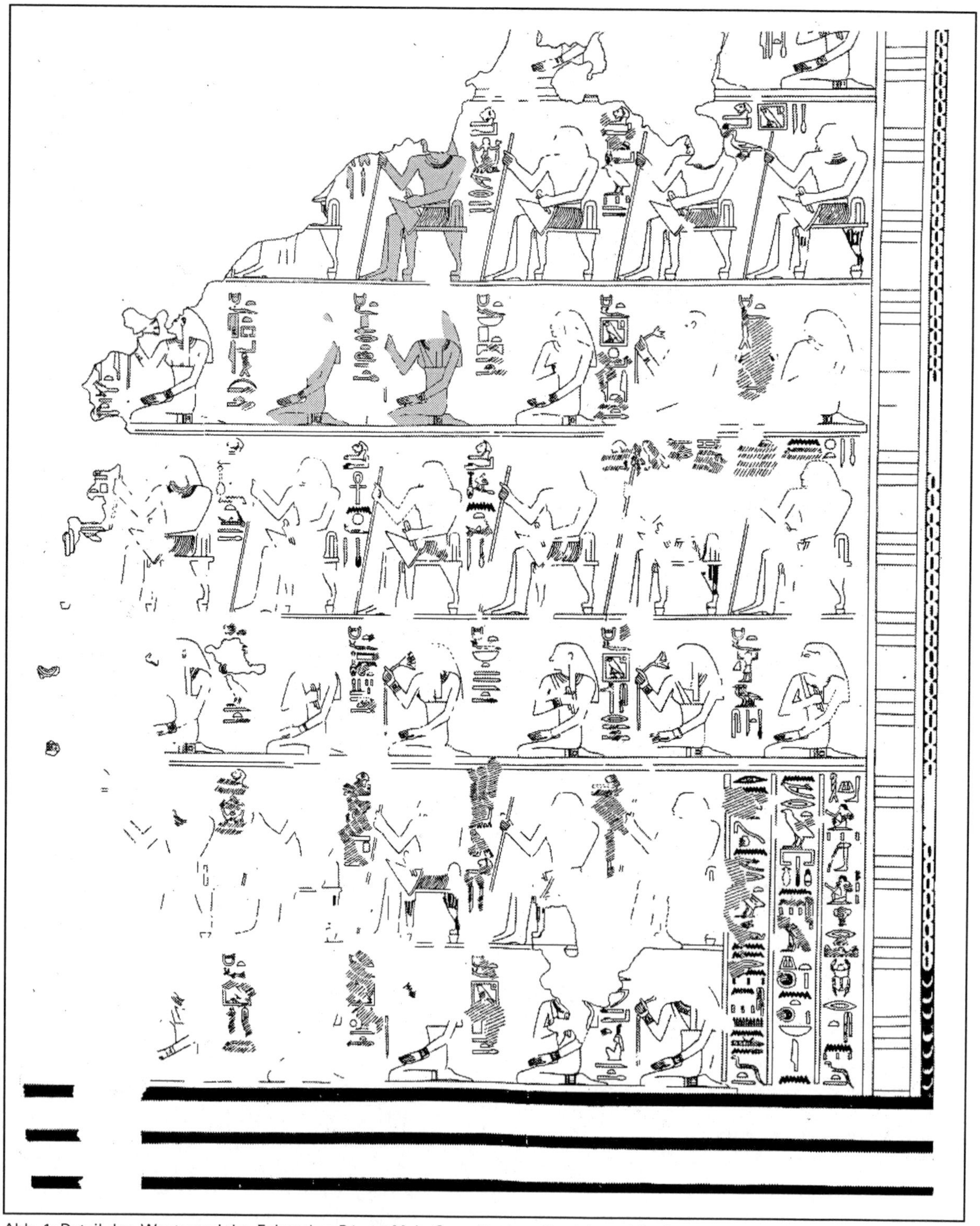

Abb. 1: Detail der Westwand des Felsgrabes B4 von Meir. Grau: Hepi-aa, Hut-iah und Pecheret.

zierte, ging noch davon aus, dass Uchhotep, Sohn des Ima, in das Mittlere Reich zu datieren ist. Das Grab liegt jedoch in einem Teil der Nekropole von Meir, in dem sich hauptsächlich Gräber des Alten Reiches befinden, so dass H. Willems überzeugend darlegen konnte, dass das Grab wohl für einen Vorgänger aus dem Alten Reich von Uchhotep III. hergerichtet oder renoviert worden ist.[11] Es gibt schließlich ein von Kamal in Meir gefundenes Ostrakon,[12] auf dem sich eine Widmung von Uch-hotep III. an einen sonst nicht bekannten Bürgermeister Nefer...tef findet. Uch-hotep III. war also anscheinend an verschiedenen Stellen in der Nekropole von Meir beschäftigt, Gräber seiner Vorgänger zu restaurieren. Die Liste seiner Amtsvorgänger in seinem Grab mag daher auch als eine Art Zusammenfassung seiner Restaurierungsarbeiten gesehen werden. Ähnliche Restaurierungsarbeiten sind auch an anderen Orten in Mittelägypten bezeugt. Der Bürgermeister von Menat-Chufu Chnumhotep II., der in Beni Hassan bestattet worden ist, berichtet in seinen biographischen Inschriften von solchen Restaurierungs-arbeiten. Die Bürgermeister von Hermopolis, die selbst bei Deir el-Berscheh bestattet worden sind, restaurierten die Gräber ihrer Vorgänger bei Scheich Seid.[13] Trotz dieser vergleichbaren Restaurierungsarbeiten findet man weder in den Gräbern von Beni Hassan, noch in Deir el-Berscheh eine Ahnengalerie, wie sie in Meir belegt ist. Die Liste mag also noch einen anderen Zweck verfolgt haben.

Aus diversen Quellen ist ersichtlich, dass am Beginn der 12. Dynastie an verschiedenen Orten in Ägypten neue Bürgermeisterfamilien ins Amt berufen worden sind. Hier ist vor allem Beni Hasan zu nennen, wo der erste ‚Bürgermeister von Menat-Chufu' direkt von Amenemhat I. ins Amt gesetzt worden ist. Der erste Vertreter der neuen Familie Chnumhotep(I.) berichtet in seinem Grab von dieser Einsetzung durch Amenemhat I.[14] Ein anderes Beispiel ist die Familie der Bürgermeister auf Elephantine, die erst unter Senusret I.[15] beginnt. In Qaw el-Qebir, wo sicherlich die mächtigsten Bürgermeister des Mittleren Reiches residierten, beginnt die Reihe anscheinend sogar erst unter Amenemhat II.,[16] was dafür spricht, dass die Politik der Einsetzung neuer Bürgermeister noch von diesem Herrscher fortgeführt wurde. Eine vergleichbare Situation ist auch für Meir bezeugt, wo die Reihe der Bürgermeister des Mittleren Reiches unter Amenemhat I. beginnt.[17] Es scheint offensichtlich, dass die Könige der frühen 12. Dynastie an mehreren Orten in Ägypten neue Bürgermeisterfamilien, die ihnen sicherlich besonders treu waren, ins Amt beriefen.[18] Vor diesem Hintergrund wird zunächst deutlich, dass es sich mit einiger Sicherheit bei den in dem Grab dargestellten Vorgängern von Uchhotep III. nicht um seine Vorfahren, sondern um seine Amtsvorgänger handelte, mit denen er wohl nicht enger verwandt war.

Es ist nichts darüber bekannt, ob diese neuen Bürgermeister von den alteingesessenen Familien anerkannt wurden oder ob diese auf Ablehnung der hier ansässigen Oberschicht stießen. Die Einsetzung neuer Bürgermeister an bestimmten wichtigen Orten in Ägypten gibt jedoch eigentlich nur recht Sinn wenn man annimmt, dass die ältere hiesige herrschende Oberschicht der neuen Herrscherfamilie nicht loyal war, oder dass die Herrscher der 12. Dynastie zumindest Zweifel an der Loyalität dieser Leute haben konnten. Es gibt schließlich aus anderen Quellen eindeutige Hinweise auf bürgerkriegsähnliche Zustände am Beginn der 12. Dynastie. Zu nennen sind die Hatnub Inschriften, von denen einige wohl unter Amenemhat I. datieren,[19] die Stele des Nesmont im Louvre,[20] die von Kämpfen in Theben berichtet und eine große, leider stark zerstörte Inschrift in el-Tod, die auch Kämpfe innerhalb Ägyptens zu erwähnen scheint.[21]

Es ist deshalb mit aller gebotenen Vorsicht eine politische Motivation dieser Ahnenreihe vorzuschla-

---

10 Blackman, The Rock Tombs of Meir VI, ASE 29, London 1953, 2, pl. V

11 H. Willems, Chests of Life, Leiden 1988, 85.

12 Kamal, ASAE XI (1911), 36

13 E. L. Griffith/P.E. Newberry, El Berscheh II, London 1895, 10-11; S. Grallert, Bauen – Stiften – Weihen, Berlin 2001, 495-97

14 P.E. Newberry, Beni Hassan I, London 1893, pl. XLIV

15 D. Franke, Das Heiligtum des Heqaib auf Elephantine, SAGA 9, Heidelberg 1994, 12-13

16 Grajetzki, Göttinger Miszellen 156 (1997), 55-62

17 Willems, Chests of Life, 86. Es ist jedoch mit der Möglichkeit zu rechnen, dass die Bürgermeister vorher woanders in der Region bestattet worden sind; immerhin scheint die Wahl eines neuen Friedhofes auf gewisse Umstrukturierungen hinzuweisen.

18 Vgl. Franke, op. cit. 13

19 H. Willems, Jaarbericht ex Oriente Lux 28 (1983-84), 80-102

20 Arnold, MMJ 26 (1991), 18-19

21 O. Berlev, BiOr 38 (1981), 318-19; D. Franke, BiOr 45 (1988), 101; W.K. Simpson, JARCE XXXVIII (2001), 8 (die Hintergründe der in dieser Inschrift genannten Kämpfe ist unklar).

gen.[22] Uchhotep III. amtierte unter Amenemhat II.[23] Der Name des Herrschers wird im Grab genannt. Uchhotep mag eine eventuell eher unsichere Stellung in Meir durch eine fiktive Ahnenreihe, die bis an den Beginn des Alten Reiches zurückreichte, untermauert haben. Hiermit wollte er seine Loyalität zu den hiesigen alteingesessenen Familien demonstrieren und vielleicht schlicht und einfach sagen: „Seht, ich gehör zu Euch".[24]

Eine Stele des späten Mittleren Reiches in Chiddingstone (EDECC:01.2882– vgl. Exkurs II)[25]

Aus dem späten Mittleren Reich sind besonders viele Stelen bekannt, auf denen oftmals nicht nur der Steleninhaber und seine engste Familie erscheinen, wie es vorher die Regel war, sondern zahlreiche Stelen dieser Zeit nennen auch Amtskollegen, den Mitarbeiterstab von Beamten oder sogar Vorgesetzte und auch entfernter verwandte Familienmitglieder. Zusammen mit dem Aufkommen von Titel- und Namenssiegeln in dieser Zeit und den zahlreichen ähnlich wie die Stelen aufgebauten Felsinschriften in vielen Teilen Ägyptens gewinnt man den Eindruck, dass Teile der Gesellschaft im späten Mittleren Reich obsessiv damit beschäftigt waren ihren Namen so oft und an möglichst vielen Stellen wie nur möglich zu verewigen.[26] Dies geht übrigens mit einer gewissen Vernachlässigung im Bezug auf die Inschriften der unterirdischen Teile von Grabanlagen einher. Zumindest kann gesagt werden, dass die unterirdischen Grabteile deutlich weniger beschriftete Objekte enthielten als im frühen Mittleren Reich. Särge des frühen Mittleren Reiches sind über und über mit Inschriften bedeckt, während dies im späten Mittleren Reich zur Ausnahme wird. Das Gewicht von Grab und Kult verlagerte sich im späten Mittleren Reich also ganz deutlich auf den Oberbau der Grabanlagen mit den dortigen Stelen. Dieses neue Gewicht auf den Oberbau einer Grabanlage ist aber nicht nur an den Grabanlagen selbst, sondern auch daran zu beobachten, dass anscheinend jeder, der es sich leisten konnte, Stelen und im geringeren Maße Statuen und Opfertische an vielen Kultorten des Landes errichten ließ. Stelen, aber auch Opfertische nennen dabei nicht nur eine Person, wie es vorher, besonders bei den Opfertischen die Regel war, sondern es gibt zahlreiche Beispiele, wo diverse Personen genannt werden.

Die Darstellungen von Familienmitgliedern sind in diesem Zusammenhang meist mit "sein Sohn" oder "ihre Tochter" beschrieben, ausführliche und detaillierte Verwandtschaftsangaben sind etwas seltener, aber auch nicht unüblich.[27] Diese noch detaillierteren Angaben scheinen im Übrigen besonders typisch für das späte Mittlere Reich zu sein, eine Zeit in der auch in anderen Bereichen – besonders in den Titeln und in der Namensgebung, die Angaben sehr spezifisch werden. Es seien nur die in dieser Zeit besonders beliebten Doppelnamen erwähnt.[28]

Die Stele in Chiddingstone ist ein typisches Beispiel (s. Abb. 2 und 3). Sie gehört dem "zab-Beamten" und "Vorsteher der Schreiber" Za-Amun. Unterhalb des Giebelfeldes findet sich die Opferformel mit für diese Periode überraschend ausführlich biographische Phrasen zum Steleninhaber, der darunter auf der linken Seite mit seiner Frau auf einem Stuhl sitzend vor einem reich gedeckten Opfertisch dargestellt ist.

Seine Frau ist beschrieben als "seine Gemahlin, der Königsschmuck Sem-ib". Die Inschrift, der vor der Darstellung des Za-Amun abgebildeten Figur lautet: "Sein Sohn, der General der Herrschertruppe Za-Amun-Res". Die Eltern des Za-Amun, die ihm gegenüber sitzen, werden als "sein Vater" und "seine Mutter" beschrieben. Vor ihnen steht ein Enkel des Steleninhabers, der "Sohn seines Sohnes, Za-Amun-der-Kleine". Unterhalb dieser Personen sind in drei Registern weitere Familienmitglieder dargestellt. In der ersten

22 Vgl. auch D. Wildung in Lexikon der Ägyptologie I, 111 „Ahnenkult": stets handelt es sich bei Stammtafeln um Monumente „zur Legitimation einer beruflichen, sozialen oder politischen Stellung".

23 Blackman, The Rock Tombs of Meir III, pl. XIX

24 Ein zweiter Vorschlag zur Erklärung dieser Ahnengalerie sei hier kurz vorgestellt. Uch-hotep III. ist der Sohn einer gewissen Mersi und eines Uch-hotep. Der letztere Uchhotep war ‚Feldervorsteher' und trägt den Titel ‚Sohn eines Bürgermeisters'. Er was nicht selbst Bürgermeister von Meir. Ist es möglich, dass Uch-hotep als eine Art Usurpator – aus einer Seitenlinie der Familie stammend – in sein Amt gesetzt wurde und mit der Ahnengalerie und seinen Restaurierungsarbeiten eine fiktive Genealogie aufbaute?

25 Für die Publikationserlaubnis möchte ich mich hiermit bei Nicholas Reeves (Chiddingstone) bedanken.

26 I. Matzker, Die letzten Könige der 12. Dynastie, Frankfurt am Main/Bern/New York 1986, 180-81

27 Vgl. D. Franke, Altägyptische Verwandtschaftsbezeichnungen im Mittleren Reich, Hamburg 1983

28 P. Vernus, Le surnom au moyen empire, Studia Pohl 13, Rome 1986

Abb.2: Stela Chiddingstone (EDECC:01.2882) (Foto: Grajetzki)

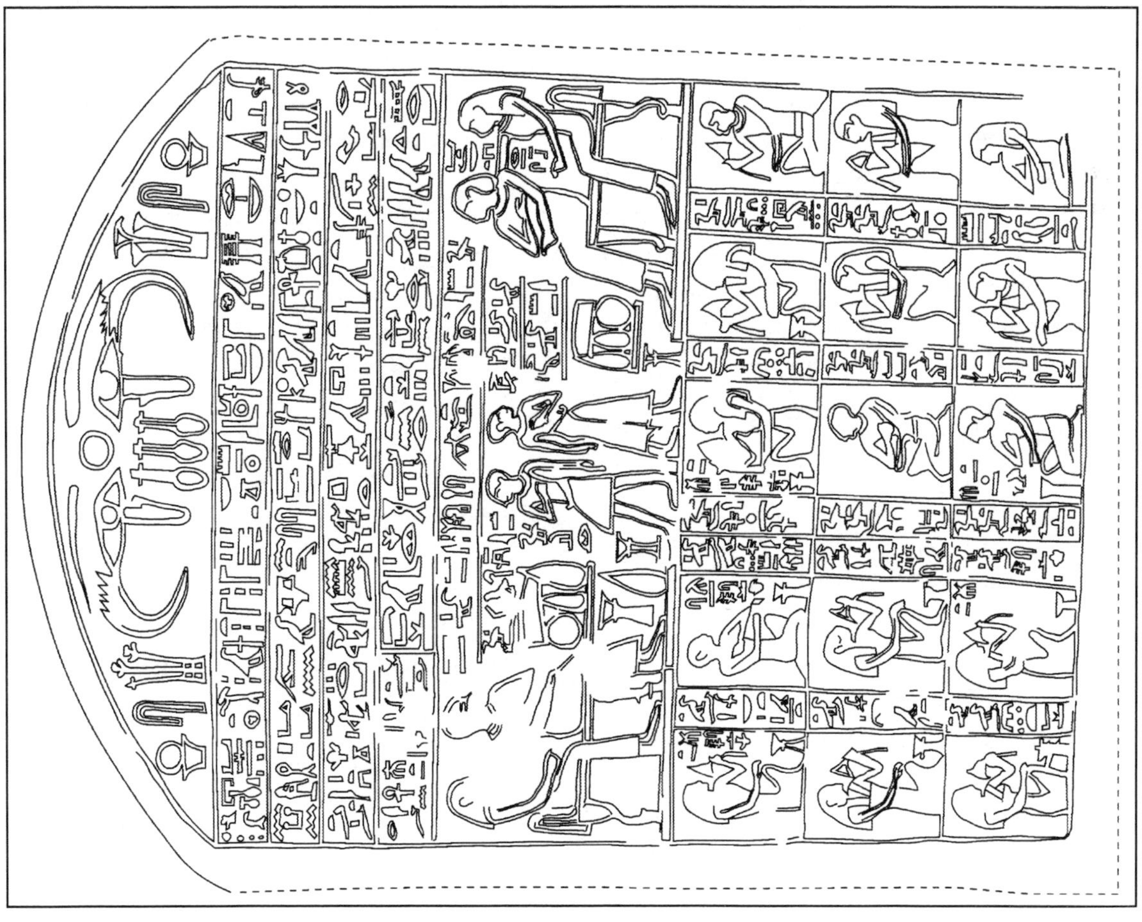

Abb.3: Stela Chiddingstone (EDECC:01.2882) (Umzeichnung, Grajetzki)

Reihe werden diese als "sein Sohn" oder "seine Tochter" vorgeführt. Bis zu diesem Punkt scheint es keine Probleme zu geben, einen Stammbaum der Familie zu erstellen. Alle Angaben scheinen sich auf den Besitzer der Stele zu beziehen. Nur der Enkel des Za-Amun, der vor dessen Eltern steht, könnte Schwierigkeiten bereiten, doch ist es sehr verführerisch, ihn als Sohn des neben ihm dargestellten Sohn des Za-Amun zu betrachten. In der zweiten Reihe erscheinen dann allerdings Enkel, die als "Sohn seiner Tochter" oder "Tochter seiner Tochter" bezeichnet werden. Da vorher schon mehrere "Töchter" erwähnt worden sind, bleiben die genauen Familienbeziehungen dieser Enkel für uns unbekannt. Es wird nicht erwähnt, von wessen Sohn oder Tochter diese Enkel abstammen. Auch die Zuordnung des Enkels, der vor Za-Amuns Eltern steht, wird dadurch plötzlich zweifelhaft. Man fragt sich darüber hinaus, ob sich das ‚sein' bei dieser Person auf den Steleninhaber oder eventuell auf den Vater des Steleninhabers bezieht. Dafür, dass ein Personalpronomen auf einer Stele den Bezug wechselt, gibt es Beispiele (siehe Exkurs I).

Die Familienstelen des Mittleren Reiches sind keine juristischen Dokumente. Die Beziehungen der auf diesen Monumenten genannten Personen waren den dort aufgeführten sicherlich sehr wohl bekannt, doch wurde wenig daran gesetzt, diese Beziehungen in allen Details der Nachwelt zu übermitteln. Die Chiddingstone-Stele mag deshalb in dieser Hinsicht eine Warnung darstellen. Stammbäume moderner Autoren beinhalten sicherlich viel mehr Unsicherheiten als es oftmals scheint. Es kam den Ägyptern nicht auf eine detaillierte, bis in allen Punkten für einen außen stehenden Betrachter nachvollziehbare Genealogie an. Wichtig war anscheinend nur die Verewigung des Namens und damit der Identität, die sich aus Titel und Namen zusammensetzte.

Exkurs I: Zwei Beispiele für den Wechsel des Personalpronomens auf einer Stele:

Wien ÄS 140[1]

Diese Stele gehört dem Schatzmeister Senbi, der unter Neferhotep I. und Sobekhotep IV. im Amt war. Auf der Stele ist oben links der *kgl. Siegler, einzige Freund und Schatzmeister Senebi, geboren von der Hausherrin Ta* zu sehen. Vor ihm sitzt der *Königsbekannte Rehu-anch*. Hinter diesem ist *seine Mutter, die Hausherrin Pepu* zu sehen. Das *sein* bezieht sich in diesem Fall also eindeutig auf Rehu-anch und nicht auf dem Stelenbesitzer Senbi, was wiederum dadurch bestätigt wird, daß im Register darunter nochmals der *Königsbekannte Rehu-anch, geboren von der Hausherrin Pepu* erscheint.

Im nächsten Register darunter erscheint an erster Stelle der *Abteilungsvorsteher des Palastinneren Seneb*. Vor ihm sitzt eine Frau die als *seine Mutter Sebekdedet* bezeichnet wird. Sebekdedet ist aus anderen Quellen als Mutter des Seneb bekannt.[2] Das Personalpronomen *sein* hat also wiederum seine Bezugsperson gewechselt und bezieht sich nicht auf den Stelenbesitzer, sondern auf die erste Person in diesem Register.

Leiden 14[3]

Diese Stele gehört dem Schatzmeister Senebsumai, der wohl kurz vor Neferhotep I. im Amt war. Vor dem Schatzmeister steht der *Gottesvater des Atum, Herr von Heliopolis Keki*. Hinter Keki ist *seine Mutter Teti, geboren von Heremhab* dargestellt. Aus anderen Quellen ist bekannt, dass der Schatzmeister Senebsumai eine Mutter mit dem Namen Seruchib hatte.[4] Teti ist also nicht die Mutter des Steleninhabers, sondern wahrscheinlich die des Keki. Das Personalpronomen *sein* im Bezug auf die Mutter bezieht sich hier also wohl nicht auf den Steleninhaber, sondern auf die vor dem Steleninhaber dargestellte Person.

Exkurs II: Stela Chiddingstone (EDECC:01.2882)

Measurements: 55.5 x 40 cm; 8 cm thick
Material: limestone; no remains of colours
Provenance: not documented, but probably Abydos or Thebes (bought in 1939 from the W. R. Hearst collection)[5]
Date: First half of Thirteenth Dynasty

The back of the stela is only very roughly hewn. The same applies to the sides. The stela has a roun-

1 I. Hein/H. Satzinger, Stelen des Mittleren Reiches I, Mainz am Rhein 1989, 55-61

2 Stele Kairo Catalogue Generale 20614

3 Boeser, Beschrijving van de egyptische Verzameling in het Rijksmuseum van Oudheden te Leiden. Deel II, Nr. 14

4 Franke, Personendaten aus dem Mittleren Reich, Doss. 667

5 Sales Catalogue Sotheby's, Tuesday July 11th 1939 and Following day, 8, Lot 29

ded top. In the roundel there are the two eyes of Horus, a sun-disc in the middle and three *nfr* signs under it (read: *ptr nfrw rʿ* – *seeing the beauty of the sun/Ra*). At the right side is written *šmʿ.s* and an incense ball on a vessel. On the left side is written *mḥ.s* and again an incense ball on a vessel.

The rest of the stela is divided into three parts. At the top there are five lines of an offering formula including the titles and epithets of the stela owner. In the middle of the stela are shown on the left the owner of the stela and his wife and on the right his parents; in front of each couple a standing man is depicted in the gesture of offering, with right hand held to chest. The lower part of the stela is divided into three registers, each with five persons, most identified as family members, sitting on the ground in squares. In front of some people are depicted low stands with a dish.

The stela dates most likely to the Thirteenth Dynasty.

The text in the upper register:

(line 1) 'An offering given by the king to Osiris, lord of Busiris, the great god, lord of Abydos, to Amun-Ra, lord of the thrones of the two lands, and to the gods and goddesses who are in Thebes, that they may give voice-offerings consisting of bread, beer, cattle, fowl, (line 2) alabaster, linen, incense, oil and all good pure things on which a god lives, and being a spirit, being mighty, being true (of voice), and breathing the wind of the north (?), by the gift of Ptah, for the ka of (line 3) the prince and count, the one who fills the heart of the king in the places of the offices in equipping the servants as (?) troops, the one who sets a man on the place of his father, (line 4) the one over whom the coming of evil is prevented, the sole one of truth, who deputises (a) more than his fathers, the friendly one, who does truth, the (line 5) zab official, the inspector of the scribes Za-amun, true of voice. (end of line 4) His beloved wife the king's ornament Sem-ib (?) born of Ankhesiref'

(a) *idnw r itiw.f* – *who deputises/acts as replacement more than his fathers?*

Man standing in front of the couple on the left, who are seated on one long chair: 'His son, the officer of the ruler's crew Za-amun Res'.

On the right side (a couple sitting on a long chair): 'His father: the great scribe of the treasurer Za-amun'; next to the women: 'his mother, the mistress of the house Ren-seneb'.

Man standing in front of them: 'the son of his son, the scribe of the great enclosure, Za-Amun-the-child'

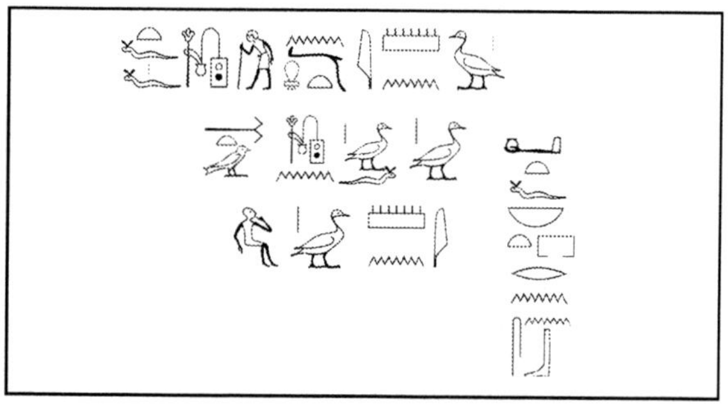

The fifteen figures below the main scene:
First register (from left to right):

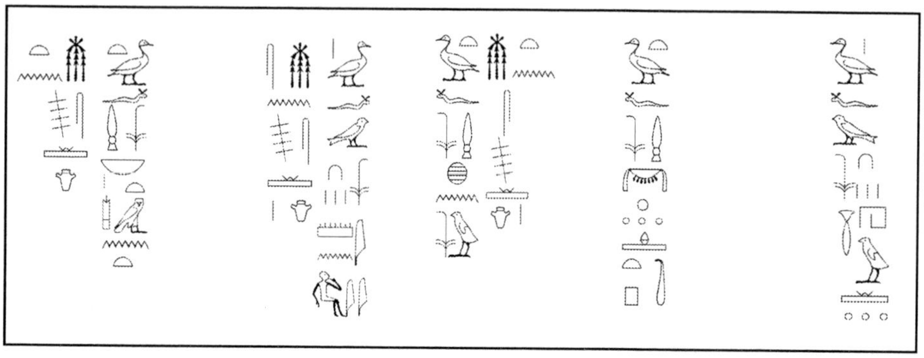

(from left to right)
His daughter, the king's ornament Nebet-em-Iunet true (of voice), born of Sem-ib
His son, the great one of the tens of Upper Egypt Ameny-the-child, born of Sem-ib
His daughter, the king's ornament Khonsu, born of Sem-ib
His daughter, the king's ornament Nub-hetepti
His son, the great one of the tens of Upper Egypt Wadjhau

Second register

(from left to right)
His daughter, the king's ornament Nubemter
His daughter, the king's ornament Sobek(?)tjaues
The son of his daughter, the great one of the tens of Upper Egypt Za-Amun
The daughter of his daughter Dedtu-res
The daughter of his daughter Nefert-weben

Third register

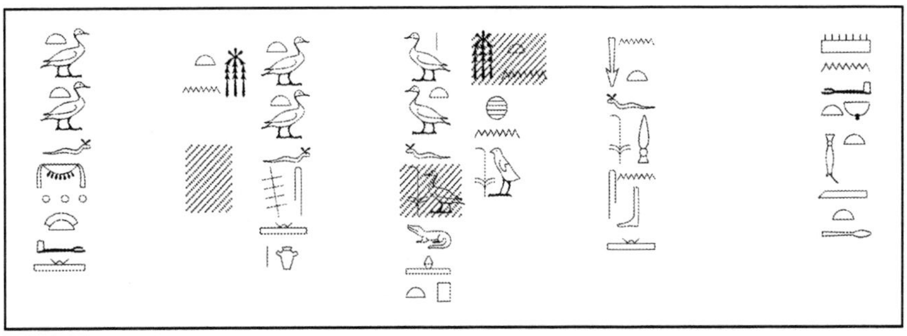

(from left to right)

The daughter of his daughter Nub-kha(s)

The daughter of his daughter Sem-ib, born of ...

The son of his daughter, the king's son Sobekhotep, born of Khonsu

His sister, the king's ornament Seneb

The nurse Beneret, true of voice

The Chiddingstone stela is one of the few monuments of late Middle Kingdom where the owner presents himself with a string of biographical phrases. Zaamun bears the common title combination *z3b*-official and 'inspector of the scribes' (*sḥḏ zḫ3ww*). At the beginning of his biographical text he also has the ranking titles '*iry-pꜥt*' and '*ḥ3ti-ꜥ*'. The combination of these two high ranking titles (*iry-pꜥt, ḥ3ti-ꜥ*) with the function title 'overseer of the scribes' is so far unique for the Middle Kingdom. The two high ranking titles (*iry-pꜥt, ḥ3ti-ꜥ*) are most often connected with the ranking title 'royal sealer' (*ḫtmti-biti*), which does not appear on this monument, but *z3b* seems to take place its position. The title *z3b* had surely a similar function – announcing some kind of rank - but on a lower social level than *ḫtmti-biti*. So far as I know *z3b* and 'royal sealer' (*ḫtmti-biti*) in the position of the ranking title (direct in front of the main title) are never found together for one person on monuments of the late Middle Kingdom. The only other title regularly combined with *z3b* is *r3-nḫn*.[6] The combination of *z3b* with different titles than those just mentioned is only found sporadically.[7] The title *z3b* appears also sporadically in the titulary of the Middle Kingdom viziers. However, the title combination *z3b sḥḏ zḫ3ww* is commonly found in the Old Kingdom, and it might be assumed that the combination is copied from there. There are other titles, such as 'controller of the broad hall' (*ḫrp wsḫt*) also not very common in the early Middle Kingdom, but regular title in the late Middle Kingdom. This might be a revival in using Old Kingdom titles. It is an open question whether the functions of these titles were the same or whether they changed.

The following people with the title string *z3b sḥḏ zḫ3ww* are known to me:

Imeny-aa – 13th Dynasty (seal, Martin, Seals, no. 176)

Imeny-wah – late 12th – 13th Dynasty (papyrus, Lahun London UC 32114)[8]

Iunu– Sobekhotep III - Neferhotep I (stela in private collection)[9]

Intef – 12th – 13th Dynasty (rock inscription)[10] Intef also bears the titles *ḥm-nṯr stit, zḫ3w ... ḥri ... wꜥbi*. The reading of the rock inscription is difficult. Two people may be mentioned: the *z3b sḥḏ zḫ3ww* Rehu ... (?) and the *ḥm-nṯr stit, zḫ3w ... ḥri ... wꜥbi* Intef

Neferhotep – Cairo CG 20084 (his son Sobeknakht has the same title)

Neferhotep – 13th Dynasty (seal, Martin, Seals, no. 722)

Neferhotep – 13th Dynasty, pBoulaq 18, XVI, 21 (title is reconstructed), XXII, 16

Neferhotep – 13th Dynasty, Louvre C 13[11]

Panetini (*z3b sḥḏ zḫ3ww n nwt rsit*) – 13th Dynasty (BM 254, Louvre C 43, Rio de Janeiro Inv. Nr. 646 (2436), Franke, Doss. 231

6 Ward, titles, no. 1265

7 Ward, titles, nos. 1264, 1264a, 1266-1672, 1274-1275.

8 Collier/Quirke, UCL Lahun Papyri, Letters, 28-29

9 A. Roccati, Quattro Stele del Medio Regno, in Discovering Egypt from the Neva, The Egyptological Legacy of Oleg D Berlev, edited by S. Quirke, Berlin 2003, 111-12, pl. 7

10 Hintze 397a

11 Spalinger, RdE 32 (1980), pl. 8; compare Franke, Doss. 315 (the three Neferhoteps are all different people, as can be seen from their prosopography).

Renefseneb – 13th Dynasty (seal, Martin, Seals, no. 851)

Renseneb – 13th Dynasty (seal, Martin, Seals, no. 840)

Sobeknakht – Cairo CG 20084 (father of *z3b sḥḏ zẖ3ww* Neferhotep mentioned on the same stela)

Za-Renenutet – Stela Abydos[12] – (late?) 13th Dynasty

Panetini with the fuller title 'overseer of scribes of the southern city' (*z3b sḥḏ zẖ3ww n nwt rsit*) is surely not by accident datable to the time of Neferhotep I to Sobkehotep IV, a time when many titles are especially detailed.[13] Like Za-amun there is also a connection to Thebes, and it might be asked whether 'overseer of scribes' might not be a title with a special relation to this town. However, the title also appears in the Lahun papyri.

The 'inspector of scribes' Za-amun, the owner of the Chiddingstone stela, belongs to a family where other members held different scribal titles. His father is 'great scribe of the treasurer' and one of his grandsons is 'scribe of the great enclosure'. Those two titles belong to two different branches of the late Middle Kingdom administration. The 'great scribe of the treasurer' was part of the administration of the treasurer (*imi-r ḫtmt*), who was part of the palace administration. The 'scribe of the great enclosure' seems to relate more to the administration under the vizier and organisation of work.[14] Stelae of the late Middle Kingdom show families, whose members surprisingly often held titles from the same branch of administration. There are also a number of stelae belonging to officials working together[15] and coming from the same branch of administration. Titles incorporating the word 'scribe' do appear sometimes in this context, but are not very common. However, there are several stelae where scribal titles, i.g. titles with the word 'scribe' in it, are very common. Surprisingly, as on the Chiddingstone stela, these scribal titles belong to different parts of the administration. Cairo CG 20056 is one clear example. The stela owner is *zẖ3w ḥr ḫtm n wˁrt* (scribe over the seal of the unit) his father *zẖ3w n tm3* (scribe of the mat?); a brother *zẖ3wn mšˁ* (scribe of a troop) and a son *zẖ3w n pr-ḥḏ* (scribe of the treasury). Two other people mentioned on the stela are *zẖ3w n ḫnrt wr* (scribe of the great enclosure) and *zẖ3w 3ḥwt* (scribe of the fields). All these scribal titles belong again to different parts of late Middle Kingdom administration. The question arise: what have these people in common beside the word 'scribe' in their titles, especially as one might expect that most people in the administration were able to write and read. There are various possibilities, notably the role of the family, a factor worth further consideration here. As already mentioned even inside one family, single members often hold titles belonging to the same branch of administration. In this light, father-to-son succession in office is no big surprise and is well attested. It might therefore be assumed that scribal abilities were especially supported in certain families, raising the question of the school system in the Middle Kingdom. We do not know very much about it; there are more assumptions than secure data. These scribal families might indicate that the schooling, at least in part, was more in private or family hands than we might expect.[16] The father was also teacher. Especially in the late Middle Kingdom titles are very specific and there is almost no other period from which so many titles survived, but there is little evidence for what could be called a teacher or for institutions which could be called schools. There is a 'scribe of the house of life' attested, and, more important, an 'instructor of the house of life' (*sb3 n pr-ˁnḫ*).[17] An open question is the interpretation of a title found on a stela in Vienna,[18] where a (*ḥri pr sb33 n zẖ3w*) appears. It could be a 'house-manager for instruction in writing', but this is not certain.

Other stelae (and rock inscriptions) with predominantly scribal titles:

- BM 209: Stela owner: *zẖ3w n t3ti* Senusret-seneb; the brother of his mother: *zẖ3w n pr-ḥḏ*; the brother of his mother: *zẖ3w n …*
- Cairo CG 20056 (stela owner: *zẖ3w ḥr ḫtm n wˁrt*, other people: *zẖ3w n ḫnrt wr*, *zẖ3w n tm3*, *zẖ3w n pr-ḥḏ*, *zẖ3wn mšˁ*, *zẖ3w 3ḥwt*)
- Cairo CG 20084 (stela owner and son: *z3b sḥḏ zẖ3ww*)
- Rock inscription, De Morgan, Nubie à Kom Ombos, 13, 51[19]
- Edinburgh A.1951.344[20] (stela owner and son: *zẖ3w*

12 W.M. Flinders Petrie, Abydos I, 1902, London 1902, 43, pl. LX, 4

13 Franke, SAK 10 (1983), 177

14 Quirke, RdE 39 (1988), 83-106

15 W. Grajetzki, Two treasurers of the late Middle Kingdom, Oxford 2001

16 For the education system H. Brunner, 'Schule', LÄ V, 741-43

17 Ward, titles, no. 1282

18 Stela Vienna ÄS 142: Hein Satzinger, Stelen des Mittleren Reiches I, 4, 62

19 Discussion: Grajetzki, Die höchsten Beamten, 175-177.

20 H. G. Fischer, Egyptian Titles of the Middle Kingdom, A Supplement to Wm. Ward's Index, New York 1997, frontispiece

n ḫnrt wr, other relatives: *zḫ3w n wḥmw*(4x), *zḫ3wn ṯm3*)
- Louvre C.249[21] (stela owner: *imy-r pr*, other scribal titles: *zḫ3w n ṯˁti* (2x), *zḫ3w wr n sḏm rmṯ*, *zḫ3w n ḥ3 ddw rmṯ* (2x))
- Marseille no. 24[22] (stela owner is *smsw h3iit*; scribal titles: *zḫ3w n ṯˁti* (2x), and two other scribal titles, not identifiable in the transcription of the publication)
- Rio de Janeiro Inv. Nr. 646 (2436) (stela owner: *z3b shḏ zḫ3wwn nwt rsit*, other scribal title: *zḫ3w ˁn niswt n zm3yt*)
- Rock inscription, Petrie, Seasons, no. 86 (main person: *ḫtmti-biti zḫ3w ˁn niswt n ḫft-ḥr* other scribal titles: *zḫ3w n ḏ3ḏ3t*, *zḫ3w n ḫnrt wr*, *zḫ3w n pr ḥḏ*)
- Stockholm NME 17[23] (stela owner: *imy-r pr*, other scribal titles: *zḫ3w ipt niswt*, *zḫ3w wḥmw*, *zḫ3w ḫriw pr*)
- Trieste 149[24] (stela owner: *zḫ3w zp3t*, son of a *zḫ3w n ḫnrt wr*)
- Tübingen 458[25] (father and son: *zḫ3w n ḫnrt wr*)
- Vienna ÄS 136[26]

Bibliographie:

G. Andreu, *La stèle Louvre C 249; Un complément à la reconstitution d' une chapelle abydénienne, Bulletin de l'Institut français d'archéologie orientale 80 (1980), 139-47*

R. Anthes, *Die Felseninschriften von Hatnub, Leipzig 1928*

D. Arnold, *Amenemhat I and the Early Twelfth Dynasty at Thebes, Metropolitan Museum Journal 26 (1991), 18-19*

O. Berlev, *Rezension von H. M. Stewart, Egyptian Stelae, Reliefs and Paintings from the Petrie Collection II, Warminster 1979, Bibliotheca Orientalis 38 (1981), 317-20*

21 Andreu, BIFAO 80 (1980), 139-47, pl. XXXIX

22 Maspero, Recueil de Travaux XIII (1890), 114-15; The stela dates for sure into the 13th Dynasty. One of the person on it has the 13th Dynasty royal name *ḫw-t3wy*.

23 Andreu, BIFAO 80 (1980), 139-47, pl. XXXVIII

24 Dolzani, Aegyptus XXX (1950), 219-221, fig. 5

25 E. Brunner-Traut/H. Brunner, Die Ägyptische Sammlung der Universität Tübingen, Mainz am Rhein 1981, 87-88, pl. 57

26 Grajetzki, Die höchsten Beamten, 175-177

A.M. Blackman, *The Rock Tombs of Meir III, London 1915*

A.M. Blackman, *The Rock Tombs of Meir IV, London 1924*

A. M. Blackman, *The Rock Tombs of Meir VI, ASE 29, London 1953*

L. Borchardt, *Die Mittel zur zeitlichen Festlegung von Punkten der ägyptischen Geschichte und ihre Anwendung, Kairo 1935*

H. Brunner, *,Schule', Lexikon der Ägyptologie V, 741-43*

E. Brunner-Traut/H. Brunner, *Die Ägyptische Sammlung der Universität Tübingen, Mainz am Rhein 1981*

M. Collier, S. Quirke, *The UCL Lahun Papyri: Letters, BAR International Series 1083, Oxford 2002*

G. Daressy, *Monuments d'Edfou datant du Moyen Empire, Annales du service des antiquités de l'égypte 17, 1917, p. 237-244*

G. Daressy, *Monuments d'Edfou datant du Moyen Empire", Annales du service des antiquités de l'égypte 18, 1919, p. 49-52*

C. Dolzani, *Monumenti egizani in pietra del Civico di Soria ed Arte di Trieste, Aegyptus XXX (1950), 219-221*

A. Fehlig, *Das sogenannte Taschentuch in den ägyptischen Darstellungen des Alten Reiches, Studien zur altägyptischen Kultur 13 (1986), 55-94*

H. G. Fischer, *Egyptian Titles of the Middle Kingdom, A Supplement to Wm. Ward's Index, New York 1997*

D. Franke, *Personendaten aus dem Mittleren Reich, ÄA 41, 1984*

D. Franke, *Altägyptische Verwandtschaftsbezeichnungen im Mittleren Reich, Hamburg 1983*

D. Franke, *Die Stele Inv. Nr. 4403 im Landesmuseum in Oldenburg, Studien zur altägyptischen Kultur 10 (1983), 157-178*

D. Franke, *Review von W. K. Simpson, Personnel Accounts of the Early Twelfth Dynasty, Papyrus Reisner IV, Boston 1988, Bibliotheca Orientalis 45 (1988), 98-102*

D. Franke, *Das Heiligtum des Heqaib auf Elephantine, SAGA 9, Heidelberg 1994*

W. Grajetzki, *Bemerkungen zu den Bürgermeistern (hatj-a) von Qaw el-Kebir im Mittleren Reich, Göttinger Miszellen 156 (1997), 55-62*

W. Grajetzki, *Die höchsten Beamten der ägyptischen Zentralverwaltung zur Zeit des Mittleren Reiches, Berlin 2000*

W.Grajetzki, *Two treasurers of the late Middle Kingdom, Oxford 2001*

S. Grallert, *Bauen – Stiften – Weihen, Berlin 2001*

E. L. Griffith/P.E. Newberry, *El Berscheh II, London 1895*

I. Hein/H. Satzinger, *Stelen des Mittleren Reiches I, Mainz am Rhein 1989*

F. Hintze/W.F. Reineke, *Felsinschriften ais dem sudanesischen Nubien, Berlin 1989*

A. Kamal, *Rapport sur les fouilles exécutées dans la zone comprise entre Deïrout au nord et Deîr-el-Ganadlah, au sud, Annales du service des antiquités de l'égypte, XI (1911), 3-39*

A. Kamal, *Le tombeau nouveau de Méîr, Annales du service des antiquités de l'égypte XV (1915), 209-258*

N. Kanawati, *The Chronology of the Overseers of Priests at El-Qusiya in the Sixth Dynasty, Göttinger Miszellen 111 (1989), 75-80*

D. Kessler, *„Meir" in Lexikon der Ägyptologie IV, Wiesbaden 1988, 14-19*

H. Kees, *Totenglaube und Jenseitsvorstellungen der Alten Ägypter, Berlin 1956, 257*

G. T. Martin, *Egyptian Administrative and Private-Name Seals, Oxord 1971*

G. Maspero, *Monuments Egyptiens du Musee de Maseille, Recueil de Travaux XIII (1890), 113-26*

I. Matzker, *Die letzten Könige der 12. Dynastie, Frankfurt am Main/Bern/New York 1986, 180-81*

J. de Morgan et. al., *Catalogue des monuments et inscriptions de l'Egypte antique I: De la frontière de Nubie à Kom Ombos, Wien 1894*

P.E. Newberry, *Beni Hassan I, London 1893, pl. XLIV*

W.M. Flinders Petrie, Abydos I, 1902, London 1902

S. Quirke, *State and Labour in the Middle Kingdom: A Reconsideration of the Term cheneret, Revue d'égyptologie 39 (1988), 83 - 106*

A. Roccati, *Quattro Stele del Medio Regno, in Discovering Egypt from the Neva, The Egyptological Legacy of Oleg D Berlev, edited by S. Quirke, Berlin 2003*

W.K. Simpson, *Studies in the Twelfth Egyptian Dynasty III: Year 25 of the Era of the Oryx Nome and the Famine Years in Early Dynasty 12, JARCE XXXVIII (2001), 7-8*

Sales Catalogue Sotheby, *Tuesday July 11th 1939 and Following day, London*

A. Spalinger, *Remarks on the Family of Queen ẖʿ-s-nbw and the Problem of Kingsship in Dynasty XIII, Revue d'égyptologie 32 (1980), 95-116*

H. Stock, *Die Erste Zwischenzeit in Ägypten, Studia Aegyptiaca II, Rom 1949*

P. Vernus, *Le surnom au moyen empire, Studia Pohl 13, Rome 1986*

W. A. Ward, *Index of Egyptian Administrative and Religious Titles of the Middle Kingdom, Beirut 1982*

D. Wildung, *in: LÄ I, 111 „Ahnenkult"*

H. Willems, *Jaarbericht ex Oriente Lux 28 (1983-84)*, 80-102

H. Willems, *Chests of Life, Leiden 1988*

Überlegungen zum Kontext der „Familienstelen" und ähnlicher Objekte

MARTIN FITZENREITER

1. Einleitung

1.1.

Dokumente aus dem pharaonischen Ägypten bieten eine nicht geringe Anzahl von Informationen darüber, wie „soziale Realität" konstituiert wurde. Das trifft auch für den engeren Bereich der Konstruktion von „Verwandtschaft" und von „Abstammung" zu. Die Interpretation dieser Quellen bleibt aber nicht unproblematisch. Denn insgesamt haben wir zwar nicht wenige genealogische Informationen, aber diese sind äußerst ungleichmäßig verteilt:[1]

- Bestimmte Denkmälergruppen sind geradezu übervoll davon, andere schweigen sich aus; z.B. häufen sich genealogische Informationen auf den sogenannten „Familienstelen", in den sogenannten biographischen Texten sind sie dagegen kaum vorhanden.[2]

- Fundorte wie Abydos erschlagen uns mit der Fülle von Denkmälern mit genealogischen Informationen, andere wichtige Kultplätze liefern wenig oder nichts dergleichen.[3]

- Bestimmte funktionale Kontexte liefern sie – die Gräber vor allem -, andere Kontexte, z.B. gerade auch juristische Dokumente wie Eheverträge, liefern sie nur begrenzt.[4]

- Inhaltlich ist in den komplexeren Quellen eine mitunter merkwürdige Gewichtung der Verwandtschaft festzustellen: Vorfahren sind eher selten, die Ehefrauen oder umgekehrt die Ehemänner können in bestimmten Kontexten fehlen, obwohl Kinder benannt werden, eine merkwürdig komplexe Gruppe von *sn.w* taucht auf usw.[5]

- Komplexe Filiationsangaben – zu denen das ägyptische System der Verwandtschaftstermini durchaus fähig ist und auf die in bestimmten Zusammenhängen auch zurückgegriffen wird – werden nur selten verwendet.[6] Somit können auch kaum echte Stammbäume rekonstruiert werden, wie wir und die europäische Ethnographie sie lieben.[7]

- Außerdem treten in den Quellen mit ausführlichen genealogischen Informationen oft Personen im selben Kontext auf, zu denen keine über Verwandtschaftstermini definierte Beziehung aufgebaut wird, die aber offenbar eine ebenso wichtige Rolle spielen wie Personen mit derartigen Bestimmungen.[8]

- usw. usf.

1.2.

Um dem disparaten und scheinbar wenig strukturierten Charakter der Quellen gerecht zu werden, ist es das Ziel meines Beitrages, die in diesen Quellen gegebenen genealogischen Informationen in einen funktionalen Rahmen zu setzen. Die Ausgangsfrage

1 Prinzipiell unentbehrlich für eine Beschäftigung mit genealogischen Problemen im pharaonischen Ägypten ist Franke 1983, der die bis dato vorliegenden Vorstellungen diskutiert und in eine gültige Form brachte. Alle im folgenden besprochenen Termini sind dort ausführlich besprochen und mit Belegen versehen, auch wenn hier nicht in jedem Fall darauf verwiesen wird. Ich danke Angelika Lohwasser für viele Hinweise und die Bereitstellung der wesentlichen anthropologischen Literatur.

2 Das reiche Material insbesondere der „Familienstelen" und verwandter Monumente wurde behandelt von Robins 1979, Willems 1983, Franke 1983. Siehe hingegen den enttäuschenden Befund der „biographischen Texte": Guksch 1994, Hackländer-von der Way 1999, Kloth 2002.

3 Zum Material aus Abydos: Simpson 1974. Aus einer völlig anderen Befundlage heraus sind die verwandtschaftlichen Verhältnisse in Deir el Medineh im Neuen Reich gut bekannt: Bierbrier 1980.

4 Das Material der Gräber wird u.a. behandelt von: Whale 1989, Lustig 1997; Eheverträge analysiert Lüddeckens 1960.

5 Zu möglichen Gründen selektiver Verwandtschaftspräsentation: Roth 1999.

6 Zur Seltenheit komplexer Termini: Robins 1979, 199.

7 Obwohl solche Stammbäume in jeder diesbezüglichen Publikation auftauchen. Zur Problematik siehe Wolfram Grajetzki in diesem Band.

8 Siehe z.B. die Rekonstruktion der „Stammtafel" des Pennut von Aniba in Steindorff, 1937, 246, in der die Hälfte der Personen unter „Sonstige Vorfahren" oder „Sonstige Verwandte oder Bekannte" läuft, zu denen keinerlei genealogischer Bezug hergestellt wird.

soll also nicht lauten: Welche genealogischen Vorstellungen hatten die Ägypter der pharaonischen Zeit?, sondern: Warum wird an jenem Ort, in jener Quellengruppe, gerade diese Menschengruppe vorgestellt? Dabei gehe ich von der These aus, dass jedes kulturelle Konstrukt im Rahmen sozialer Praxis entsteht und aus dieser Praxis heraus Form und Sinn erfährt. Insofern ist es der Kontext, der einer wie auch immer gearteten Information den „genealogischen Sinn" gibt und aus dem heraus wir die den „genealogischen Prinzipien" zugrundeliegenden kollektiven Traditionen und individuellen Strategien analysieren können. An einigen Beispielen möchte ich die Art der Repräsentation von sozialen Beziehungen im pharaonischen Material vorführen. Der Schwerpunkt soll auf den in dieser Hinsicht besonders interessanten „Familienstelen" des Mittleren Reiches und auf Elementen der Stelen- und Grabdekoration im Neuen Reich liegen. Anschließend wird eine Interpretation angeboten, die auf die besprochenen Quellen, aber auch die Fragestellung der Tagung und dieses Bandes insgesamt abzielt.

2. Beispiele

2.1.

Aus dem pharaonischen Ägypten sind mehrere Quellengruppen bekannt, die genealogische Informationen enthalten, auch wenn, (wie eben ausgeführt) Gewichtung und Ausführlichkeit differieren. Texte mit juristischem Charakter nennen wenigstens einige Verwandte – meist den Vater, aber auch die Mutter, den verstorbenen Ehemann usw. – die zur eindeutigen Identifizierung der Kontrahenten, Zeugen, Schreiber etc. notwendig sind.[9] Weihgaben, Objektaufschriften aller Art, Besucherinschriften u.ä. können genealogische Hinweise enthalten, um die Individualität der stiftenden oder besitzenden Person eindeutig zu beschreiben. Informationen allgemeinerer Art geben auch literarische und verwandte Texte, z.B. Lebenslehren, die Bezug auf ideale Familienverhältnisse nehmen.[10] Selbst mythologische Quellen nutzen den „genealogischen Gedanken" zur theologischen Ausdeutung der Beziehung von Gottheiten untereinander und zur Konstruktion explikatorischer Erzählungen.[11]

Aus all diesen Quellen, so disparat sie sind und so knapp die Informationen sein können, geht hervor, dass die genealogische Zuordnung überhaupt ein übliches Mittel der Selbst- und Fremdbeschreibung im pharaonischen Ägypten war. Durch die Nennung von Mutter oder Vater identifizierte sich ein Individuum. Durch die Nennung weiterer Personen mit einer Verwandtschaftsbezeichnung konnte diese Identifizierung präzisiert werden (Abb. 1).

Die nun im Mittelpunkt stehende Quellengruppe ist eine spezifische Gattung funerär geprägter Monumente, die vom Alten Reich bis zum Übergang in die Spätzeit die meisten Informationen zu genealogischen Vorstellungen der Ägypter zumindest im Rahmen eines mit monumentalen Mitteln (Schrift, Denkmäler) geführten kulturellen Diskurses liefert.[12] Es handelt sich um (flach)bildliche Darstellungen von mehreren Personen, die in funerärem Zusammenhang auftreten. Die Quellengruppe ist auf den Wänden funerärer Kapellen und auf Stelen überliefert. Außerdem können Rundbilder, Objekte wie Opfer-

9 Z.B. in Eheverträgen: Lüddeckens 1960, 233-253. In Streitfällen, in denen die Herleitung eines Besitzanspruches notwendig ist, werden auch ausführliche Angaben zu Vorfahren gemacht, siehe z.B. Allam 1969, 14.

10 Das Material findet sich u.a. bei Franke 1983 ausgewertet.

11 Insbesondere im Horus-Seth-Mythos: Robins 1979, 205f.; Lustig 1997, 49f; und auch ganz allgemein bei der theologischen Strukturierung der Götterwelt: Köthen-Welpot 2003.

12 Es ist immer wieder wichtig und sinnvoll darauf hinzuweisen, dass das jeweilige Medium, der Quellenkorpus, in dem antike Agenten bestimmte Informationen festhielten, in seiner Nutzung kulturellen Restriktionen unterliegt. Das beginnt beim Medium Schrift (und Bild), die zu nutzen zumindest den Zugang zu schreibkundigen (oder mit den Formen formaler Darstellungsweisen vertrauten) Personen voraussetzt, und setzt sich in der sozial, ökonomisch und durch politisches Handeln begrenzten Nutzung der „verewigenden" Medien wie Ostrakon, Papyrus, Stein (Opfertafel, Stele, Statue) oder architektonischer Installationen (Kapelle, funeräre Kultstelle) fort. Neben dieser vor allem sozial gesteuerten Restriktion ist zudem zu beachten, dass jedes Medium nur in bestimmten Grenzen genutzt werden kann und bestimmte Sachverhalte der Realität aus verschiedensten kulturellen Gründen nicht dargestellt werden (können) (decorum; siehe dazu Baines 1985, 277-305; Baines 1987, 84, Anm. 11). Dennoch eröffnen insbesondere die Schriftquellen der späteren Zeit einen Blick auch auf die soziale Interaktion weniger begüterter Schichten (Lüddeckens 1960), und da die dort erhaltenen Informationen nicht dem im folgenden entworfenen Bild widersprechen, sind grundsätzliche Muster sozialer Zuordnung, wie im folgenden dargelegt, in allen sozialen Schichten der pharaonischen Zeit anzunehmen. Zumal sich diese Muster praktisch bis heute erhalten haben – siehe die Bemerkungen am Schluss dieses Beitrages.

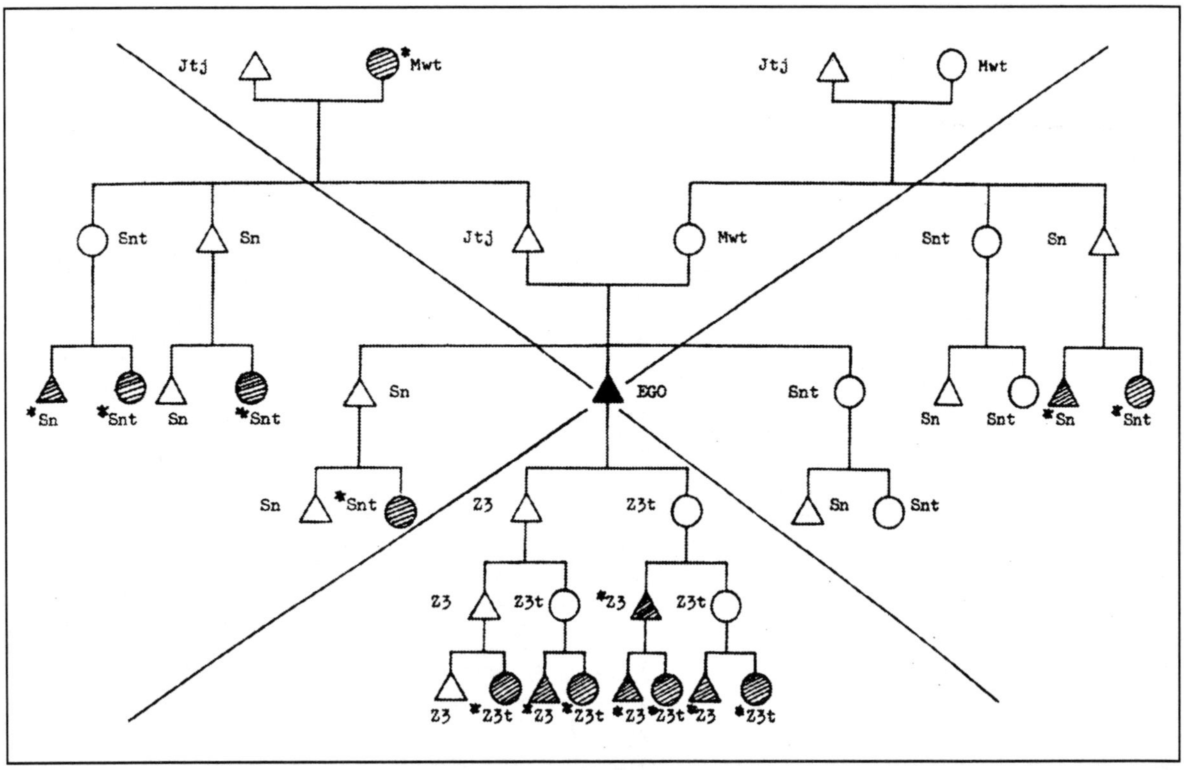

Abb. 1: System der elementaren ägyptischen Verwandtschaftsterminologie nach Franke 1983, Fig. 3, 163
Die üblichen deutschen Übersetzungen der ägyptischen Bezeichnungen sind: *jt(j)* = Vater (+ Großvater usw.); *mw.t* = Mutter (+ Großmutter usw.); *sn* = Bruder (+ Onkel, Cousin, Neffe); *sn.t* = Schwester (+ Tante, Cousine, Nichte); *zꜣ* = Sohn (+ Enkel usw.); *zꜣ.t* = Tochter (+ Enkeltochter usw.)

tafeln und auch reine Textdekorationen Elemente dieser Darstellung übernehmen und vergleichbare Informationen liefern.

2.2. Das Alte Reich (3.-6. Dyn.)

Die Quellengruppe geht, wie so viele wesentliche Elemente der pharaonischen „großen Tradition", in ihren formalen und auch inhaltlichen Elementen auf die Residenzkultur im Alten Reich zurück. Hier wurden innerhalb der Dekoration von Kultanlagen an funerären Anlagen zwei „Ikonen" formalisiert, die genealogische Elemente enthalten:[13]

a) Die Speisetisch-Ikone, die den Grabherrn, gelegentlich weitere Personen, beim Empfang des Totenopfers zeigt, das seine dauerhafte Existenz auch nach dem Tod sichert (Abb. 2a). Das Opfer, das im wesentlichen aus der Erweckung, dem „Herausrufen" (*pr-ḫrw*) des Toten, und dem Vorlegen von Speise besteht, wird von Personen geleistet, die einerseits als Ritualspezialisten bezeichnet sind, andererseits auch Verwandtschaftsbezeichnungen tragen können.

b) Die Fest-Ikone, die den Grabherrn und weitere Personen in einem festlichen Zusammenhang zeigt, bei dem die fortdauernde Einbindung der Toten in die Gemeinschaft der Lebenden affirmiert wird (Abb. 2b). Dabei treten festliche Elemente von unterschiedlicher Ikonographie auf (Essen aller Teilnehmer, Wohlgeruch, Musik, Tanz, das Reichen von Lotos o.ä. Gaben über die Grenze von Leben und Tod hinweg, weitere Formen feierlicher Kommunikation). Die Gemeinschaft ist in unterschiedlicher Ausprägung durch Darstellungen und Beischriften präzisiert. Dabei sind Verwandtschaftsbezeichnungen häufig. Nicht unüblich ist es aber auch, dass Teilnehmer nur bestimmte Amtstitel tragen, wobei oft ein Kollegen- oder Klientelverhältnis zum Grabherrn erschlossen werden kann.

Die zwei Ikonen sind im Alten Reich im funerären Bereich nicht die einzigen Medien, in denen die Einbindung eines Individuums in ein genealogisches Netz thematisiert wird.[14] Sie bilden aber das ikonographische Grundmuster, dem die zu besprechen-

13 Fitzenreiter 2001.a; Fitzenreiter 2001.b, 403-525.

14 Siehe allgemein bereits die Friedhofsgeographie, sodann die Auflistung von Nachkommen auf Scheintüren in Periode III, die intensive Thematisierung von sozialen Gruppen um den Grabherrn in den Varianten der *mꜣꜣ*-Ikone u.ä. (dazu u.a. Fitzenreiter 2001.b).

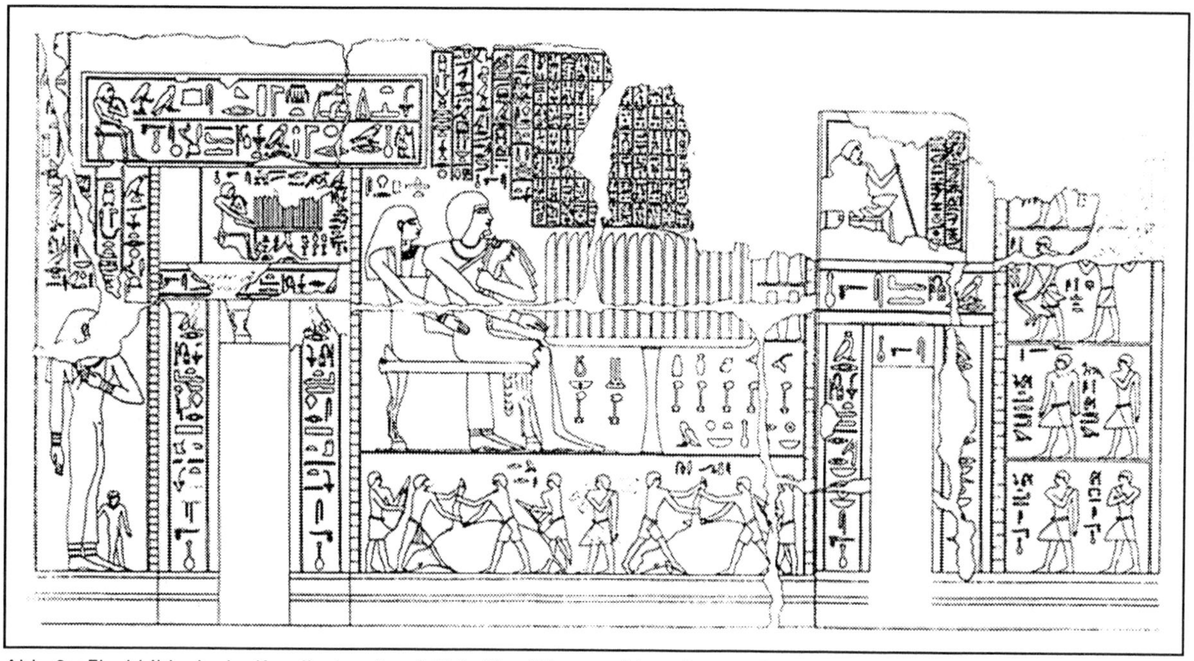

Abb. 2a: Flachbilder in der Kapelle des *sšm-nfr* III. in Giza, Westwand (aus: Brunner-Traut 1977, Beilage 3).
Zwei Scheintüren, dazwischen der *sšm-nfr* und seine "Gattin" (*ḥm.t=f*) *ḥtp-ḥr=s* am Speisetisch sitzend. Rechts der Nordscheintür treten vier Gabenbringer und darunter vier Einzelpersonen hinzu. Die Gabenbringer haben Namensbeischriften, die erste Einzelperson ist als "sein Bruder" (*sn=f*) bezeichnet, die übrigen tragen nur Amtstitel, ihre Eigenamen (*rʿ-wr* und *sšm-nfr*) sind in der Familie sehr gebräuchlich. Links der Südscheintür steht "seine Mutter" (*mw.t=f*) *ḫnwtsn* mit einem nicht spezifizierten Knaben.

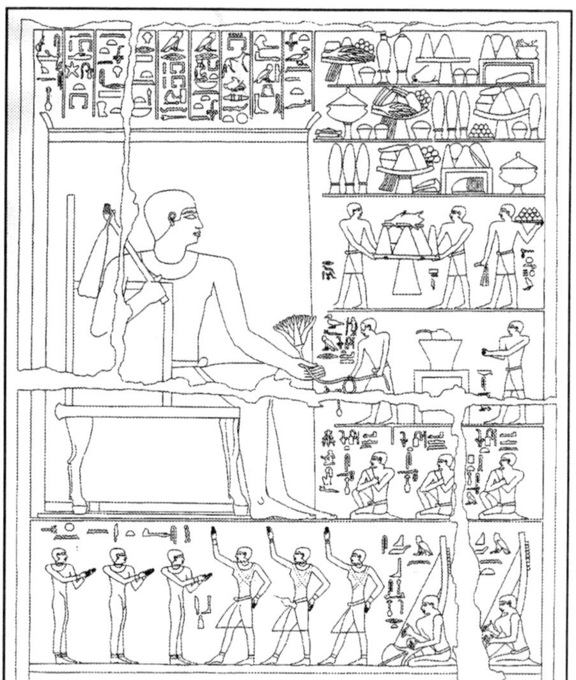

Abb. 2b: Südwand (aus: Brunner-Traut 1977, Beilage 4).
Der Grabherr *sšm-nfr* unter einem Baldachin. Vor ihm oben ein Opferaufbau, dann drei namentlich individualisierte Gabenbringer. Darunter reicht "sein ältester Sohn" (*z3=f smsw*) *sšm-nfr* dem Grabherrn einen Lotos, dahinter ein Waschgefäß und eine weitere Person. Darunter drei hockende Personen, die als "seine Kinder" (*ms.w=f*) bezeichnet sind und alle den Namen *sšm-nfr* tragen. Ganz unten Sängerinnen, Tänzerinnen und Harfenspieler.

den Quellen aus dem Mittleren und Neuen Reich folgen. Gemeinsam ist fast allen Belegen aus der Residenz im Alten Reich, dass sie relativ sparsam im Umgang mit genealogischen Termini sind.[15] Im allgemeinen werden nur die Nachkommen der Grabinhaber als solche bezeichnet; als „Sohn“ (*z3*) und „Tochter“ (*z3.t*) oder durch den allgemeinen Begriff „Kinder“ (*ms.w*). Dabei wird meist nicht zwischen „Kindern“ und „Kindeskindern“ differenziert. Recht häufig ist die „Mutter“ (*mw.t*) des Grabinhabers / der Grabinhaberin vertreten, während das Auftreten des „Vaters“ (*jt*) schon in den Bereich der Sonderfälle gehört, ebenso das Auftreten weiterer Ahnen. Die Gemahlin eines männlichen Grabinhabers wird durch die Bezeichnung „Gattin“ (*ḥm.t*) charakterisiert. Dass ein Ehemann / Gatte als solcher bezeichnet wird, ist mir nicht bekannt. Eine besondere Gruppe stellen die Personen mit *sn* / *sn.t*-Klassifikation dar, die z.T. als die Geschwister / Halbgeschwister der Bezugsperson zu interpretieren sind, z.T. aber wohl einem etwas weiter zu fassenden Feld von Gruppenbeziehungen zugeordnet werden müssen (Onkel / Tanten; Neffen / Nichten; klassifikatorische *sn*-Gruppe). Dabei überschneiden sie sich mit einer weiteren, in der Regel sehr zahlreich vertretenen Gruppe von

15 Franke 1983, 175.

Personen, die nur über Titel charakterisiert werden, aber alle in verschiedenster Weise als „Kollegen" und „Klienten" mit der Bezugsperson verbunden zu sein scheinen.[16]

2.3. Das Mittlere Reich (7./8. Dyn.-14./15./16. Dyn.)

Das ikonographische Muster der Fest-Ikone erfährt im folgenden eine besondere Aktivierung. Dieser Ikone vergleichbare Darstellungen werden mit dem Ende des Alten Reiches weiterhin traditionell auf Grabwänden, aber insbesondere auf dem neuen Medium der Stele angebracht.[17] Von besonderem Interesse sind vor allem die relativ zahlreichen „Familienstelen", die im späten Mittleren Reich eine außerordentliche Blüte erleben. Auf ihnen ist das Element des Totenopfers vor einem bestimmten Individuum – das dann sicher als Grabherr bzw. Steleninhaber zu identifizieren wäre – oft zugunsten des Elements des „festlichen Beisammenseins" einer größeren Gruppe zurückgenommen, in der gelegentlich mehr als nur eine Bezugsperson auszumachen ist.

Um das Feld zu charakterisieren, habe ich drei gut publizierte Beispiele ausgewählt, die den Reichtum an Informationen, aber auch die Problematik des Umgangs damit deutlich machen sollen. Auf die Titulaturen der Personen wird nicht weiter eingegangen, da eine Diskussion an dieser Stelle zu weit führen würde.

a) Für die Stele Wien / ÄS 90 wird wie für die meisten der bisher bekannten „Familienstelen" eine Herkunft aus Abydos angenommen (Abb. 3).[18] Sie wird in die späte 12. Dynastie datiert und zählt zu den bescheideneren Exemplaren ihrer Gattung. Charakteristisch ist, dass auf ihr neben drei offenbar besonders wichtigen Personen, die im Bild dargestellt sind, noch eine größere Gruppe von Personen nur inschriftlich zusammengefasst wird. Hauptperson ist der thronende *ḫntjḫtj-ḥtp*, dem die Stele durch die Opferformel zugeeignet ist und der als beinahe einzige Person einen Amtstitel („Vorsteher der Gerichtshalle") trägt (nur der „Bruder" im unteren Textteil wird noch als „Verwalter" bezeichnet). Er wird durch die Filiationsbestimmung „gemacht von" (*jr n*) *ẖtjj*

Abb. 3: Stele Wien ÄS 90 (aus Hein: / Satzinger 1993, 31). Oben Opferformel für *ḫntjḫtj-ḥtp*, "gemacht von" (*jr n*) *ẖtjj*. Im Bildstreifen links der thronende Steleninhaber, ohne weitere Beischrift (Namensnennung in der Opferformel darüber). Vor ihm am Boden hockend "seine Mutter" (*mw.t=f*) *ẖtjj* und "sein Bruder" (*sn=f*) *snb*. Darunter fünf Zeilen Text, die nur Personen nennen: "Seine Schwester (*sn.t=f*) *wkj*. Sein Bruder (*sn=f*), der Verwalter *ḥkw*, gemacht von (*jr n*) *ḫmj*. Sein Vater (*jt=f*) *jb*. Sein Bruder (*sn=f*) *snb*. Seine Gattin (*ḥm.t=f*) *kwj* .... Ihr Sohn (*z3=s*) *rꜥ-nfr*. Ihr Sohn (*z3=s*) *sḏd-w3*. Ihr Sohn (*z3=s*) *kms*. Ihre Tochter (*z3.t=s*) *ttj*. Ihre Tochter (*z3.t=s*) *ḥtpj*. Ihre Tochter (*z3.t=s*) *ḏdt-ꜥ3mt*. Ihr Sohn (*z3=s*) *jnj*. Ihr Sohn (*z3=s*) *rn=f-snb* ...."

bestimmt. Diese *ẖtjj*, „seine Mutter" (*mw.t=f*), hockt ihm zusammen mit „seinem Bruder" (*sn=f*) *snb* gegenüber. Die beiden hockenden Personen sind also durch den Bezug auf den Steleninhaber definiert. Ob der „Bruder" ein leiblicher Bruder ist, wird nicht angegeben (es könnte im übrigen auch ein „Onkel" sein). Auch wird der Vater des Stelenstifters hier nicht eingereiht.

Im Text folgen zwei Personen, die die „Schwester/ Bruder"-Klassifikation (*sn.t* / *sn*) tragen, wobei durch die Filiationsbestimmung „gemacht von" (*jr n*) *ḫmj* zumindest klar ist, dass der „Bruder" nicht dieselbe Mutter wie der Steleninhaber hat. Unklar bleibt, ob der nach dessen Mutternennung genannte „Vater" auch der des Steleninhabers ist (was den „Bruder" und den Steleninhaber zu Halbgeschwistern machen würde). Es folgt ein weiterer „Bruder" (*sn*). Die dann genannte „Gattin" (*ḥm.t=f*) kann nicht

16 Siehe zur Repräsentation sozialer Beziehungen an der Residenz im Alten Reich ausführlich Fitzenreiter 2004.a.

17 Zur Entwicklung der Stelenform im Übergang zwischen Altem und Mittlerem Reich: Vandier 1954, 432-498.

18 Hein / Satzinger 1993, 28-32.

eindeutig dem Steleninhaber zugeordnet werden. Alle nun folgenden Kinder sind nur durch den Bezug auf die Mutter definiert („ihr Sohn / Tochter“; *z3=s* / *z3.t=s*), wobei wiederum unklar bleibt, ob nicht auch ein Wechsel der Mutterschaft stattfindet und einige der Kinder Nachkommen einer oder verschiedener „Töchter“ sind.

Das Beispiel zeigt deutlich, wie problematisch die Rekonstruktion geläufiger Abstammungsschemata aus dem Material der „Familienstelen“ ist. Alle hier genannten Personen tragen eindeutige Bezeichnungen, die eine genealogische Beziehung zu einer Bezugsperson definieren, und doch ist es nicht möglich, einen unseren Vorstellungen adäquaten „Stammbaum“ abzuleiten.

b) Die Stele Wien / ÄS 180 stammt ebenfalls mit großer Wahrscheinlichkeit aus Abydos und wird mehrheitlich in die 13. Dyn datiert (Abb. 4).[19] Sie ist Teil der Stelengruppe ANOC 49, d.h., dem „Steleninhaber“ *ḫnsw* wird mindestens noch eine weitere Stele zugeordnet.[20] Es handelt sich um eine klassische „Familienstele“, deren Bild- und Textdekoration ein beziehungsreiches Gefüge aufbaut, in dem relevante Informationen neben Schrift und Bild auch durch den Einsatz von Leserichtung, Bedeutungsperspektive usw. kodiert werden. Der Rang der abgebildeten Personen ist von oben her abnehmend (Titel der Männer). Darüber hinaus präsentiert die Stele wenigstens zwei genealogische Cluster: eines um *ḫnsw*, ein zweites um die Amme. Diese enge Verflechtung von auf den ersten Blick sehr unterschiedlich wirkenden und auch dem Status nach grundverschiedenen Gruppen ist bemerkenswert, aber in der Gattung der „Familienstelen“ nicht unüblich.[21]

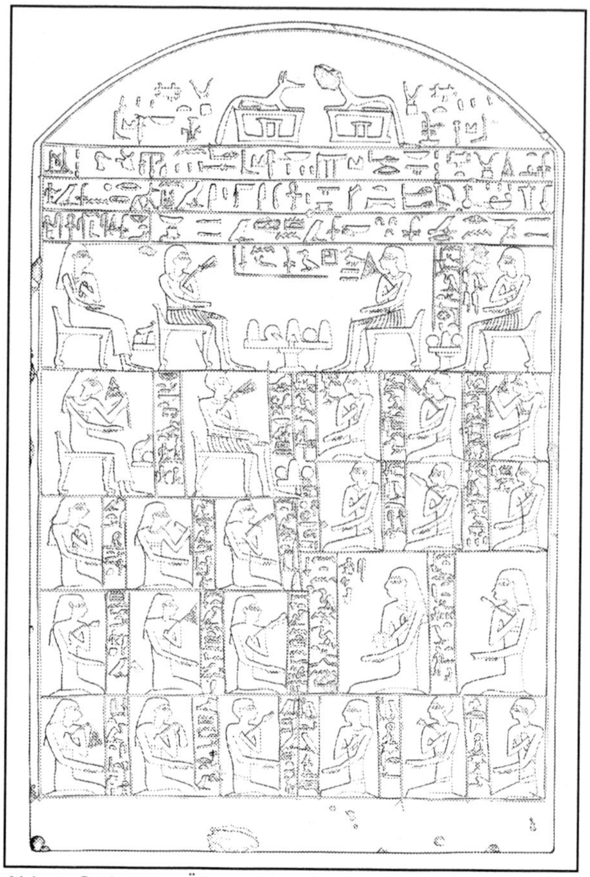

Abb. 4: Stele Wien ÄS 180 (aus: Hein / Satzinger 1993, 109f)
Ganz oben der "nördliche" und der "südliche" Upuaut von Abydos, darunter eine Opferformel für *ḫnsw*, "den der *nb-smnṯw* gemacht hat" (*jr n* ...) und seine "Gattin " (*ḥm.t=f*) *snb=s-ʿnḫ*. Beide sind darunter sitzend dargestellt, nach rechts blickend. Vor ihnen sitzen "sein Bruder" (*sn=f*) *z3-ḥʿt* und "sein Bruder von seiner Mutter" (*sn=f n mw.t=f*) *jwjj*.
Das mittlere Bildfeld wird von einem links auf Stühlen sitzendem Paar und rechts von sechs am Boden hockenden Personen eingenommen. Das Paar sind der *nb-swmn(ṯ)w* und "seine Gattin, die Hausherrin" (*ḥm.t=f nb.t-pr*) *nḥt-n.j*. Die hockenden Personen sind oben: "sein Bruder von seiner Mutter" (*sn=f n mw.t=f*) *z3-jmn*; "sein Bruder von seiner Mutter" (*sn=f n mw.t=f*) *z3-jmn* und "seine Schwester von seiner Mutter" (*sn.t=f n.t mw.t=f*) *3bt.n.j*. Darunter hocken: "sein Bruder" (*sn=f*) *nb-pḫr*, "sein Bruder" (*sn=f*) *sʿnḫ-sbk*. "sein Bruder" (*sn=f*) *jmn-ḥtp*.
Das untere Bildfeld wird von zwei rechts hockenden Frauen dominiert, vor und unter denen sich zwölf weitere Personen platziert haben. Die zwei Frauen sind "die Schwester der Mutter seiner Mutter" (*sn.t n mw.t n.t mw.t=f*) *nn-ʿ.j-sj* und "seine Schwester seines Vaters" (*sn.t=f n.t jt=f*) *rḥw-twt(w)*. Vor ihnen hocken oben "die Schwester der Mutter seines Vaters" (*sn.t mw.t n.t jt=f*) *bbj*, die "Mutter seiner Mutter" (*mw.t n.t mw.t=f*) *3bt.n.j* und "die Mutter seines Vaters" (*mw.t jt=f*) *jn-jt.f-ʿnḫ*. Darunter hocken "die Schwester der Mutter der Amme" (*sn.t mw.t n.t mnʿ.t*) *rḥw-snb*; "die Schwester der Mutter der Amme" (*sn.t mw.t n.t mnʿ.t*) *nnj* und "seine Amme" (*mnʿ.t=f*) *jpwj*. Ganz unten hocken sich je drei Personen gegenüber. Links: der *jmn-m-wsḫ.t*; dann die "Tochter seiner Amme" (*z3.t mnʿ.t=f*) *nfr.t-jw* und die "Schwester ihrer Mutter" (*sn.t mw.t=s*) *3bt-jb*; rechts: der *ʿm-mw*, der *jnj-ḥr-jr.f* und der *z3-jn-ḥr.(t)*.

19 Hein / Satzinger 1993, 103-111.

20 Simpson 1974, 20, pl. 67 (Stele Avignon-Calvet 3), zur Diskussion der Gruppe siehe Hein / Satzinger 1993, 105f. und die dort angegebene Literatur.

21 Siehe z.B. auch den hochkomplexen „Pseudo-Naos“ Wien ÄS 186 (Hein / Satzinger 1993, 112-127), auf dem neben ca. drei genealogischen Clustern (die aber untereinander in enger sowohl familiärer als auch beruflicher Beziehung stehen) auf der Rückseite noch vier Personen genannt sind, von denen drei als „Asiatinnen“ und eine als „Schiffer“ charakterisiert werden. In diesem Fall wird im übrigen auch ganz bewusst darauf verzichtet, etliche Personen durch genealogische Klassifikation + Suffixpronomen („sein“ Vater / Mutter / Bruder / Schwester / Sohn / Tochter) einer bestimmten Hauptperson zuzuordnen, sondern geflissentlich werden für alle wichtigeren Protagonisten Filiationen („gemacht / geboren von“) angegeben, so dass es zu einer weitgehenden Angleichung der Statusindizees auf dieser Stele kommt.

Weiterhin sei auf die Zusätze „von seiner Mutter" (*n mw.t=f*) bzw. einmal „von seinen Vater" (*n jt=f*) hingewiesen, die bei einigen der als *sn* bzw. *sn.t* bezeichneten Personen auftreten und mittels derer in der sonst sehr unübersichtlichen *sn*-Gruppe differenziert wird – offenbar gibt es also auch „Brüder / Schwestern", mit denen die Bezugsperson Vater und Mutter nicht teilt. Auch ist die Stele ungewöhnlich reich an weiteren zusammengesetzten Verwandtschaftstermini („Schwester der Mutter seiner Mutter" / *sn.t n mw.t n.t mw.t=f*; „seine Schwester seines Vaters" / *sn.t=f n.t jt=f* u.a.), die belegen, dass bei Bedarf durchaus sehr genau beschrieben und damit unterschieden werden konnte. Schließlich ist auch die Art der Integration einiger Personen über die Frauen bemerkenswert, besonders im unteren Bereich, wenn man die dort aufgeführten Männer als Gatten der Ammenfrauen sieht. Wobei dann das decorum die insgesamt wohl nur sehr selten belegte Rollenbezeichnung „ihr Gatte"[22] verboten hätte.

c) Stele Wien / ÄS 195 datiert bereits in die Übergangszeit zum Neuen Reich, ca. in die 17. Dynastie (Abb. 5).[23] Es handelt sich um eine einfache Stele ohne Bilddekoration, die aber in kondensierter Weise dem Prinzip der Personenpräsentation auf „Familienstelen" folgt. Oben eine Opferformel für den Steleninhaber mit der Nennung der Mutter. Dann werden listenartig genannt: sein Vater (mit Nennung der Mutter), eine „Schwester" (des Vaters = Tante?), die Mutter (mit Nennung ihrer Mutter), in Zeile 6 dann zwei Geschwister, die dieselbe Mutter wie der Steleninhaber haben. Für den „Bruder" und die „Schwester" in Zeile 7 sind keine Mütter angegeben, spätestens ab Zeile 8 folgen Personen mit *sn*-Klassifikation, für die andere Mütter angegeben sind. In Zeile 10 wurde die *sn*-Klassifikation aus Platzgründen (lange Titulatur) wohl weggelassen. Es handelt sich bei den Genannten eventuell um einige Geschwister, wenn man die Filiationsangabe am Ende einer Zeile auf alle davor genannten beziehen darf (Zeilen 11, 12, 13, 14). Möglich ist, dass alle diese „Geschwister" denselben Vater haben, was aber nicht dargelegt wird und – bei insgesamt neun in Frage kommenden Müttern – für pharaonische Verhältnisse sehr ungewöhnlich wäre. Die ausführliche Nennung einer solchen „Bruderschaft", der Personen mit unterschied-

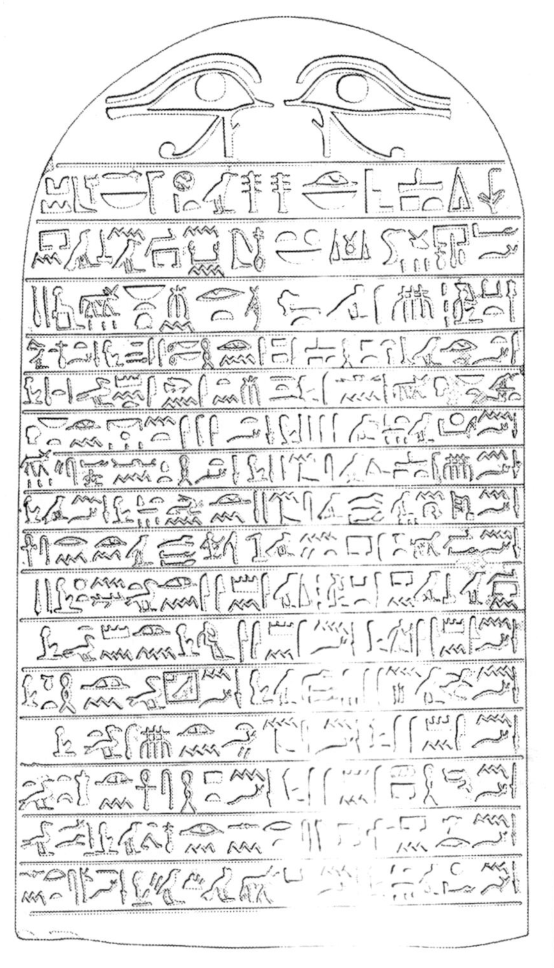

Abb. 5: Stele Wien ÄS 195 (aus: Hein / Satzinger 1993, 131).
Zeilen 1 bis 3: Opferformel für [illegible], "geboren von" (*ms n*) *nbt-tp-jḥw*. Dann folgt zeilenweise die Nennung weiterer Personen (hier ohne ihre Titel):

Z. 4: "Sein Vater (*jt=f*) *ptḥ-htp: jppj*, gemacht von (*jr n*) *ḥkkjjt*; seine Schwester (*sn.t=f*) *nfrt-jw*.

Z. 5: Seine Mutter (*mw.t=f*) *nbt-tp-jḥw* [illegible] geboren von (*ms.t n*) *jnj: mnt*.

Z. 6: Sein Bruder (*sn=f*) *ẖwtj: nḥjj*, seine Schwester (*sn.t=f*) *jtj: njt-nbw* gemacht von (*jr n*) *nbt-tp-jḥw*

Z. 7: Sein Bruder (*sn=f*) *ẖntj-http*: [illegible]; seine Schwester (*sn.t=f*) *ḥnwt: nn-dj.j-sj*.

Z. 8: Sein Bruder (*sn=f*) *sbk-ꜥꜣ: snb*, gemacht von (*jr n*) *wnt*; sein Bruder (*sn=f*) *ḥrw*.

Z. 9: Sein Bruder (*sn=f*) *ddw-sbk*, gemacht von (*jr n*) *rn.s-ꜥnḫ*.

Z. 10: Der *spdw: jmnjj*, gemacht von [illegible].

Z. 11: Sein Bruder (*sn=f*) *jmnjj* der Ältere ([illegible]); sein Bruder (*sn=f*) *jmnjj* der Jüngere (*šrj*) gemacht von [illegible]

Z. 12: Sein Bruder (*sn=f*) *ṯwꜣ-n-mḥwt* [illegible], sein Bruder (*sn=f*) *zꜣ-ḥtḥr* gemacht von (*jr n*) *ḥnwt*.

Z. 13: Sein Bruder (*sn=f*) *jmnjj*; sein Bruder [illegible] gemacht von (*jr n*) *zꜣ.t-ẖntj*.

Z. 14: Sein Bruder (*sn=f*) *jmnjj*; sein Bruder [illegible] *ptḥ* gemacht von (*jr n*) *zꜣ.t-bꜣstt*.

Z. 15: Sein Bruder (*sn=f*) *s-n-wsrt* gemacht von [illegible], sein Bruder (*sn=f*) *zꜣ-sbk*.

Z. 16: Sein Bruder (*sn=f*) *ẖwtj*; sein Bruder [illegible]; sein Bruder (*sn=f*) *s-n-wsrt*."

22 Franke 1983, 141.

23 Hein / Satzinger 1993, 128-132.

lichen Titeln und auch ohne Titel angehören, macht die Stele interessant.[24]

2.3. Das Neue Reich (17.-21. Dyn)

2.3.1.

Im frühen Neuen Reich wird die skizzierte Tradition der Gruppendarstellung im funerären Zusammenhang fortgeführt, auf Grabwänden ebenso wie auf Stelen. Auf Stelen wird dabei an das Muster der Speisetisch-Ikone angeknüpft, die klar akzentuierte Hauptpersonen hinter einem Speisetisch sitzend zeigt, denen sich die übrigen Personen im Rahmen einer Opferhandlung zuwenden. Allerdings lassen sich auch bei dieser Darstellungskonvention oft nicht nur eine Hauptperson bzw. Gruppe von Hauptpersonen ausmachen, sondern es treten mehrere so beopferte Personen auf. Dabei ist eine bildstreifenüberschneidende Verschiebung der Positionen beliebt: Person A (oder ein Paar bzw. Kleingruppe) wird im oberen Register als Opfernder vor Person B gezeigt, in einem tieferen Bildstreifen aber als Opferempfänger, der von einer Person C versorgt wird.

Als Beispiel dafür soll die Stele Kairo /JE 46993 aus Sedment dienen, die aus dem Anfang der 18. Dynastie stammt (Abb. 6).[25] Sie wurde in einer Kollektivkapelle gefunden, in der sich noch weitere Objekte des funerären Kultes für auf ihr genannte Personen befanden.

Ganz oben ist hier dargestellt, wie *nb-nḫtw* und „seine Gefährtin" (*sn.t=f* /„seine Schwester", zu diesem Gebrauch des *sn.t*-Terminus im Sinne von „Gattin" siehe noch im folgenden)[26] *šrjt-rꜥ* vor dem Vater der Gattin, dem Hohepriester von Memphis *sn-nfr*, opfern. Im folgenden Bildstreifen sehen wir die beiden wieder beim Opfer, diesmal vor beiden Elternteilen des *nb-nḫtw*. Ganz unten werden *nb-nḫtw* und

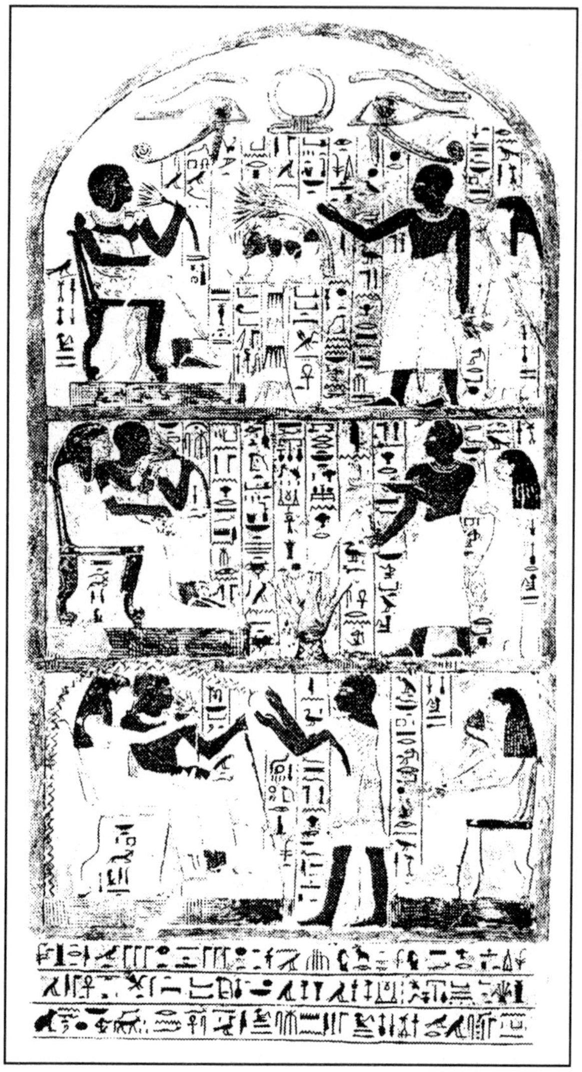

Abb. 6: Stele Kairo / JE 46993 (aus: Petrie / Brunton 1924, frontispice).
Oberer Bildstreifen: Links thronend *sn-nfr*, davor stehend und ein Opfer durchführend: *nb-nḫtw*, "Sohn" (*zꜣ*) des *jmn-ms* und "seine Schwester, die ihn liebt, die Hausherrin" (*sn.t=f mr.t=f nb.t-pr*) *šrjt-rꜥ* "gemacht von" (*jr n*) *sn-nfr*.
Mittlerer Bildstreifen: Links thronend *jmn-ms* "gemacht von" (*jr n*) *jḥ-ms* und "seine Schwester, die Hausherrin, die ihn liebt" (*sn.t=f nb.t-pr mr.t=f*) *jwtj*. Davor stehend und das Totenopfer durchführend: "sein Sohn, der seinen Namen leben läßt" (*zꜣ=f sꜥnḫ rn=f*) *nb-nḫtw* und "seine Schwester, die Hausherrin" (*sn.t=f nb.t-pr*) *šrjt-rꜥ* "gemacht von" (*jr n*) *sn-nfr*.
Unterer Bildstreifen: Links thronend der *nb-nḫtw* und "seine Mutter, die Hausherrin" (*mw.t=f nb.t-pr*) *jwtj*. Vor ihnen libierend "sein Sohn der ihn liebt" (*zꜣ=f mr=f*) *jmn-ḥtp*. Hinter diesem thronend "seine Mutter, die Hausherrin" (*mw.t=f nb.t-pr*) *šrj.t-rꜥ* "gemacht von" (*jr n*) *sn-nfr*.
Ganz unten: Opferformel für den *sn-nfr* und den *jmn-ms* durch "seinen Sohn, der seinen Namen leben läßt" (*zꜣ=f sꜥnḫ rn=f*) *nb-nḫtw*.

seine Mutter vom Sohn des *nb-nḫtw* beopfert, während *šrjt-rꜥ*, in diesem Fall als Mutter des Sohnes charakterisiert, separat platziert ist. Die Opferformel

24 Es lässt sich bei dieser Stele eine auffällige Inkongruenz der Klassifikation als „Bruder" (*sn*) und des Determinativs feststellen. In mehreren Fällen sind als „Bruder" bezeichnete Personen mit dem Frauendeterminativ gekennzeichnet (oder „sitzender Mann im Mantel"?). Das kann Nachlässigkeit sein (in einigen Fällen wurde wohl aus Platzgründen auch auf ein Personendeterminativ verzichtet), aber der wohlüberlegte Einsatz des Determinativs „thronende Frau" bei der ersten Mutternennung spricht eventuell dafür, dass dem Determinativ größere Bedeutung zukommt und etliche der „Brüder" eventuell „Schwestern" sind.

25 Petrie / Brunton 1924, 23f, frontisp., pl. 49, 50.

26 Der Übersetzungsvorschlag „Gefährtin" für diesen Gebrauch des *sn.t*-Terminus stammt von Angelika Lohwasser.

unten weist das Denkmal zudem als eines aus, das *nb-nḫtw* seinem Schwiegervater und seinem Vater gestiftet hat.

Neben der Verschränkung der Opferhandlungen ist es interessant, die Art der Verwendung genealogischer Termini in diesem überschaubaren Beispiel zu verfolgen. Der Hohepriester kommt ohne eine genealogische Bestimmung aus, der Vater *jmn-ms* wird als Abkömmling (*jr n*) eines *jḥ-ms* charakterisiert. Als vor seinem Schwiegervater Opfernder ist *nb-nḫtw* im oberen Bildstreifen als „Sohn (*z3*) des *jmn-ms*" charakterisiert, vor seinem Vater als „sein Sohn" (*z3=f*), mit der Erweiterung „der seinen Namen leben läßt" (*sꜥnḫ rn=f*), die er auch in der Opferformel unten in Bezug auf Vater und Schwiegervater trägt. In der Position als Opferempfänger ganz unten wird *nb-nḫtw* nicht weiter bestimmt. Den Männern werden die Frauen zugeordnet: in der Position der Gattin als „seine Gefährtin" (*sn.t=f*) und als „seine Mutter" (*mw.t=f*). Die Gemahlin des *nb-nḫtw* wird stets durch die Filiationsangabe („gemacht von"/ *jr n*) als Tochter des ranghohen *sn-nfr* bezeichnet, trägt aber nicht die Tochter-Klassifikation (*z3.t*). In der Verbindung mit *nb-nḫtw* ist sie „seine Gefährtin" (*sn.t=f*); im untersten Bildstreifen thront sie hinter ihrem Sohn und wird dort als dessen „Mutter" (*mw.t=f*) bezeichnet. Der Sohn des *nb-nḫtw* trägt die Bezeichnung „sein Sohn" (*z3=f*) beim Opfer vor dem Vater und der Großmutter.

Ein Stammbaum lässt sich in diesem Fall ohne Probleme rekonstruieren, da sich die unterschiedlichen Arten der genealogischen Bestimmungen gegenseitig ergänzen. Während aber bei der Rekonstruktion von Stammbäumen die differenzierte Beschreibung verschiedener Positionen und Rollen gewöhnlich übergangen und in ein einheitliches Schema von Deszendenzen gepresst wird, scheint es den ägyptischen Agenten jedoch gerade darauf angekommen zu sein, in jeweils unterschiedlichen Zusammenhängen die Beziehungen auf spezifische Weise zu charakterisieren. So fällt z.B. die wechselnde Gruppierung von Großvater und Großmutter bzw. von Vater und Großmutter in den beiden unteren Bildstreifen auf. Im untersten Bildstreifen sind jeweils die Söhne den Müttern eng zugeordnet, während zu den Vätern (und Schwiegervätern) eine eher distanzierte Beziehung thematisiert wird. Dabei konnten aber auch prestigeträchtige Elemente herausgestrichen werden, wie z.B. die Abkunft der *šrjt-rꜥ* vom Hohepriester von Memphis (während ihre Mutter im ganzen Kontext ungenannt bleibt). Unterschieden wird aber auch, ob man eine Person durch die Filitationsangabe genauer bestimmt, oder ihr durch einen klassifikatorischen Begriff auch eine Rolle – hier als Sohn, Mutter und Gemahlin – zuschreibt.

Seit der Mitte der 18. Dynastie kommt in den Stelen als ein neues Element hinzu, dass im obersten Bildstreifen wenigstens eine der Personen Götter verehrt, in einem der Bildstreifen darunter dann aber selbst als Opferempfänger auftritt. Perspektivisch löst sich die alte Stelenform im Bild des Steleninhabers vor den Göttern auf und führt zum Motiv der typischen Spätzeit-Stele, die den Verstorbenen nur vor einem Gott bzw. mehreren Göttern zeigt.[27] Auf die Einbindung von Familienangehörigen wird auf diesen Stelen weitgehend verzichtet. Damit hat die Totenstele aber auch ihre Funktion bei der Präsentation sozialer Beziehungen verloren.

2.3.2.

In den Gräbern der thebanischen Beamtenschaft wird im Neuen Reich die alte Fest-Ikone zu einer Darstellung entwickelt, die die Einbindung des Grabherrn in ein besonderes soziales Umfeld affirmiert („Ikone des sozialen Bezuges").[28] Dabei wird oft auf mehreren Ebenen agiert: Zum einen betont der Grabherr die Einbindung in eine Gruppe von Personen mit Verwandtschaftstermini. Zusätzlich wird die Gemeinschaft mit Personen thematisiert, die vergleichbare Berufs- oder Statusgruppen bilden. Außerdem erleben wir, dass über den Festzusammenhang die Bindung an Höhergestellte gesucht wird, der Grabherr sich als Klient der Reichselite präsentiert - bei den ranghöchsten Protagonisten bis hin zum Pharao selbst.[29]

Ein komplexes Beispiel ist der südliche Teil der Querhalle des Grabes des *jmn-m-ḥ3.t*, der Hausvorsteher des Vezirs *wsr-m3ꜥ.t* war.[30] Auf den drei Wandflächen werden in drei Varianten der Fest- bzw. Speisetisch-Ikone die funeräre Kommunikation von drei unterschiedlichen Gruppen thematisiert.

27 Beispiele bei Munro 1973.

28 Siehe dazu Fitzenreiter 1995.

29 Da der Pharao nicht im Rahmen der üblichen Fest-Ikone abgebildet werden konnte, wurden zu diesem Zweck neue Bildfassungen festlicher Situationen gefunden: die Auszeichnungsszenen und in Amarna die verschiedenen Szenen des zeremoniellen Erscheinens des Pharaos; siehe Radwan 1969.

30 Davies / Gardiner 1915, 31-41, pl. III-VIII; Whale 60-68.

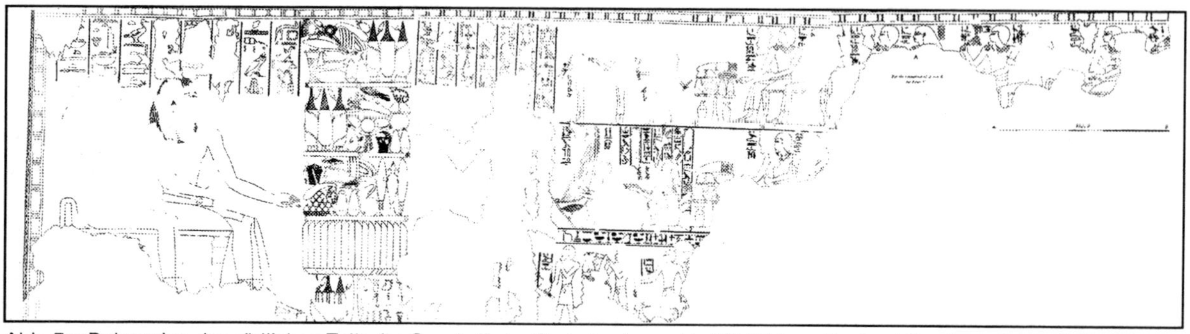

Abb. 7a: Dekoration des südlichen Teils der Querhalle im Grab des *jmn-m-ḥꜣ.t* (TT 82) (aus: Davies / Gardiner 1915, pl. III-VIII). Westwand: Links sitzend der Grabherr *jmn-m-ḥꜣ.t* und "die Tochter seiner Schwester, die er liebt, seine Herzensfreude, die Hausherrin" (*zꜣ.t sn.t=f mr.t=f n.t s.t-jb=f nb.t-pr*) *bꜣk.t*. Vor ihm opfernd "sein Sohn" (*zꜣ=f*) *jmn-m-ḥꜣ.t*; hinter ihm, im untersten Bildstreifen des folgenden Abschnitts, eine weitere als "sein Sohn" (*zꜣ=f*) bezeichnete Person, die einen Aufzug von namentlich benannten Gabenbringern anführt. Darüber sitzen in zwei Bildstreifen Paare an Speisetischen. Die Szene wird durch Musiker und Tänzerinnen eingeleitet, die alle durch Namensbeischriften individualisiert sind; beigeschrieben ist ein Liedtext, der auf das Neujahrsfest im Amuntempel Bezug nimmt. Im obersten Bildstreifen zuerst drei Paare, die jeweils als "sein Bruder / seine Schwester" (*sn=f / sn.t=f*) klassifiziert werden. Beim letzten Paar trägt der Mann die Klassifikation "sein Sohn" (*zꜣ=f*), die Frau ist wieder "seine Schwester" (*sn.t=f*). Im Bildstreifen darunter ist nur noch das erste Paar erhalten, die beiden Personen sind als "sein Sohn / seine Tochter" (*zꜣ=f / zꜣ.t=f*) klassifiziert.

Abb. 7b: Südwand: Obere Szene: Der Grabherr *jmn-m-ḥꜣ.t* beim Opfer für "die Väter, die Ehrwürdigen, die in der Nekropole sind" (*jt.w jmꜣḫ.w jmj.w ḫr.t-nṯr*) vor sitzenden Paaren. Im oberen Bildstreifen zuerst der Hausvorsteher des Vezirs namens *jḥ-mz-nḥ.t* mit "seiner Gattin" (*ḥm.t=f*) *jḥ-ms*. Dahinter "sein Vater" (*jt=f*) *ḏḥwtj-ms* und "seine Gattin" (*ḥm.t=f*) *twjw-nfr.t*. Das letzte Paar sind "sein Bruder" (*sn=f*) *ḏḥwtj-ms* und "seine älteste Schwester" (*sn.t=f wr.t*) *ḏḥwtj-ms*. Darunter drei weitere Paare. Beim ersten Mann ist die Beschriftung als "sein Vater" (*jt=f*) erhalten, dahinter wohl "seine Mutter" (*mw.t=f*); dann folgten wahrscheinlich der "Vater seines Vaters" (*jt jt=f*), die "Mutter seines Vaters" (*mw.t jt=f*), der "Vater seiner Mutter" (*jt mw.t=f*) und die "Mutter seiner Mutter" (*mw.t mw.t=f*) (die z.T. unsicheren Lesungen nach Davies / Gardiner 1915, 35f.). Untere Szene: Der Grabherr *jmn-m-ḥꜣ.t* beim Opfer für die "Handwerker" (*ḥm.tjw*). Hinter einem großen Opferaufbau sind oben die Darstellungen von zwei am Boden hockenden Männern erhalten. Der erste ist als "sein Sohn" (*zꜣ=f*) charakterisiert, der zudem den Grabbau leitete. Der zweite trägt nur Amtstitel (Umrißzeichner), ebenso deuten die Inschriftenreste für die erste Person im unteren Bildstreifen nur auf einen Amtstitel (Bildhauer).

Auf der Westwand (Abb. 7a) sitzen der Grabherr und die „Tochter seiner Schwester" (*zꜣ.t sn.t=f*) *bꜣk.t* (*-jmn*) in der Position der Gattin[31] dem Geschehen vor. Sie werden von einen „Sohn" (*zꜣ*) beopfert, dem ganz unten ein weiterer, klein dargestellter „Sohn" (*zꜣ*) an der Spitze einer Gabenbringerprozession folgt. Am festlichen Geschehen, das durch Musik und Tanz als solches charakterisiert ist, nehmen Personen teil, die zur Gruppe der „Brüder" und „Schwestern" (*sn.w / sn.wt*) bzw. zur Gruppe der „Söhne" und „Töchter" (*zꜣ.w / zꜣ.wt*) zählen. Mit aller Vorsicht kann die hier präsentierte Gruppe als die „kontemporäre" (*sn / sn.t*-Klassifikation) und die „prospektive" (*zꜣ / zꜣ.t*-Klassifikation) Verwandtschaft bezeichnet werden, wie sie sich aus der Ego-Position des Grabherrn darstellt.

An der Südwand (Abb.7b) ist der Grabherr selbst als Handelnder zu sehen. Im oberen Bildteil führt er ein Opfer für die Ahnen (die „Väter" / *jt.w*) durch.[32] An deren Spitze sitzen ein Hausvorsteher des Vezirs und dessen „Gattin" (*ḥm.t*). Sehr wahrscheinlich handelt es sich bei dem Mann um den Amtsvorgänger des Grabherrn. Die folgenden Paare konnten zur Familie dieses Hausvorstehers zählen, aber das bleibt unklar. Im zweiten Bildstreifen sind nach der Rekonstruktion von Davies und Gardiner die Eltern und Großeltern

---

31 Die *bꜣk.t(-jmn)* ist in verschiedenen Darstellungen entweder als „Tochter seiner Schwester" (*zꜣ.t sn.t=f*) (Davies / Gardiner 1915, pl. IV, XIV, XXXI) oder als „seine Gattin" (*ḥm.t=f*) bezeichnet (op. cit., pl. IX, XII, XXII, XXXV). Offenbar wurden beide Termini alternierend verwendet, so dass sie sich auf jeweils kompositorisch aufeinander bezogenen Bildern abwechseln. Siehe auch Whale 1989, 254

32 Zum Ahnenopfer siehe Fitzenreiter 1994, 66f.

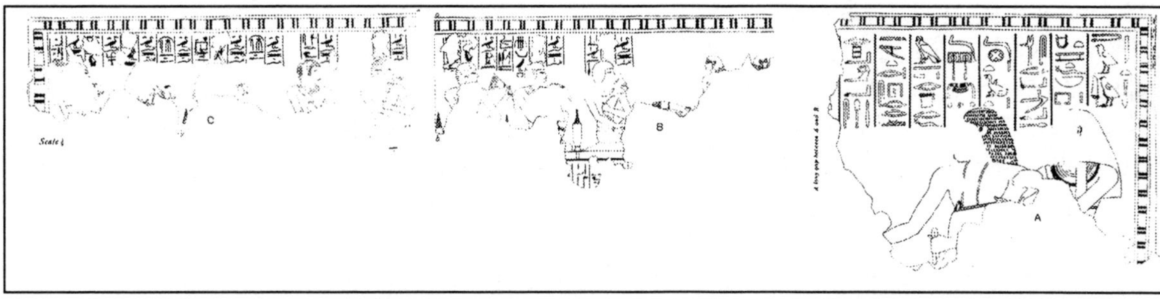

Abb. 7c: Ostwand: Ganz rechts sitzend der Vezir *wsr-mꜣꜥ.t* und "seine Gattin" (*ḥm.t=f*) *ṯwjw*. Vom mittleren Teil der Szene sind nur Reste der Darstellung von zwei Musikerinnen / Tänzerinnen erhalten. Links hocken in zwei Bildstreifen Festteilnehmer: oben zuerst fünf Männer, dann drei Frauen. Alle sind als "sein Sohn / seine Tochter" (*zꜣ=f* / *zꜣ.t=f*) klassifiziert. Im Bildstreifen darunter ist noch die Bezeichnung wenigstens einer Person als "sein Bruder" (*sn=f*) erhalten.

des Grabherrn dargestellt. Insgesamt thematisiert der Grabherr hier den Bezug zu den Vorfahren, zur „retrospektiven" Verwandtschaft. Dabei ist zu vermerken, dass durch den Amtsvorgänger (und eventuell dessen Familie) Personen integriert werden, die nicht mehr durch den eher restrikten Gebrauch von „Vater" (*jt*) und „Mutter" (*mw.t*) klassifiziert werden können. Im Ahnengebet wird der Terminus „Väter" (*jt.w*) aber auch für sie benutzt.

Dass der Rahmen herkömmlicher Verwandtschaft gesprengt wird, ist in der darunter liegenden Szene noch deutlicher, in der der Grabherr einer Handwerkergruppe opfert. Zu dieser Gruppe gehört eine als „sein Sohn" bezeichnete Person, die anderen tragen nur ihre Handwerkertitel. Die Szene kann mit Darstellungen verglichen werden, in denen neben den „Familienangehörigen" des Grabherrn ein weiteres Feld aus der Kollegenschaft gezeigt werden. Allerdings haben wir es hier eher mit der Kollegenschaft eines als „Sohn" bezeichneten Individuums zu tun (eventuell dem designierten Amtsnachfolger des Grabherrn, der aus dieser Funktion heraus auch die Errichtung der Grabanlage übernahm?).

An der Ostwand (Abb. 7c) schließlich wird das Milieu des Dienstherrn des Grabinhabers präsentiert. Wieder in einem festlichen Zusammenhang sehen wir den Vezir und seine „Gattin" (*ḥm.t*) sowie eine Anzahl von „Söhnen" und „Töchtern" (*zꜣ.w* / *zꜣ.wt*) und wenigstens einen „Bruder" (*sn*). Ob der Grabherr in das Geschehen involviert war, bleibt aufgrund der Zerstörung unklar. Die Positionierung der Szene in dem dem Fest gewidmeten Grabteil macht aber deutlich, dass auch hier die Einbindung des Grabherrn zumindest angedeutet wird. Dabei geht es aber nicht mehr um „Verwandtschaft" im engeren oder weiteren Sinne, sondern um die Präsentation eines Klientelverhältnisses, um die Anbindung an eine Elitegruppe, durch die sich die Position des Grabherrn im weiteren Feld der Residenz- und Reichselite definiert.

In dieser Residenz- und Reichselite selbst erleben wir, dass die „familiäre" Einbindung – also in die Gruppe mit Verwandtschaftstermini – zugunsten der Einbindung in eine Dienstelite an der Residenz in der Repräsentation mitunter sogar unterdrückt wird.[33] In der Regel werden in den Elitegräbern aber die statusindizierte Anbindung an das königliche Milieu und die Verwurzelung in einem gehobenen sozialen Umfeld parallel thematisiert.[34]

3. Form und Funktion

3.1.

Schon dieser kurze Überblick über eine spezifische Quellen- bzw. Denkmälergruppe hat eine größere Menge an genealogischen Informationen geliefert und dieses Material kann bei Erweiterung der Belegbasis noch vermehrt werden. Dabei scheint es aber weder temporal noch lokal ein strenges Schema dessen zu geben, was bzw. wer thematisiert, dargestellt, genannt wird. Gemeinsam haben die Belege vor allem die Defizite, die sie einer idealtypischen Rekonstruktion von Verwandtschaftsverhältnissen entgegenstellen:

- Selten ist ein klarer Ausgangspunkt (Ego) der Beschreibung aller Protagonisten definiert. So ist es

33 Fitzenreiter 1995, 116-122.

34 Ein prägnantes Beispiel ist die zweistreifige Darstellung an der Ostwand in der Kapelle des Pennut von Aniba, in der im unteren Bildstreifen die (familiäre) Einbindung des Grabherrn in die lokale Elite und im oberen Bildstreifen mittels einer Auszeichnungsszene seine Einbindung in die ägyptische Reichselite thematisiert wird (LD III, 230; Steindorff 1937, Taf. 102). Die Szene ist in Fitzenreiter 2004.b ausführlich behandelt.

zwar möglich, dass eine Person als Grabherr oder Stifter hervorgehoben wird – das wäre aus ethnographischer Perspektive Ego –; es ist aber auch möglich, dass die Ego-Position variiert, z.B. wenn die offensichtliche Hauptperson in einer Darstellung das Opfer empfängt, in einer angrenzenden Darstellung aber selbst als Opfernder vor einer weiteren Person auftritt (Abb. 6, 7). Oder es wird aus einer Beischrift klar, dass das Monument von einer Person gestiftet wurde, die nicht in Ego-Position im Hauptteil thematisiert ist (Abb. 6, vom Sohn). Oder es ist überhaupt so, dass eine Stele mehrere Hauptpersonen zu besitzen scheint, von denen aus mehrere Ego-cluster (kins) in der Zuschreibung anderer konstruiert werden (Abb. 4). Die in der Regel nur sehr knapp formulierten Verwandtschaftsklassifikationen lassen sich unter diesen Bedingungen oft kaum befriedigend zu einem Deszendenzschema entflechten, denn auf wen sich im konkreten Fall das Personalsuffix bezieht („sein – Bruder, Sohn, Vater Mutter usw.") bleibt oft genug unklar (Abb. 5).

- Das präsentierte verwandtschaftliche Gefüge ist meistens sehr lückenhaft. Eltern oder sogar Großeltern können auftreten, müssen es aber nicht. Oder es ist nur ein Eltern-/ Großelternteil dargestellt, bevorzugt der weibliche (Abb. 2a; Abb. 3). Es kann die Gattin, in selteneren Fällen auch der Gatte fehlen (Abb. 5). Bei den Kindern ist es möglich, dass nicht die gesamte Nachkommenschaft auftritt. Endgültig unübersichtlich ist die Gruppe der *sn*-Verwandtschaft, die u.a. die nichtlineale Verwandtschaft bezeichnen kann (Onkel, Cousins, Geschwister, Neffen), aber diese wohl selten komplett abbildet.

- Für praktisch alle genealogischen Termini ist belegt, dass sie auch auf nicht „blutsverwandte" Personen bezogen werden können. Aber nur selten wird z.B. durch den Zusatz „von seiner Mutter / seinem Vater" oder die Angabe der Filiation zwischen „blutsverwandten" und „nichtblutsverwandten" Brüdern o.ä. unterschieden – aber immerhin oft genug um zu zeigen, dass die Differenzierung gelegentlich eine Rolle spielte (Abb. 4).

- Genealogische Termini können zudem als Rollenbezeichnung verwendet werden: Amtsvorgänger werden zu „Vätern" (Abb. 7b); die Gattin kann mit dem Terminus „Schwester" bezeichnet sein (Abb. 6, 7a); der *sn*-Terminus chargiert offenbar zwischen der Bruder / Schwester-Designation, einer Art Altersgruppen-/ Generationsklassifikation und der Bezeichnung eines statusgleichen Kollegenverhältnisses.

- Und schließlich gibt es eine größere Gruppe potentiell darstellbarer Personen, die nicht über genealogische Termini spezifiziert werden, Kollegen, Klienten, Patrone usw.

Das Problem einmal positiv formuliert:

- Es gibt ein Feld genetischer Verwandtschaft, das in den entsprechenden Darstellungen präsentiert werden kann, und ein Feld von Personen, das noch darüber hinausgeht: Vertreter derselben bzw. einer statusgleichen beruflich-soziale Gruppe; dann ein rangniederes, aber in ein System gegenseitiger Versorgungsverpflichtungen eingebundenes Klientel; schließlich Vertreter von übergeordneten Instanzen, zu denen ein Patronageverhältnis aufgebaut wird. Alle diese Personen bilden – im weiteren Sinne – das Feld der „möglichen Verwandtschaft".

- Aus diesem Gesamtfeld möglicher verwandtschaftlicher und weiterer sozialer Bindungen wird im konkreten Befund eine bestimmte Auswahl von Individuen abgebildet und in Beziehung zueinander gesetzt – die „tatsächliche Verwandtschaft".

Bei der Betrachtung dieser Gruppe der „tatsächlichen Verwandtschaft" wurde bisher kaum befriedigend ergründet, worin die Motivation ihrer konkreten Auswahl liegt, insbesondere, wenn sie auffällige „Flecken" im Bereich der genetischen Verwandtschaft, bei Vater, Mutter, Ehepartnern oder Kindern enthält. In aller Regel begnügt man sich mit einer anekdotenhaften Individualrekonstruktion, indem man Ehescheidung, Kinderlosigkeit, Intrige, Mord und Totschlag annimmt. Das Thema aus der Perspektive der Quellengruppe selbst problematisierende Studien sind selten, wie die von Gay Robins, die auf die Regeln von geschlechtsspezifischen Darstellungskonventionen verweist, oder von Ann Macy Roth, die mögliche Tabu-Vorstellungen bei der Darstellung bespricht.[35]

3.2

Unter Heranziehung der ganz am Anfang aufgestellten These, dass sich der Sinn eines Objektes aus seiner praktischen Funktion ergibt, soll deshalb die

35 Robins 1994, Roth 1999. Whale 1989, 244-250 bespricht Varianten der Darstellung von Ehepartnern in thebanischen Gräbern, beschränkt sich bei der Deutung aber auf Fallrekonstruktionen.

Funktion der besprochenen Denkmälergruppe betrachtet werden. Paradigmatisch für die enge Verknüpfung von konkreter, auch zeitlich und örtlich beschränkter Funktion, und der Form der Auswahl von Personen sind die „Familienstelen". Der Typus hat Vorläufer und ein gewisses Nachleben, erlebt seinen Höhepunkt aber im hohen und späten Mittleren Reich. Eine auffällige Konzentration dieser Denkmälergruppe findet sich in Abydos. William Kelly Simpson hat eine differenzierte Bestimmung der in Abydos gefundenen Stelen vorgelegt.[36] Demnach sind sie Teile von kleinen bis mittelgroßen Kultstellen, die entweder nur aus dem Kultobjekt (Stele, Statue, Opfertafel) bestehen, oder als Kapellen, Kapellen mit Scheinbestattungen (Kenotaphe) oder Kapellen mit echten Grablegen gebildet sind. Es handelt sich um Kultanlagen mit funerärem Charakter, die dem Kult eines oder mehrerer Individuen dienen, in den aber eine größere Gruppe von Menschen involviert ist. Analog zu dieser Bestimmung können ähnliche Objekte aus anderen Heiligtümern[37] und aus Installationen an funerären Plätzen (Friedhöfe, Ahnenkultstellen) interpretiert werden. In jedem Fall liegt die Besonderheit der Kultplätze in ihrer Errichtung in einem hochgradig sakralen Gebiet, und darin, dass das Kultgeschehen im engsten Zusammenhang mit Feierlichkeiten der jeweiligen sakralen Umgebung steht. Es sind Feierlichkeiten, die nicht in erster Linie einem oder mehreren der abgebildeten Protagonisten gewidmet sind, sondern die kollektive Feier ist eingebettet in einen größeren sakralen Zusammenhang. Deutlich wird das bei den Abydos-Stelen, die die Teilnahme an den Mysterien des Osiris explizit erwähnen.[38] Auch in Theben im Neuen Reich wird z.B. bei *jmn-m-ḥꜣ.t* das Neujahrsfest erwähnt (Abb. 7.a), oder ganz allgemein auf das „Schöne Fest" verwiesen, das den Rahmen solcher Feierlichkeiten bietet.[39]

Damit ist die Primärfunktion der Stelen und vergleichbarer Objekte relativ klar. Sie bilden ab, dass im Rahmen übergeordneter sakraler Anlässe eine Kulthandlung zugunsten bestimmter, idealiter verstorbener, Individuen durchgeführt wird, und wie sich zu dieser Kulthandlung eine detailliert bestimmte Gruppe von Individuen versammelt. Warum ist aber die Zusammensetzung dieser Gruppen einerseits so heterogen, warum spielen andererseits aber genealogische Beziehungen offenbar eine besondere Rolle?

3.3.

Um diese Frage zu beantworten, möchte ich für einen Augenblick die Quellengruppe (der Familienstelen und ähnlicher Objekte) beiseite lassen und ins Allgemeine gehen. Es wurde bereits festgestellt, dass aus dem Feld „möglicher Verwandtschaft" in bestimmten Situationen eine „tatsächliche Verwandtschaft" destilliert wird. Diese Angabe bzw. Thematisierung „tatsächlicher Verwandtschaft" ist jeweils den praktischen Bedingungen ihrer Aktivierung angepasst. Das gilt nicht nur für die hier besprochenen Objekte, sondern betrifft alle Phänomene, in denen die engere soziale Bestimmung von Individuen notwendig ist. D.h. in bestimmten Situationen ist es ausreichend, nur die väterliche Linie zu erwähnen (so beim modernen mitteleuropäischen System, wo der Familienname traditionell der des Vaters ist, es sei denn, eine klar bestimmte Strategie veranlasst zu einer anderen Wahl), in anderen nur die mütterliche. Mal ist es wichtig, Geschwister zu nennen, mal nur die Kinder, mal die männlichen Ahnen, mal die weiblichen, eventuell sogar die Amtsvorgänger oder „spirituelle Vorfahren" usw.[40] D.h., die Aktivierung von „tatsächlicher Verwandtschaft" aus dem Feld „möglicher Verwandtschaft" gibt die Gelegenheit, eine konkrete, den Bedingungen der sozialen Identifikation

36 In den Rahmen eher unwahrscheinlicher Interpretationen können Ansichten eingeordnet werden, nach der diese „Familienstelen" Zeichen eines wirtschaftlichen Niederganges seien: da Einzelne sich individuelle Totenstelen nicht mehr leisten konnten, haben man diese als Gruppe gemeinsam geweiht (so z.B. in Seipel, 1993, 140). Die These wird schon dadurch widerlegt, dass für Personen auf „Familienstelen" durchaus auch Einzelstelen bzw. funeräre Objekte belegt sind. So z.B. für den *ḥnsw* der Stele Wien ÄS 180 (Abb. 4) die Stele Avignon-Calvet (Simpson 1974, 20, pl. 67). Siehe auch Simpson 1974, der u.a. op. cit., 1 festhält, dass es sich bei diesen Stelen eben gerade nicht um individuelle Grabsteine handelt.

37 Z.B. die Familienstelen aus dem Hekaib-Heiligtum auf Elephantine: Habachi 1985, pl.179-185; siehe bereits das Innere des Schreins des Sarenput (op.cit. pl. 10,11), der nichts anderes als die Inszenierung der Darstellungen der Familienstelen mittels einer Statue und den Reliefbildern der Vorfahren und Verwandten ist.

38 Siehe Satzinger 1969 mit der älteren Literatur.

39 Schott 1953.

40 Zur kontextuell verschiedenen Thematisierung von „Vorfahren" im weiteren nordostafrikanischen Kontext siehe Beispiele in Fitzenreiter 2003.

entsprechende Identität zu definieren. Sie gibt aber auch die Möglichkeit, je nach Kontext gewissermaßen multiple Identitäten zu thematisieren.[41]

Das Phänomen ist auch in Ägypten zu beobachten, drei Aspekte als Beispiel:

a) Im funerären Kult ist auffällig, dass für die individuelle, persönliche Identifikation die genetische Herkunft von der Mutter betont wird.

- Gruppenfiguren aus der Residenz im Alten Reich stellen den Grabherrn nur extrem selten mit seinem Vater, aber in aller Regel mit einem weiblichen Familienangehörigen dar, wobei zumindest in einem erheblichen Teil der Fälle davon auszugehen ist, dass die dargestellte Frau die Mutter und nicht die Gattin ist.[42]

- In der Anlage des Pennut aus dem Neuen Reich tritt der Grabherr in der Rolle des „Sohnes, der den Namen seines Vaters und seiner Mutter leben läßt" (*z3=f sꜥnḫ rn n jt=f mw.t=f*) vor zwei sitzenden Frauen und weiteren Personen auf, die alle keine Filiationsangaben tragen, unter denen sich aber sicher nicht der Vater befindet. Dieser wird in der Filiationsangabe des Pennut erwähnt, ist aber in der gesamten Kapelle nicht dargestellt.[43]

- In Totenbuchspruch 30, dem „Herzspruch", wird ausdrücklich die Herkunft des Herzens – und damit des individuellen Charakters – als von der Mutter thematisiert, während in diesem Zusammenhang der Vater keine Rolle spielt.[44]

b) Dagegen ist in unterschiedlichen Medien belegt, dass die Vater-Sohn-Beziehung in der Thematisierung der Amtsstellung und der Weitergabe von institutionellen Ansprüchen von besonderer Bedeutung ist.[45]

- In funerären Darstellungen des Alten Reiches findet sich das Bild, in dem der Amtsstab des groß dargestellten Grabherrn von einem kleiner dargestellten Sohn gefasst wird. Das Bild ist im Topos vom „Stab des Alters" in der Weisheitsliteratur des Mittleren Reiches aufgehoben, durch den eine Amtsperson angehalten wird, beizeiten einen Nachkommen als Stellvertreter und präsumptiven Nachfolger in die Amtsgeschäfte einzuführen.[46]

- Im Rahmen der Affirmation funerärer Institutionen („Totenstiftung" u.ä.) im Alten Reich wird die Übergabe der Leitung der Institution an einen männlichen Nachfolger, bevorzugt einen Sohn, thematisiert.[47]

- Die in der Spätzeit verbreiteten „Priesterstammbäume" legitimieren den Status einer Person durch die Präsentation möglichst langer Reihen von männlichen Amtsvorgängern, zu denen eine Beziehung über die Vater-Sohn-Sukzession konstruiert wird.[48]

c) Bei der Präsentation einer sozialen Umgebung kann variiert werden. Dabei stehen sich die genetische Verwandtschaft und das soziale Patronage-Verhältnis als zwei Aspekte der sozialen Verortung gegenüber und können auch in sich überschneidender Weise thematisiert werden.

- Auf dem Friedhof des Alten Reiches in Elephantine konnte Stephan Seidlmayer feststellen, dass in den Familiengräbern ein auffälliger Teil der ranghohen männlichen Bevölkerung fehlt. Diesem Segment ließen sich Grablegen in der Umgebung der Elite zuweisen. Die männlichen Klienten ließen sich demnach fern ihrer Familien im Umfeld ihres Patrons bestatten.[49]

- Schon erwähnt wurde der Wandel in der Präsentation der sozialen Umgebung in Grabanlagen der Elite in Theben im Neuen Reich: Das „Blickpunktbild" ist primär die Präsentation einer größeren beruflich-familiären Gruppe, wird aber fallweise durch den Bezug zum König oder die nichtverwandte „Reichselite" ersetzt. Zeitgleich wird in der „biographischen" Literatur die Einbindung in die Königsumgebung und die alleinige Rolle des Königs bei der Formung der sozialen Identität zu einem Topos, in dem die genetische und soziale Herkunft geradezu heruntergespielt wird.[50]

41 Siehe dazu allgemein Needham 1971.b. Erhellende Beispiele aus der europäischen Ethnologie (Frankreich, Balkan) bei Zonabend 1977, Stahl 1977.

42 Fitzenreiter 2000, 92-94; Fitzenreiter 2001.b, 188-194.

43 Fitzenreiter 2004.b, 172.

44 Assmann 1991, 97.

45 Assmann 1991.

46 Fischer 1977, 158-160; Brunner 1984. Blumenthal 1987.b, 92 sieht contra Fischer keinen Zusammenhang zwischen dem ab dem Mittleren Reich belegten literarischen Topos und der ikonographisch indizierten Darstellung aus dem Alten Reich.

47 Fitzenreiter 2004.a, 84-91.

48 Z.B. „Priesterstammbaum" Berlin 23673, der ca. 60 Vorgänger auflistet (Borchardt 1935, 92-114). Siehe den Beitrag von Karl Jansen-Winkeln in diesem Band.

49 Seidlmayer 1982, 294f; Seidlmayer 2001, 218.

50 Zum Blickpunktbild: Fitzenreiter 1995, 116-122; zum biographischen Topos: Guksch 1994, 28-30.

- Auf der mythologischen Ebene werden verschiedene verwandtschaftliche Beziehungen um den Gott Horus thematisiert: Das Vater-Sohn-Verhältnis im Bezug auf Osiris, wobei die aktiven Aspekte der Totenversorgung und der Amtsnachfolge im Mittelpunkt stehen, das Mutter-Kind-Verhältnis in Bezug zu Isis, wo die passive Versorgtheit und der Schutz durch die Mutter im Mittelpunkt stehen, und schließlich das statusgleiche „Bruder"-Verhältnis zu Seth in der aktiven Auseinandersetzung um die Amtsausübung.[51]

Zu beachten bleibt, dass die drei genannten Aspekte nur Möglichkeiten der Thematisierung von Identität darstellen. Denn neben der Abkunft von der Mutter (*ms n / jr n*) wird z.B. in den Filiationen ebenso häufig die Abkunft vom Vater (*jr n*) gerechnet; siehe die oben besprochenen Beispiele. Welche Strategien der konkreten Auswahl von identitätsstiftenden Bezügen zugrundeliegen, muss aus dem konkreten Fall geklärt werden – und hier liegt die Potenz der praxisorientierten Analyse. Denn es geht nicht um die Rekonstruktion von starren Regeln, sondern von Gestaltungsprinzipien, von strukturellen Dominanten, derer sich die Agenten bei der Etablierung konkreter Sachverhalte bedienen. Z.B. deutet die Nennung des Vaters in der Filiation der *Šrjt-rʿ* darauf hin, dass es in diesem Moment weniger um die Bestimmung ihrer genetischen Identität geht, als vielmehr darum, die prestigeträchtige Verbindung ihres Gatten (!) mit dem ehrwürdigen Haus des Hohepriesters von Memphis zu dokumentieren (Abb. 6).

3.4.

Unter dem Gesichtspunkt, dass jedem Fall einer tatsächlich thematisierten Verwandtschaft ein bestimmter Zweck zugrunde liegt, soll nun wieder die Gruppe der „Familienstelen" betrachtet sein. Dabei muss noch beachtet werden, dass die Repräsentation konkreter genealogischer Beziehungen neben dem Zweck ihrer eigentlichen Präsentation noch durch mindestens zwei weitere Parameter bestimmt wird:

- durch den medialen Kontext: Darstellungsarten (Text, Bild), Quellengruppen (Stele, Grabwand, Rechtstext) und nicht zuletzt das habituelle System begrifflicher Nomenklatur (Verwandtschaftstermini) bieten nur eine begrenzte Anzahl möglicher Konventionen an, aus denen die Agenten adäquate Formen der Repräsentation auswählen können.[52]

- durch strategisches Interesse: Jedes Handeln ist die individuelle und konkret-einmalige Aktivierung habituell möglicher Handlungsmuster. Was oben vielleicht zu schnell als „anekdotisch" abgetan wurde, ist so wieder als ein geregelt-chaotisches Muster menschlichen Handelns in die Betrachtung einzuführen. Ehescheidung und Intrige sind eben doch regelhafte soziale Erscheinungen.[53]

Gehen wir also die Gruppe der Familienstelen nach den eben besprochenen Prämissen durch, ergibt sich:

a) die Funktion: Affirmation einer Kulthandlung, die in einen übergeordneten Festkalender eingebunden ist; darin eingeschlossen: die Affirmation der Identität der Teilnehmer am Kult.

b) der mediale Kontext: der Charakter der Teilnahme am Kult wird durch eine spezifische Ikonographie festgehalten (passiv sitzend und Opfer empfangend, aktiv opfernd, am Mahl teilnehmend etc.); durch Namensbeischriften und durch weitere Spezifikationen wie Titel und auch Verwandtschaftsbezeichnungen wird die Identität der Teilnehmer beschrieben.

c) die strategische Auswahl: Jede der so spezifizierten Kollektive setzt sich aus einer individuell zusammengesetzten Gruppe zusammen.

D.h., dass in den funerär geprägten Quellen bei der Darstellung einer Kulthandlung quasi „nebenbei" („von unten gelesen") eine bestimmte Gruppe definiert wird: eine Kult- bzw. Festgemeinschaft. Dieses Ereignis, die Konstituierung der Gruppe im Rahmen einer Kulthandlung, wird in einer Kultanlage an einem besonders sakralen Ort vollzogen und zwar im Rahmen einer lokalspezifischen sakralen Situation (Osirismysterien, Fest vom Wüstental). Die Ein-

51 Die frühesten Belege der Thematisierung dieser mythologisch überhöhten sozialen Beziehungen in den Pyramidentexten sind bei Köthen-Welpot 2003 (Vater: 117-129; Mutter: 212-214; Bruder: 238f) zusammengestellt

52 Siehe Anm. 12.

53 Siehe die vorausschauende Regulierung solcher Fälle in den Eheverträgen, deren standardisiertes Formular also auf standardisierte Erwartungen von Regelverletzungen bei der Ehescheidung abzielt (Lüddeckens 1960, 268-276 u. passim). Siehe auch die Klauseln der Texte zum Toteneigentum im Alten Reich, die Standardvarianten der Verletzung der Gruppenregulationen (Verkauf von Anteilen, Streit in der Gruppe, Dienst in anderen Gruppen) behandeln (Fitzenreiter 2004.a, 3f; 48, Anm. 147).

richtung dieser Anlage kann auf eine Person (Grabherrn, Kultherr, Steleninhaber etc.) zurückgehen, es ist aber auch bekannt, dass sie von vornherein als kollektive Anlage konzipiert wurde.[54] In einigen Fällen wurde die Begründung der Anlage und damit auch die Konstituierung der Kultgemeinde durch monumentale Ausdrucksformen (Schrift, Bild, Stele) dokumentiert – nur das sind die Fälle, von denen wir überhaupt wissen. Das Ereignis kann wohl bereits zu Lebzeiten wesentlicher Protagonisten stattfinden, ist aber auf postmortale Perpetuation gerichtet. Dabei werden gelegentlich, aber nicht zwingend, bereits verstorbene Vorfahren einbezogen. Und schließlich gibt es Belege, dass das Verhältnis neu konstituiert wurde, indem weitere Protagonisten ihre Aufnahme in die Gruppe durch neue Denkmäler dokumentieren (Hinzufügung von Stelen, Bildern usw.).[55]

4. Familie und Gruppe

4.1.

Aus der Analyse der Familienstelen ergibt sich, dass die „Familienstelen" und ähnliche Dokumente also keine „Familienbilder" sind, sondern einen konkreten Ausschnitt aus dem Feld möglicher sozialer Identifikationsmuster präsentieren. Dieser Ausschnitt – die Kult- oder Festgemeinschaft – deckt sich aber nur sehr bedingt mit unserem Bild von „Familie". Entsprechend problematisch sind auch die jeweiligen Stammbäume, die regelmäßig bei Publikation und Interpretation der betreffenden Monumente vorgelegt werden und die (implizit) auf die Rekonstruktion einer uns geläufigen Vorstellung von „Familie" hinauslaufen.

An diesem Punkt verschiebt sich aber das Problem. Denn die oben bereits mehrfach erwähnten Unregelmäßigkeiten sind ja nur Unregelmäßigkeiten, denen wir bei dem Versuch begegnen, aus den sogenannten „Familienstelen" ein Familienbild zu rekonstruieren. D.h., wir versuchen auf den Stelen etwas zu sehen, was sie gar nicht darstellen. Was sie weder beabsichtigen darzustellen (die Absicht ist, eine im Kult konstituierte Gruppe zu affirmieren), noch, was sie überhaupt darstellen können. Denn: es gibt im pharaonischen Ägypten die „Familie" nicht, die wir in die Quellen hineinlesen wollen.

4.2.

Aus diesem Grund wieder eine Abschweifung. Was macht eigentlich unsere Vorstellung von „Verwandtschaft" und „Familie" (als zentrale soziale Gruppenbildung immerhin von Verfassungsrang!)[56] aus? Das sind vor allem drei Parameter:

- Die konsanguine Abstammung (mit Präferenz der Vaterline), die berüchtigte „Blutabstammung", die offen oder verdeckt jede soziale Zuordnung in Europa regiert. Die Fiktion, dass „Blut dicker als Wasser" ist und eine Beziehung zwischen Individuen konstituiert, die fester, wesentlicher usw. als jede andere sein soll.[57]

- Die sakramentale Überhöhung der Neukonstitution einer solchen Beziehung durch den formalen, zeremoniellen Eheschluß zwischen zwei Individuen (einem männlichem und einem weiblichen), der auf der Gruppenebene eine fiktive Blutsgemeinschaft zweier Linien besiegelt. Diese Handlung konstituiert im profanen Recht eine Gemeinschaft von Verfassungsrang, neben der kirchlichen Trauung, die sich wenigstens im katholischen Bereich klar als Sakrament versteht.

- Ein Bild von der menschlichen Gesellschaft, in dem die monogame Kleinfamilie aus einem Mann

54 Aus dem Alten Reich kann eine dekorierte Tür vom Friedhof im Bereich der späteren Teti-Pyramide herangezogen werden, die offenbar zu einer kollektiven Kultstelle der umliegenden Gräber gehört (Zayed 1956, fig. 8). Diese Tür zeigt eine Person in hervorgehobener Position, erwähnt aber einen weiteren Stifter und Nutznießer der Anlage. Auch viele „Familienstelen" stellen eine Person besonders heraus, geben aber auch Anderen Gewicht. Von vornherein der kollektiven Nutzung zugedacht waren wohl Installationen wie die „private chapels" im Neuen Reich, die in der Umgebung der Arbeitersiedlung von Amarna und Deir el-Medinah liegen (Bomann 1991). Zu derartigen Kultstellen gehört auch die Kapelle auf dem Friedhof von Sedment, in der die Stele des *nb-nḫtw* (Abb. 6) gefunden wurde.

55 Siehe die Beispieldiskussion um die Stelengruppe ANOC 2 aus drei Stelen für insgesamt 17 Personen und einer eventuell später von der Tochter des Gruppenvorstandes gestifteten vierten Stele (Simpson 1974, 14f) oder ANOC-Gruppe 30 mit zwei Stelen, die ein *nḫt* seinem Großeltern väter- und mütterlicherseits stiftete, sowie einer Stele, die sein Sohn anfertigen ließ (Franke 1983, 55).

56 GG Art. 6 (1) „Ehe und Familie stehen unter dem besonderen Schutz der staatlichen Ordnung."

57 Dazu ausführlich Schneider 1984. Heinrich Balz wies mich darauf hin, dass sich die Redewendung vom Blut, das dicker als Wasser ist, auf die Taufe bezieht. Will sagen: genetische Verbindungen sind fester und wesentlicher als ideologische Bekenntnisse.

und einer Frau die Kernzelle jeder sozialen Organisationsform darstellt.

Diese Vorstellungen wurden von der klassischen Ethnographie in den Befund ganz verschiedener menschlicher Gesellschaften getragen und haben zur Konstruktion – oder besser: Erfindung – spezifischer Gruppenbildungen auf der Grundlage verwandtschaftlicher Beziehungen und der Familie als Grundform sozialer Organisation verführt.[58] Auch in der Ägyptologie wurde und wird dieses Bild von „Verwandtschaft" und „Familie" als Fragestellung verfolgt.[59] Letzteres zeigt sich in der geradezu obsessiven Problematisierung der Chimäre „Hochzeit", deren scheinbares Fehlen die Ägyptologen immer mit großer Traurigkeit erfüllt.[60]

In der neueren Ethnologie / Anthropologie konnte die eurozentristische Vorstellung von Verwandtschaft, Familie, Ehe und Eheschließung überwunden werden, indem man zwei wesentliche Schritte tat:

- Indem man jede verwandtschaftliche Beziehung als primär sozialökonomische Gruppenbeziehungen und Austauschverhältnis erkannte.[61] Nicht „Blut" macht „Verwandtschaft" und „Familie", sondern die gemeinsame Nutzung bzw. der geregelte Austausch von kulturellen Identitäten und Ansprüchen, von Potenzen (Arbeitskraft, Reproduktionspotenz der Frauen usw.; von Produktivkraft im weitesten Sinne) und von materiellen Gütern (von Produktionsmitteln im weitesten Sinne). Die sogenannten verwandtschaftlichen Beziehungen sind also nur Spielarten sonstiger sozialer Interaktion.[62] In Hochzeitsregeln und den Modalitäten des Eheschlusses dokumentiert sich vor allem, wie die Verfügung insbesondere über die reproduktiven Potenzen der Frauen geregelt wird und wie Nachkommen in geregelter Weise Zugang zu den Gruppenansprüchen erhalten.

- Indem es gelang, die europäische Vorstellung von „Verwandtschaft" und „Familie" als Sonderfall zu beschreiben.[63]

4.3.

Aus dieser Perspektive heraus lohnt sich ein neuer Blick auf die „Familienstelen" und ähnliche Denkmäler. Denn auf einmal müssen sie uns gar nicht besonders fremd vorkommen. Eigentlich sind nämlich diese Stelen genau das, was wir schon immer gesucht haben: Sie sind die Dokumente einer Sakralisierung von Gruppenbeziehungen.

Wir würden das vielleicht als „Hochzeit" beschreiben:

- Individuen versammeln sich und konstituieren durch sakramental überhöhte Akte eine Gruppe. Auch Hochzeiten in unseren Breiten sind (oder waren es zumindest) vor allem die zeremonielle Zusammenführung zweier Familienclans, bei der die Brautleute oft nur scheinbar eine hervorgehobene Rolle spielen. Ein vergleichbares Phänomen erleben wir

58 Siehe die kritische Revision des traditionellen anthropologischen Blicks auf elementare Formen sozialer Organisation in Needham 1971.a und den Abschnitt zu „Verwandtschaft" und „Familie" in allen neueren Einführungen in die Ethnologie, z.B. Kohl 1993, 32-52.

59 Zum in der Ägyptologie üblichen Begriff von „Familie" siehe Allam 1977. Der Einfluss anthropologischer Mythen auf die ägyptologische Forschung schlägt sich in häufig zu lesenden Formulierungen wie „In all ages, the family has been the basic unit of human society." (Whale 1989, 240) nieder, womit immer die Kernfamilie aus Gatte, Gattin, Kindern gemeint ist. Eine Kritik dieses Bildes bei Lustig 1997, 45-49; Toivari 1998, 1157.

60 Zu Belegen einer zeremoniellen Eheschließung, mit Revision der wesentlichen Literatur, zuletzt Toivari 1998; Gee 2001.

61 Eingeleitet wurde diese Wende der anthropologischen Analyse von Verwandtschaft durch Levi-Strauss 1947/67; siehe u.a. auch Needham 1971.a.

62 Die Dialektik von biologischem Grundmuster und kultureller Interpretation charakterisiert Vivelo 1981, 212 so: „Verwandtschaft ist eine Form der sozialen Beziehung, deren Modell die Beziehung ist, die man zwischen Eltern und Kindern voraussetzt. Das heißt, dass die Vorstellung der Verwandtschaft auf der Biologie der Reproduktion beruht, aber auf einer durch die Kultur interpretierten Biologie." Die praktische Bedeutung der kulturellen Konstruktion dieses, als die engste Form sozialer Beziehungen zu charakterisierenden Verhältnisses, beschreibt Kohl 1993, 33 an einem von Radcliff-Brown berichteten Beispiel der Aboriginis in Australien: „Treffen hier zwei Individuen aus weit entfernten Stämmen oder Sprachgruppen in friedlicher Absicht zusammen, so werden sie sich zunächst darum bemühen, eine sei es reale, sei es fiktive verwandtschaftliche Beziehung zu rekonstruieren, bevor sie Verhandlungen aufnehmen oder in Austauschbeziehungen eintreten." Verwandtschaft bedeutet in diesem Fall, dass man bemüht ist, eine gemeinsame Identität zu konstituieren, innerhalb der Kommunikation und Austausch überhaupt erst möglich sind. „Real" und „fiktiv" sind in diesem Zusammenhang nur Bewertungskriterien des Beobachters, keine Kategorien der emischen Konstruktion.

63 Grundlegend hierzu ist die von Schneider 1984 auf den Punkt gebrachte Kritik am Mythos der „Blutsverwandtschaft" und dem eurozentristischen Bild von „Verwandtschaft" überhaupt. „Kinship might then become a special custom distinctive of European culture, an interesting oddity at worst..." (op. cit., 201).

im ägyptischen kollektiven Kult, in dem der primäre Kultempfänger gelegentlich zurücktritt: Auch wenn der Grabherr, Steleninhaber oder Lokalheilige Bezugs- und Kristallisationspunkt der rituellen Handlung zu sein scheint, dreht es sich oft genug viel mehr um die kleiner dargestellten Teilnehmer an dieser Handlung, als um die Bezugsperson selbst.

- Die Versammlung geschieht zu einem bestimmten Zeitpunkt und möglichst an einem Ort, der mit besonderer Sakralität aufgeladen ist: Kirche oder Rathaus im neuzeitlichen Europa vs. Kultstelle in Abydos oder einem anderen sakralen Ort im pharaonischen Ägypten. Zeitpunkt und Ort stehen dabei in keinem strengen Verhältnis zum Prozess der erfolgten sozialen Realisierung der Gruppenbildung. Dass Rituale der Gruppenbeziehung nach besonderen Zeit- und Raum-Regeln abgehalten werden und mitunter in erheblichem Abstand zur sozialen Realisierung selbst stehen, ist auch andernorts bekannt. Verbindungen von Familien können bereits lange vor einem Eheschluß etabliert worden sein; feudale Erbfolgeregelungen in Europa präjudizierten mögliche Regulierungen lange vor ihrem Eintreten. Die Durchführung einer kollektiven Feier im Rahmen der Abydos-Mysterien ist nur als die Bestätigung einer vorhandenen Gruppenbeziehung aufzufassen und die regelmäßigen Feierlichkeiten im Gräbertal von Theben-West affirmieren (und modifizieren gegebenenfalls) Gruppenbeziehungen, die davon unabhängig auf ganz anderer Basis gewachsen sind.[64]

4.4.

Im pharaonischen Ägypten definiert sich die im Rahmen einer Kulthandlung etablierte Gruppe nun nicht über den Zusammenschluss eines weiblichen und eines männlichen Individuums der jeweiligen anderen Gruppe, sondern durch die gemeinsame Nutzung einer Kultstelle, die ein oder mehrere Individuen begründet haben. In dieser Gruppe sind die Positionen Einzelner durch bestimmte Termini beschrieben, die in zwei Gruppen zerfallen.

- Genealogischen Termini (Verwandtschaftsbezeichnungen), die im Zentrum zumindest der klassischen Varianten stehen. Die genealogische Definition kann als der Kern und Prototyp eines solchen Zusammenschlusses angesehen werden. Wir müssen uns allerdings davon lösen, in den ägyptischen genealogischen Termini die Beschreibung eines Verwandtschaftsverhältnisses nach europäischem Muster zu sehen. Ägyptische genealogische Termini beschreiben Positionen in einem System sozialer Beziehungen, die auch auf einen genetischen Bezug rekurrieren können („Blutsverwandschaft"), diesen aber nicht zwingend voraussetzen. Die Termini gehen wohl auf die Beschreibung genetischer Beziehungen zurück: „Erzeuger / Gebärerin" (*jt / mw.t*), „Mitgeborener / Mitgeborene" (*sn / sn.t*), „Nachwuchs" (*zꜣ / zꜣ.t*); sie sind aber ebenso Klassifikatoren des Generationsbezuges: „Ältere" (*jt / mw.t*), „Gleichaltrige" (*sn / sn.t*), „Jüngere" (*zꜣ / zꜣ.t*).[65] Soll der genetische Bezug besonders hervorgehoben werden, geschieht das durch Zusätze, wie Filiationsangaben („geboren von" / *ms n*; „gemacht von" / *jr n*), die Formel „von seiner Mutter" (*n mw.t=f*) / „seinem Vater" (*n jt=f*) oder die Formel „von seinem Leib / leiblicher" (*n ẖ.t=f*).

- Von keineswegs geringerer Bedeutung ist aber auch die Definition über Rollenbezeichnungen. Hierzu gehören solche Funktionsbezeichnungen wie „Gattin" (*ḥm.t*), „Hausherrin" (*nb.t-pr*), „Gatte" (*hꜣjj*), „Sohn, der den Namen leben läßt" (*zꜣ sʿnḫ rn*), „Stiftungsbruder" (*sn-ḏ.t*) usw., die bereits neben dem klaren System der Abstammungsbezeichnungen stehen.[66] Hierzu gehören aber eben auch Berufsbezeichnungen, über die ein Verhältnis als Kollege, Amtsvorgänger oder -nachfolger, Patron oder Klient etc. beschrieben wird.

64 Die Liste solcher zeitlich und räumlichen Inkongruenzen von Ereignis und sakraler Definition lässt sich fast beliebig fortsetzen: Totenfeiern in Südostasien finden oft erst mehrere Generationen nach dem Ableben bestimmter Protagonisten statt, wenn die Angehörigen der Kultgemeinde die dafür nötigen Mittel zusammen haben; die sakramental sanktionierte Eheschließung in Äthiopien steht bei Laien erst am Ende einer langen gemeinsamen Beziehung usw. Wesentlich ist, dass im Rahmen der gesellschaftlichen Kommunikation erst die „rituelle Verwirklichung" der sozialökonomischen oder auch biologischen (z.B. Tod) Realität dieser auch eine gesellschaftliche Realität verleiht; siehe Fitzenreiter 2001.a, 69-73.

65 Lustig 1997, 48.

66 Sogar das Konzept „Vater" (*jt*) ist kaum mit unserer Vorstellung gleichzusetzen, die in erster Linie auf „Erzeuger" rekurriert. Siehe Assmann 1991, 97f, der festhält, dass im ägyptischen Konzept vom „Vater" (*jt*) das „biologische Erzeugertum" keine besondere Rolle spielt und Vaterschaft vor allem als soziale Beziehung thematisiert wird, die auch vom „Vater" aufkündbar ist (op. cit. 97f). Insofern ist bereits der Begriff *jt* im Ägyptischen prinzipiell die Beschreibung der Rolle „pater", aber nur ansatzweise auch „genitor".

In beiden Mustern sind übergreifende Variationen der Terminologie beliebt;

- Auch Amtsvorgänger können genealogisch als „Väter" und Nachfolger als „Söhne" konzeptualisiert werden, egal ob wir – die wir die sanguine Obsession haben – dem zustimmen würden. Die Zuschreibung erfolgt über die Statusindikation, die sowohl der genealogische wie der Rollenbezug haben: „Vorgänger / Älterer / Erzeuger (*jt*)" sind gleichermaßen a priori mit höherem Status versehen als Ego, wie umgekehrt „Nachfolger / Jüngerer / Nachkomme (*zꜣ*)" mit geringerem Status.[67]

- Kollegen werden generell gern als *sn* / „Bruder" bezeichnet, aber das Feld ist weit größer: *ḥm.t* / „Gattin" ist im Neuen Reich gern durch *sn.t* / „Schwester" ersetzt. Die Bezeichnung ergibt sich aus der theoretischen Statusgleichheit der *sn*-Gruppe aus der Ego-Sicht. Aus dieser Perspektive ist wohl auch zu verstehen, warum die *sn* -Gruppe die Generationengrenze sprengen und sich auf die weitere, nichtlineale Umgebung von Ego beziehen kann (Onkel / Tanten; Neffen / Nichten). Als nicht direkt im Status „unter" oder „über" Ego stehend sind diese Personen potenziell statusgleich.[68]

4.5.

Die Besonderheit der in „Familienstelen" und ähnlichen Objekten vorliegenden Form von Gruppenbildung und sozialer Definition ist, dass es sich um Gruppen handelt, die zur ihrer Sakralisierung den Rahmen des funerär geprägten Kultes nutzen. Diese Form der Affirmation sozialer Beziehungen ist im europäischen Raum eher ungewöhnlich und es fällt daher schwer, ihre Potenz bei der Strukturierung sozialer Beziehungen zu erfassen. Die große Bedeutung, die der Toten- und Ahnenkult im pharaonischen Ägypten aber besaß, belegt allein die Masse und Monumentalität der damit zusammenhängenden Denkmäler. Dieser Umstand ist nicht das Resultat einer merkwürdigen Wesensart, sondern einer kulturellen Notwendigkeit: funeräre Praxis war der Handlungsraum sozialer Kommunikation par excellence.[69] Aus diesem Umstand heraus erklärt sich, warum die hier besprochenen Quellen alle aus dem Bereich von Gräbern oder funerären Kultstellen kommen.

Im übrigen darf man die Errichtung funerärer Kultstellen und die Anlage von neuen Grabmälern nicht als ein Automatismus missverstehen. Die Errichtung einer neuen Kultstelle impliziert, dass von den Protagonisten eine bestehende soziale Gruppierung verlassen bzw. aufgelöst wurde und man eine neue Gruppierung etabliert hat. Traditionell war die Masse der Bevölkerung Teil bestehender Gruppierungen und ließ sich auch in bereits bestehenden funerären Komplexen bestatten. Jedes hier besprochene Denkmal dokumentiert die Neubegründung einer sozialen Gemeinschaft. Nur in diesem Fall war die sakrale Manifestation notwendig. Und nur in diesem Fall wurde sie gelegentlich in monumentaler Form festgehalten. In den allermeisten Fällen wird die Durchführung des „Festes" ausreichend gewesen sein; erst in einem historischen und sozialen Umfeld, in dem die Agenten über ausreichend Ressourcen verfügten und in dem die formalen Mittel zur Verfügung standen, wurde das Ereignis auch in Schrift und Bild verewigt. Die Blüte des Genres der „Abydosstelen" ist ein solches historisches Phänomen, das zwar im sozialen Habitus verwurzelt ist, aber eine ganz spezifische und eben auch begrenzte Monumentalisierung dieses Habitus darstellt.

Das Charakteristische der in Denkmälern festgehaltenen Neukonstituierungen solcher Gemeinschaften ist, dass sie im Normalfall eine Person als klaren Vorsteher und Stifter herausstreichen, oder sich zumindest eine Gruppe von Personen feststellen lässt, die eine führende Position in der Gruppe einnehmen. Dieser Person oder diesem Personenkreis wird das Totenopfer gereicht. Es handelt sich hierbei gewissermaßen um die Stifter der neuen

67 Franke 1983, 304-310. Dieser erweiterte Gebrauch genealogischer Termini macht nicht einmal vor den „eindeutigen" Bestimmungen genetischer Abkunft halt: die Formel „(leiblicher) Königssohn" ist im Alten Reich auch für Individuen belegt, denen nach europäischem Verständnis die Blutsverwandtschaft abgesprochen werden muss (Hafemann 1992, mit der relevanten Literatur). Dass deshalb das ägyptische Verständnis von „leiblicher Sohnschaft" in irgendeiner Weise „falsch" sei, ist natürlich Unsinn. Die Sohnschaft beschreibt in diesem Fall vor allem ein sehr konkretes Rang- und Rollenverständnis (siehe Hafemann, op. cit.). Eine ähnliche Titularnutzung des Begriffes jt / „Vater" liegt in der Designation *jt nṯr* / „Gottesvater" vor (Blumenthal 1987.a).

68 Franke 1983, 311. Auch im Deutschen liegt ein ähnlicher Fall vor, wenn in der Alltagssprache – allerdings aus der Sicht eines Kindes, und damit gegenüber dem Ägyptischen „um eine Generation verschoben" – alle Älteren, auch Nichtverwandte, „Onkel" und „Tanten" (= statushöher, aber ohne direkt verpflichtende Referenz) sind.

69 Dazu Fitzenreiter 1994, Fitzenreiter 2001.a.

Gemeinschaften, die aus an dieser Stelle nicht weiter zu verfolgenden Gründen in der Lage (oder auch gezwungen) waren, neue soziale Gruppen zu etablieren. Diesen neuen Gruppen stehen sie als Vorstand vor und garantieren deren Bestand auch über ihren Tod hinaus. Um die Grabstelle oder eine besondere Kultstelle (in Abydos oder anderswo) des „Grünerahns" oder einer Gründergruppe versammeln sich die Menschen, deren sozialer Bezugspunkt genau dieser Ahn bzw. diese Gründergruppe ist. Kern der hier behandelten Gruppenbildung sind also immer Individuen, die als Bezugspersonen der übrigen Teilhaber dienen. Das Verhältnis der Gründer und der übrigen Teilhaber wird in Kulthandlungen sakralisiert, die wir deshalb als „funerär" bezeichnen, weil sie auch über den Tod hinaus konzipiert sind und sich häufig solcher Orte des Sozialkultes bedienen, die mit Grabstellen verbunden sind.[70] In diesem Bezugsrahmen erhalten die genealogischen Termini, die Status- und Rollenbeschreibungen auch ihren spezifischen Sinn, definieren sie doch die soziale Position der einzelnen Protagonisten zum Gründer oder der Gründergruppe, aber damit auch untereinander. Deshalb steht auch die rollenspezifische Beschreibung der Individuen z.B. als „Vater", als „Sohn, der seinen Namen leben lässt" oder sogar als „Amme" im Mittelpunkt, und eben nicht Angaben, die einer idealtypischen Rekonstruktion von verwandtschaftlichen Beziehungen dienen.[71]

4.6.

Wie exklusiv und fest die so etablierte Gruppenbeziehung war, kann nur durch konkrete Fallstudien ergründet werden. Wenigstens für die juristisch fixierte *ḏ.t*-Gemeinschaft an der Residenz im Alten Reich ist in entsprechenden Vertragsklauseln festgelegt, dass die Teilhabe in dieser Gemeinschaft die Mitgliedschaft in anderen *ḏ.t*-Gruppen ausschließt. Das betrifft zumindest das Klientel (die „Totenpriester"), in gewissem Maße aber auch die leibliche Verwandtschaft des Vorstandes der Gemeinschaft.[72] Da es sich aber in diesem Fall um einen ökonomisch motivierten Sonderfall handelt, sollte man diese strenge Regulierung aber nicht von vornherein verallgemeinern. Im übrigen konnten die Klienten natürlich Mitglied in anderen, nicht-*ḏ.t*-Gemeinschaften sein, z.B. in einem Amtsverhältnis stehen, hatten eigene Hausstände etc.[73] Auch stellt die um eine funerär geprägte Kultstelle etablierte Gemeinschaft nicht die einzige mögliche Form der Etablierung von Gruppen im pharaonischen Ägypten dar. Die gelegentlich vorgenommene Differenzierung in leibliche und nicht-leibliche „Geschwister" etc. legt nahe, dass die Gruppe der konsanguinen Verwandtschaft in der sozialen Kommunikation durchaus eine besondere Rolle spielte. Gerade die in den verschiedenen Quellengruppen auch ganz unterschiedlich präsentierten sozialen Beziehungen warnen davor, im hier beschriebenen Fall der in funerärer Praxis etablierten Gruppe den einzigen Fall wesentlicher sozialer Organisationsformen des pharaonischen Ägypten zu sehen. Die funeräre Praxis selbst bot ja nicht mehr als einen Rahmen, in dem sich offenbar ganz heterogene Gruppen zusammenfinden konnten. Zumindest das belegen die hier behandelten Beispiele sehr deutlich.

Die hier behandelten Quellen haben uns keinen einheitlichen Terminus hinterlassen, der die so etablierte Gemeinschaft benennt. Die Ägypter besaßen offenbar unterschiedliche Begriffe für soziale Gruppen, die wohl auch lokal und zeitlich variieren.[74] Wir

70 Man sollte diese soziale Komponente der funerären Praxis aber als den „Ahnenkult" terminologisch von der individuellen Versorgung der Verstorbenen – dem „Totenkult" – trennen. Totenkult findet regelmäßig am Ort der Grablege statt, während der Ahnenkult auch im Haus, an anderen Kultplätzen (Abydos) und in zumindest grabfernen Festorten (Zelten u.ä.) abgehalten wird; siehe Fitzenreiter 1995, 96f; Fitzenreiter 2001.a, 83-86. Auf „Familienstelen" des Mittleren Reiches aus Abydos wird der Kultplatz gelegentlich als *zmj.t* / „Platz des Totengedenkens" bezeichnet (Franke 1983, 260-262).

71 Mit Franke 1983, 157, 176 u. passim ist also festzuhalten, dass auf den uns vorliegenden Belegen mit „terms of address", mit rollen- und statusbeschreibenden Termini im Rahmen kollektiver sozialer Kommunikation gearbeitet wird, und nicht mit „terms of reference", mit klassifikatorischen Termini einer deskriptiven Auflistung des sozialen Umfeldes eines bestimmten Ego.

72 Fitzenreiter 2004.a, 3f, 27-29.

73 Ehepartner waren offenbar nicht automatisch Mitglieder der *ḏ.t*-Gruppe und es wurde separat geregelt, ob ein Nachkomme Teil des *ḏ.t* wird.

74 Eine bahnbrechende Studie dieser Termini legte Franke 1983, 178-311, 322-324 im zweiten Teil seiner Arbeit zu den Verwandtschaftsbezeichnungen vor. Dazu gehören *ꜣbw.t* (Großfamilie), *wḥjjt* (Klan), *ẖrjw* (Verwandtschaft). Am ehesten treffen die op. cit., 203 zusammengefassten Kriterien für *mhw.t* / „Sippe" auf die hier besprochenen Sachverhalte zu, u.a. die Bezeichnung der Teilhaber als *sn.w*. Auch die Belege für den damit offenbar zusammenhängenden Terminus *hꜣw* / „Verwandtschaft" (op. cit. 228-230) besitzen Gemeinsamkeiten mit den hier besprochenen Phänomenen.

sollten damit rechnen, dass die Formen von Gruppenbildungen in pharaonischer Zeit weitaus differenzierter waren, als unser Begriffsinventar von „Verwandtschaft" und „Familie" zu erfassen vermag. Das Paradox bei der Beschreibung sozialer Verhältnisse im pharaonischen Ägypten liegt (aus unserer Sicht) darin, dass man zwar über ein nur sehr begrenztes Spektrum an Verwandtschaftsbezeichnungen verfügte, aber offenbar über einen sehr differenzierten Begriffs- und Vorstellungsapparat der Beschreibung und Abbildung möglicher sozialer Gruppenbildungen! Wichtig bei der Deutung dieser Gruppenbildungen bleibt es, sich von der Vorstellung zu lösen, diese Gruppen seien nach dem „Vorbild" der (Kern-)Familie geschaffen und sozusagen sekundäre Aktivierungen dieser universellen Grundform menschlicher Geselligkeit. Gruppenbildungen, die uns der archäologische Befund beschreibt, sie sind genau die „Familie" pharaonischer Zeit, die „Kernzellen" der Gesellschaft. Die verwendeten Bezeichnungen belegen keinen abgeleiteten Gebrauch z.B. des Begriffs „Bruder" o.ä., sondern unser Begriff „Bruder" ist eine Bedeutungsnuance, die das Wort *sn* im Ägyptischen auch beschreibt. Das oft zu beobachtende Bedürfnis, die Termini und Gruppenbildung auf ein ursprüngliches Bild der „Familie" zurückzuführen, ist allein dem Bedürfnis geschuldet, ein unseren Vorstellungen adäquates Bild wenigstens zugrundegelegt zu finden.

5. Potenz und Praxis

5.1.

Abschließend soll noch auf einige Perspektiven verwiesen werden, die in der ägyptischen Art der Gruppenbildung liegen und die wir umgekehrt für die Interpretation bestimmter Sachverhalte nutzen können. Eine grundlegende strategische Potenz des Systems liegt in der erwähnten Ambivalenz der Nomenklatur, in der Verwandtschafts- oder Generationsklassifikation und Rollenbezeichnung über den Statusindex angeglichen werden konnten. Außerdem besaß das System offenbar vielschichtige Möglichkeiten und Varianten, Gruppenbeziehungen aufzubauen. So konnten Individuen exklusiv in ein bestimmtes Gruppensystem eingebunden sein (z.B. nur ein *ḏ.t* an der Residenz im Alten Reich), aber parallel dazu wohl auch in andere Systeme z.B. aus Amtsstellungen und verwandtschaftlicher Beziehungen. Diese Potenzen werden im sozialen Handeln Realität und so auch zum Schlüssel für eine Reihe von sozialen Phänomenen der altägyptischen Kultur. Damit sind die Erscheinungen aber immer Resultate historisch und oft genug auch lokal konkreten Handelns und eine Verallgemeinerung für die gesamte pharaonische Geschichte ist mit größter Vorsicht zu betrachten: Die exklusive *ḏ.t*-Gemeinschaft ist nur an der Residenz im Alten Reich belegt, bestimmte Gruppenbezeichnungen konnte Detlef Franke vor allem im Mittleren Reich lokalisieren, „Priesterstammbäume" werden erst in der Spätzeit üblich usw. Drei Phänomene, die sich über die Form der Gruppenbildung klären lassen, sollen noch umrissen werden:

a) Es fällt auf, dass bestimmte Individuen mitunter nicht im Rahmen der Gruppenbildung thematisiert werden: das betrifft öfter die Eltern, dabei häufiger den Vater als die Mutter, das betrifft gelegentlich die Gattin oder den Gatten, und schließlich weitere sogenannte Blutsverwandte wie Geschwister und Nachkommen. In diesen Fällen muss davon ausgegangen werden, dass die betreffenden nicht in die Gruppe integriert sind, wohl, weil sie Teil einer anderen Gruppe sind. Für die Vater ist oft anzunehmen, dass sie z.B. als Klienten an die Gruppe um eine andere, hochgestellte Persönlichkeit angebunden sind, bzw. dass sie eigene soziale Gruppenbildungen anführen – aus denen sich die hier dokumentierten Protagonisten gelöst haben. Wir dürfen nicht vergessen, dass die uns überlieferten Denkmäler Zeugnisse außerordentlicher Situationen sind: es wird dokumentiert, dass ein Individuum oder eine Gruppe aus den verschiedensten Gründen sich in der Lage sieht, eine neue Gruppe zu begründen oder begründen zu müssen. Es ist als ein Sonderfall anzusehen, wenn beide Elternteile oder sogar Großeltern z.T. post mortem in die Gemeinschaft integriert werden. Hier konnte der offenbar zu höherem Status gelangte Nachkomme seine Vorfahren nachträglich in die prestigeträchtige Gemeinschaft aufnehmen.[75] Häufig ist allein, dass die Mutter einer Gründerpersönlichkeit in die neue Gemeinschaft integriert wird; das Verhältnis von Mutter zu Nachkomme scheint prinzipiell anders und auch wesentlicher gewesen zu sein, als das von (biologischem) Vater und Nach-

75 Ein solcher Fall liegt z.B. im Alten Reich bei den zu ungewöhnlichen Ehren gekommenen „Nagelpflegern des Königs" *n-ʿnḫ-ẖnmw* und *ẖnmw-ḥtp* vor (Moussa, Altenmüller 1977), siehe Fitzenreiter 2004 a, 50f, 73.

komme. Auch die fehlenden Gattinnen oder Gatten können dadurch erklärt werden, dass diese Personen u.a. aus Statusgründen nicht in die funerär geprägte Gruppe des Ehepartners aufgenommen wurden.[76] Die Gatten von Frauen der Elite mögen z.T. nicht die Voraussetzungen (oder es nötig) gehabt haben, um in eine Versorgungsgruppe um den Ehepartner integriert zu werden; umgekehrt werden bestimmte Frauen zu einer anderen Versorgungsgruppe gehört haben als der ihres Gatten (z.B. zu der eines Sohnes). Die Eheallianz war eben nicht von allein bestimmender Bedeutung im ägyptischen Gruppenverständnis.[77] Die Aufnahme neuer Individuen in eines der in funerärem Zusammenhang sakralisierten Gruppensysteme wird gelegentlich durch entsprechende Zusätze, neue Stelen etc. dokumentiert – wie auch der Ausschluss Einzelner durch deren Löschung auf den Dokumenten. Diese Perspektive lässt eine etwas entspanntere Interpretation der häufig belegten Aushackungen bestimmter Individuen in Bild und Text zu. Diese Personen hatten zu einem bestimmten Zeitpunkt die Gruppe verlassen und dieses wurde aktenkundig gemacht.[78]

b) Die Gruppenbildung auf statusgleicher Ebene (= *sn*-Verhältnis) war offenbar von besonderer Bedeutung für die soziale Organisation; etwas wie die eigentliche „Kernzelle" der pharaonischen Gesellschaft; siehe das Beispiel der Stele des *ḫntj-m-ḥ3t* (Abb. 5). Die Faktoren, die zur Etablierung solcher Gruppierungen führten, mögen sehr vielschichtig gewesen sein. Ein solcher Faktor ist in jedem Fall die gemeinsame Zugehörigkeit der Protagonisten zu bestimmten Berufs- bzw. Standesgruppen. Aus dem Bereich der Residenzen, in denen es spezialisierte Dienstleister gab (dependent specialists), können die meisten Belege für Gruppenbildungen im funerären Rahmen auf solche Gruppierungen zurückgeführt werden.[79] Innerhalb dieser Gruppen sind dann natürlich wiederum stark hierarchisierende Klientelverhältnisse vorhanden, die den weiteren Kreis der Teilhaber betreffen, wie es z.B. die Stele des *ḫnsw* deutlich macht (Abb. 4).

Die Gruppenbildung auf der Ebene der Statusgleichheit ist auch die Etablierung potentieller Heiratsallianzen und damit tatsächlich auch ein wenig eine „Hochzeit" in unserem Sinne. Die Gruppe bildet eine Gemeinschaft, aus deren terminologischen *sn.w* / *sn.wt* endogame Heiratspartner gewählt werden können. Der Begriff *sn.t* in seiner besonderen Bedeutung als potentielle „Gefährtin" (= Ehefrau) wird in der Elite des Neuen Reiches (denn nur in dieser Periode ist der spezielle Gebrauch tatsächlich regelmäßig belegt) nämlich nicht indifferent für alle Frauen benutzt, sondern beschränkt sich auf die Gleichrangigen innerhalb einer definierten sozialen Gruppierung. Die Dekoration im Grab des *jmn-m-ḥ3.t* (Abb. 7) differenziert offenbar bewusst zwischen dem *sn.t*-Status der Frauen in der unmittelbaren Umgebung des Grabherrn und dem *ḥm.t*-Status der Gattinnen seiner (ideellen) Vorfahren und seines Patrons. Bei der eigenen Gemahlin wechselt die Beschreibung in regelhafter Weise zwischen der Betonung der Rolle als „Gattin" (*ḥm.t*) und der Beschreibung ihres Status als „Gefährtin" (*sn.t*). Dabei liegt bei *jmn-m-ḥ3.t* noch der Sonderfall vor, dass er offenbar eine sehr junge Frau aus der klassifikatorisch erst folgenden Generation genommen hatte. Da dieser Umstand auch beschrieben werden sollte, wird hier das System terminologischer Genauigkeit besonders aktiviert: *b3k.t(-jmn)* ist als „Tochter" einer „Schwester" bestimmt, was einerseits den Generationsbezug klarstellt, andererseits ihre Einbindung auch in die Gruppe der *sn*-Umgebung des Grabherrn und Ehemanns. Damit ist ausgedrückt, dass *b3k.t(-jmn)* tatsächlich in die Gemeinschaft potentieller Ehepartnerinnen des *jmn-m-ḥ3.t* fällt, aber nicht zwingend, dass sie seine Nichte ist –

---

76 Roth 1999.

77 Zumindest in dem oben bereits erwähnten Beispiel des Friedhofes von Elephantine wird das Bild der Trennung von Gatte und Gattin im Zusammenhang mit Gruppenbildungen im funerären Rahmen klar in funeräre Praxis umgesetzt: die Männer liegen beim Gefolge des Patron, die Frauen in Kollektivgrabstellen der weiteren sozialen Verwandtschaft (Seidlmayer 1982, 294f; Seidlmayer 2001, 218). Der Ehebund wird so als eine Verbindung unter „ferner liefen" klassifiziert. Dass in einem Ehebund nach unseren Vorstellungen ungewöhnliche Zustände walten, wie die, dass die Gattin weiter durch den Sozialverband der Eltern zu versorgen sei und teilweise auch dort lebte, belegen Zeugnisse aus Deir el-Medine (Toivari 1998). Im übrigen war auch die Bindung der Kinder an die leiblichen Eltern kaum so eng, wie man es im Sinne der Kernfamilie gern sähe – siehe die häufigen Belege für Ammen oder (selten) „Ziehmütter" (Franke 1983, 33).

78 Siehe z.B. die Verfügung des *n-k3.w-rꜥ* aus dem Alten Reich, die einige Nachkommen und die Gattin bedenkt (Urk. I, 16f; Goedicke 1970, 21-30). Ein Name (einer Tochter?) wurde getilgt, was u.a. mit ihrer Aufnahme in ein anderes Gruppen- und damit auch Versorgungsverhältnis erklärt werden kann.

79 Für das Alte Reich siehe Fitzenreiter 2004.a, 46-53, für das Neue Reich siehe Fitzenreiter 1995, 114f.

das auszuschließen es aber auch keinen Grund gibt. Die tatsächliche Eheschließung, d.h. die Begründung eines Hausstandes, ist dann nur noch ein legaler Akt innerhalb des definierten Rahmens der etablierten *sn*-Gemeinschaft.[80] Der Ehebund (die sogenannte „Kernfamilie") ist so nur eine Nebengruppierung innerhalb eines größeren Gruppenbildungssystem. So erklärt sich auch die relativ unabhängige Position der Ehefrau gegenüber dem Ehemann in pharaonischer Zeit: der Ehebund konstituierte keine neue soziale Gruppe („Kernfamilie"), in der die Frau dem Manne Untertan ist, sondern prinzipiell blieb für die Beziehung der Ehepartner das statusgleiche *sn*-Verhältnis bestimmend.[81]

Dass diese Konstruktion einer ägyptischen Heiratsregel nicht unbegründet ist, zeigen die engen familiären Verflechtung, die in Status- oder Berufsgruppen üblich sind.[82] Letzter Gedanke erklärt auch die bei antiken Autoren beschriebene Vererbung von Berufen, die eben genau in solchen beruflich-sozialen Gruppen weitergegeben werden.

c) Eine und sehr wahrscheinlich auch die zentrale Sphäre sozialer Konstitution war der funeräre Kult, der Ort der postmortalen Betreuung von Individuen. Dieses Phänomen prägt nicht nur die Gestaltung der kontemporären und der prospektiven sozialen Beziehungen, sondern hat auch bedeutende Potenzen für die Konstruktion retrospektiver Identitäten. Indem ein Individuum über einen funerären Kult eine Beziehung zu längst Verstorbenen aufbaut, integriert es diese in die eigene Gruppe und damit sich selbst in eine Gemeinschaft mit diesen Verstorbenen. Der ganze Komplex der Legitimation über vorgebliche oder fiktive Ahnen wird so verständlich, vor allem auch der Ort solcher legitimativer Handlungen: der funeräre Kult. Das betrifft die Amtsnachfolge bei Königen, die spätestens im Neuen Reich regelmäßig die Einbindung der königlichen Vorfahren in den eigenen Kult affirmieren (Karnak- und Abydos-Liste).[83] Das betrifft aber auch die Amtsnachfolge bei nichtköniglichen Agenten, die sich so in eine Kette von Vorgängern integrieren.[84]

Da die Inkorpororation in eine Gruppe ein sakraler Akt ist, der einer Kultstelle bedarf, ist umgekehrt die Errichtung einer Kultstelle ein Akt der Inkorporation: wer einem anderen den Kult einrichtet, integriert sich in dessen Gruppe. So wird die „Pietät" der Ägypter zu einer logischen Strategie, die sich gerade in der Errichtung oder Instandsetzung von funerären Kultstellen zeigt.[85] Auf der königlichen Ebene wird auch verständlich, warum die Errichtung von Kultanlagen unerlässlich dafür war, den König in seiner sakralen Rolle zu bestätigen. Durch die Errichtung von „Denkmälern" (*mnw*) und der Betreuung von Kult integriert sich der König in die Gruppe der Götter, macht diese zu seinen „Vätern" und „Müttern" und sich zu ihrem „Sohn".[86]

5.2.

Das hier vorgestellte Geflecht aus Interpretation und Missinterpretation ägyptischer Quellen mit genealogischen Informationen ist auch ein Lehrstück für die Gefahren eurozentristischer oder orientalistischer Vorprägungen.[87] Denn im Prinzip ist man als

80 Siehe die Kombination von *sn*-Verhältnis mit der im Befund eher seltene Rollenbezeichnung „Gatte" im Grab eines Setau in El-Kab, wo zwei Männer als *sn=f h3jj n z3.t=f mrjj=f* / „Sein Bruder, der Gatte seiner geliebten Tochter" bezeichnet sind (Gardiner, 1910, 50f). Papyrus Insinger 8,5 „A good woman who does not love another man in her *Mhw.t* is a wise woman" beschreibt demnach den Ehebruch innerhalb dieser hier als *mhw.t* bezeichneten Gemeinschaft (contra Franke 1983, 343, Anm. 4, der darin den Hinweis auf eine exogame Heiratsregel vermutet).

81 Zur relativ unabhängigen Stellung der Ehefrauen siehe z.B. Wenig 1969, 11-16; Allam 1970. Dass Frauen in der Gesellschaft eine benachteiligte Position einnehmen, liegt zumindest nicht an der Struktur der sozialen Beziehungen in pharaonischer Zeit, sondern in Prozessen sozialökonomischer Differenzierung, bei denen Frauen benachteiligt werden; siehe dazu Fitzenreiter 2000, 97-101.

82 So gehören die in den Eheverträgen späterer Zeit verbundenen Individuen in der Regel zu „denselben Kreisen" (Lüddeckens 1960, 245f.). Für das Alte Reich hat Roth 1995 den Friedhof einer beruflich und familiär eng verflochtenen Gruppe von dependents untersucht. Auch die spezialisierte Arbeiterschaft von Deir el-Medine war beruflich und familiär eng verflochten (Bierbrier 1980; Toivari 1998).

83 Redford 1986.

84 Siehe die in diesem Band von Marleen De Meyer und Wolfram Grajetzki behandelten Beispiele aus dem Mittleren Reich und die von Karl Jansen-Winkeln behandelten Priesterstammbäume der Spätzeit.

85 Zur Nachnutzung von Gräbern auf dem thebanischen Friedhof als z.T. auch legitimatorische Strategie siehe z.B. Polz 1990.

86 Grallert 2001.

87 Es sei angemerkt, dass der in der Kulturkritik beliebte Begriff „Eurozentrismus" und seine Ableitungen im Prinzip eine Mythologisierung des Problems befördern und wenig für eine reflektierende Auseinandersetzung taugen. Bezieht sich „eurozentristisch" einerseits zwar durchaus auf ein

Archäologe in einer äußerst günstigen Position: wir haben nur mit sogenannten emischen Quellen zu tun, nur mit Quellen, die uns genau die Sicht der Ägypter auf bestimmte Phänomene vermitteln – im Gegensatz zu den Ethnographen, die oft genug schon bei der Befunderstellung ihre etische Sicht in den Befund tragen, was bei der Analyse von Verwandtschaftssystemen z.T. verheerende Folgen hatte. Was wir an Problemen aus ägyptischen Quellen generieren, sind allein unsere Probleme. An zwei Aspekten sei das abschließend kurz erläutert.

a) Die Frage der „falschen" oder „richtigen" Stammbäume: Die sakramentale Etablierung eines Gruppenverhältnisses mit „fremden" Personen hat nur insofern mit „Fiktion" zu tun, als das wir die Fiktion der „Blutsverwandtschaft" zum Kriterium für legitim und illegitim erhoben haben. Mit „Blut" aber hat diese Verwandtschaft (zum Glück) kaum etwas zu tun. Wird diese Fiktion durch eine andere ersetzt – z.B. die Gemeinschaft in einem funerären Kult – ist diese Gemeinschaft genauso real oder fiktiv wie jede sogenannte Blutsgemeinschaft. Und auf einmal haben alle bis hier so geschmähten Versuche, Stammbäume aus den altägyptischen Befunden zu rekonstruieren, doch recht. Man muss nur die Vorstellung einer „Blutsverwandtschaft" bei den die Personen verbindenden Strichlein ausblenden und hat ein genaues Abbild sozialer Gruppenbildungen nach ägyptischem Muster vor sich. Die Leute auf den Stelen sind tatsächlich alle „Verwandte".[88]

b) Das Problem der Eheschließung zwischen Geschwistern: Die Ägyptologie hat sich äußerst schwer damit getan, dass im Neuen Reich die Bezeichnung *sn.t* auch in der Bedeutung „Gattin" benutzt wird.[89] Nur eine kleine Änderung der Betrachtungsweise hätte das ganze Problem gelöst, und diese wurde bereits vor vierzig Jahren von dem ägyptischen Demotisten Mustafa El-Amir präsentiert.[90] In einem ebenso kurzen wie inhaltsschweren Artikel hat er drei wesentliche Probleme des ägyptischen Eheverhaltens aus dem emischen Hintergrund der kontemporären arabischen Kultur komplett gelöst:

- In Ägypten ist die endogame Eheschließung, also die Ehe innerhalb einer als größere Familie definierten Gruppe, die Regel. Im modernen Ägypten ist die Heirat von (Kreuz)-Cousin und Cousine präferiert. Dass es in pharaonischer Zeit Allianzen zwischen Vollgeschwistern gab, ist zumindest selten, bei Halbgeschwistern ist es aber ganz normal und alle anderen potentiellen Heiratspartner sind eben per Definition die *sn.w* / *sn.wt* der endogamen Gruppe.[91]

- Außerdem bietet diese Art der Ehepräferenz kein Hindernis für Polygamie, so dass zumindest potentiell die ägyptische Familie polygam ist, auch wenn ökonomische Gründe monogame Ehen zur Regel machen – im pharaonischen wie im modernen Ägypten.

- Es gibt im modernen Ägypten neben der Begründung einer Vollehe durch Hausstandbegründung und Ehevertrag verschiedene Möglichkeiten der Zeit- und Seitenehe. Bevorzugt sollte auch dabei der Gruppenbezug vorliegen. Im übrigen dienen solche Verbindungen eher der Beschaffung von notwendi-

Konglomerat von in Europa üblichen Gebräuchen, Normen, habituellen Strukturen usw., so ist er in Kern auf Vorstellungen zu beziehen, die als der ideologische Überbau der kapitalistischen / bürgerlichen Gesellschaft anzusehen sind. Das betrifft namentlich die hier relevanten Vorstellungen von der Kleinfamilie als Kernzelle der Gesellschaft aus freien, nicht durch sonstige Loyalitäten gebundenen Agenten und der Ehe als ein sakramentalisiertes Versorgungsverhältnis zwischen dem erwerbstätigen Mann und der idealerweise mit Haushalt und Nachkommenschaft betrauten, aber sonst in keinem weiteren sozialen Gruppensystem aufgefangenen Frau. Auch diese Vorstellungen sind natürlich nur idealtypisch, aber es sind die, die im gesellschaftlichen Diskurs normativ wirken (siehe den Text des Grundgesetzes).

88 Dieses Problem beschreibt bereits Franke 1983, 67, indem er den alten Ethnologenwitz zitiert: „Wir sind alle Verwandte hier!"

89 Dem Thema gewidmet sind z.B. die Arbeiten Hohenwart-Gerlachstein 1952, Cerny 1954, Whale 1989, 251-254, 273f. u.a. Siehe auch Franke 1983, 168, 340-343.

90 El-Amir 1964.

91 Das endogam geprägte Heiratsverhalten deckt sich mit der von Franke 1983, 312-325 herausgearbeiteten Tendenz einer kognatischen / bilateralen Abstammungsregel, da für die Identifizierung eines Individuums innerhalb einer endogam orientierten Gruppe die Vorfahren in väterlicher wie in weiblicher Linie prinzipiell gleichrangig - weil dieselben! – sind. Allerdings ist der Streit um endogame oder exogame Heiratsregeln weitgehend eine typisch akademische, vom Befund bereits gelöste Diskussion. Fröhliche Exogamie ist realiter ein Produkt individualistischer, neuzeitlicher Sozialverhältnisse; in allen traditionellen Kulturen wird in engen Kreisen geheiratet. Sogenannte exogame Heiratsregeln (schon das Wort „Regel" zeigt, dass es nicht um freie Auswahl geht) sind nichts anderes, als Formen speziell geregelter Endogamie, nach der bestimmte, miteinander verbundene Gruppen ihre Frauen austauschen. Wirklich „Fremde" zu ehelichen, sieht kein traditionelles Heiratssystem vor, da die außerhalb der Gruppe stehenden gar keine „Menschen" im engeren Sinne sind. Siehe Lévi-Strauss 1947/67, 49-60; Benoist 1977, 14.

gen Nachkommen als dem Amüsement. Diese laxe Sicht auf die Eheverbindung spiegelt sich in ihrer eher untergeordneten Rolle im System möglicher sozialer Gruppenbildungen auch im pharaonischen Ägypten – dort gab es nicht einmal einen Terminus für die „Kernfamilie" aus Gatte und Gattin.[92]

Alle diese Erkenntnisse sind aus ägyptischer Sicht nicht neu und wurden von der westlichen Ägyptologie trotzdem nicht oder nur ungern wahrgenommen. Schlicht deshalb, weil sie den mitteleuropäischen Vorstellungen entgegenstehen, wo endogame Allianzen als Inzest gelten und Monogamie und Sakrament der Ehe Verfassungsrang haben. Warum eigentlich?

92 Und entsprechend auch nicht für „Eltern", sondern nur für „Vater" und „Mutter"; Franke 1983, 321.

Literatur:

Allam 1969 = *S. Allam, Zur Gottesgerichtsbarkeit in der altägyptischen Arbeitersiedlung Deir el-Medineh, MDAIK 24, 1969, 10-15*

Allam 1970 = *S. Allam, Zur Stellung der Frau im Alten Ägypten (in der Zeit des Neuen Reiches, 16.-10. Jahrhundert v.u.Z.), Das Altertum 16, 1970, Heft 2, 67-81*

Allam 1977 = *S. Allam, s.v. „Familie (Struktur)", in: W. Helck / W. Westendorf (Hgg.), Lexikon der Ägyptologie, Bd. V, Wiesbaden, 1977, 104-113*

Assmann 1991 = *J. Assmann, Das Bild des Vaters, in: J. Assmann, Stein und Zeit. Mensch und Gesellschaft im alten Ägypten, München, 1991, 96-137*

Baines 1985 = *J. Baines, Fecundity Figures: Egyptian Personification and the Iconography of a Genre, Warminster / Chicago, 1985*

Baines 1987 = *J. Baines, Practical Religion and Piety, JEA 73, 1987, 79-98*

Benoist 1977 = *J.-M. Benoist, Facettes de l'identité, in: L'identité, Séminaire dirigé par Claude Lévi-Strauss 1974-1975, Paris, 1977, 13-23*

Bierbrier 1980 = *M. L. Bierbrier, Terms of relationship at Deir el-Medîna, JEA 66, 1980, 100-107*

Blumenthal 1987.a = *E. Blumenthal, Die "Gottesväter" des Alten und Mittleren Reiches, ZÄS 114, 1987, 10-35*

Blumenthal 1987.b = *E. Blumenthal, Ptahhotep und der „Stab des Alters", in: J. Osing / G. Dreyer (Hgg.), Form und Mass. Beiträge zur Literatur, Sprache und Kunst des alten Ägypten (Fs. G. Fecht), ÄAT 12, Wiesbaden, 1987, 84-97*

Bomann 1991 = *A. H. Bomann, The Private Chapel in Ancient Egypt. A Study of the Chapels in the Workmen's Village at El Amarna with Special Reference to Deir al Medina and other Sites, Studies in Egyptology, London / New York, 1991*

Borchardt 1935 = *L. Borchardt, Die Mittel zur zeitlichen Festlegung von Punkten der ägyptischen Geschichte und ihre Anwendung. Quellen und Forschungen zur Zeitbestimmung der ägyptischen Geschichte 2, Kairo, 1935*

Bourdieu 1979 = *P. Bourdieu, Entwurf einer Theorie der Praxis auf der ethnologischen Grundlage der kabylischen Gesellschaft, Suhrkamp: Frankfurt a.M., 1979*

Brunner 1984 = *H. Brunner, s.v. „Stab des Alters", in: W. Helck / W. Westendorf (Hgg.), Lexikon der Ägyptologie, Bd. V, Wiesbaden, 1984, 1224*

Brunner-Traut 1977 = *E. Brunner-Traut, Die Grabkammer Seschemnofers III., Mainz, 1977*

Cerny 1954 = *J. Cerny, Consanguineous Marriages in Pharaonic Egypt, JEA 40, 1954, 23-29*

Davies / Gardiner 1915 = *N. de Garis Davies / A. H. Gardiner, The Tomb of Amenemhet (No. 82), TTS 1, London, 1915*

El-Amir 1964 = *Mustafa El-Amir, Monogamy, Polygamy, Endogamy and Consanguinity in Ancient Egyptian Marriage, BIFAO 62, 1964, 103-107*

Fischer 1977 = *G. Fischer, Some Iconographic and Literary Comparisons, in: J. Assmann, E. Feucht, R. Grieshammer (Hgg.), Fragen an die altägyptische Literatur (Gs. E. Otto), Wiesbaden, 1977, 155-170*

Fitzenreiter 1994 = *M. Fitzenreiter, Zum Ahnenkult in Ägypten, GM 143, 1994, 51-72*

Fitzenreiter 1995 = *M. Fitzenreiter, Totenverehrung und soziale Repräsentation im thebanischen Beamtengrab der 18. Dynastie, SAK 22, 1995, 96-130*

Fitzenreiter 2000 = *M. Fitzenreiter, Geschlechterrollen und soziales Geschlecht im Alten Reich, in: A. Lohwasser (Hg.), Geschlechterforschung in der Ägyptologie und Sudanarchäologie, IBAES II (http://ww2.rz.hu-berlin.de/nilus/net-publications/ibaes2), Berlin, 2000, 75-111*

Fitzenreiter 2001.a = *Grabdekoration und die Interpretation funerärer Rituale im Alten Reich, in: H. Willems (Hg.), Social Aspects of Funerary Culture in the Egyptian Old and Middle Kingdoms, OLA 103, Leiden / Paris / Sterling, 2001, 67-140*

Fitzenreiter 2001.b = *M. Fitzenreiter, Statue und Kult, IBAES III (http://ww2.rz.hu-berlin.de/nilus/net-publications/ibaes3), Berlin, 2001*

Fitzenreiter 2003 = *M. Fitzenreiter, Ahnen an der Ostwand. Notizen zum Grab des Pennut Teil III, in: J. Thiesbonenkamp, H. Cochois (Hgg.): Umwege und Weggefährten. Festschrift für Heinrich Balz zum 65. Geburtstag, Neuendettelsau, 2003, 294-317*

Fitzenreiter 2004.a = *M. Fitzenreiter, Zum Toteneigentum im Alten Reich, Achet A 4, Berlin, 2004*

Fitzenreiter 2004.b = *M. Fitzenreiter, Identität als Bekenntnis und Anspruch, Der antike Sudan – Mitt-SAG 15, 2004, 169-193*

Franke 1983 = *D. Franke, Altägyptische Verwandtschaftsbezeichnungen im Mittleren Reich, Hamburger Ägyptologische Studien; H 3, Hamburg, 1983*

Gardiner 1910 = *A. H. Gardiner, The Godess Nekhbet in the Jubilee Festival of Rameses III., ZÄS 48, 1910, 47-51*

Gee 2001 = *J. Gee, Notes on Egyptian Marriage: P. BM 10416 Reconsidered, BES 15, 2001, 17-25*

GG = *Grundgesetz für die Bundesrepublik Deutschland vom 23. Mai 1949*

Goedicke 1970 = *H. Goedicke, Die privaten Rechtsinschriften aus dem Alten Reich, Beihefte zur WZKM 5, Wien, 1970*

Grallert 2001 = *S. Grallert, Bauen, stiften, weihen. Ägyptische Bau- und Restaurierungsinschriften von den Anfängen bis zur 30. Dynastie, ADAIK 18, Berlin, 2001*

Guksch 1994 = *H. Guksch, Königsdienst. Zur Selbstdarstellung der Beamten in der 18. Dynastie, SAGA 11, Heidelberg, 1994*

Habachi 1985 = *L. Habachi, The Sanctuary of Heqaib, AV 33, Mainz, 1985*

Hackländer-von der Way 1999 = *B. Hackländer-von der Way, Biographie und Identität. Entwicklung und Soziologie altägyptischer Beamtenbiographien, Diss. 1999*

Hafemann 1992 = *I. Hafemann, Stellung der Königssöhne und Entstehung des Titels z3-njswt, Altorientalische Forschungen 19, 1992, 212-218*

Hein / Satzinger 1993 = *I. Hein / H. Satzinger, Stelen des Mittleren Reiches II, CAA Kunsthistorisches Museum Wien. Ägyptisch-Orientalische Sammlung, Lieferung 7, Mainz, 1993*

Hohenwart-Gerlachstein 1952 = *A. Hohenwart-Gerlachstein, Zur „Geschwisterehe" im alten Ägypten und Afrika, in: W. Koppers (Hg.), Kultur und Sprache, Wiener Beiträge zur Geschichte und Linguistik IX, 1952, 234-243*

Kloth 2002 = *N. Kloth, Die (auto-)biographischen Inschriften des Ägyptischen Alten Reiches: Untersuchungen zur Phraseologie und Entwicklung, SAK Beihefte, Band 8, Hamburg, 2002*

Kohl 1993 = *K.-H. Kohl, Ethnologie – die Wissenschaft vom kulturellen Fremden. Eine Einführung, München, 1993*

Köthen-Welpot 2003 = *S. Köthen-Welpot, Theogonie und Genealogie im Pantheon der Pyramidentexte, Habelts Dissertationsdrucke Reihe Ägyptologie Heft 6, Bonn, 2003*

LD = *K. R. Lepsius, Denkmaeler aus Aegypten und Aethiopien, Berlin, 1849-1858*

Lévi-Strauss 1947/67 = *Cl. Lévi-Strauss, Les structures élémentaires de la parenté, 1. Ausgabe 1947, 2. Auflage 1967, hier nach: Maison des Sciences de l'Homme, Collection de Rééditions II, Paris, 1971*

Lüddeckens 1960 = *E. Lüddeckens, Ägyptische Eheverträge, ÄA 1, Wiesbaden 1960*

Lustig 1997 = *J. Lustig, Kinship, Gender and Age in Middle Kingdom Tomb Scenes and Texts, in: J. Lustig (Hg.), Anthropology and Egyptology, Monographs in Mediterranean Archaelogy 8, Sheffield, 1997, 43-65*

Moussa / Altenmüller 1977 = *A. M. Moussa, H. Altenmüller, Das Grab des Nianchchnum und Chnumhotep, AV 21, Mainz, 1977*

Munro 1973 = *P. Munro, Die spätägyptischen Totenstelen, Ägyptologische Forschungen, Heft 25, Glückstadt, 1973*

Needham 1971.a = *R. Needham (Hg.), Rethinking Kinship and Marriage, London, 1971*

Needham 1971.b = *R. Needham, Remarks on the Analysis of Kinship and Marriage, in: R. Needham (Hg.), Rethinking Kinship and Marriage, London, 1971, 1-34*

Petrie / Brunton 1924 = *W.M.F. Petrie / G. Brunton, Sedment II, London, 1924*

Polz 1990 = *D. Polz, Bemerkungen zur Grabbenutzung in der thebanischen Nekropole, MDAIK 46, 1990, 301-336*

Radwan 1969 = *A. Radwan, Die Darstellung des regierenden Königs und seiner Familienangehörigen in den Privatgräbern der 18. Dynastie, MÄS 21, Berlin, 1969*

Redford 1986 = *D. B. Redford, Pharaonic King-Lists, Annals and Day-Books, SSEA Publication 4, Missisauga, 1986*

Robins 1979 = *G. Robins, The Relationships specified by Egyptian Kinship Terms of the Middle and New Kingdoms, CdÉ LIV, No. 108, 1979, 197-217*

Robins 1994 = *G. Robins, Some Principles of Compositional Dominance and Gender Hierarchy in Egyptian Art, JARCE 31, 1994, 33-40*

Roth 1995 = *A. M. Roth, A Cemetery of Palace Attendants. Including G 2084-2094, G 2230 + 2231, and G 2240, Giza Mastabas vol. 6, Boston, 1995*

Roth 1999 = *A. M. Roth, The Absent Spouse: Patterns and Taboos in Egyptian Tomb Decoration, JARCE 36, 1999, 37-53*

Satzinger 1969 = *H. Satzinger, Die Abydos-Stele des Ipwy aus dem Mittleren Reich, MDAIK 25 (Gs H. Stock), 1969, 121-130*

Schneider 1984 = *D. M. Schneider, A Critique of the Study of Kinship, Ann Arbor / Michigan, 1984*

Schott 1953 = *S. Schott, Das schöne Fest vom Wüstentale. Festbräuche einer Totenstadt, Wiesbaden, 1953*

Seidlmayer 1982 = *St. Seidlmayer, III. Nekropole, Keramikwerkstatt und königliche Anlage in der Nordweststadt, in: W. Kaiser et al., Stadt und Tempel von Elephantine. Neunter / Zehnter Grabungsbericht, MDAIK 38, 1982, 284-306*

Seidlmayer 2001 = *St. J. Seidlmayer, Die Ikonographie des Todes, in: H. Willems (Hg.), Social Aspects of Funerary Culture in the Egyptian Old and Middle Kingdoms, OLA 103, Leiden / Paris / Sterling, Virginia, 2001, 205-252*

Seipel 1993 = *W. Seipel, Götter. Menschen. Pharaonen, Ausstellungskatalog hgg. von M. M. Grewenig, Historisches Museum der Pfalz, Speyer, 1993*

Simpson 1974 = *W. K. Simpson, The Terrace of the Great God at Abydos: The Offering Chapels of Dynasties 12 and 13, Publications of the Pennsylvania-Yale Expedition to Egypt 5, New Haven / Philadelphia, 1974*

Stahl 1977 = *P. H. Stahl, Soi-même et les autres. Quelques exemples balkaniques, in: L'identité, Séminaire dirigé par Claude Lévi-Strauss 1974-1975, Paris, 1977, 287-303*

Steindorff 1937 = *G. Steindorff, Aniba II, Glückstadt / Hamburg / New York, 1937*

Toivari 1998 = *J. Toivari, Marriage at Deir el-Medina, in: C. J. Eyre (Hg.), Proceedings of the Seventh International Congress of Egyptologists, OLA 82, Leuven, 1998, 1157-1163*

Urk. I = *Urkunden des Alten Reiches, Erster Band, bearbeitet von Kurt Sethe, Leipzig, 1933*

Vandier 1954 = *J. Vandier, Manuel d'Archéologie égyptienne, II. Les grandes époques, Paris, 1954*

Vivelo 1981 = *F. R. Vivelo, Handbuch der Kulturanthropologie, Stuttgart, 1981*

Wenig 1969 = *St. Wenig, Die Frau im Alten Ägypten, Wien / München, 1969*

Whale 1989 = *S. Whale, The Family in the Eighteenth Dynasty of Egypt. A Study of the Representation of the Family in Private Tombs, The Australian Centre for Egyptology, Studies 1, Sydney, 1989*

Willems 1983 = *H. Willems, A description of Egyptian kinship terminology of the Middle Kingdom. Bijdragen tot de Taal-, Land-, en Volkenkunde 139, 1983, 152-168*

Zayed 1956 = *A. Zayed, Trois études d'égyptologie, Kairo, 1956*

Zonabend 1977 = *F. Zonabend, Pourqoi nommer? (Les noms de personnes dans un village francais : Minot – en – Châtillonais), in: L'identité, Séminaire dirigé par Claude Lévi-Strauss 1974-1975, Paris, 1977, 257-279*

Ämtererblichkeit und Abstammungsvorschriften bei Priestern nach dem Buch vom Tempel

Joachim Friedrich Quack

Über das Buch vom Tempel habe ich inzwischen eine ganze Reihe von Vorberichten veröffentlicht,[1] so daß ich mich hier mit generellen Bemerkungen vergleichsweise kurz halten kann. Es handelt sich um ein ausgesprochen umfangreiches Handbuch über den Betrieb eines idealen ägyptischen Tempels. Seine beiden Hauptkomponenten betreffen die Architektur und die Dienstpflichten der Priester. Für unser aktuelles Thema ist nur der zweite Teil relevant.

Bei der Weihe von Priestern kann man bereits erkennen, wie die Nachfolge vom Vater auf den Sohn als Normalfall gilt. Dies zeigt sich in schon einem der ersten erhaltenen Fetzen dieses Abschnittes, wo es heißt „[...] einführen beim Gott auf dem Platz seines Vaters"; anschließend geht es zunächst einmal um die materielle Versorgung des betreffenden Priesters. Dabei wird auch festgelegt, wie im Todesfall die Versorgung von hinterbliebenen Frauen und Kindern geregelt werden soll. Die Regelungen werden offenbar teilweise mit Detailunterschieden, teilweise auch gleichartig für verschiedene der höchsten Ränge festgesetzt; neben dem Propheten erscheinen auch die „großen Priester" (*wꜥb.w ꜥꜣ.w*) und die Zugangsberechtigten (*ꜥḳ.w*). Immerhin kann man ungeachtet der schlechten Erhaltung einzelnen der Regelungen Informationen über Erblichkeit entnehmen. Wenn etwa in bestimmten Fällen ein Gehilfe eingesetzt wird, der an den Einkünften entsprechend beteiligt wird, scheint dies vom Alter der jeweils vorhandenen Kinder abhängig zu sein; indirekt kann man dem somit entnehmen, daß zumindest als Normalfall die Kinder dann, wenn sie ein ausreichendes Alter haben, für die Nachfolge im Amt des Vaters vorgesehen sind.

Einige Übersetzungsproben sollen einen Eindruck sowohl vom Potential dieser Passagen als auch von den Problemen geben, die u.a. aufgrund der schlechten Erhaltung derzeit noch die Auswertung erschweren.

„[...], was dem Propheten gegeben wird am Tage, da man ihn einführt (*bsi̯*). Ihm jeden Bedarf geben [......] sein [...] im Tempel, abgesehen von Objekten des Schatzhauses und seines Hauses draußen. Man gibt ihm den Ersatz da[von ... ...] seine Kinder, damit sie davon leben; männliche wie weibliche. Wenn es keine [Kinder gibt ...] arm ... seine Hausherrin, ohne ihr Dinge aus dem Schatzhaus zu geben. [......] wenn man es macht. Er wird zur Residenz geführt zusammen mit dem Darbringen des Blumenstraußes für den Kö[nig ... ...] was gemacht wurde beim ersten Mal durch die Könige von Ober- und Unterägypten, die Gefolgsleute des Horus [... ...] alle Tempel; ein großer Priester, der beim Gott eintritt. Ihn belehnen (*sꜣḥ*) mit [... ...] Schaf; sein jährliches Quantum (*mny.t n.t rnp.t*) an Brot und Bier der Bäckerei (*šnꜥ*) [... ...] zum Tempel; Moringaöl (*bꜣḳ*), Kampfer (*ti͗ šps*), Honig, Salböl, Rizinus täg[lich ... ...] Türhüter des Tempels. Wenn es [...] gibt zum nachrangigen Gouverneur, gibt [man ... ... We]nn er alt geworden ist, gibt man

1 J. F. Quack, Ein ägyptisches Handbuch des Tempels und seine griechische Übersetzung, Zeitschrift für Papyrologie und Epigraphik 119 (1997), S. 297-300; idem, Der historische Abschnitt des Buches vom Tempel, in: J. Assmann, E. Blumenthal (Hrsg.), Literatur und Politik im pharaonischen und ptolemäischen Ägypten, Bibliothèque d'Étude 127 (Kairo 1999), S. 267-278; idem, Das Buch vom Tempel und verwandte Texte – ein Vorbericht, Archiv für Religionsgeschichte 2 (2000), S. 1-20; idem, Die Dienstanweisung des Oberlehrers aus dem Buch vom Tempel, in: H. Beinlich/J. Hallof/H. Hussy/Chr. von Pfeil (Hrsg.), 5. Ägyptologische Tempeltagung Würzburg, 23.-26. September 1999, Ägypten und Altes Testament 33/3 (Wiesbaden 2002), S. 159-171; idem, Die Rolle der heiligen Tiere nach dem Buch vom Tempel, in: M. Fitzenreiter (Hrsg.), Tierkulte im pharaonischen Ägypten, IBAES IV(Berlin 2003), http://www2.rz.hu-berlin.de/nilus/net-publications/ibaes4, S. 111-123; idem, Le manuel du temple. Une nouvelle source sur la vie des prêtres égyptiens, Egypte Afrique & Orient 29 (2003), S. 11-18; idem, Die Überlieferungsstruktur des Buches vom Tempel, in: S. Lippert, M. Schentuleit (Hrsg.), Tebtynis und Soknopaiou Nesos, iDr.; idem, Between Magic and Epidemic Control. On some Instructions in the Book of the Temple, in: St. Seidlmayer (Ed.), Religion in Context. Imaginary Concepts and Social Reality, iDr.; idem, Tabuisierte und ausgegrenzte Kranke nach dem Buch vom Tempel, in: H.-W. Fischer-Elfert (Éd.), Der Papyrus Ebers und die altägyptische Medizin, iDr.

[…] Rationen, die bei ihm sind; [sein] Sohn [… …] all seinen Besitz seinen Kindern, damit sie davon leben. Man gibt die Hälfte davon einem Gehilfen (*ḫrỉ-ꜥ.w*), man macht …[… …] große [Priester], die beim Gott eintreten, genau ebenso. Wenn dies junge Personen sind …[… …], um davon zu leben. Wenn dies eine Alte ist, und sie unversehrt am Leben ist (*wč̣ꜣ=s n ꜥnḫ*), gibt man ihr das Kapital (*tp*) davon und steht am Ort […]."

Potentiell interessant sein könnte auch eine andere Passage aus den generellen Richtlinien für Priester. Darin geht es darum, daß kein Prophet in einem anderen Gau geweiht werden darf – eventuell mit speziellen Ausnahmeregelungen. Hier fällt auf einem isolierten Bruchstück auch der Ausdruck „bestehend aus dem Sohn eines Propheten", der mangels erhaltenen Kotexts nicht angemessen interpretierbar ist.

Die Hauptquelle für die Ämtererblichkeit sind jedoch die individuellen Dienstpflichten, wie sie für jedes Amt definiert sind. Dort stehen oft Regelungen über Balsamierung nach dem Dahinscheiden, auch die Aufstellung von Statuen im Tempel für die höchsten Ränge, und für uns jetzt besonders wichtig, auch Regelungen über die Nachfolge vom Vater auf den Sohn. Eine relativ ausführliche Formulierung, die ich hier beispielhaft herausgreife, ist die zum Abschluß der Sektion über Sachmet-Priester *wꜥ pw ḥnꜥ wꜥb.w ꜥꜣ.w … ỉri̯.tw n=f ỉry.t nb m-ḫt ꜥḥꜥ rč̣i̯.t [sꜣ=f r s.t=f]* „er ist einer mit den großen Priestern [in all ihren Dienstpflichten]. Für ihn wird alles gemacht, was zu tun ist, wenn man dasteht und [seinen Sohn an seinen Platz] setzt." Statt des *m-ḫt ꜥḥꜥ* taucht bei den höheren Rängen auch *m-ḫt mnỉ=f* „wenn er dahinscheidet" auf. Eine andere geläufige alternative Formulierung ist *ỉri̯=f ỉri̯.t=sn nb hrw n.ỉ ꜥḥꜥ* „er tut alles, was sie tun, am Tage, wenn man dasteht". In Verbindung mit *m-ḫt* wird *ꜥḥꜥ* immer wie das Verb „stehen" geschrieben, in Kombination mit *hrw nỉ* in den meisten Handschriften mit dem Sonnendeterminativ, als sei es das Wort „Lebenszeit". Verkürzt kann es auch einfach heißen „er ist einer mit den großen Priestern am Tage, wenn man dasteht und seinen Sohn auf seinen Platz setzt". Dies ist sogar eine relativ häufige Formulierung, wobei fakultativ das „große Priester" noch durch *m www.t=sn nb.t* „in all ihren Dienstpflichten" erweitert sein kann. Eine andere geläufige Wendung lautet mit leichten Varianten *ỉri̯=f ỉri̯.t nb.t n ḫri-ḥꜣb.t hrw n ꜥḥꜥ rč̣i̯.t sꜣ=f r s.t=f* „er macht alles, was für den Vorlesepriester getan wird an dem Tag, wenn man dasteht und seinen Sohn an seinen Platz setzt" – oder in häufigerer Lesart *ỉri̯.t nb.t ḫri-ḥꜣb.t* „alles, was der Vorlesepriester macht". Die verschiedenen Ausdrucksweisen sind sicher nicht rein beliebig, sondern entsprechen leicht unterschiedlichen Privilegien. Im Allgemeinen folgt meine Auflistung der Versionen der Abfolge des Textes, der wiederum hierarchisch von den oberen zu den unteren Rängen vorgeht. Parallelität zu den „großen Priestern" ist also bei den höheren Rängen, zum Vorlesepriester bei den weniger hoch eingestuften angesetzt. Bemerkenswerterweise sind die Äquivalente des Vorlesepriesters gerade bei denjenigen Ämtern vorherrschend, die sich der administrativ-ökonomischen Seite des Tempelbetriebes widmen, nicht jedoch den primär kultischen Aktivitäten. Der Unterschied mag also mehr mit dem sozialen Rang als mit dem Bezugsbereich der Tätigkeit an sich zu tun haben. Jedenfalls dürfte der Vorlesepriester als Modell eher für eine gegenüber den „großen Priestern" niedrigere Kategorie stehen.

Beim Gouverneur und Prophetenvorsteher ist die Wortwahl besonders hervorgehoben. Dort heißt es *rč̣i̯.t sꜣ=f r ns.t=f* „seinen Sohn auf seinen Thron setzen". Alle anderen Sektionen, soweit erhalten, bringen statt des Wortes *ns.t* das einfache *s.t* „Platz". Inwieweit sämtliche Tempelbediensteten auch der niedrigen Ränge Erbrechte haben, muß beim derzeitigen Kenntnisstand leider offenbleiben. Ich habe zwar eine Reihe von Fragmenten, auf denen auch niederrangige Personen genannt werden. Darunter gibt es z.B. nicht weniger als 50 pro Monat, die u.a. das Mehl mahlen müssen. In diesem Bereich ist jedoch keine Dienstanweisung so gut erhalten, daß sich die Anwesenheit einer Erblichkeitsregelung mit Sicherheit ausschließen läßt. Zumindest kann man anders herum sagen, daß es bei diesen eher niedrigen praktischen Tätigkeiten auch keinen Fall gibt, wo die Übergabe vom Vater auf den Sohn positiv nachweisbar ist.

Eine eigene Qualität, die auch etwas erhellt, warum die Übernahme des Amtes durch den Sohn so wesentlich war, betrifft die Weitergabe von Expertenwissen. In einer leider sehr unzusammenhängend erhaltenen Sektion geht es darum, daß bestimmte Kenntnisse vom Vater an den Sohn weitergegeben werden. Es scheint sich um Fachwissen im Umkreis der Osirisrituale zu handeln, eventuell die Herstellung von Choiakfigurinen. Wohl gerade bei dieser Gruppe von Priestern, nämlich explizit für die Ritualleiter (*ḥr.ỉw-sšt3*) wird angegeben, sie seien es, die ihre Söhne einweihen würden.

Als Anhang ist unten eine vollständige Liste für alle etwas besser erhaltenen Bereiche des Buches vom Tempel zusammengestellt, für welche Titel eine Dienstanweisung erhalten ist und welche Nachfolgeregelung darin verzeichnet ist. Dabei wird man gelegentlich auch mit einer leichten Nachlässigkeit der Schreiber gerade in diesen rekurrierenden Formulierungen rechnen müssen. Die Passagen stammen aus drei verschiedenen „Inseln" in sich gesicherter Abfolge, wobei die Position der ersten vor der zweiten aufgrund erhaltener Seitenzahlen in einer Handschrift absolut sicher ist. Die hier als dritte präsentierte könnte durchaus vor der zweiten gestanden haben, nach den Erbfolgeformulierungen ist dies sogar relativ wahrscheinlich. Ich kann nicht einmal formal sicher ausschließen, daß sie parallel zu einigen schlecht erhaltenen Sektionen der ersten Abfolge geht.

Ein wesentlicher Punkt ist natürlich noch die Frage, welcher Sohn das Amt übernahm, sofern mehrere vorhanden waren. Einige Passagen des Buches vom Tempel scheinen hier bestimmte Prioritäten anzudeuten. Gerade neben dieser Passage über die Weitergabe des Geheimwissens vom Vater auf den Sohn findet sich ein isoliertes Satzfragment „unter seinen Kindern". Mutmaßlich deutet dies darauf hin, daß unter den verschiedenen Söhnen im Zweifelsfall eine Auswahl getroffen wurde.

Welcher Art diese Auswahl gewesen sein mag, darüber gibt eine andere Passage des Buches vom Tempel Auskunft, nämlich die Dienstanweisung des Oberlehrers. Von ihm heißt es spezifisch und explizit als erstes „er ist es, der die Schriften der Kinder der Propheten, der Vorlesepriester und der großen Priester [überprüft], wobei er denjenigen unter ihnen auswählt, der geeignet (*mnḫ*) ist für den Platz seines Vaters im Tempel"; anschließend heißt es u.a. noch, daß er demjenigen, der an den Platz seines Vaters eingeführt wird, neben anderen Kompetenzen die korrekten Intonationsweisen von Hymnen und Lobpreisungen beibringt. Hier dürfte also eine gewisse Mindestbegabung bzw. ausreichender Fleiß ein relevantes Auswahlkriterium gewesen sein. Man kann sich auch denken, daß diese zusätzliche Kontrollinstanz unbedingt nötig war, wollte man einer zunehmenden Verschlechterung der Kenntnisqualität entgegenwirken, wie sie sich bei rein automatischer Übernahme der Kinder zu leicht eingestellt hätte.

Zusammengenommen läßt sich im Buch vom Tempel die Übernahme des Amtes durch einen Sohn als Standard ablesen, sowohl bei den mehr liturgischen Funktionen als auch bei solchen, die sich um praktisch-alltägliche Belange der Tempelverwaltung zu kümmern hatten und abgesehen von ihrem Einsatzort nicht wesentlich anders als Mitglieder der Zivilverwaltung geschult worden sein dürften.

Neben der reinen Abstammung dürfte aber wenigstens als zusätzliche Kontrollinstanz ein Eignungstest vorgesehen gewesen sein. Er konnte zumindest die Auswahl unter mehreren Kindern erleichtern; möglicherweise war es sogar möglich, damit Familien ganz zu verdrängen, falls keine überzeugend guten Nachkommen vorhanden waren. Man muß sich dabei immer klarmachen, daß das Buch vom Tempel ein theoretischer Text ist, dessen reale Anwendung je verschieden ausfallen konnte. Je nach Macht und Einfluß werden Familien wohl die Chance gehabt haben, auch für ihre Sprößlinge die Sache einfacher zu machen.

Gerade im Lichte dieser doppelten Auswahl, einerseits nach Abstammung, andererseits aber auch kontrolliert durch Leistungskriterien, wird auch manches sonst in Ägypten verständlicher, was in der Diskussion über Ämtererblichkeit oft zu einseitig auf eine bestimmte Position interpretiert wurde.[2] Ein gutes Beispiel ist etwa die Lehre für Merikare.[3] Meist wird aus ihr der Satz zitiert: „Unterscheide nicht zwischen dem Sohn eines Mannes und einem Geringen! Hole dir einen Mann nach seiner Leistung" (E 61f.). Daneben gibt es aber auch die Aussage „verdränge einen Mann nicht vom Besitz seines Vaters" (E 47). Obwohl dies zunächst der Wahrung ererbter Objekte gilt, dürfte es doch auch für die Vererbung von Ämtern nicht ganz irrelevant sein.

Noch bedeutsamer sind die Lehren des Ani.[4] Oft zitiert wird ein Passus, der rein dem Leistungsge-

2 Vgl. zur Diskussion P. Vernus, Quelques exemples du type du « parvenu » dans l'Égypte ancienne, Bulletin de la Société Française d'Égyptologie 59 (1970), S. 31-47.

3 J. F. Quack, Studien zur Lehre für Merikare. Göttinger Orientforschungen IV/23 (Wiesbaden 1992).

4 J. F. Quack, Die Lehren des Ani. Ein neuägyptischer Weisheitstext in seinem kulturellen Umfeld. Orbis Biblicus et Orientalis 141 (Freiburg (Schweiz)/Göttingen 1994).

danken verpflichtet scheint, nämlich: „Der Schatzhausverwalter hat keinen Sohn, der Siegelverwalter hat keinen Erben. Ein Schreiber mit seiner Hand ist ein Fürst. Das Amt hat keinen Sohn." (B 20, 5f.). Daneben gibt es aber auch im Schlußdialog zwischen Ani und Chonshotep eine leicht anders nuancierte Aussage, nämlich „Wäre ich doch wie du, indem ich in deiner Art wissend wäre. Dann würde ich deine Lehren ausführen und der Sohn würde an den Platz seines Vaters geholt werden." (B 22, 14). Demnach wäre eine Erbfolge durchaus normal, wenn der Sohn nur einigermaßen kompetent wirkt.

Tatsächlich scheinen mir beide Lehrtexte weniger dahin zu gehen, daß eine reine Auslese nach Tüchtigkeit vorherrscht und das Erblichkeitsprinzip irrelevant ist. Eher ist es eben so, daß Erblichkeit durchaus vorgesehen ist, aber durch ausreichende Leistungen flankiert werden muß. Zudem geht es hier wenigstens teilweise um Ämter der Zivilverwaltung, nicht speziell um Priesterämter, die für das Buch vom Tempel im Mittelpunkt stehen. Die Chance für absolute Aufsteiger wird logischerweise dann am besten gewesen sein, wenn die Verwaltung expandierte und sich die Zahl der zu besetzenden Stellen merklich erhöhte. Zudem wird man für die Realität Ägyptens auch damit rechnen müssen, daß einmal ein Priester oder Funktionär ganz ohne Nachkommen oder zumindest ohne überlebenden Sohn starb und sein Amt damit in jedem Fall zur Neudisposition anstand.

Gerade weil es beim Buch vom Tempel wesentlich um Priester geht und deren wesentlichste Tätigkeit in der Kultdurchführung bestand, sei noch ein Blick auf aktuelle Handbücher für Rituale geworfen. Schon lange bekannt ist eine Passage aus dem täglichen Tempelritual. Darin heißt es einerseits pBerlin 3055 4, 2 „Ich bin ein Prophet. Es ist der König, der mich ausgeschickt hat";[5] ausführlicher dann 10, 2: „Ich bin ein Prophet, Sohn eines Propheten in diesem Tempel. Ich soll nicht verwahrt werden, ich soll nicht zurückgehalten werden." (= pBerlin 3053, 8, 2).

Wohl eben aus dem täglichen Tempelritual zitiert eine Inschrift im Tempel von Edfu (Edfou III 83, 10f.). Sie lautet: „Ich bin ein Prophet, Sohn eines Propheten. Es ist der König, der mich ausgeschickt hat".[6] Weiter oben im selben Text finden sich auch Formulierungen „Nichts Negatives soll in meinem Weg stehen. Ich werde nicht abgewehrt, ich werde nicht zurückgehalten" (Edfou III 83, 6), die den Sätzen sachlich entsprechen, die im Ritualpapyrus direkt auf die Abstammungsversicherung folgen.

Eine bislang fragmentarische Stelle, die ich unter Hinzuziehung neuer Handschriften komplettieren konnte, findet sich im Mundöffnungsritual, Szene 70C e-h.[7] Dort heißt es ganz ähnlich wie im täglichen Tempelritual:

„Ich bin ein Prophet, Sohn eines Propheten dieses Tempels.
Ich soll nicht verwahrt werden, ich soll nicht zurückgehalten werden.
Ich bin gekommen, um Rituale für dich, Sokar-Osiris, zu vollziehen,
indem für dich dieses Gottesopfer umläuft.
Empfang es dir rein aus meinen Armen.
Das Horusauge gibt sich dir zu eigen, das Horusauge gibt sich dir zu eigen."

Einschlägig ist auch das Sokarritual, in dem es heißt:
„Oh Eingeführter in seine Pflicht, Sohn eines Propheten!" und ähnlich „Oh, Sohn eines Propheten, er hat das Festritual rezitiert".[8] Aufgenommen wird diese Ausdrucksweise Edfou IV 271, 13, wo im Rahmen eines Rituals für Sokar der König als „Sohn eines Propheten, der in seine Pflicht eingeführt ist" bezeichnet wird.[9] Damit wird somit ebenfalls vorausgesetzt, daß der angesprochene Offiziant standardmäßig Sohn eines Propheten ist.

5 Die kürzere Formulierung „mach mir den Weg frei, damit ich vorbei ziehe. Es ist der König, der mich ausgeschickt hat, um den Gott zu sehen" findet sich auch 4, 6f. u. 11, 5.

6 Vgl. M. Alliot, Le culte d'Horus à Edfou au temps des Ptolémées, Bibliothèque d'Étude 20 (Kairo 1949-54), S. 144f.; E. Otto, Gott und Mensch nach den ägyptischen Tempelinschriften der griechisch-römischen Zeit. Eine Untersuchung zur Phraseologie der Tempelinschriften, Abhandlungen der Heidelberger Akademie der Wissenschaften 1964/1 (Heidelberg 1964), S. 69.

7 Vgl. J. F. Quack, Fragmente des Mundöffnungsrituals aus Tebtynis, in: K. Ryholt (Ed.), The Carlsberg Papyri VII. Hieratic Papyri from the Collection, iDr.

8 Text bei J.-C. Goyon, Le cérémonial pour faire sortir Sokaris. Papyrus Louvre I. 3079, col. 112-114, Revue d'Égyptologie 20 (1968), S. 63-96, dort S. 69 (Übersetzung); 82 Z. 80 u. 84 Z. 85 (Hieroglyphentext) u. 95 Anm. 64 (Kommentar); J. F. Quack, Eine Handschrift des Sokarrituals (Papyrus Carlsberg 656), in: K. Ryholt (Ed.), The Carlsberg Papyri VII. Hieratic Texts from the Collection, iDr.

9 Auf die Verbindung weist bereits Goyon, Revue d'Égyptologie 20, S. 95 Anm. 64 (allerdings mit falscher Zeilenangabe) hin.

In diesen verschiedenen wichtigen Tempelritualtexten wird somit jeweils die Abstammung aus Priestergeschlechtern wenigstens für die höchsten Ränge als Normalfall vorausgesetzt, die den Kult direkt an den Götterstatuen vollziehen sollten. Sie entsprechen somit denselben Idealen wie das Buch vom Tempel – und wohl dem Mainstream der ägyptischen Kultur überhaupt.

Ein anderer Text mag hier ebenfalls relevant sein und eher die praktische Realität beleuchten. Es handelt sich um den griechischsprachigen Papyrus Tebtunis 291.[10] Seit Saunerons bekannter Interpretation gilt er in der Ägyptologie immer als Beleg dafür, daß in der Römerzeit die Kenntnis des Hieratischen Bedingung für die Aufnahme in den Priesterstand war.[11] Eine genaue Betrachtung des Wortlautes zeigt dagegen, daß die Dinge komplizierter und vielschichtiger sind.

Bei dem betreffenden Papyrus handelt es sich um ein Aktenstück, dessen Kernpunkt tatsächlich die Beschneidung einiger heranwachsender Knaben ist. Dazu muß man wissen, daß wohl seit Kaiser Hadrian die Beschneidung im römischen Reich an sich verboten war. Für ägyptische Priester waren aber Sonderregelungen getroffen worden, weil für sie die Beschneidung als religiöses Reinheitsgebot absolute Voraussetzung für die Durchführung der kultischen Handlungen war.[12] Dabei war zunächst der Nachweis erforderlich, daß der Kandidat tatsächlich aus einer priesterlichen Familie stammte. Konkret wurden wenigstens im Falle des vorliegenden Aktenstückes Zensuslisten aus früheren Zeiten aufgeführt, in denen die Eltern als Priester und Priesterin eingetragen waren. Anschließend war dann auch noch eine Inspektion beim Oberpriester Ägyptens fällig, der in Alexandria residierte. Dort kam es darauf an, daß die Kandidaten auch körperlich makellos und nicht aufgrund von Mißbildungen vom Priesteramt ausgeschlossen waren – daß letzteres tatsächlich normativ festgelegt war, kann man übrigens auch durch eine Sektion des Buches vom Tempel nachweisen.[13]

Im Zusammenhang des Nachweises steht auch die entscheidende Sektion, aus der abgeleitet wurde, Hieratischkenntnisse würden bei der Zulassung zum Priestertum abgeprüft werden. Sie lautet in deutscher Übersetzung:

„M[arsi]souch[o]s, Sohn des Mar[...] und der Th[en]ke[b]kis, den [Nach]weis gebend der Kenntnis des [Hie]ratischen [und] der ägyptischen Sch[ri]ft aus einem hieratischen Buch, welches die Hierogrammatoi herbeibrachten, [ge]mäß dem Memorandum vom 12. Tybi des gegenwärtigen Jahres 2,
und Pakebkis, auch Zosimos genannt, Sohn des Pakebkis und der Thaisas aufgrund der Nachweise der Abstammung, die er herbeibrachte, erwiesen sich als von priesterlichem Geschlecht." (pTebt. 291, 40-48).

Es fällt sofort ins Auge, daß der Nachweis der Lesefähigkeit nur bei einem der Kandidaten gebracht wird, nicht beim anderen; und auch in weiteren Fällen in demselben Text, die ich hier nicht übersetzt habe, wird stets nur der Nachweis der Abstammung aufgeführt. Ferner wird der Lesetest speziell gerechtfertigt durch ein sehr aktuelles Memorandum, in dem er mutmaßlich überhaupt erst für zulässig erklärt worden ist. Man kann sich die Situation einigermaßen ausmalen. Mit einer neuen Regelung wird es ermöglicht, statt der Nachweise der Priesterabstammung durch Verwaltungsakten, insbesondere Zensuslisten über die Stellung der Eltern, alternativ auch direkt die Fähigkeiten des Kandidaten zu testen. In der Praxis wird eine solche Regelung wohl den Leuten entgegen gekommen sein, die aus irgendwelchen Gründen Probleme hatten, den administrativen Nachweis hieb- und stichfest zu erbringen, oder deren priesterliche Abstammung möglicherweise auch leicht fiktiv war. In jedem Fall dürfte diese Regelung als Einführung eines Kenntnisnachweises neben der rein genealogischen Legitimierung auf derselben Linie liegen, wie alle Richtlinien des Buches vom Tempel, bei dem eben auch eine gewisse Qualitätskontrolle neben der einfachen Abstammung festgelegt ist.

10 B. P. Grenfell, A. S. Hunt, E. J. Goodspeed, The Tebtunis Papyri, Part II (London 1907), S. 54-58.

11 S. Sauneron, Les conditions d'accès à la fonction sacerdotale à l'époque gréco-égyptienne, Bulletin de l'Institut Français d'Archéologie Orientale 61 (1962), S. 55-57.

12 Für Details verweise ich auf eine in Vorbereitung befindliche Studie zur Beschneidung im Alten Ägypten.

13 Von mir in: Fischer-Elfert (Hrsg.), Der Papyrus Ebers, iDr. ausführlich behandelt.

Anhang:

Konkrete Formulierungen der Nachfolge in den Dienstanweisungen des Buches vom Tempel

Gouverneur und Prophetenvorsteher:
[… … ꜥḥ]ꜥ rč̣i̯.t sꜣ=f r ns.t=f
Propheten:
verloren.
unbekannter Spezialist (Ritualleiter osirianischer Zeremonien?):
[… …] ỉri̯.t n=f ỉrw nb n ḥꜣ.tỉ-ꜥ.w 2 m-ẖt mnỉ[=f … …] ỉmỉ.tw msi̯.w=f
unbekannter Spezialist, eventuell Sem (trägt Pantherfell, räuchert vor Uräus):
[… …]=sn nb ỉri̯.t n=f ỉri̯=sn nb m-ẖt ꜥḥꜥ rč̣i̯.t sꜣ=f r s.t=f
Schreiber des Gottesbuches:
ỉri̯.tw n=f ỉry.t nb ḥr(?)[ỉ-tp(??)] m-ẖt mnỉ[=f rč̣i̯.t] sꜣ=f r s.t=f
Sachmet-Priester:
wꜥ pw ḥnꜥ wꜥb.w ꜥꜣ.w … ỉri̯.tw n=f ỉry.t nb m-ẖt ꜥḥꜥ rč̣i̯.t [sꜣ=f r s.t=f]
Skorpionsbeschwörer:
wꜥ pw ḥnꜥ wꜥb.w ꜥꜣ.w ỉri̯ n=f (Var. *ỉri̯=f*) *ỉri̯ (.t)=sn nb hrw nỉ ꜥḥꜥ rč̣i̯.t sꜣ=f r s.t=f*
Nesuti:
wꜥ pw ḥnꜥ wꜥb.w ꜥꜣ.w m wnw.t=sn nb.t hrw nỉ ꜥḥꜥ r[č̣i̯.t sꜣ=f] r s.t=f
Oberlehrer:
wꜥ pw ḥnꜥ wꜥb.w ꜥꜣ.w [m wnw.t=sn nb.]t hrw nỉ ꜥḥꜥ rč̣i̯.t sꜣ=f r s.t=f
Handwerklicher Spezialist (Umrißzeichner?):
wꜥ pw ḥnꜥ wꜥ[b.w ꜥꜣ.w] hrw nỉ ꜥḥꜥ rč̣i̯.t sꜣ=f r s.t=f
Schnitzer:
wꜥ pw ḥnꜥ wꜥb.w ꜥꜣ.w m wnw.t=sn nb.t hrw [nỉ ꜥḥꜥ rč̣i̯.t sꜣ=f r s.t=f]
Oberhandwerker:
wꜥ pw ḥnꜥ wꜥb[.w ꜥꜣ.w m wnw.t=s]n nb.t hrw nỉ ꜥḥꜥ [rč̣i̯.t sꜣ[=f] r s.t[=f]
Oberster der Oberen:
[wꜥ pw] ḥnꜥ wꜥ[b.w ꜥꜣ.w m wnw.t=sn nb.t hrw nỉ ꜥḥꜥ rč̣i̯.t sꜣ=f r s.t=f]
Gänzlich unsicheres Amt:
[… m] ꜣbt=f ỉri̯.t=f nb ỉri̯ n ẖrỉ-ḥꜣb.t hrw nỉ ꜥḥꜥ rč̣i̯.t sꜣ=f [r] s.t=f
Küchenmeister (*ỉrỉ-psi̯.t*):
[…] m-ẖt [mn]ỉ=f ỉri̯=f ỉri̯ nb n ẖrỉ-ḥꜣb.t hrw (nỉ) ꜥḥꜥ rč̣i̯.t <sꜣ>=f r s.t=f

Altarverwalter (*ỉrỉ-ẖꜣw.t*):
ỉri̯.tw n=f ỉri̯ .t nb ẖrỉ-ḥꜣb.t hrw (nỉ) ꜥḥꜥ rč̣i̯.t sꜣ=f r s.t=f
unbekanntes Amt:
[… hrw nỉ ꜥḥꜥ rč̣i̯].t sꜣ=sn r s.t=sn
Schreiber von […]:
ỉri̯[=f] ỉri̯ nb ẖrỉ-ḥꜣb.t [hrw (nỉ)] ꜥḥꜥ rč̣i̯.t sꜣ=f r s.t=f
Schreiber der Opfertische (*wṯḥ.w*):
ỉri̯=sn ỉri̯ nb ẖrỉ-ḥꜣb.t hrw nỉ ꜥḥꜥ rč̣i̯.t [sꜣ]=f r s.t=f
Zugehöriger zu [Tempelgerät(?)]:
[…] ỉri̯ […] hrw (nỉ) ꜥḥꜥ rč̣i̯.t sꜣ=f [r s.t=f]
Priester des/der […]; scheint für Tiergesundheit wichtig:
ỉri̯=sn ỉry.t nb ẖrỉ-[ḥꜣb.t hrw (nỉ) ꜥḥꜥ rč̣i̯.t sꜣ=sn r s.t=sn]
Unbekannter Titel (für Vieh zuständig?):
verloren
Unbekannter Titel:
ỉri̯=sn ỉri̯(.t) nb ẖrỉ-ḥꜣb.t hrw (nỉ) ꜥḥꜥ rč̣i̯.t sꜣ=f r s.t=f
Schlachter (*ḥn.tỉ*):
ỉri̯=sn ỉri̯.t nb n ẖrỉ-ḥꜣb.t hrw nỉ ꜥḥꜥ rč̣i̯.t sꜣ=f r [s.t]=f
Rindervorsteher:
[…] ꜥḥꜥ rč̣i̯.t […]
unbekannter Titel:
verloren

(Das folgende Segment eventuell weiter oben in der Abfolge)
unbekannter Titel:
[wꜥ pw ḥnꜥ] wꜥb[.w ꜥꜣ].w m wnw.t=sn nb ỉri̯=f [ỉri̯]=sn nb [hrw nỉ] ꜥḥꜥ rč̣i̯.t sꜣ=f r [s.t=f]
Die neun Freunde:
verloren
ein oder mehrere unbekannte Titel:
verloren
unbekannter Titel:
[…] r s.t=sn
Kassenverwalter (oder Honigverwalter; lies *ỉrỉ ꜥfṯ.t* oder *ỉrỉ bỉ.t* ?):
[…] sꜣ=f r s.t=f
Lesonis:
verloren

Ammon und seine Brüder
Eine ägyptische Familie aus Panopolis (Achmim) im 4.Jh. zwischen ägyptisch-hellenistischer Kultur und Christentum

FRANK FEDER

Im Folgenden soll das Geschick einer ägyptischen Familie aus der oberägyptischen Stadt Panopolis in der ersten Hälfte des 4. Jh. n.Chr. anhand der Dokumente eines umfangreichen Archivs vorgestellt werden. Von besonderer Bedeutung ist hierbei, daß uns das Archiv in mehrfacher Hinsicht in eine Übergangsepoche führt, in der die offizielle Praxis der altägyptischen Religion sowie die Kenntnis und der Gebrauch der an diese gebundenen Schriftsysteme (Hieroglyphisch, Hieratisch, Demotisch) als letzter Hort der Bewahrung altägyptischer Tradition nahezu übergangslos entschwindet. An ihre Stelle ist insbesondere bei der Oberschicht, seien es Ägypter oder Griechen oder andere in Ägypten ansässige Völker, die griechisch-hellenistische Kultur getreten, die über griechische Sprache und griechische Bildung vermittelt wurde. Sie ist der Wegbereiter des Christentums, das sich nach rasanter Ausbreitung im 3. Jh., in Ägypten im 4.Jh. fest und erfolgreich etabliert, nicht nur durch das weithin ausstrahlende Mönchs- und Asketentum, sondern vor allem durch ambitionierte und ehrgeizige Bischöfe, Erzbischöfe und Patriarchen (man denke an Athanasius), die auf die Herausbildung der christlichen Reichskirche und ihres Glaubensdogmas vor allem im 4. und 5.Jh. großen Einfluß ausübten. Diese Prozesse lassen sich exemplarisch an den Personen der Familie des Ammon studieren, die innerhalb von zwei Generationen von einer den ägyptischen Kulten zugewandten Priesterdynastie zu weltgewandten Bürgern des spätrömischen Imperiums werden und sich bei ihren privaten und geschäftlichen Korrespondenzen selbstverständlich des Griechischen bedienen und ihrer hellenistischen Bildung Ausdruck verleihen.

Die Familie des Ammon nach den Dokumenten des Archivs

Das noch immer nicht vollständig inhaltlich erschlossene Archiv des *Scholastikos* (Rechtsgelehrter der römischen Provinzialadministration) Aurelios Ammon aus Panopolis (Achmim) gewährt uns einen kulturgeschichtlich überaus wichtigen Einblick in die Lebensverhältnisse einer einflußreichen und wohlhabenden Familie aus dieser während der griechisch-römischen Herrschaft über Ägypten überaus bedeutenden oberägyptischen Metropolis. Die Texte des Archivs wurden leider, wie so oft, nicht *in situ* entdeckt, sondern im Handel verkauft und sind heute auf die Universitätssammlungen in Köln, der Duke University in den USA und zu einem nicht unwesentlichen Teil auch auf das Istituto Papyrologico in Florenz verteilt. Ein Fakt, der die Erschließung und Publikation des Archivs sicher nicht erleichtert.

Das Archiv enthält neben zahlreichen dokumentarischen Texten, welche zum Teil die Besitzverhältnisse der Familie auch vor der Lebenszeit des Ammon illustrieren, den längsten erhaltenen Privatbrief der Antike, den Ammon an seine Mutter *Senpetechensis* schrieb, aber auch eine Liste von Philosophen, die Ammon eventuell in Alexandria kopiert hatte, und einen Auszug aus der Odyssee, der allerdings schon im 3.Jh. geschrieben worden war. Von außergewöhnlichem Wert sind die erhaltenen Entwürfe u.a. für Petitionen, die Ammon – wohl auch in freier Rede – an die hohe kaiserliche Verwaltung bei verschiedenen Angelegenheiten richtete, denn sie erlauben uns eine Vorstellung von der Ausarbeitung eines Prosa- oder Redetextes durch einen in Panopolis in griechischer Sprache ausgebildeten Ägypter.

Die Familie des Ammon gehörte zur lokalen Elite und verfügte über umfangreichen Landbesitz im Nomos von Panopolis und Grundbesitz in der Stadt. Die Generation der Großeltern und der Eltern des Ammon hatte wichtige Priesterämter inne, die sie auch auf ihre Nachkommen vererben konnten. Ein hohes Priesteramt war nicht nur einträglich und von gesellschaftlichem Ansehen, es befreite den Inhaber aber auch von bestimmten Steuern und von der Verpflichtung zur (selbstfinanzierten) Ausübung öffentlicher Ämter, den „Liturgien". Ammons Vater *Petearbeschinis* war ein hochrangiger Priester an den Haupttempeln des Panopolites. Ein Sohn mit seiner ersten Frau, der Priesterin *Senpasis* (gestorben zwischen 289-303), *Horion d.Ä.*, brachte es – gewiß mit väterlicher Unterstützung – zum *Archiprophetes* (der höchste Rang in der fünfrangigen Ordnung der Priesterkollegien, etwa mit einem Bischof oder Erzbischof vergleichbar) mit der Verfügung über ein Zehntel der Tempelländereien. Eventuell (vgl. P.Duk.inv. 211-212) war auch Ammon zunächst Priester und hieß mit ägyptischem Namen *Petechensis*.

lichkeiten, sich Wohlstand über eine Karriere zu sichern. Diese ergaben sich unmittelbar aus der Aneignung der tief in das Leben auch der provinzialen Zentren eingedrungenen hellenistischen Kultur, deren Träger die griechische Sprache und Bildung war. Diese Bildung muß in Panopolis vermittelt und auch von Ägyptern angenommen worden sein, wie das stilvolle, rhetorisch gebildete Griechisch des Ammon und vor allem die außergewöhnliche Karriere seines Bruders *Harpokration* bezeugen (sie sind ἐν φιλισοφίᾳ καὶ λόγοις ἀνηγμένοι, wie Ammon sich ausdrückt, vgl. P.Ammon I 13,9).

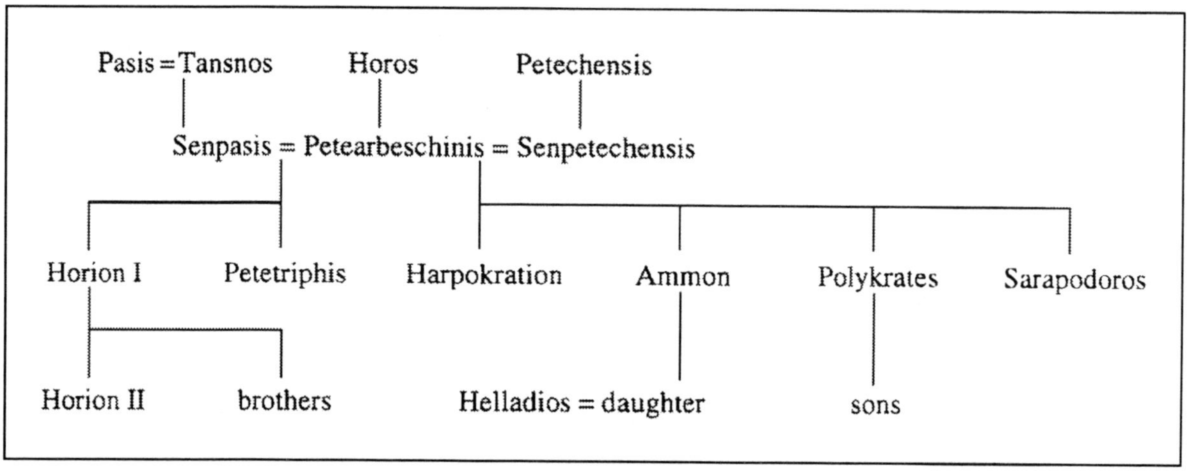

Abb.1: Die Familie des Ammon (P. van Minne, The Letter of Ammon, 185)

Unter den Papyri des Ammon fanden sich Dokumente über den Kauf von vier Dreißigsteln eines Hauses und einer Arure Landes in Panopolis, den jene *Senpasis* 281 tätigte und 289 mit Hilfe ihres Mannes registrieren ließ. Einige Dokumente von 303 belegen die Registrierung des privaten Grundbesitzes von *Petearbeschinis* und seiner zweiten Frau *Senpetechensis* sowie die des Besitzes, der zur priesterlichen „Prophetie" gehörte, durch den „Erzpriester" *Horion d.Ä.* im Jahre 299. Ammon hatte also um die Mitte des 4.Jh. als Oberhaupt seiner Familie wichtige Dokumente archiviert, welche ererbte und erworbene Amts- und Besitzansprüche der Familie belegen konnten.

Doch die Lebenszeit des Aurelios Ammon lag an einer Zeitenwende. In solcher Ära war die Absicherung von Einfluß und Besitz nicht mehr allein durch ein Priesteramt zu gewährleisten. Doch dem, der die Herausforderungen und Möglichkeiten einer Zeitenwende annahm und erkannte, eröffneten sich nun andere, neue und oft auch noch lukrativere Mög-

Harpokration bezeichnet sich als σοφιστης δημόσιος (Redner in öffentlichen Angelegenheiten – ein „Provinzpolitiker") und bringt es zu einem gefragten kaiserlichen Panegyriker (Lobredner). Er wird Mitglied des kaiserlichen Hofes (*comitatus*) und reist als kaiserlicher Curator und Procurator durch die Städte Griechenlands und nach Konstantinopel. *Harpokration* stand auch in freundschaftlicher Verbindung mit dem ἡγεμων der Äthiopier, der seinerzeit (zw. 325-340?) in Alexandria weilte.

Die Familie des Ammon hing noch dem alten Glauben an, was einer Karriere am mehr und mehr christlich geprägten kaiserlichen Hofe des frühen 4.Jh. offensichtlich (noch) nicht im Wege stand. Der Höhepunkt der Karriere des *Harpokration*, der 348 stirbt, lag wohl unter der Herrschaft der Kaiser Licinius (306-325) und Konstantin I. (305-337, ‚des Großen') sowie seines Sohnes Constantius II. (337-361). Ammon könnte noch einige Jahre unter der Herrschaft Kaiser Valentinians I. (364-375) gelebt haben.

Während Ammons Eltern gegen Ende des 3.Jh. wohl noch eine recht fest etablierte Priesteraristokratie mit erblichen Ansprüchen auf Amt und Besitz waren, also den bewährten „Generationenvertrag" ägyptischer Erbpriesterschaft weitergeben wollten, sahen sich Ammon und *Harpokration* diversen Anfechtungen solcher Erbansprüche ausgesetzt.

So hatten Ammon und *Harpokration* Probleme, den Anspruch des Sohnes ihres (Halb-)Bruders *Horion d.Ä.*, *Horion d.J.*, auf das Priesteramt (Prophetie) seines Vaters gegenüber dem *Archiereus* ʽἀρχιερεὺς ʼΑλεξανδρείας καὶ Αἰγυπτίας πάσης, das Amt führte kein Priester sondern ein römischer Magistrat; das Archiv des Ammon enthält die späteste Erwähnung eines Archiereus) in Alexandria durchzusetzen, der für die öffentlichen Kulte in ganz Ägypten zuständig war. Aus der fragmentarisch erhaltenen Petition *Horions d.J.* an den Präfekten (P.Ammon I 4), die Ammon für ihn verfaßte, erfahren wir, daß das „Antrittsgeld" (*eiskritikon*) für die Prophetie bereits bei der „Priesterkasse" (*hieratikos logos oder hieratikon tameion*) bezahlt worden war. Dennoch zeigte sich der Archiereus reluktant, da er wohl einen anderen Kandidaten bevorzugte. Auch die persönliche Anwesenheit Ammons in Alexandria in dieser Sache sowie die im Brief Ammons an seine Mutter zitierten Worte *Harpokrations*, beim Kaiser die Vergabe der Prophetie an *Horion d.J.* durchzusetzen, wozu noch ein Schreiben Diokletians erwähnt wird, das wohl die Ansprüche der Familie aus der Zeit der Berufung *Horions d.Ä.* beglaubigen konnte, scheinen zumindest zunächst keinen Erfolg gehabt zu haben. Da die erwähnte Petition sich unter den Entwürfen Ammons fand, könnte letztlich kaiserliches Einschreiten die Angelegenheit im Sinne *Horions d.J.* befördert haben.

Wenn im Brief des Ammon an seine Mutter von wirtschaftlichen Schwierigkeiten der Familie die Rede ist (Steuerrückstände?), die ja trotz ihres wohl umfangreichen Landbesitzes eintreten konnten, so hätte der Verlust einer einträglichen Berufung mit gewisser steuerlicher Immunität für die Familie von fataler Folge sein können.

Rechtliche Auseinandersetzungen der Familie wegen Anfechtungen ihres Besitzes

Im Jahre 348 stirbt *Harpokration* wohl bei einer seiner Missionen außerhalb Ägyptens. Er hatte vor dem Aufbruch zu seiner internationalen Karriere wohl Jahre zuvor eine Anzahl Sklaven bei einem Freund (Konon) in Alexandria zurückgelassen, dem sie sich aber entzogen hatten. Ein kaiserlicher Beamter (*memorarius*) namens *Eugeneios*, der von *Harpokations* Ableben erfahren hatte, nahm diese, als er sie ausfindig gemacht hatte, für sich in Anspruch. Er erhielt auch kaiserliche Erlaubnis dazu, denn nach römischem Recht gehören herrenlose Sklaven (*ἀδέσποτα*, *bona vacantia*) niemandem und jeder kann auf sie Anspruch erheben, sofern nicht berechtigter Besitzanspruch angemeldet werden kann. Er brachte seinen Anspruch vor den zuständigen Beamten, den *Katholikos Flavius Sisinnius* (lat.: *rationalis*, der höchste Verwaltungsbeamte nach dem Präfekten). Ammon erfuhr von dieser Angelegenheit und richtete ein Protestschreiben (*diamartyria*) an den *Katholikos*, in dem er sein Anrecht auf die Sklaven als rechtmäßiger Erbe seines Bruders einfordern wollte. Da er wohl mit der Ernte zu beschäftigt war, wollte er einen angesehenen Mitbürger, *Aurelius Faustinus* (Ratsmitglied und ehemaliger Magistrat von Panopolis), in seinem Namen damit zum Präfekten *Flavius Nestorius* nach Alexandria senden. Doch *Eugeneios* kommt dem zuvor und erscheint selbst in Panopolis mit einer Anweisung des *Katholikos*, den Fall zu schlichten. Er drängt Ammon zu einem Ausgleich, bei dem u.a. Ammons Neffe *Apollon*, der Dichter, als Vermittler auftritt. Die Sklaven sollen zu gleichen Teilen zwischen Ammon und *Eugeneios* aufgeteilt werden. Doch *Eugeneios* macht keine Anstalten, Ammon die ihm zustehenden Sklaven zu geben. Plötzlich wird Ammon vom *Katholikos* selbst ultimativ nach Alexandria vorgeladen, wo er binnen 20 Tagen in dieser Sache vorsprechen muß. Ammon entwirft eine Protestnote, in der er den Fall erklärt und die Ungerechtigkeit des Ausgleichs mit *Eugeneios* darlegt. Es wird aus den Entwürfen Ammons für dieses Schreiben aber auch deutlich, daß wohl doch eine Art Testament des *Harpokration* aufgetaucht war, das dem Fall eine neue Richtung geben mußte.

Wir sind über diese Vorgänge allein durch die verschiedenen Entwürfe aus dem Archiv informiert, die Ammon für die Protestschreiben bzw. für eine mündliche Anhörung vor dem *Katholikos* als Redemanuskript ausgearbeitet hatte. Viele Details der Texte sind aber noch nicht befriedigend geklärt.

Gegen Ende seines Lebens (um 367) mußte Ammon sich sogar mit Hilfe von Petitionen an den Präfekten von Ägypten gegen Anfechtungen seines Landbesitzes und des Besitzes seiner zur Witwe gewordenen Tochter und ihrer Kinder verteidigen. Möglicherweise wurden die Ansprüche schon von Christen gegen ihn als Nicht-Christen erhoben.

Die Familie des Ammon versteht es in beeindruckender Weise, sich während der Umgestaltung der Verwaltung in Ägypten und im ganzen Imperium von Diokletian bis zu Valentinian (284-375) in der neu geschaffenen provinzialen und sogar in der kaiserlichen Administration erfolgreich zu etablieren. Das war den Nachkommen einer von ägyptischen Priestern geprägten Familie nur durch eine gute Ausbildung in griechischer Schreib- und Redekunst möglich, die ihnen in Panopolis vermittelt wurde. Die erworbenen Fähigkeiten benötigen sie aber auch in den täglichen Geschäften, denn zur Sicherung des Besitzes konnte man immer weniger auf ererbte Ansprüche und Privilegien vertrauen. Das römische Recht setzte neue Maßstäbe, die der begüterten Oberschicht auch der Provinz die Fähigkeit abverlangte, ihre Angelegenheiten schriftlich und mündlich, so kunstvoll und überzeugend wie möglich, vor der kaiserlichen Verwaltung in Griechisch vertreten zu können.

Die Reorganisation des römischen Reiches unter Kaiser Diokletian (284-305) bildet somit den Beginn des Zeitraumes, der durch das Archiv des Ammon dokumentiert wird. Unter Diokletian kam es aber auch zur blutigsten Christenverfolgung, die besonders in Ägypten wütete. Doch der Siegeszug des Christentums war nicht mehr aufzuhalten. Seit dem Toleranzedikt des Kaisers Galerius vom Jahre 311, das wesentlich von Konstantin erwirkt worden war, konnten auch einige Rückfälle (Julian „Apostata" 361-363) seinen Weg zur Staatsreligion nicht mehr gefährden.

Resumée

Die fundamentalen sozialen und kulturellen Veränderungen der spätantiken Gesellschaft innerhalb des römischen Imperiums lassen sich exemplarisch anhand des Schicksals der Familie des Ägypters Ammon aus Panopolis (Achmim) verfolgen, in das uns das Archiv des Ammon für den vergleichsweise kurzen Zeitraum von ca. 281-366 n.Chr. Einblick gewährt. Die Generation der Großeltern des Ammon gehörte der lokalen Elite mit Besitz in und um Achmim an und war wohl noch überwiegend der altägyptischen Tradition und Religion verbunden (wie ihre noch rein ägyptisch gebildeten Namen vermuten lassen: *Pasis* und *Tasnos* (Eltern der *Senpasis*), *Horos* (Vater des *Petearbeschinis*), Petechensis (Vater der *Senpetechensis*), obwohl ohne Zweifel der Einfluß der hellenistischen Kultur nach 600 Jahren griechischer (seit 332 v.Chr.) und römischer (seit 30 v.Chr.) Herrschaft auch bei ihnen Spuren hinterlassen haben muß. Die Familie hatte hohe Priesterämter in der Stadt und im Nomos inne, die wohl schon von früheren Generationen ererbt waren. Die Erblichkeit von Priesterämtern entsprach ganz altägyptischer Tradition und ihre Praxis konnte noch unter ptolemäischer und früher römischer Herrschaft beibehalten werden. Allerdings gibt ein nicht geringer Teil der Dokumente des Archivs über Initiativen und Prozesse zur Sicherung des ererbten Besitzes und zur Haltung von Priesterämtern in der Familie Auskunft, wobei gerade die Vererbung von Priesterämtern und der damit verbundenen Einkünfte zunehmend schwieriger wurde.

Ammons Vater, *Petearbeschinis*, war ebenfalls Priester und zunächst mit der Priesterin *Senpasis* verheiratet. Dieser Verbindung entstammt u.a. *Horion d.Ä.*, Ammons Halbbruder, der es zum Archiprophetes brachte. Um für dessen Sohn, *Horion d.J.*, die Belehnung mit der Prophetie zu erlangen, begibt sich Ammon sogar nach Alexandria und spricht sein Bruder *Harpokration* sogar beim Kaiser vor. Nach dem Tode der *Senpasis* (spätestens 303) heiratet *Petearbeschinis* die Mutter von Ammon und *Harpokration*, *Senpetechensis*, die wohl keine Priesterin war.

Daß die Elterngeneration des Ammon Griechisch beherrschte, kann als sehr wahrscheinlich gelten, denn die römische Rechtspraxis verlangte die Abfassung jeglicher Urkunden mit Rechtskraft in Griechisch. Da Ammons Vater *Petearbeschinis* und seine Frau *Senpetechensis* 303 den Besitz der Familie im Panopolites registrieren ließen, sollte der Vater den griechischen Inhalt der Dokumente gekannt haben, auch wenn ein professioneller Schreiber die Urkunden dann abfaßte. An seine Mutter *Senpetechensis* richtete Ammon von Alexandria aus einen Brief (den längsten erhaltenen Privatbrief der Antike) in einem rhetorisch geschulten Griechisch von gepflegter Stilart, der wohl kaum an eine Person gerichtet sein konnte, die des Griechischen nicht mächtig war.

Ammon und besonders sein Bruder *Harpokration* bezeugen *in persona* den Wandel, der ihre Familie wie die Gesellschaft ihrer Stadt im 4.Jh. n.Chr. erfaßt hatte. Waren ihre Eltern und Großeltern noch Priester und standen wohl noch relativ fest in der lokalen ägyptischen Tradition, die sie ja auch mit den einträglichen Pfründen des Priesteramtes an den Ort band, auch des Griechischen wohl in gewissem Maße mächtig, so erhielten Ammon und *Harpokration* eine gründliche Bildung nicht nur in griechischer Sprache, sondern auch in Rhetorik und Philosophie, kurz in allem, was das Gymnasium von Panopolis und die übrigen, die hellenistische Kultur vermittelnden Einrichtungen zu bieten hatten. Priesterämter in der Familie zu halten war für sie nur von Interesse, solange sich darüber Einkünfte gewinnen ließen; der Gegenstand des Kultes scheint ihnen gleichgültig gewesen zu sein. Ammon war zunächst vielleicht auch noch Priester, das geht nicht klar aus den Papyri hervor, übte aber dann das Amt eines *Scholastikos* (ein Posten, der höhere Bildung verlangte) aus. *Harpokration* macht geradezu internationale Karriere als kaiserlicher Panegyriker und als Curator und Procurator in Städten Griechenlands (wohl vor allem unter den Kaisern Licinius und Konstantin I.) und stirbt 348 im Ausland. Geboren als Bürger einer ägyptischen Provinzmetropole, die sich stark hellenisiert hatte (auch der bekannte griechische Dichter Nonnos aus dem 5.Jh. stammte z.B. aus Panopolis), ermöglicht ihnen ihre hellenistische Bildung eine Orientierung auf das ganze Imperium. Sie sind nun nicht mehr in erster Linie Ägypter und Bürger von Panopolis – man muß sich auch fragen, in wie weit sie überhaupt noch Ägyptisch sprachen – sondern können sich als „Weltbürger" verstehen.

Die Omnipräsenz der hellenistischen Kultur, vor allem im Osten des römischen Imperiums, und der griechischen Sprache waren die Voraussetzung für die Verkündigung des christlichen Evangeliums und die Verbreitung des christlichen Glaubens. Lebte Ammon noch in einer Zeit, als sich das Christentum zwar immer weiter verbreitete, jedoch noch viele Spielarten kannte, in der die alten Kulte und Götter noch ihren Platz an allen Orten hatten, so bringt die Erhebung des christlichen Glaubens zur alleinigen Religion des Imperiums schließlich das Ende der alten Götter und ihrer Kulte (Kaiser Theodosius 379-395). Die Etablierung einer orthodoxen Reichskirche und eines Dogmas führt zu den christologischen Auseinandersetzungen auf den Konzilen der christlichen Kirche des späten 4. und des 5. Jahrhunderts, die sich auch gegen die Abweichler von der kanonisierten Lehre wenden. Und das Imperium, dem Ammon und *Harpokration* gedient hatten, für dessen Kultur sie ihre ägyptische Herkunft eigentlich hinter sich gelassen hatten, um als „Weltbürger" Karriere zu machen, verändert sich schon bald nach Ammons Tod so gravierend, daß es schließlich entschwindet, um Platz zu machen für eine neue Epoche, die von einer christlichen Kultur geprägt wird, die nie ganz die Wurzeln verlieren wird, die sie in der Zeit, als Ammon lebte, empfangen hatte.

Literatur:

R.S. Bagnall, *Egypt in Late Antiquity, Princeton 1993.*

H.-A. Rupprecht, *Kleine Einführung in die Papyruskunde, Darmstadt 1994.*

W. H. Willis and K. Maresch, *The Archive of Ammon Scholasticus of Panopolis (P. Ammon), Vol. I: The Legacy of Harpokration, Papyrologica Coloniensia XXVI/1 (1997).*

P. van Minnen, *The Letter (and other papers) of Ammon: Panopolis in the fourth Century A.D., in: A. Egberts, B.P. Muhs, J. van der Vliet, Perpectives on Panopolis – An Egyptian Town from Alexander the Great to the Arab Conquest (Symposium Leiden 16-18 December 1998), Papyrologica Lugduno-Batava 31 (2002), 177-199.*

Die doppelte Benutzung von Genealogie im Rahmen der Legitimierungsstrategie für Menthu-hotep (II.) als gesamtägyptischer Herrscher[1]

LUDWIG D. MORENZ

Ungesetzliche Mieter machen sich in der Historie breit
W. Szymborska, Volkszählung

Gedächtnisgeschichtlich orientiert, unterscheiden Historiker für verschiedenste Kulturen oft grundsätzlich drei Vergangenheiten von unterschiedlicher Relevanz für die jeweilige Gegenwart: eine unmittelbar nahe, eine mittlere und eine ferne Vergangenheit.[2] Diese erweisen sich in der *mémoire collective* häufig als durch Genealogien oder eben auch genealogische Brüche miteinander verknüpft oder auch voneinander getrennt.

Genealogien kann man antiquarisch bzw. ereignishistorisch betrachten und fragen, wer mit wem in welcher Weise verwandt war oder aber sich stärker für die Art der Darstellung, oder aber sich für Gründe der genealogischen Inszenierungen und für ideologiekritische Lektüren interessieren. Im Grunde gehören beide Ansätze selbstverständlich zusammen, sofern Fakten und Interpretationen auch in genealogiehistorischer Perspektive kaum sinnvoll voneinander zu trennen sind. Aufgrund der nach langen Irrungen und Wirrungen über die scheinbar vielen Menthu-hoteps[3] seit L. Habchis Aufsatz aus dem Jahre 1963 in der Forschung längst gut aufgearbeiteten Datenbasis für Menthu-hotep (II.)[4] kann ich mich im folgenden auf Probleme der Interpretation konzentrieren.

Anschließend an Überlegungen zu Funktionen und Geschichte von Genealogien im Alten Ägypten werde ich im Hauptteil genealogische Inszenierungen aus der Zeit von Menthu-hotep (II.) diskutieren, daran eine Skizze des kulturellen Nachlebens dieses Herrschers anfügen sowie schließlich diese Überlegungen in Thesenform bündeln.

I. Soziale Verortung und Herrschaft. Vorüberlegungen zu Bedeutung und Geschichte von Genealogien in Ägypten und einer genealogiespezifischen Darstellungsform

Zu den Zielen von Genealogien gehört wesentlich die Einbettung des Individuums in bestimmte soziale Gemeinschaften und die Konstruktion der sozialen Person durch ihre gesellschaftliche Verortung. Für das Individuum ist dabei relevant: welchen Platz habe ich in der Gemeinschaft, während die Gemeinschaft interessiert, welcher Platz dem Individuum traditionell berechtigt zukommt.

Eingangs ist vor einem logo- bzw. graphozentrischen Trugschluss zu warnen. Das *Prinzip Genealogie* ist keinesfalls an die Schriftlichkeit gebunden, wofür berühmtermaßen die oral tradierten afrikanischen Königschroniken[5] zeugen. Vielmehr handelt es sich um eine Organisationsform des sozialen Wissens, das in verschiedenen Medien überliefert werden kann, etwa in Oralität und Schrift, aber auch

1 M. Fitzenreiter danke ich für die Organisation dieses sehr anregenden Workshops. Die hier vorgetragenen Überlegungen sind zugleich Vorarbeiten zu der anvisierten Monographie mit dem Arbeitstitel *Mytho-Geschichte und die Inszenierung Pharaos als "Vereiniger der beiden Länder". Eine Herrscherbiographie Menthu-hoteps II. als (Har-)Somtus.*

2 A. Esch, Zeitalter und Menschenalter. Die Perspektiven historischer Periodisierung, in: HZ 239, 1984, 309 – 351. Für Perspektiven in der ägyptischen Literatur des Mittleren Reiches vgl. L. Morenz, Literature as a Construction of the Past in Middle Kingdom Egypt, in: J. Tait (ed.), "Never had the like Occurred". Egypt's view of its past, London 2003, S. 101 – 117.

3 Gelegentlich wurden wegen der verschiedenen Namenswechsel von Menthu-hotep (II.) bis zu elf verschiedene Personen differenziert.

4 L. Habachi, King Nebhepetre Mentuhotep: His Monuments, Place in History, Deification and Unusual Representations in the Form of the Gods, in: MDAIK 19, 1963, 16 – 52.

5 Seinerzeit bahnbrechend in der Forschung wirkte R. Schott, Das Geschichtsbewußtsein schriftloser Völker, in: Archiv für Begriffsgeschichte 12, 1968, 166 – 205.

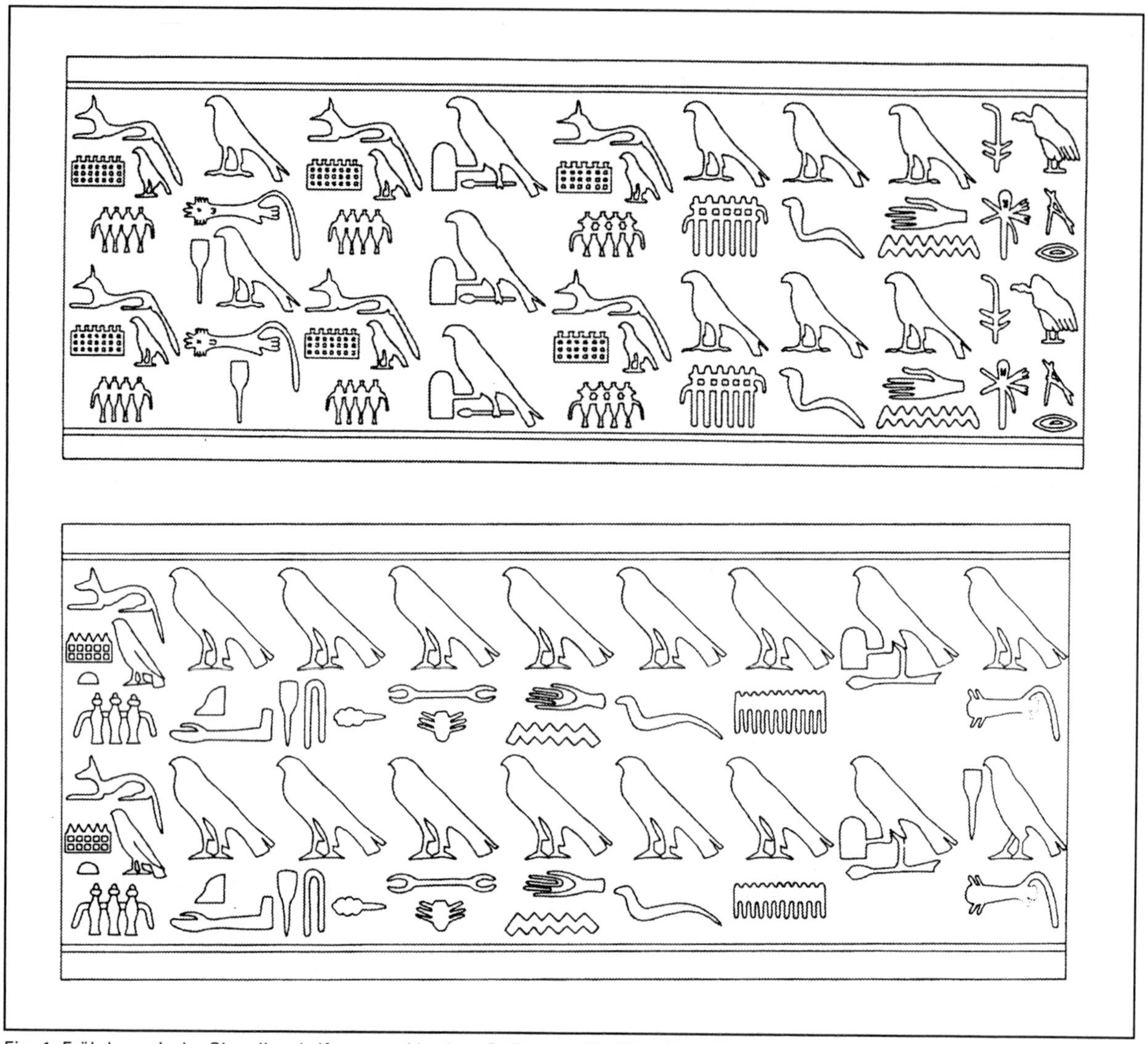

Fig. 1: Frühdynastische Siegelinschriften aus Abydos, G. Dreyer, Ein Siegel der frühzeitlichen Königsnekropole von Abydos, in: MDAIK 43 1987, 33 – 43, 36, Abb. 3 und G. Dreyer et alii, Umm el Qaab. Nachuntersuchungen im frühzeitlichen Königsfriedhof, 7./8. Vorbericht, in: MDAIK 52, 1996, 72, Abb. 26

durch Bilder, Architektur und anderes. So können z.B. in einem gewissen Sinn bestimmte Friedhofsbelegungen als architektonisch angelegte Genealogien gelesen werden, wie dies die Analyse der Belegung der archaischen Herrschernekropole von Abydos beispielhaft zeigt.[6]

Erinnerte und konstruierte Genealogien sind im Alten Ägypten höchstwahrscheinlich noch älter als die Schrift, doch werden sie für uns erstmals durch Siegelinschriften der Zeit um 3000 v.Chr. gut fassbar. Diese stammen aus den beiden wichtigen Residenzen der Zeit, Hierakonpolis und Abydos. Die beiden Siegelinschriften aus Abydos (Fig. 1) sind primär Nekropolensiegel.[7] Sie beginnen mit Nar(-meher) – also einer ganz wesentlichen Zäsur der ägyptischen Geschichte[8] – und führen die auf ihn folgenden Herrscher auf. Damit bieten sie auch ein Indiz für die Gräberbelegung als einer Form von Genealogie.

Gelegentlich fragt sich, wie weit mündlich tradierte Genealogien aus vorschriftlicher Zeit sekundär schriftlich fixiert wurden. Zur Diskussion stehen dabei insbesondere die auf dem Annalenstein von

6 W. Kaiser, G. Dreyer, Nachuntersuchungen im frühzeitlichen Königsfriedhof, 2. Vorbericht in: MDAIK 38, 1982, 211 – 269.

7 G. Dreyer, Ein Siegel der frühzeitlichen Königsnekropole in Abydos, in: MDAIK 43, 1987, 33 – 43, G. Dreyer et alii, Umm el Qaab. Nachuntersuchungen im frühzeitlichen Königsfriedhof, 7./8. Vorbericht, in: MDAIK 52, 1996, 11 - 81, 72f. L. Morenz, Bild-Buchstaben und symbolische Zeichen. Die Herausbildung der Schrift in der hohen Kultur Altägyptens, OBO 205, Fribourg und Göttingen 2004, 108f. mit Anm. 458.

8 T. Wilkinson, What a king is this?, in: JEA 86, 2000, 23 – 32; zur Lesung des Zeichens Meißel als *mḥr* statt herkömmlich als *mr* vgl. J.F. Quack, Zum Lautwert von Gardiner Sign-List U 23, in: LingAeg 11, 2003, 113 - 116.

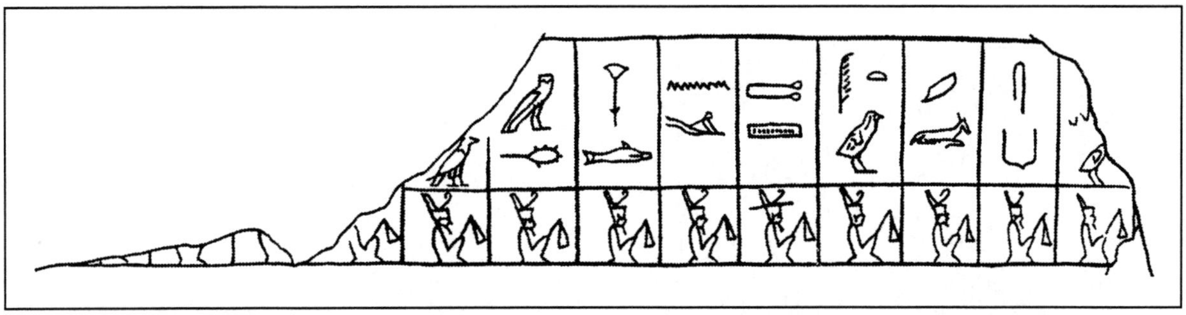

Fig. 2: Annalenstein von Palermo, vor der I. Dynastie angesiedelten Herrscher, L. Morenz, Bild-Buchstaben und symbolische Zeichen. Die Herausbildung der Schrift in der hohen Kultur Altägyptens, Freiburg und Göttingen 2004, 367, Fig. 84

Palermo vor der I. Dynastie angesiedelten Herrscher (Fig. 2). Tatsächlich ist diese Frage sehr komplex und angesichts der fragmentarischen Überlieferung kaum sicher zu beantworten. Vielleicht handelt es sich um Namen historischer Herrscher, die entweder durch eine *oral tradition* oder auch in schriftlicher Form überliefert worden sein könnten. Andererseits kann mit einer *invention of tradition*[9] gerechnet werden. Aus der späteren Perspektive des Alten Reiches könnte man eine Gruppe von Gründer-Königen gewissermaßen zur im engeren Sinn historischen Königsliste dazu erfunden haben. Dies hätte seine Parallele in der späteren Erfindung einer mytho-historischen Ursprungs-Figur namens Menes.[10] Plausibel scheint mir, wie anderenorts ausführlicher diskutiert,[11] die Annahme einer Durchmischung von Tradition und Erfindung, sofern alte Quellen bzw. Traditionen benutzt, diese aber in eine bestimmte Richtung hin gedeutet wurden. Demnach ist mit den folgenden Möglichkeiten zu rechnen:

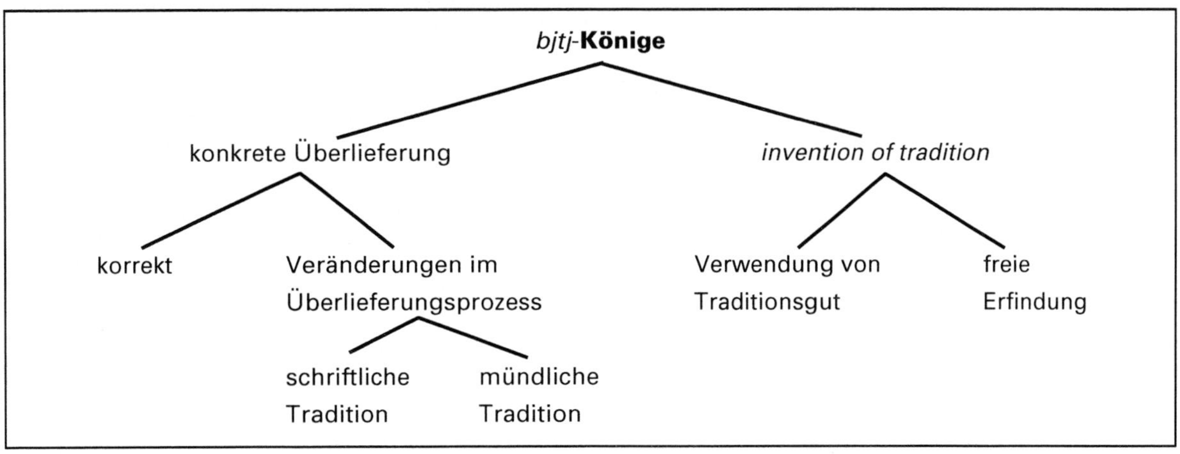

Solcherart genealogische Verortung zeugt für eine Art Geschichtsbewusstsein, wobei in jedem Einzelfall zu prüfen ist, ob eher ein Neuheitsanspruch in der Tradition gestellt oder aber eine Perpetuierung eines Ewiggleichen des *veränderungsscheuen Menschen* (M. Eliade) intendiert war.

Wie in vielen Kulturen waren auch in Ägypten Genealogien keinesfalls auf Herrscher beschränkt, aber für diese besonders relevant. Entsprechend exzessiv wurden sie gelegentlich betrieben, wobei im genauen Blick auf Kontext und Sitz im Leben durchaus größere Unterschiede zu konstatieren sind. Dabei mochte die lange Generationenkette für manchen Leser/Hörer den Effekt eines semantischen Rauschens insofern haben, als er einfach eine nahezu unendliche Verankerung im *Brunnen der Vergangenheit* wahrnahm.

Die bild-schriftliche Umsetzung von Genealogien führte in Ägypten zu einer besonderen Darstellungsform der Bilder-Namens-Liste, einer besonderen Form des Stammbaumes. Damit bezeichne ich eine Kombination aus schematisierter figürlicher Darstellung und Bildbeischrift wie etwa auf dem Palermostein. Hier oszilliert das Zeichen der *bjtj*-Könige (Fig. 2) deutlich zwischen Bild und Schrift. In

9 E.J. Hobsbawm, T. Ranger (eds.), The Invention of Tradition, Cambridge, 1983.

10 S. Morenz, Traditionen um Menes. Beiträge zur überlieferungsgeschichtlichen Methode in der Ägyptologie, in: ZÄS 99 1972, X - XVI, J. Allen, Menes, the Memphite, in: GM 126, 1992, 19 - 22.

11 L. Morenz, Bild-Buchstaben, 2004, 205 – 212.

Fig. 3: Relief aus dem Tempel von Tod: Menthu-hotep (II.) und die Antef-Könige, L. Habachi, King Nebhepetre Mentuhotep: His Monuments, Place in History, Deification and Unusual Representations in the Form of the Gods, in: MDAIK 19, 1963, 46, Fig. 22

verschiedenen anderen Quellen sind die Königsdarstellungen dagegen eindeutig Bildelemente, so z.B. auf einem Menthu-hotep (II.) zeitlichen Relief aus dem Tempel von Tod (Fig. 3). Diese schematisierte Bild-Text-Form ist charakteristisch für die ägyptische Art der Deutung der Vergangenheit, in der vor allem Namen als distinkt memoriert wurden, während man sich bildlich eher mit dem Typus begnügte.[12]

Diese Darstellungsform der Liste bietet eine räumliche Umsetzung der zeitlichen Dimension gewissermaßen als eine Linie. Die ältesten Belege – Siegel aus Abydos und Hierakonpolis, Palermo-Stein oder in noch deutlich bildhafterer Form das Relief aus Tod – stammen aus dem königlichen Bereich. Die Bilder-Namens-Liste könnte also ursprünglich für die Königsdarstellung entworfen worden sein. Spätestens im Mittleren Reich wurde sie aber in den sogenannten privaten Bereich adaptiert, wie dies eindrucksvoll das Grab von Uch-hotep III. aus Meir erweist.[13]

12 Den frühesten Beleg für gleichartige Darstellung der Figuren, die durch ihre Namen differenziert sind, bietet die Korporation der Götter von dem Schrein des Djoser aus Heliopolis, L. Morenz, Die Götter und ihr Redetext: Die ältestbelegte Sakral-Monumentalisierung von Textlichkeit auf Fragmenten der Zeit des Djoser aus Heliopolis, Tagungsband der 5. Ägyptologischen Tempeltagung (Würzburg 1999), Wiesbaden 2002, 137 – 158.

II. Die genealogische Verortung von Menthu-hotep (II.)

II.1 Zum Legitimationsbedarf der thebanischen Herrscher

In der Darstellung Menthu-hoteps (II.) können einerseits allgemeine Phänomene von pharaonischen Genealogien und ihrer Inszenierung diskutiert werden, während andererseits spezifische Besonderheiten deutlich werden sollen, die sowohl in der besonderen historischen Situation als auch in medialen Evolutionen gründen. In der XI./XII. Dynastie wurde, zugespitzt formuliert, die Tempelwand als ein Medium der Darstellung des Königtums in seiner aktuellen Form und Spezifizität entwickelt.[14]

13 Hier sind 53 Generationen von „Bürgermeistern" samt ihren Frauen gezeigt. Dabei ist das Verbindungsglied hier nicht die Blutsverwandtschaft, sondern Amtsvorgängerschaft. Diesen Stammbaum untersucht W. Grajetzki in diesem Band. Graphisch sehr viel weniger eindeutig umgesetzt als die klare Ämterfolge sowohl bei Königen als auch bei Nicht-Königen sind die Familienbeziehungen, wenn etwa auf den Familienstelen des Mittleren Reiches verschiedene Verwandte angegeben werden, vgl. dazu ebenfalls W. Grajetzki in diesem Band.

14 L. Morenz, Beiträge zur Schriftlichkeitskultur im Mittleren Reich und der Zweiten Zwischenzeit, ÄAT 29, Wiesbaden 1996, S. 3.

Dabei kommen als (Haupt-)Adressaten einerseits die Götter, andererseits die Elite in Frage.

Aus dieser sakralen Schaustellung der Königlichkeit Menthu-hoteps (II.) kann man in Verbindung mit der politischen Situation auf einen besonders empfundenen Legitimationsbedarf der neuen thebanischen Dynastie schließen. Hier sollten neben traditionellen auch neue ideologische Aussagen mit alten, vertrauten Elementen gemischt und glaubwürdig gemacht werden.[15]

Gerade für das Ende des 3. Jt. v.Chr. kann ein Nebeneinander verschiedener Traditionen und Erinnerungsgemeinschaften (P. Burke) nicht nur postuliert, sondern auch in konkreten Details genauer erfasst werden. Wir beschränken uns im Folgenden auf die thebanische Sicht, weisen aber wenigstens auf herakleopolitanische Geschichtskonstruktionen wie das genealogiehistorisch so bemerkenswerte „Haus des Chety" – *pr Ḫty* –[16] und den Kampf um Deutungshoheit zwischen verschiedenen Machtzentren hin. Die Formulierung „Haus des (Stammvaters) NN" (*pr* NN) ist in Ägypten gelegentlich seit dem späteren 3. Jt. v. Chr. belegt und erinnert an die übliche semitische Dynastiebezeichnung *bet NN* wie wir sie etwa aus der Hebräischen Bibel als *bit Omri* kennen. Tatsächlich kann auch die Bezeichnung der thebanischen XI. Dynastie als „Haus des NN" plausibel gemacht werden, hängt bisher allerdings aber an der Ergänzung einer beschädigten Textpassage. In der Selbst-Präsentation des wahrscheinlich aus Theben stammenden *Nfr.w*(?), einem „Vorsteher der Schreiber der Bücher des *Großen Hauses*" (*šḥd zš.w md3.t pr-ꜥ3*)" heißt es:[17]

zbj.n(=j) r jm3ḫ m w3s.t
zš.n(=j) n ḥrj.w-tp 7 pr [NN]

Ich ging zur kultischen Eingebundenheit[18]
im thebanischen Gau,

Ich schrieb für sieben Oberhäupter des „Hauses"
[des Jnj-jt=f ?];

....

Am Ende von Z. 3 ist noch ein Zeichenrest zu erkennen, den man kaum anders als zu *pr*[19] ergänzen kann. Deswegen möchte ich in dem *pr* eine Dynastiebezeichnung sehen. Diese Bezeichnung *pr* + Personenname = „Haus des NN" war gerade in der Zeit der Regionen sowohl im Norden mit Bezug auf die Herakleopoliten (*pr Ḫty*), als auch im Süden mit Bezug auf Edfu (*pr Ḫwj*) gebräuchlich. Wenn man dieser Überlegung folgt, kann man *NN* in Bezug auf den thebanischen Bereich mit zumindest mit einiger Wahrscheinlichkeit als *Jnj-jt=f* auflösen.

Nach einer radikalen sowohl politischen als auch kulturellen Regionalisierung Ägyptens im 22. Jh. v. Chr. setzten sich die thebanischen lokalen Potentaten gegen benachbarte Rivalen allmählich durch und stiegen im Laufe mehrerer Herrschergenerationen und verschiedener Kämpfe und diplomatischer Aktivitäten allmählich zu Gesamtherrschern über Ägypten auf. Nach Vorläufern – insbesondere seinen unmittelbaren Vorgängern Antef II. und III.[20] – kulminierte diese Entwicklung in Menthu-hotep (II.), der entsprechend auch als erster Thebaner die voll ausgebildete fünffache pharaonische Titulatur annahm.[21] Die Legitimation eines umfassenden „pharaonischen" Herrschaftsanspruches bildete eines der zentralen Probleme der Königsdarstellung von Menthu-hotep (II.). Sie wurde sowohl über die charismatische, die rationale als auch die traditionale Schiene (Dreiteilung nach den von Max Weber idealtypisch angesetzten Formen der Herrschaft) betrieben.

15 E.J. Hobsbawm, T. Ranger, The invention, 1983.

16 Zu Spuren der herakleopolitanischen Königsideologie: L. Morenz Geschichte(n) der Zeit der Regionen (Erste Zwischenzeit) im Spiegel der Gebelein-Region, Eine fragmentarische dichte Beschreibung, Habilitationsschrift, Tübingen 2001, Schlussüberlegungen h) Machtkunst, Königsanspruch und Spuren der ideologischen Auseinandersetzung zwischen „Herakleopolis" und „Theben" - Echos verschiedener Stimmen.

17 TPPI Nr. 1, Z. 3 der Stele Kairo, CG 1759.

18 Euphemismus = „ich starb", doch wird zugleich auf die kultische Eingebundenheit rekurriert.

19 Allenfalls könnte noch eine Ergänzung zu *[illegible]*, so TPPI § 1d, erwogen werden. Nach der Photographie bei L. Borchardt, Denkmäler des Alten Reiches (außer den Statuen) im Museum von Kairo, Nr. 1295 - 1808. CG. Kairo 1964, Blatt 100, scheint mir am linken Rand freilich kein Platz mehr für ein *m* zu sein, während außerdem das erhaltene Zeichen horizontal sehr breit ist.

20 Schon für die thebanischen Vorgänger Menthu-hoteps wurden sowohl traditionelle als auch innovative Formen der Darstellung in Szene gesetzt. Zu letzterem gehört die Verkündigungslitanei des Chnum für Antef aus Elephantine, in der ein territorial ausgeweiteter Herrschaftsanspruch durch den Gott legitimiert wird, L. Morenz, Eine sakro-politische Verkündigung des Chnum für [illegible] monumentalisiert auf zwei Toren in Elephantine (Rekonstruktion aus Fragmenten), in: MDAIK 60, 2004, 107-118.

21 L. Morenz, Geschichte(n), 2001, Kap. III a 2 d) Diverse Fragmente, Exkurs: Zur Titulatur Mentu-hoteps II.

Im Rahmen der Frage nach Bedeutungen von Genealogien interessiert hier selbstverständlich die traditionale Begründung seines Herrschaftsanspruches besonders. Entsprechend Pharaos sowohl göttlicher als auch menschlicher Natur,[22] wurden zwei Strategien der sakro-politischen Inszenierung und sozialen Verortung von Menthu-hotep (II.) verfolgt. Zum einen wurde er als Sohn der Götter – insbesondere von Month und Hathor – zum anderen als Nachfolger seiner thebanischen Vorgänger namens Antef dargestellt. Wie dies gemacht wurde, welche Strategien dabei verfolgt wurden und wie spezifischer auf die Deutung der konkreten historischen Situation zurückgegriffen wurde, soll hier an monumentalen Reliefs, in denen Schrift und Bild eng miteinander verwoben sind, genauer diskutiert werden. Dabei zeigt sich, dass gelegentlich in ein- und derselben Darstellung sowohl der göttliche als auch der menschliche Aspekt zugleich betont sind. Dies erweist den besonderen Status des Herrschers zwischen Gott und Mensch. Dabei handelt es sich um ein zentrales Problem der Pharao-Ideologie, das in der Forschung besonders im Rahmen der Titel, Epitheta und Namen diskutiert wurde, für das aber auch bildliche Darstellungen noch stärker heranzuziehen sind.

II.2 Die göttliche Abkunft Menthu-hoteps (II.)

Die göttliche Seite Menthu-hoteps ((II.) ist in Tempelreliefs deutlich betont, so wenn er auf einem Fragment aus seinem Totentempel von Deir el Bahri am Euter der göttlichen Kuh saugend gezeigt ist.[23] Vorzüglich Amun-Re bzw. Month als die beiden männlichen Hauptgottheiten und Hathor als die für das Königtum der XI. Dynastie zentrale Göttin galten als göttliche Eltern Menthu-hoteps (II.). Dies bezeugen Quellen aus Elephantine, Gebelein, Theben, Abydos und anderen Orten.[24] Besonders explizit in diese Richtung weist das mehrfach in der Forschung diskutierte Bildprogramm seines *k3*-Hauses von Dendera,[25] in dem Menthu-hotep (II.) als Sohn der Hathor und genauer als Somtus dargestellt ist.[26] Die verschiedenen Szenen konstituieren im Zusammenspiel von Bild und Text die sakrale Person Menthu-hoteps (II.) im Tempelkontext. Vergleichbar zu der Kuhszene aus Deir el Bahri ist hier u.a. gezeigt, wie Menthu-hotep (II.) an der Brust seiner hier menschengestaltigen Mutter Hathor saugt (Fig. 4). Als Vater wurde Harachte von Dendera – eine lokale Adaption des AR-Königsgottes Re von Heliopolis – dargestellt.

Fig. 4: Relief von dem k3-Haus aus Dendera: Menthu-hotep (II.) an der Brust seiner hier menschengestaltigen Mutter Hathor saugt, L. Habachi, King Nebhepetre Mentuhotep: His Monuments, Place in History, Deification and Unusual Representations in the Form of the Gods, in: MDAIK 19, 1963, 26, Fig. 8 (Ausschnitt)

II.3 Die menschliche Abkunft Menthu-hoteps (II.)

Als thematische Komplementäraussage zu der Dendera-Kapelle, in der Menthu-hotep (II.) als Gottessohn des Paares Hathor und Harachte von Dendera dargestellt wird,[27] erscheint das Felsrelief von Wadi Schatt er-Rigal (Fig. 5).[28] Dort ist der im Bedeu-

22 Hinzuweisen ist auf den posthum publizierten Ansatz von O. Berlev, Two Kings – Two Suns – on the worldview of the ancient Egyptians, 2003.

23 Kestner-Museum Hannover Inv.-Nr. 1935, 200, 82, mehrfach abgebildet.

24 L. Morenz, Geschichte(n), 2001, Kap. II.a.1.b) Die Manifestation eines sakro-"politischen" Anspruches - Zum Tempel-Bauprogramm Mentu-hoteps II. in Oberägypten und insbesondere zur Bedeutung des Gebeleiner Baues.

25 Bei diesem Bau könnte es sich um ein Proto-Mamisi handeln. Dazu passt auch die Lage, sofern wir annehmen, dass der Hathor-Tempel der XI. Dynastie bereits dieselbe Ausrichtung hatte wie der aus späterer Zeit.

26 S. L. Morenz, Geschichte(n), 2001, Schlußüberlegungen, j) Ideologie und Mythologisierung des „Reichseinigers" (*Zm3-t3.wj*) Mentu-hotep II.

27 Motivische Vorläufer stammen aus dem Alten Reich, so, wenn auf Siegeln die Königskartusche zwischen Re und Hathor dargestellt ist, P. Kaplony, Die Rollsiegel des Alten Reichs, Brüssel 1981, passim.

28 Eine sehr eigenwillige Interpretation bietet O. Berlev, The Eleventh Dynasty in the Dynastic History of Egypt, in: FS Polotsky, 1981, 361 - 377.

Fig. 5) Felsrelief von Wadi Schatt er-Rigal, L. Habachi, King Nebhepetre Mentuhotep: His Monuments, Place in History, Deification and Unusual Representations in the Form of the Gods, in: MDAIK 19, 1963, 48, Fig. 23

tungsmaßstab überragend große König im königlichen Ornat mit Doppelkrone abgebildet. Er wird von seinen - sehr viel kleiner wiedergegebenen - menschlichen Vorfahren gerahmt. Außerdem ist *Ḫty* - offenbar als Repräsentant der hohen Beamtenschaft im Verehrungsgestus mit erhobenen Armen - vor dem König und dessen Eltern dargestellt.

Das Bild der Mutter des Königs weist eine ikonographische Besonderheit auf. Die Frau hält nicht nur eine offene Lotosblume, sondern auch einen Stängel mit Blüte in ihrer anderen Hand.[29] In den beiden Lotospflanzen lässt sich ein Bezug auf Hathor vermuten und damit an die hathorische Rolle der Mutter des Königs denken.[30]

Antef wird hier als *jt nṯr mrj nṯr* – „Gottesvater, Geliebter des Gottes" - bezeichnet. Demnach steht hier sein Aspekt als Königsvater im Vordergrund, obwohl er außerdem auch noch mit dem Sohn-des-Re Titel belegt und sein Name in Kartusche geschrieben steht. Auch bei Jah steht der Mutteraspekt im Vordergrund, denn ihr ist *mw.t nsw* – „Königsmutter" – beigeschrieben. Während nun diese Jah als leibliche Mutter des Königs angesetzt werden kann, ist dies für Antef zumindest nicht zwingend. Statt des leiblichen Vaters könnte hier nämlich auch an jenen dynastischen (Ur-)Ahn Antef gedacht werden, der in der Karnakliste des Neuen Reiches als *rpˁ.t* und *ḥ3tj-ˁ* bezeichnet ist.[31] In jedem Fall wird Menthu-hotep (II.) gegenüber seinen Eltern bzw. seiner Mutter und seinem Ahnen einerseits radikal herausgehoben,

29 Zu diesem in der Grabmalerei von Beni Hassan auftauchenden Motiv vgl. H.G. Fischer, Varia Nova, New York 1996, S. 210f.

30 Gegen H. Brunner, Die Geburt des Gottkönigs, 1964, S. 198, kommt hier der Königsmutter gerade hohe Bedeutung zu.

31 E. Blumenthal, Die „Gottesväter" des Alten und Mittleren Reiches, in: ZÄS 114, 1987, 10 – 35, 18f.

zugleich aber auch dynastisch eingebettet (seine Mutter Jah und sein Vater Antef bzw. seine Mutter Jah und sein (Ur-)Ahn Antef).

Das Gebiet von Wadi Schatt er Rigal diente anscheinend vor allem als Jagdplatz der thebanischen Elite, und aus der Perspektive der hohen thebanischen Beamtenschaft – repräsentiert hier durch den „Siegler des *bjtj*-Königs und Siegelvorsteher Chety[32] - waren die menschlichen Eltern bzw. auch der (Ur-)Ahn Menthu-hoteps (II.) wichtig. Dabei treten sie hier weniger als Personen eigenen Rechtes, sondern nur in Bezug auf ihren auch so deutlich größer und ikonographisch reicher dargestellten Sohn hervor. Chety selbst wird durch die Geste des an die Brust gehaltenen rechten Armes als den Herrscher verehrend ausgewiesen. Weitere Graffiti aus der Umgebung dieses Felsbildes dienen ebenso dem Ruhm von Menthu-hotep (II.). Sie zeugen dafür, wie die thebanische Elite ihren Herrscher feierte.

Die beiden eben besprochenen Darstellungen behandeln mit Bezug auf die Abstammung die göttliche (Dendera) und die menschliche (Schatt er-Rigal) Natur des Königs, der in beiden Fällen als Gott-Mensch bzw. Mensch-Gott konzipiert scheint.

II.4 Menthu-hotep (II.) in Beziehung sowohl zu den Göttern als auch zu seinen thebanischen Vorgängern

Sofern der Überlieferungszufall nicht völlig täuscht, war die Darstellung von Menthu-hotep (II.) samt seinen drei Vorgängern namens Antef in dem Tempel von el-Tod (Fig. 3)[33] im ikonographischen Programm für Tempelwände neuartig. Diese Antefs sind nur namentlich voneinander unterschieden, aber ikonographisch völlig gleichartig dargestellt. Damit handelt es sich um eine, wie eingangs skizziert, kurze genealogische Bilder-Liste – also eine für die Umsetzung von Genealogien in Ägypten typische Darstellungsform. In diesem Fries aus dem Tempel von Tod wird Menthu-hotep (II.) sowohl historisch verankert, als auch gegenüber seinen Vorgängern, den Antefs mit den Horusnamen Seher-ta.ui, Wah-anch und – heute zerstört – Nacht-neb-tep-nefer, überhöht. Einerseits steht er damit in einer Kette von Herrschern, ist aber andererseits auf einer höheren Ebene angesiedelt. Er wurde nämlich deutlich größer als seine Vorgänger dargestellt und außerdem ikonographisch durch die Krone und seine „Vergöttlichung" von ihnen abgehoben. Darin kann man einen Ausdruck von charismatischem Herrschaftsanspruch sehen. Er wird gleich seinen Vorfahren dem Gott Month opfernd gezeigt, wobei er Wein und sie Brote darbringen. Insofern spielen sie im Opfer zusammen. Menthu-hotep (II.) steht mit den Göttern Month und Hathor genau auf Augenhöhe. Tatsächlich dürfte er nicht nur als Herrscher dem Tempelherren opfern, sondern die Präsenz von Hathor hinter ihm legt darüber hinaus nahe, dass Menthu-hotep (II.) hier als Sohn von Hathor und Month konzipiert ist, wie dies verschiedene andere Darstellungen ausführlicher zeigen.

Demnach ist Menthu-hotep (II.) hier sozial doppelt vernetzt: als Nachfolger der thebanischen regionalen Potentaten, die er an Status übertrifft, aber auch als göttlicher Sohn von Hathor und dem für die Dynastie so wichtigen Gott Month, zugleich seinem Namenspatron. Dabei ist dies bildlich so gestaltet, dass Hathor, Menthu-hotep (II.) und Month die Hauptszene bilden, während die drei Antefs nachgeordnet sind. Auch königsideologisch ergibt diese Lesart Sinn, sofern Menthu-hotep (II.) tatsächlich als Gottessohn konzipiert ist, während er zugleich auf menschlicher Ebene in die Reihe der thebanischen Potentaten eingeschrieben erscheint.

Wahrscheinlich sollte mit dieser Herrscherreihe die Legitimität der neuen thebanischen Dynastie ausgedrückt und zeichen-magisch versteinert werden, wofür sowohl menschliche Tradition als auch göttliche Beziehung ins Feld geführt werden. Tatsächlich ist das Verhältnis des Herrschers sowohl zu Gott als auch Mensch ein zentrales Problem nahezu jeder Königsideologie.[34]

II.5 Ein genealogisch-politischer Mythos und die Konstruktion eines königlichen Vorfahren für Menthu-hotep (II.)

Im Hinblick auf die Darstellung von dynastischer Legitimität ist darauf hinzuweisen, daß in vielen poli-

---

32 Dieser Chety kann mit einiger Wahrscheinlichkeit als Autor oder zumindest als Veranlasser dieses Felsbildes angesehen werden.

33 J. Vandier, Un nouvel Antef de la XIe Dynastie, in: BIFAO 36, 1936/7, 101 - 116.

34 In diesem Zusammenhang ist selbst auf den Stammbaum von Jesus aufmerksam zu machen, der in seiner Rolle als „Sohn Davids" (Mt. 1, 1) als ein Mensch gefasst wird, während die Formulierung „… Josef den Mann Marias, aus der gezeugt wurde Jesus, der da heißt Christus" (Mt 1, 16) in extremer intratextueller Spannung auf seine göttliche Dimension verweist, ausführlicher und differenzierter zu dieser Problematik: M. Stowasser, in diesem Band.

tischen Mythen – etwa im alten Rom mit Aeneas oder Romulus – die Genealogie eine hohe Rolle spielte.[35] Auch für die ägyptische XI. Dynastie lässt sich mit Vorformen eines genealogisch-politischen Mythos (im Sinne etwa der römischen Aeneas- oder Romulusmythen) rechnen, obwohl die Narrative in den uns überlieferten Quellen fehlt. Zumindest die Existenz einer solchen Textsorte auch im Alten Ägypten bezeugt aber die Geschichte über die Abstammung der drei ersten Könige der V. Dynastie vom Gott Re von *Sachbu* aus den Wundererzählungen von Papyrus Westcar,[36] die sich durchaus mit Zügen aus den römischen Romulus- und Aeneas-Mythen vergleichen läßt.

Im Rahmen solcher ideologisch besonders relevanten Genealogien wurden in Ägypten genauso wie in anderen Kulturen gelegentlich Personen für bestimmte Rollen erfunden bzw. zumindest überhöht. Letzteres gilt insbesondere für historisch-mythische Gründergestalten wie den bereits erwähnten Menes.[37] Zeitgenössisch zumindest als König nicht belegt ist der vor den Königen namens Antef angesiedelte sogenannte Menthu-hotep I.[38] Er ist nur aus Quellen belegt, die aus der späteren XI. Dynastie bzw. dem Neuen Reich stammen. Demnach muss zumindest mit der Möglichkeit gerechnet werden, dass er eine fiktive, geschichtsstiftende Konstruktion aus der Zeit Menthu-hoteps II. darstellt, um für diesen Herrscher mit massivem königlichem Anspruch an einen namensgleichen Stammvater anknüpfen zu können. In diesem Sinn dürfte besonders die posthume Statue Menthu-hoteps I. aus dem Heqa-ib-Heiligtum bzw. wahrscheinlicher dem Satet-Tempel[39] von Elephantine zu interpretieren sein (Fig. 6). Die Inschrift auf deren Basis lautet: „Vater der Götter, Menthu-hotep, der Große, geliebt von Satet, Herrin von Elephantine". Als ihr Stifter kann Menthu-hotep (II.) angesehen werden, weil er eine Neuanlage des Satet-Tempels errichten ließ, weil diese Statue in sein Vorfahren-Programm passt und weil auch die Stilistik diese Datierung unterstützt.[40] Dabei besagt der Titel *jt nṯr.w* – „Vater der Götter" -, dass jener *Menthu-hotep, der Große* als Vater von Königen konzipiert war. Hier handelt es sich um eine Modifikation des üblichen Titels *jt nṯr* – „Gottesvater".[41] Mit dieser spezifischen Variation wird wahrscheinlich bewusst auf seine Vorläuferschaft zu mehreren Königen – und damit eine Funktion als Ahne und eventuell auch Dynastiebegründer – abgehoben. Außerdem wird dieser Menthu-hotep (I.) durch das Epitheton *ˁ3* – „der Große" – von Menthu-hotep (II.) unterschieden. Dies nimmt darauf Bezug, dass er deutlich vor Menthu-hotep (II.) angesiedelt ist.[42] Solange er aber zeitgenössisch nicht zu belegen ist, muss zumindest für den skeptisch orientierten Historiker offen bleiben, ob er a) tatsächlich bereits König war, ob b) eine reale Person massiv ideologisch überhöht wurde oder weitergehend ob c) er als historische Person überhaupt existierte oder gar erst ganz im Nachhinein konstruiert wurde. Als wahrscheinlichstes Szenarium könnte eine

35 T. Hölscher, Mythen als Exempel der Geschichte, in: F. Graf (Hrsg.) Mythos in mythenloser Gesellschaft, Colloquium Rauricum, Stuttgart und Leipzig 1993, 67 - 87, 70.

36 P. Westcar IX, 21ff. Eine Analyse muss hier nicht *en detail* vorgeführt werden. Immerhin kann man auch hier eine Spielart des Zwei-Körper-Modells erkennen, sofern die Könige einen göttlichen Vater und eine menschliche Mutter haben.

37 S. Morenz, Traditionen um Menes, 1972. Man kann aus der Forschung die folgenden Etymologievorschläge aufführen, ohne dass eine definitive Entscheidung zu treffen wäre: „irgendwer" (P. Derchain), „der Bleibende" (S. Morenz) oder auch „der Memphit" (J. Allen). Als einen weiteren Vorschlag könnte man an *mnj* - „Hüter, Hirte" - denken. Im Alten Ägypten wurde Herrschaft als Hirtenschaft verstanden. Wie auch immer es mit der Etymologie genau stehe, wird man Menes jedenfalls im Sinne der „invention of tradition" verstehen dürfen.

38 T. Schneider, der Pharaonen. Die altägyptischen Könige von der Frühzeit bis zur Römerherrschaft, Zürich, 1994, S. 155.

39 Die archäologischen Daten sind problematisch. Diskussion bei D. Franke, Das Heiligtum des Heqaib auf Elephantine, SAGA 9, Heidelberg 1994, 32f.

40 Vgl. D. Franke, Das Heiligtum, 1994, S. 32f. Teilweise wurde sogar eine noch spätere Datierung erwogen. So plädierte F. Junge für das Mittlere Reich (in: L. Habachi, Elephantine IV, The Sanctuary of Heqaib (AV 33), Mainz 1985, 118, 121, Anm. 43 und 52). Für die hier vorgetragene Deutung ist dieser Unterschied nicht so wesentlich, weil ältere Traditionen aus der Zeit von Menthu-hotep II. aufgegriffen und fortgeschrieben worden sein könnten. Dabei ist darauf hinzuweisen, dass im Rahmen der Legitimierung der Könige der XII. Dynastie zwar mehrfach auf Menthu-hotep II., aber nicht auf die Antefs zurückgegriffen wurde. Die Großkartusche mit der Jahresangabe und dem Namen von Amen-em-het III. unter der Bauinschrift von Antef Wach-anch (Habachi, Nr. 100) bietet jedenfalls keine genealogische Bezugnahme, und ihre konkrete Funktion ist wegen der fragmentarischen Erhaltung kaum genauer zu bestimmen.

41 E. Blumenthal, Die „Gottesväter" des Alten und Mittleren Reiches, in: ZÄS 114, 1987, 10 – 35.

42 Das Epitheton *ˁ3* – „der Große" – passt insofern gut in diesen historischen Kontext, als es auch von Antef-Königen getragen wurde.

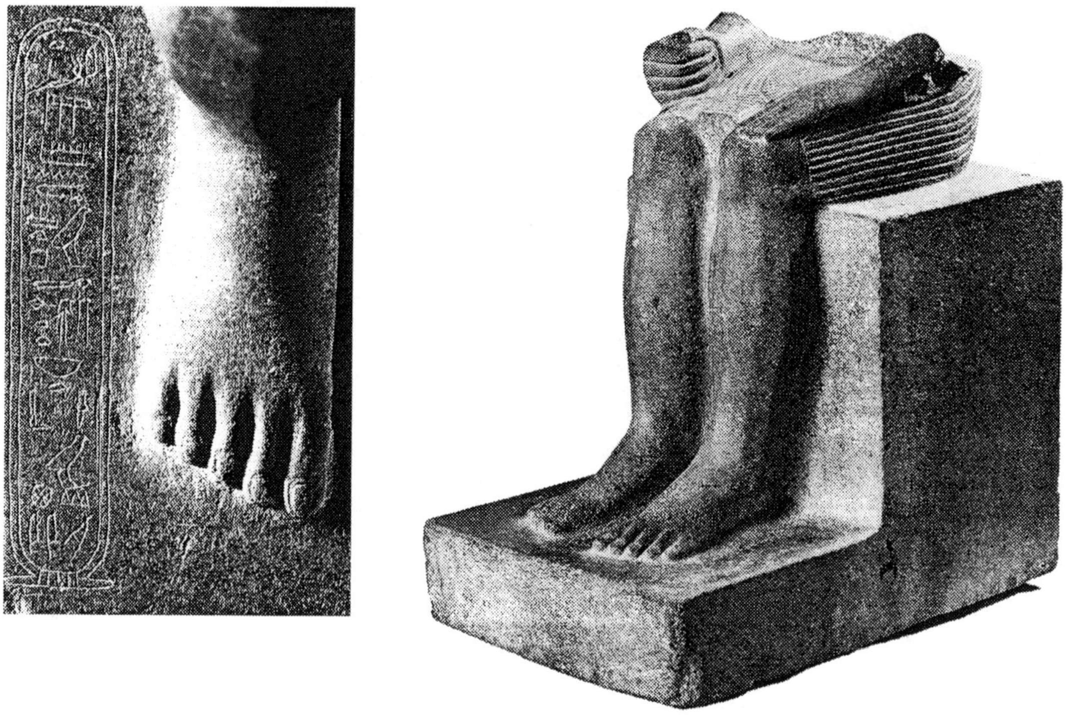

Fig. 6) Statue Menthu-hoteps (I.) aus dem Heqa-ib-Heiligtum bzw. wahrscheinlicher dem Satet-Tempel, L. Habachi, Elephantine IV, The Sanctuary of Heqaib (AV 33), Mainz 1985, pl. 188a und b

menschliche Person – vielleicht ein thebanischer Lokalpotentat mit kleinem Machtbereich – nachträglich mit besonderer historischer Bedeutung aufgeladen und zu einer bestimmten mytho-historischen Figur – eben einem Gründungsvater der XI. Dynastie – gestaltet worden sein. Zumindest nicht auszuschließen ist ferner, dass dieser Menthu-hotep (I.) auch in dem Turiner Königspapyrus genannt wurde.

In dieser Tradition des – möglicherweise fiktiven – Dynastiegründers wurde in einer Königsliste aus Karnak (N 12)[43] mit dem so offenkundigen Pseudonamen *ḥr tpj-ʿ* – „Horus: Vorfahr" – auf Menthu-hotep (I.) verwiesen.[44] Seine Bezeichnung als Horus *tpj-ʿ* – „Vorfahr" – interpretiere ich in diesem Zusammenhang als eine Paraphrase des Titels *jt-nṯr.w* – „Vater der Götter" –, weil bei beiden der Bezug zu den Nachfahren betont wird. Allerdings kann aber die Statue aus Elephantine gewiss nicht als direkte Vorlage für die Königsliste der Zeit Thutmosis III. aus Karnak gedient haben, sondern wir müssen mit einer bzw. mehreren dritten Quellen rechnen, von denen die beiden zufällig erhaltenen direkt oder indirekt abstammen. Historisch ist plausibel, dass dieses Menthu-hotep (I.) primär in Theben als der Residenz der thebanischen XI. Dynastie gedacht wurde, wahrscheinlich im Rahmen des Königskultes von Menthu-hotep (II.). Diese Ahnenverehrung dürfte bis nach Elephantine als der südlichen Grenze des thebanischen Machtbereichs ausgestrahlt haben.

Diese Annahme würde auch erklären, warum Menthu-hotep (I.) in der Karnakliste genannt ist, nicht aber in den Königslisten von Abydos oder Saqqara. Wenn dieser Ahnenbezug Menthu-hoteps (II.) damals bis nach Elephantine (Satet-Tempel bzw. Heqa-ib-Heiligtum) ausgestrahlte, zeugt dies für die Relevanz dieser genealogischen Konstruktion. Dabei kann für Elephantine sogar eine Art kleiner Ahnengalerie von Menthu-hotep (II.) angenommen werden.

43 Zur Karnakliste und ihrer Stellung im Rahmen der ägyptischen Annalen: D. Redford, Pharaonic King-Lists, Annals and Day-Books, SSEA Publication 4, Missisauga, 1986, mit weiterer Literatur.

44 Vergleichbar ist der Stammbaum von der Stele Louvre SIM 2846 aus dem 37. Jahr von Scheschonk V. Dort wird nämlich der (Ur-)Ahn ohne Titel nur als „Libyer (*ṯḥnw*) Buyu-wawa" bezeichnet. Diese Bezeichnung weist ihn in Verbindung mit seiner Position im Stammbaum als einen mehr oder weniger mythischen oder auch mytho-historischen (Ur-)Ahn in der genannten Generationenkette aus.

Exkurs: Die fragmentarisch erhaltene kleine Ahnengalerie von Menthu-hotep (II.) aus Elephantine und ihre königsideologische Bedeutung

Aus dem Heqa-ib-Heiligtum bzw. wahrscheinlicher dem Satet-Tempel von Elephantine stammt noch eine zweite Ahnenstatue, die Antef Wach-anch darstellt[45] und die jener des „Vater(s) der Götter, *Menthu-hotep, der Große*, geliebt von Satet, Herrin von Elephantine" bemerkenswert ähnelt. Eventuell kann aus dem ergrabenen Material sogar noch eine dritte Statue eingereiht werden, die einen Herrscher im Sedfest-Mantel zeigt.[46]

In der Interpretation dieses Befundes kommen wir zu der Hypothese, dass aus Elephantine die erste ägyptische Ahnengalerie in Form von Statuen konkret archäologisch fassbar wird. Sie repräsentiert ein dynastisches Ahnenprogramm in Form von Statuen, das mit „Menthu-hotep dem Grossen" begann, auf den die drei Antefs folgten. Von daher könnten die drei *nṯr*-Zeichen in dem besprochenen Titel *jt-nṯr.w* – „Vater der Götter" – sogar konkret so erklärt werden, dass eben drei Könige namens Antef auf diesen Ahnen und mutmaßlichen bzw. fiktiven Dynastiebegründer zurückgeführt wurden. Allerdings kommt zu diesen Herrschern außerdem noch Menthu-hotep (II.) selbst hinzu. Deshalb wird man besser bei der Auffassung der drei *nṯr*-Zeichen als Pluralindikatoren bleiben. Die Errichtung dieser Statuenserie unter Menthu-hotep (II.) passt ausgezeichnet in den dynastischen Zug von dessen Legitimierungsprogramm.

Für die Deutung der Statuen als konzipierter Ahnenreihe spricht die intratextuelle Verbindung der Statueninschriften, sofern *Menthu-hotep, der Große* mit dem Titel *jt-nṯr.w* – „Vater der Götter" – als Ausgangselement gesetzt ist, während die Statue des Antef (II.) Wach-anch als ein in ihrer Platzierung nicht ganz genau zu bestimmendes Folgeglied in der Reihe steht, weil sie mit *s3=f* – sein Sohn" – beginnt. Damit bezeugt diese Inschrift durch das singularische Suffixpronomen einen direkten, wenn auch nicht notwendig unmittelbaren Anschluss an ihre Vorgängerstatue. Ihr unmittelbarer Vorgänger war vermutlich nicht direkt die von *Menthu-hotep, dem Großen*, sondern eine wegen des Überlieferungszufalls nicht erhaltene Statue von Antef (I.) Sehetep-Taui. Bekanntlich kann der *terminus technicus s3* – „Sohn" – nicht ausschließlich im biologischen Sinn, sondern auch dem der Amtsnachfolge interpretiert werden.

Diese Statuenfolge der Herrscher der XI. Dynastie findet eine direkte Parallele in dem besprochenen Tempelrelief von Et-Tod, auf dem neben Menthu-hotep (II.) in genealogischer Reihenfolge seine drei Antef-Vorgänger dargestellt sind.

Anschließend an diese Überlegungen stellt sich noch die Frage, ob dieses Statuenprogramm der Ahnenreihe primär für Elephantine entworfen wurde. Tatsächlich wäre der Amun-Tempel von Karnak als das ideologische Zentrum des Königs Menthu-hotep (II.) ein noch deutlich plausiblerer Ort für die Aufstellung einer solchen die Dynastie repräsentierenden Statuenreihe. Tatsächlich dürfte unser Bild stark vom Überlieferungszufall geprägt sein. Aus Karnak ist jedenfalls nur verhältnismäßig wenig Material aus der XI. Dynastie erhalten, und vor allem spricht die Karnakliste aus dem Neuen Reich mit ihrer Erwähnung von dem „Horus: Vorfahr Menthu-hotep" dafür, dass noch im Neuen Reich jener *Menthu-hotep, der Große* im Tempel von Karnak präsent war. Demnach kann zumindest mit einiger Wahrscheinlichkeit auch für den Karnak-Tempel eine der Legitimierung von Menthu-hotep (II.) dienende Statuenreihe wie in Elephantine postuliert werden.

Die Tradition solcher statuarischer Ahnengalerien in Ägypten kann bis in das erste Jt. v. Chr. verfolgt werden. Herodot berichtet in seinem II. Buch, Kap. 143, dass Priester des Zeus (= Amun) hölzerne Statuen des Oberpriester und seiner Vorfahren – zusammen 345 – zeigten.

Diese Form des dreidimensionalen Stammbaumes als dynastischer Statuenreihe entspricht der eingangs besprochenen zweidimensionalen Form der Bilder-Liste, wie sie das Tempelrelief aus Et-Tod mit den Antefs und Menthu-hotep (II.) zeigt.

Ende des Exkurses

So wenig wir auch wegen des Überlieferungszufalls zu dem ereignisgeschichtlichen Horizont von dem „Vater der Götter, *Menthu-hotep, dem Großen*" vorstoßen können, erfahren wir doch viel über die genealogische Inszenierung im Dienste von Menthu-hotep (II.) In seiner Inszenierung als Herrscher wurde eine Tradition entweder ausgebaut und gesteigert

45 L. Habachi, Elephantine IV, The Sanctuary, 1985, Nr. 98.

46 L. Habachi, Elephantine IV, The Sanctuary, 1985, Nr. 99.

oder sogar erfunden, um das thebanische Herrscherhaus und insbesondere Menthu-hotep (II.) mit dynastischer Legitimität auszustatten und das neue Königtum mit seinem gesamtägyptischen Herrschaftsanspruch stärker in der Geschichte zu verankern. Wie weit hier eventuell archivalisch bzw. erinnerungsgeschichtlich oder aber rein konstruierend gearbeitet wurde, entzieht sich mangels Quellen unserer Kenntnis.

Diesen Punkt beschließend, fragt sich in aller Skepsis des modernen Historikers, wie ernst wir diesen König Menthu-hotep (I.) historiographisch nehmen wollen. So sehr er auch ein ideologisches Konstrukt darstellt, kam ihm doch jedenfalls insofern eine historische Realität zu, als er noch in einer Königsliste des Neuen Reiches geführt wurde. Zumindest die Erfindung dieser Tradition war also folgenreich. Je nach Blickwinkel und Interessenlage können wir ihn entweder aus unseren modernen Königslisten streichen oder aber dieser erfundenen bzw. ideologisch aufgearbeiteten Tradition im Sinne jenes Menthu-hotep, den wir dann den Zweiten nennen müssten, doch eine historiographische Realität zuschreiben. Vielleicht klären ja künftige Funde darüber auf, wie stark hier Fakten und Fiktionen vermischt wurden. Bis zum Erweis des Gegenteils durch neue Funde sollte jedenfalls in diesem Menthu-hotep (I.) kaum mehr als eine ideologisch aufgearbeitete, wenn nicht erfundene Tradition gesehen werden: also allenfalls ein regionaler Potentat, dem rückblickend im Rahmen der thebanischen Königsideologie seiner aufsteigenden Nachfolger namens Antef und Menthu-hotep auch schon mehr oder weniger Königsrang zugeschrieben wurde.

Für eine nicht völlig freie, sondern auf einer bestimmten historischen Tradition aufbauende „invention of tradition" spricht, dass diesem Menthu-hotep (I.) in der Karnakliste noch ein Vorgänger – der *rpꜥ.t ḥ3tjꜥ* Antef – vorangestellt wurde. Dieser ist nun nach seinen Titeln eindeutig als ein regionaler Potentat bezeichnet, der wahrscheinlich sogar archäologisch durch seine Totenstele gefasst werden kann.[47] Somit wird dieser Lokalfürst Antef (gewissermaßen Antef „0.") als Ausgangspunkt des thebanischen Herrscherhauses greifbar. Ähnliches dürfte für Menthu-hotep (I.) gelten, dem erst nachträglich und wahrscheinlich im Zuge der Legitimierungsbemühungen für Menthu-hotep (II.) königlicher Status zugeschrieben wurde. Wenn er unter Menthu-hotep (II.) noch als *jt-nṯr.w* gefasst wurde, spricht viel dafür, dass ihm die Kombination aus Titel und (Pseudo)Name „Horus: Vorfahr" von der Karnakliste erst im Rahmen der Geschichtsaufarbeitung des Neuen Reiches zugeschrieben wurde. Demnach handelt es sich um eine doppelt gebrochene Geschichtskonstruktion mit den folgenden Stufen:

1.) historischer Menthu-hotep (I.), der durch zeitgenössische Quellen nicht belegt ist

2.) Interpretation von Menthu-hotep (I.) als Götter-Vater und Begründer des thebanischen Herrscherhauses unter Menthu-hotep (II.)

3.) Aufgreifen und Fortschreiben dieser Tradition im Neuen Reich.

III. Menthu-hoteps (II.) Platz in späteren kulturellen Genealogien

Bisher wurde über genealogische und mytho-historische Konstruktionen der Zeit Menthu-hoteps (II.) gesprochen. Abschließend soll weiterführend das genealogische Nachleben von Menthu-hotep (II.) in der ägyptischen Geschichte an wenigen Beispielen skizziert werden.[48] Sesostris (I. oder III.) dedizierte seinem „Ahnen" (*jt*) Menthu-hotep Neb-hepet-re ein Mundöffnungsgerät.[49] Auf einer Doppelstatue aus Karnak steht: „Der Doppelkönig Chau-nefer-re (Sobek-hotep IV.), begabt mit Leben – er machte (es) als sein Monument für den Doppelkönig Neb-hepet-re, wahr an Stimme als Erneuerung dessen, was gemacht haben der Doppelkönig Cha-kau-re (Sesostris III.) und der Doppelkönig Cha-cheper-re, sein Vater, begabt mit Leben wie Re, ewiglich"[50] Diese Beispiele stehen *pars pro toto* für eine Menhtu-hotep-Tradition, die bis ins Neue Reich und noch darüber hinaus aktuell war. In der königlichen Prozession des Ramesseums[51] ist Menthu-hotep (II.) zusammen mit Menes vor Ach-mose, dem Begründer der

---

47 L. Morenz, Lesbarkeit und Macht. Die Stele des Jnj-jt=f (Kairo, CG 20009) als Monument eines frühthebanischen lokalen Herrschers, erscheint in: Aula Orientalis.

48 Zu dieser Problematik neuerdings K. el-Enany, Le saint thébain Montouhotep-Nebhépetrê, in: BIFAO 102, 2002, 167 – 190.

49 W.C. Hayes, The Scepter of Egypt I, New York 1953, Fig. 111, S. 182.

50 Kairo, JE 38579, G. Legrain, Statues et statuette de rois et de particuliers, CG 42001 - 42138, Kairo 1906.

51 Zur Bedeutung dieses Reliefs vgl. grundlegend H. Ranke, Vom Geschichtsbilde der Alten Ägypter, in: CdE 6, 1930, 277 - 286, zurückhaltender, D. Wildung, ägyptischer Könige im Bewußtsein ihrer Nachwelt, MÄS 17, Berlin 1969, S. 9 - 12.

XVIII. Dynastie, abgebildet. Die beiden früheren Herrscher sind in diesem besonderen Zeugnis ägyptischer Geschichtsdeutung als mytho-historische Gründer-Könige konzipiert. Wenn bei dem höchstwahrscheinlich erfundenen Menes[52] der Fall auch ganz anders liegt, kann man dies für Menthu-hotep (II.) mit seinem schon zu Lebzeiten inszenierten protomythischen Status erklären. Auch in der längsten überlieferten ägyptischen Genealogie – der Berliner Ahnentafel aus der Zeit von Scheschonk V. (Berlin 23673)[53] – wird Menthu-hotep Neb-hepetre genannt, nur sieben Generationen von Amen-hotep I. entfernt. Dies alles sind Zeugnisse für kulturelle Ahnenreihen, denn Menthu-hotep (II.) war zumindest nicht mit allen genannten Herrschern blutsmäßig verwandt.

Einen besonderen Fall bietet der Name des Bruders des berühmten *Bw-thj-jmn* aus der XX. Dynastie, der offenbar nach Menthu-hotep *Nb-ḥp.t-rʿ* benannt worden ist. Sein Name wurde sowohl mit als auch mit  geschrieben. Darüber hinaus begegnet auch die Doppelschreibung mit .[54] Diese private historische Reminiszenz an einen Herrscher der fernen Vergangenheit kann als eine besondere und graphisch geradezu archäologisch untermauerte Form der kulturellen Genealogie interpretiert werden. Durch die Namensidentität einschließlich der besonderen Schreibvarianten wird diesem *Nb-ḥp.t-rʿ* nämlich der historische Herrscher Menthu-hotep (II.) als Vorbild und gewissermaßen als Ahne zugeschrieben.

Zusammenfassung und Thesen

Die vorstehenden Überlegungen bündelnd, komme ich zu den folgenden Thesen über die Bedeutung von Genealogien für die Darstellung von Menthu-hotep (II.) als ägyptischem Herrscher:

1.) Die Schilderung der göttlichen Abkunft Menthu-hoteps (II.) diente dazu, seinen besonderen, übermenschlichen Status zu inszenieren. Hier handelt es sich im Grunde um eine altbekannte pharaonische Tradition, die sogar noch bis über das Alte Reich hinaus verfolgt werden kann.

Allerdings sind zwei Besonderheiten hervorzuheben. Die Vorgänger Menthu-hoteps (II.) waren regionale Potentaten mit einem auch entsprechend geringeren Statusanspruch. Deshalb wurde für die Darstellung Menthu-hoteps (II.) an ältere Traditionen – besonders an Pepi II. – angeknüpft. Darüber hinaus wurde er wie in den Reliefs aus Dendera in einer besonderen Weise als göttlich inszeniert, nämlich als Somtus, Sohn der Hathor.[55] Diese Hypostasierung Menthu-hoteps (II.) hängt, wie an anderem Ort gezeigt, wesentlich mit dem historischen und ideologischen *zm3-t3.wj* – „Vereinigung der beiden Länder" – zusammen.[56] Mit der Inszenierung von Menthu-hotep (II.) als Somtus wurde ein seit Narmeher für die ägyptische Königsideologie zentraler Gründungsmythos in besonderer Weise auf Menthu-hotep (II.) bezogen, wobei der spezifischen historischen Situation eine besondere Bedeutung zukam. Neben dem Aspekt der Ordnung steckt hierin auch der der Gewaltsamkeit, gehört doch die Unterwerfung der Gegner – in diesem Fall konkret der Herakleopoliten – zu der „Ordnung" stiftenden „Vereinigung der beiden Länder".

2.) Die Schilderung der menschlichen Abkunft Menthu-hoteps (II.) inszeniert seine dynastische Legitimität. Auch dies steht selbstverständlich in einer langen Tradition, wofür nur an den Palermostein zu erinnern ist.

Andererseits ist die auch bildliche Darstellung der Vorfahrenkette auf dem Tempelrelief aus Et Tod eine auch ikonographische Neuerung dieser Zeit. Noch weiter in diese Richtung geht die mytho-genealogische Konstruktion eines Ahnen namens Menthu-hotep (II.), der in einer späteren Königsliste in einer „invention of tradition" geradezu als „Vorfahr" bezeichnet wurde. Demnach wurde hier eine Genealogie nicht nur annalistisch zu rekonstruieren, sondern auch ideologisch zu konstruieren versucht, eventuell unter Aufbereitung konkreter genealogischer Daten. Auch diese „invention of tradition" hat zwar, wie oben für die *bjtj*-Könige in den Annalen des Palermosteines angerissen, möglicherweise Vorläufer aus dem Alten Reich, doch ist der dezidierte Bezug

52 H. Ranke, Vom Geschichtsbilde der Alten Ägypter, in: CdE 6, 1930, 277 - 286.

53 L. Borchardt, Mittel zur zeitlichen Festlegung, 96 – 112, Bl. 2/2a.

54 W. Spiegelberg, Ägyptische und andere Graffiti aus der thebanischen Nekropolis, Heidelberg 1921, S. 127, Nr. 237; vgl. A.H. Gardiner, The first King MentHotpe of the Eleventh Dynasty, in: MDAIK 14, 1956, 42 - 51, S. 49 mit Anm. 4.

55 So auch im Tempel von Gebelein; vgl. außerdem auch den Architrav aus Karnak, L. Habachi, King Nebhepetre Mentuhotep, 1963, 35, Fig. 14.

56 L. Morenz, Geschichte(n), 2001, Schlußüberlegungen j) Ideologie und Mythologisierung des „Reichseinigers" (*Zm3-t3.wj*) Mentu-hotep II.

auf Menthu-hotep (II.) das Besondere. Dieser jedenfalls als König fiktive Menthu-hotep (I.), also ein deutlich ideologisches Geschöpf, wurde als eine Art Ur-Menthu-hotep und Stammvater der XI. Dynastie konzipiert. Außerdem könnte das Felsrelief von Schatt er Rigal in Verbindung mit der Königsliste des Neuen Reiches aus Karnak noch so interpretiert werden, dass auch Antef („0.") in der Zeit von Menthu-hotep (II.) als ein Ahne der Dynastie konzipiert wurde.

Zur Akzentuierung der besonderen Stellung Menthu-hoteps (II.) im Vergleich zu seinen Vorgängern gehören auch sein unter Aufnahme verschiedener Tradition neu konzipierter Grabtyp und der besondere Bestattungsort in Deir el Bahri.

3.) Wenn wir mit dem eingangs erwähnten Muster einer Dreiteilung der Vergangenheit arbeiten, gehören die drei Antefs für Menthu-hotep (II.) zur unmittelbaren Vergangenheit, während *Menthu-hotep der Große* und außerdem eventuell Antef („0.") – regionale Potentaten, die als Könige stilisiert wurden – gewissermaßen das Scharnier zur mittleren Vergangenheit bilden. Diese wird durch die Herrscher des Alten Reiches – die „Könige der Residenz" wie sie in einem Graffito der XI. Dynastie aus dem Wadi Hammamat genannt sind[57] –, repräsentiert.[58] Dies geht nach hinten in die ferne Vergangenheit über, wobei über die Konzeption der fernen Vergangenheit aus der Ära von Menthu-hotep (II.) Zeugnisse fehlen.

4.) Auch die Verbindung von göttlicher und dynastischer Genealogie Menthu-hoteps (II.) ist im Grunde aus ägyptologischer Perspektive nichts Neues und im Kulturvergleich nichts Besonderes, aber auch hier steckt der liebe Gott im Detail. Besonders eindrucksvoll und zugleich im überlieferten Material einmalig wird die sowohl dynastische als auch göttliche Genealogie auf dem Tempelrelief aus Tod in Szene gesetzt, sofern Menthu-hotep (II.) zugleich als Göttersohn und herausragender Endpunkt einer dynastischen Reihe – also gewissermaßen als *Siegel* der thebanischen Potentaten – inszeniert ist.[59]

5.) Die besondere historische Situation der Zeit wird selbstverständlich nicht direkt, sondern nur gebrochen in den Quellen gespiegelt. Trotzdem können wir bemerkenswerte bildliche und textliche Neuerungen mit einem besonderen königsideologischen Bedarf dieser Zeit verbinden. Für das komplexe Pharao-fashioning von Menthu-hotep (II.) kam der doppelten Genealogie – also der Situierung Menthu-hoteps (II.) sowohl unter den Göttern als auch unter den thebanischen Potentaten – eine große Bedeutung zu.

6.) Bei aller lokalen Varianz kann doch eine bemerkenswerte Kohärenz in der bildlichen und textlichen Dekoration von einzelnen Tempeln wie in Elephantine, Gebelein, Karnak oder Dendera konstatiert werden. Dies deutet auf ein mehr oder weniger zentral geplantes Bauprogramm, mit dem Menthu-hotep (II.) als legitimer thebanischer Herrscher und Sohn der Götter Hathor und Month bzw. alternativ anderer Götter (als Göttinnen noch belegt: Satet in Elephantine, Neith im Konosso Graffito, als Götter: Harachte von Dendera, Chnum, Amun) sakral in die Landschaft eingeschrieben wurde.

Dies steht in einer AR-Tradition, da in jener Zeit der Herrscher als Sohn von Hathor und Re konzipiert war. Für Menthu-hotep (II.) wurde dies insofern modifiziert, als dieser Herrscher zwar den Titel *z3-rˁ* – „Sohn des Re" – beibehielt, aber in den bildlichen Darstellungen vor allem der für dieses thebanische Herrschergeschlecht zentrale Gott Month oder Harachte von Dendera und später gelegentlich

57 Gemäß dem Graffito Nr. 114 der späten XI. Dynastie aus dem Wadi Hammamat werden offenbar die Könige des Alten Reiches durch die Residenz – *ẖnw* – definiert. Es heißt in Z. 15f.: „Niemals ist dergleichen zu den Königen der Residenz herabgekommen. Nie wurde dies von irgendeinem Königsbekannten vollbracht seit der Zeit Gottes". „Könige der Residenz" dürfte die Könige des Alten Reiches und die noch „historisch" gedachte Vergangenheit bezeichnen (G. Posener, Littérature et Politique dans l'Égypte de la XIIE Dynastie, Paris 1956, S. 7, Anm. 3.), während durch die „Zeit Gottes" auf eine mytho-historische Fern-Vergangenheit verwiesen wird. Da die Gegenwart implizit präsent ist, kann man in jener so kurzen Textpassage jenes eingangs erwähnte in vielen Kulturen wirksame Dreierschema der Geschichtsgliederung erkennen. Der Actor und vielleicht auch Autor bzw. wohl mindestens Auftraggeber dieser Inschrift, *Ḥnnw*, misst seine Leistung an der ruhmreichen Vergangenheit, dem Alten Reich bis zurück zur mythischen „Zeit Gottes". Die historische Vergangenheit aber wird – offenbar implizit gegen ihre Nachfolgezeit, in der *Ḥnnw* lebte – als Zeit der Könige der Residenz definiert.

58 In der Lehre für Meri-kare (E 101) wird von der Zeit der Residenz (*rk ẖnw*) gesprochen. Die beiden zitierten Quellen mit Verweis auf das Alte Reich als „Zeit der Residenz" deuten also auf ein ausgeprägtes Vergangenheitsbewusstsein.

59 Hier ist noch einmal vergleichend an die Genealogie von Jesus nach Mt 1,1 – 17 zu erinnern, der im selben Text sowohl als Mensch als auch als Gott vorgestellt wird, M Stowasser, in diesem Band.

Amun an seine Stelle traten. Der für dieses thebanische Herrschergeschlecht der XI. Dynastie zentrale Gott Month wurde als Vater des Herrschers Menthu-hotep (II.) erwählt. Dies erklärt auch, warum Month in der späten Zeit Menthu-hoteps (II.) gelegentlich durch Amun(-Re) ersetzt wurde, denn dieser *neue Gott*[60] nahm allmählich Funktionen und Bedeutung von Month auf. Nach diesen Beobachtungen erweist ein Detail des *k3*-Hauses von Dendera eine besonders interessante Fortschreibung der AR-Tradition auf. Hier wird nämlich bei der Krönung des Herrschers (Fig. 7) ein wie Month falkengestaltiger Gott mit Sonnenscheibe gezeigt, der als „Harachte, Herr von Dendera" bezeichnet ist. Diese Götterbezeichnung ist recht ungewöhnlich, und man kann in ihr eine Dendera-spezifische Adaption des Königsgottes Re von Heliopolis aus dem AR sehen.

7.) Grundsätzlich müssen wir mit verschiedenen Perspektiven auf einen Herrscher wie Menthu-hotep (II.) und seine Inszenierungen rechnen, die am sozialen Stand und den eigenen Interesselagen, dem jeweiligen Wissen (etwa der Schriftkompetenz) und verschiedenen anderen Faktoren hängen. Uns kommen im Rahmen des Überlieferungszufalles vor allem zwei Perspektiven in den Blick: die Welt der Tempelreliefs mit der „offiziellen" Präsentation von Menthu-hotep (II.) *sub specie aeternitatis* und außerdem die Sicht insbesondere der thebanischen Elite.

Konkrete Indizien für die Produzenten und vor allem die intendierten Adressaten dieser genealogischen Inszenierungen von Menthu-hotep (II.) sind zwar nur rar gestreut, doch sind zumindest die folgenden Hypothesen möglich. Für die Tempelreliefs ist neben den Priestern und den Zugangsberechtigten aus dem Kreis der Elite vor allem an die Götterschaft als angesprochenen Lesern zu denken. Demgegenüber kann bei Bild-Texten wie dem Felsrelief von Wadi-Schatt-Er-Rigal[61] die Gruppe der um den König zentrierten Elite als Produzenten- und Rezipientenschicht angesetzt werden, wobei Schreiber als mögliche Vermittler in Rechnung zu stellen sind. Dabei dürfte es sich weniger um Propaganda zur

Fig. 7: Relief von dem k3-Haus aus Dendera: Krönung von Menthu-hotep (II.) durch „Harachte, Herr von Dendera", L. Habachi, King Nebhepetre Mentuhotep: His Monuments, Place in History, Deification and Unusual Representations in the Form of the Gods, in: MDAIK 19, 1963, 24, Fig. 7 (Ausschnitt)

Gewinnung der Nichtüberzeugten als vielmehr um Selbstindoktrinierung der Elite handeln.

8.) Der Typ des „genealogischen" Reliefs aus dem Tempel von Et-Tod kann mit einiger Wahrscheinlichkeit als eine Innovation der Zeit von Menthu-hotep (II.) angesehen werden, für das zwei Ursprünge denkbar sind: eine Namensliste wie auf dem Palermostein mit deutlich vergrößerten und ikonographisch gestalteten Semogrammen und/oder die zweidimensionale Umsetzung einer Statuenreihe, wie sie aus Elephantine bezeugt ist.

9.) Die Inszenierung von Menthu-hotep (II.) in Wort, Bild und Architektur war so erfolgreich und wirkungsmächtig, dass sie nicht nur auf seine Zeitgenossen wirkte, sondern ihm auch noch für Jahrtausende einen Platz sowohl in Genealogien als auch spezifischer als einzeln-konkreter ferner historischer Fixpunkt sicherte.

In der Zusammenschau zeigt sich, welche hohe Relevanz den göttlichen und menschlichen Genealogien im Rahmen der vielschichtigen königsideologischen Inszenierungen von Menthu-hotep (II.) zukam und wie bei diesem Pharao-fashioning Traditionen aufgegriffen, fortgeschrieben und sogar mehr oder weniger erfunden wurden.

60 L. Morenz, Die thebanischen Potentaten und ihr Gott. Zur Konzeption des Gottes Amun und der (Vor-)Geschichte des Sakralzentrums Karnak in der XI. Dynastie, in: ZÄS 130, 2003, S. 110 – 119.

61 Hier ist etwa auch auf die Totendenksteine verschiedener Gefolgsleute von Menthu-hotep II. aus der thebanischen Hofelite hinzuweisen, die einen ausgeprägten Bezug auf diesen Herrscher aufweisen.

Restoring the Tombs of His Ancestors? Djehutinakht, Son of Teti, at Deir al-Barsha and Sheikh Said

Marleen De Meyer

The necropolis of Deir al-Barsha has recently become the subject of renewed interest on the part of the Katholieke Universiteit Leuven.[1] Several areas of this vast site are now under investigation, one of which comprises the Old Kingdom rock tombs located on the northern (zone 4) and southern hills (zone 7). Although primarily renowned for its use as the necropolis of the Middle Kingdom nomarchs of the fifteenth Upper Egyptian nome, the hills of Deir al-Barsha already provided shelter for the dead as far back as in the early Old Kingdom.

A survey carried out in 2002 revealed circular structures on the foothills of both the northern and the southern hills, which were interpreted as being tombs dating to the Third Dynasty. Further investigation into these structures is pending. During later periods of the Old Kingdom, the focus shifted from the foothills towards the rocky areas higher up on the mountains, where Old Kingdom tombs are found on both the northern and southern hills. However, the tombs on the northern hill were heavily reused during later periods of Egyptian history, leaving little trace of the original tomb structures. On the southern hill the situation is somewhat different. Here most tombs, although robbed, do not seem to have been reused, other than occasionally for quarrying. Several tombs on the southern hill even now contain traces of their original decoration. Although the Fifth and Sixth Dynasty provincial rulers preferred to be buried in the neighboring necropolis of Sheikh Said,[2] during this period there must have been quite intense funerary activity at Deir al-Barsha as well.[3]

During the transition from the late First Intermediate Period to the early Middle Kingdom, the provincial rulers chose to be buried at Deir al-Barsha instead of Sheikh Said, beginning with the nomarch Ahanakht I. This seemingly abrupt change of burial place did not, however, take place without the proper preparation. A nomarch named Djehutinakht, son of Teti, who lived at the end of the First Intermediate Period, left inscriptions in several of the Old Kingdom tombs at Sheikh Said and Deir al-Barsha, claiming that he restored the tombs of his ancestors. The inscriptions from Sheikh Said have been known since the publications of Lepsius[4] and Davies,[5] but the Belgian mission has discovered several more at Deir al-Barsha that shed new light on this remarka-

1 For the first preliminary report of this mission, containing an overview of the excavation history at the site and the first results of the Belgian mission, see H.O. Willems et al., "Preliminary Report of the 2002 Campaign of the Belgian Mission to Deir al-Barsha." MDAIK 60 (2004): 237-283. In this report the new numbering system of the tombs is equally explained. The report of the 2003 mission is submitted for publication in MDAIK 62. A short summary of the excavations in zone 4 can be found in M. De Meyer. 2005. "In the Shadow of the Nomarchs: New Excavations in the Rock Tombs of Deir al-Barsha." to be published in the Proceedings of the Ninth International Congress of the Egyptologists (Grenoble, 6–12 September 2004).

2 N.d.G. Davies, The Rock Tombs of Sheikh Said, ed. F.L. Griffith, ASE 10 (London, 1901).

3 A Fifth Dynasty royal decree dating to the reign of Neferefre is found on the façade of tomb 16L34 1 on the north hill of Deir al-Barsha. For a drawing of this decree, see R. Anthes, Die Felseninschriften von Hatnub, ed. K.H. Sethe, Untersuchungen zur Geschichte und Altertumskunde Ägyptens 9 (Leipzig, 1928), pl. 2, Inschrift XV. A photo was published in E. Brovarski, "Ahanakht of Bersheh and the Hare Nome in the First Intermediate Period and Middle Kingdom," in Studies in Ancient Egypt, the Aegean, and the Sudan. Essays in Honor of Dows Dunham on the Occasion of His 90th Birthday, June 1, 1980, ed. W.K. Simpson and W.M. Davis (Boston, 1981), 67. During the 2004 season a new epigraphic drawing was made of this text, which shows substantial changes from the old copy. Although no royal names are mentioned in the Old Kingdom tombs on the southern hill, stylistic criteria point towards a date in the late Old Kingdom.

4 K.R. Lepsius, Denkmaeler aus Aegypten und Aethiopien nach den Zeichnungen der von Seiner Majestat dem Koenige von Preussen, Friedrich Wilhelm IV. nach diesen Landern gesendeten, und in den Jahren 1842-1845 ausgefuhrten wissenschaftlichen Expedition auf Befehl Seiner Majestat, vol. 2 (Berlin, 1849; reprint, 1972).

5 Davies, Sheikh Said .

ble undertaking. The text of these inscriptions, worded exactly the same in all cases, reads as follows:[6]

It is his monument that he made for his fathers who are in the realm of the dead, lords of this necropolis; making firm that which was found destroyed, renewing that which was found in ruin, while behold, the predecessors who stood before had not done this; by the Foremost One of the District, the Controller of the Two Thrones, the Overseer of the God's Servants, the Overseer of the House of the King, the Overseer of Upper Egypt, the Great Chief of the Hare-Nome, the Nobleman in His Function, the Nobleman in His Rank, Foremost of the Position in the House of the King, Djehutinakht, whom Teti has born.

It is clear from these text that Djehutinakht attributed special importance to his ancestors by claiming he restored their tombs, and leaving texts claiming as much. In order to better understand this action, it is necessary to first take a look at the different tombs in which Djehutinakht placed these inscriptions.

A. Sheikh Said

Djehutinakht left four of these restoration inscriptions at Sheikh Said, the Old Kingdom necropolis about 4km to the south of Deir al-Barsha. These texts have long been known, but in 2003 the Belgian mission made new facsimile drawings. This showed that although the inscriptions suffered severe damage between the visits of Lepsius in 1843 and the copies of Davies in 1901, their condition remained relatively unchanged between 1901 and the present day.

A.1. Tomb of Meru/Bebi[7] [Lepsius/PM no. 3; Davies no. 20[8]]

Date: Davies dated this tomb to the Sixth Dynasty, from the reign of Pepi I or later. Baer was able to refine this date to the middle of the reign of Pepi II (regnal years 35–55) based on the variable title sequences in the tomb.[9]

Description: The inscription originally consisted of six vertical lines of text. Presently only the last line and a tiny fragment of the penultimate line survive. Lepsius shows a break at the same place where the left part of the inscription has now completely broken away, suggesting that the left part of the inscription was already coming loose. The inscription is located on a doorjamb, close to the ground.[10] The hieroglyphs are carved in sunk relief and painted blue on a yellow background.

6 As none of the restoration texts are preserved without damage, the hieroglyphs and the translation are a reconstruction of the original text composed of the remnants of all known surviving texts.

7 Bibliography: Lepsius, Denkmaeler, 121-122, pl. 112e ; B. Porter, R.L.B. Moss, and E.W. Burney, Topographical Bibliography of Ancient Egyptian Hieroglyphic Texts, Reliefs, and Paintings., vol. 4: Lower and Middle Egypt: Delta and Cairo to Asyut (Oxford, 1934), 189 (3.11); Davies, Sheikh Said, 26, 38 and pl. 21; S. Grallert, Bauen, stiften, weihen: Ägyptische Bau- und Restaurierungsinschriften von den Anfängen bis zur 30. Dynastie, 2 vols., ADAIK 18 (Berlin, 2001), 495, 682, pl. 56a (Pr/9D/Wf002).

8 Davies, Sheikh Said, 24-27, pl. 18-21.

9 K. Baer, Rank and Title in the Old Kingdom. The Structure of the Egyptian Administration in the Fifth and Sixth Dynasties (Chicago, 1960), 225, 283 (no. 192). In Baer's dating sequence, Meru is placed in VI E.

10 The low placement of the restoration inscription is characteristic for all restoration inscriptions of Djehutinakht, son of Teti. It almost seems as if he was trying to avoid having the

The tomb of Meru consists of three chambers around the main axis, and one small chamber to the south of the innermost room. Against the back wall of the innermost room, remains of a rock-cut double statue[11] representing a seated man and woman are preserved, their gaze projecting out of the tomb. This type of double statue is encountered in several more of the tombs at both Sheikh Said and Deir al-Barsha that also contain a restoration inscription of Djehutinakht. The inscriptions in the tomb are limited to the outermost chamber. On the western wall of this chamber a rock-cut false door is preserved, while against the eastern wall the remains of seven rock-cut standing statues in recesses remain.

There is no evidence that Meru was a nomarch of the fifteenth Upper Egyptian nome, as the title "Great Chief of the Hare Nome" is nowhere preserved in his tomb. His tomb is, however, quite damaged, so it is possible the title simply is no longer preserved.

A.2. Tomb of Uiu[12] [Lepsius/PM no. 4; Davies no. 19[13]]

Date: Davies dated this tomb to the Sixth Dynasty, from the reign of Pepi I or later. Baer was able to refine this date to the period going from Merenre to the early years of Pepi II (up until regnal year 15) based on the variable title sequences in the tomb.[14]

Description : This text was copied by Lepsius in 1843 but is now completely lost. The inscription consisted originally of eight vertical lines of text, and must have been located on the thickness of the northern doorjamb of the entrance to the tomb.

The tomb of Uiu consists of three chambers arranged around a central axis (as was also the case for the tomb of Meru), although the chambers themselves are at an awkward angle with this axis. The innermost chamber is very roughly hewn out in the rock. In the outermost chamber the remains of three standing rock-cut statues in recesses are preserved. In the western wall of this outermost chamber a false door was carved.

Uiu was the only one to carry the title "Great Chief of the Hare Nome" and was thus a Sixth Dynasty nomarch of the fifteenth Upper Egyptian Nome.[15]

A.3. Tomb of Teti-ankh/Imhetep[16] [Lepsius/PM no. 6; Davies no. 15[17]]

Date: Sixth Dynasty, reign of Pepi I or later.[18]

Description: The restoration text in the tomb of Teti-ankh is located on the eastern wall of the outermost room. In the time of Lepsius, the main damage to the inscription consisted of two large holes in the middle of the text. After Lepsius, the complete upper right corner of the text has disappeared. This had already happened by 1901, since Davies reconstructed this part on the basis of Lepsius' drawing.

The tomb of Teti-ankh consists of two rectangular chambers around a central axis, of which the innermost chamber was enlarged later. In the outermost chamber niches with three rock-cut statues are preserved, as well as relief decoration and a false door. In the inner chamber several niches that once probably contained statues are visible, as well as a false door in the western wall.

The relation of Teti-ankh to the other dignitaries at Sheikh Said is not clear. Davies[19] speculated that he was to be placed in the beginning of the Sixth Dynasty, thus preceding both Meru and Uiu.

---

inscription be too noticeable. This is in contradiction to the placement of the restoration inscriptions of the nomarch Iha at Sheikh Said, which are all at eye-level and in a more prominent location, such as, for instance, on the façade of the tomb of Teti-ankh (Davies, Sheikh Said, pl. 29).

11 For a typology of rock-cut statues in tombs of the larger Giza area, see M. Fitzenreiter, Statue und Kult: Eine Studie der funerären Praxis an nichtköniglichen Grabanlagen der Residenz im Alten Reich, IBAES III, 2001, chapter 18. (Available online at http://www2.rz.hu-berlin.de/nilus/net-publications/ibaes3). Rock-cut statues occur there starting from the late Fourth Dynasty and continue to be found until the Sixth Dynasty.

12 Bibliography: Lepsius, Denkmaeler, 122, pl. 113b ; Porter, Moss, and Burney, PM, 189 (4.1); Davies, Sheikh Said, 28, 38; Grallert, Bauen, stiften, weihen, 495, 683, pl. 56c (Pr/9D/Wf004).

13 Davies, Sheikh Said, 27-29, pl. 21-24.

14 Baer, Rank and Title, 225, 282 (no. 106). In Baer's dating sequence Uiu is placed in VI C. As Uiu is to be dated before Meru, Baer concludes that he was the father of Meru, and not his son, as Davies assumed (Davies, Sheikh Said, 42).

15 Davies, Sheikh Said, 27.

16 Bibliography: Lepsius, Denkmaeler, pl. 113c ; Davies, Sheikh Said, 33, 38 and pl. 30; Porter, Moss, and Burney, PM, 191 (6.4); Grallert, Bauen, stiften, weihen, 496, 682, pl. 56d (Pr/9D/Wf001).

17 Davies, Sheikh Said, 31-34, pl. 27-30.

18 Baer, Rank and Title, 152, nr. 561. A more precise dating could not be obtained for the tomb of Teti-ankh due to the lack of variable title sequences.

19 Davies, Sheikh Said, 41.

A.4. "Tomb 6"[20] [Lepsius/PM: none; Davies no. 6[21]]

Date: unknown, presumably Sixth Dynasty.

Description: In Tomb 6[22] a small fragment of text is left that can likely be identified as the remains of another restoration inscription of Djehutinakht. The bottom parts of five text columns remain, four of which contain hieroglyphs. Although no name has survived, the traces fit well in the wording of the Djehutinakht texts. A possible reconstruction of the text was made, mainly based on the text in tomb 15J15/1 in Deir al-Barsha, since the division of the text columns there best matches the traces in Tomb 6. The hieroglyphs are cut in sunk relief and contain blue paint, as in the texts described above.

Tomb 6 consists of two chambers around a central axis. Due to its extremely damaged state, this tomb no longer contains any Old Kingdom inscriptions, but it does contain wealthy decoration in the shape of several sculptured statues and false doors.

This concludes the list of tombs at Sheikh Said with a restoration inscription of Djehutinakht, son of Teti. It is remarkable that there are no such texts in the tombs of Serfka and Werireni, the two oldest tombs at Sheikh Said, which date to the mid- to late Fifth Dynasty.[23] This date is based on Serfka being a priest of Khufu and Userkaf, and Werireni one of Niuserre. Both men bear the title *sšm-tꜣ n Wnw* "Leader of the Hare Nome", the nomarchal title of the period.

B. Deir al-Barsha

Djehutinakht, son of Teti, left five restoration texts at Deir al-Barsha. The existence of one of these texts on the northern hill of Deir al-Barsha was previously known, as well as one in tomb 15J15/1 on the southern hill, but the other three texts have been newly discovered or identified during the 2004 KULeuven mission to Deir al-Barsha.

B.1. North Hill

B.1.1. Tomb 16K86/1[24]

The inscription is located in the interior of the tomb, on the back (northern) wall. It is placed low above the ground. The hieroglyphs were carved in sunk relief and painted blue. In some instances traces of the red guidelines are left. The inscription was heavily damaged by purposeful hacking, probably during the Coptic Period when monks inhabited the tomb. The cut marks of this hacking have a comb-shaped pattern, which is the common mark left by chisels utilized by Copts. The inscription consists of six columns, read from right to left.

Tomb 16K86/1[25] is located in zone 4 on the northern wadi flank, below the Middle Kingdom nomarchal tombs. The tomb lies somewhat isolated from the other tombs in zone 4, on the eastern side of the necropolis. The tomb consists of one rock-cut chamber with three shafts and two niches. No original tomb decoration in the form of inscription, statues, or false doors is preserved.

B.2. South Hill

B.2.1. Tomb of Imi[26]

The restoration inscription, located on the eastern interior wall, is very severely damaged. In fact, the location of the text mainly manifests itself through hacking marks. Only the last few signs of the three last columns are well preserved, making it possible to positively identify this text as a restoration inscription of Djehutinakht, son of Teti. The rest of the text was likely hacked away in antiquity, judging by the patina on the limestone. It was not done with a comb-shaped chisel, but with a flat chisel with a width of at least 2 cm. After this initial surface damage, a large hole was hacked out in the lower part of the text and below it. The text originally consisted of eight columns, read from left to right. The hieroglyphs were carved in sunk relief and painted blue on a yellow background. In some instances traces of the red guidelines are still visible.

---

20 Bibliography: Davies, Sheikh Said, 35, 38 ; Grallert, Bauen, stiften, weihen, 496, 683, pl. 56d (Pr/9D/Wf007).

21 Davies, Sheikh Said, 35, pl. 32.

22 Mentioned in Davies, Sheikh Said, 38, but not included in the plates.

23 Baer, Rank and Title, 282 (no. 114 and no. 457). In Baer's dating sequence Serfka and Werireni are placed in V C, the period between regnal year 16 of Djedkare and regnal year 10 of Unas.

24 Bibliography: F.L. Griffith and P.E. Newberry, El-Bersheh II, ed. F.L. Griffith, ASE 4 (London, [1895]) 10, 57; Davies, Sheikh Said, 39.

25 For a preliminary report on the partial excavation of tomb 16K86/1, see Willems et al., "Preliminary Report of the 2002 Campaign of the Belgian Mission to Deir al Barsha.": 257-259.

26 Bibliography: unpublished. Text misinterpreted in Griffith and Newberry, El-Bersheh II, 65

The tomb is located halfway up the southern hill, and is one of the largest tombs in this area.[27] It consists of a large chamber with a square shaft in the centre. On the eastern wall of this chamber are the remains of two rock-cut seated statues in niches. A small, roughly cut room extends behind this chamber, containing the remains of a double seated statue. There are remains of the original tomb decoration on the doorjambs leading into the second room, which give the name of the owner as *Ỉmỉ*,[28] bearing the titles of Chief of the Estate, Royal Chamberlain, and Overseer of the Royal Scribes. He carries a second title with the word *sš* "scribe" in it, but the is unfortunately lost.

B.2.2. Tomb of Wky (Tomb 16H50/1)[29] [fig. 1]

A fragment of a text published by Clédat[30] in 1901 has gone unnoticed as being another restoration inscription of this same Djehutinakht. Clédat locates the text on the southern hill of Deir al-Barsha, in the series of tombs named S.[31] He describes two lines of text, written on the thickness of the doorjamb of a tomb. The traces fit the text of the restoration inscriptions of Djehutinakht perfectly. In April 2004 a search was conducted to relocate this text. The tomb was found high on the southern mountain slope, between the mounds of debris that originate from the Amenhotep III quarries on top of the mountain. The tomb consists of one rock-cut chamber, which was extended during later periods.

The interior of the tomb is quite elaborately decorated. Against the back wall stand the remains of three rock-cut statues:

On the left, a male statue wearing a protruding kilt. The body has traces of dark red paint, and the belt was painted blue. On the kilt itself are also traces of blue and light red lines. Blue stripes are preserved on the right wrist, and the figure seems to have worn a blue collar.

In the middle is found a smaller statue, likewise standing. There are traces of dark red paint on the side of its legs, suggesting this also represented a male, probably the son of the man.

On the right the remains of a double statue are preserved. The man stands on the left side, wearing a tight fitted kilt. On his body are traces of red paint. He seems to have worn a blue collar and there are traces of blue paint where his belt would have been located. On the right stands his wife, who has her right arm wrapped around his right shoulder, and her left hand grasping his left arm. The traces of paint on her body are lighter than those on the male statue. The statue of the wife was partially cut away when a room with two rectangular shafts was added to the tomb at a later point in time.

A block of text with blue painted hieroglyphs accompanies these statues. Of this text, only the title *ỉmꜣḫw ḫr ỉm.y-ḫmnw* "revered with he who is in Khemenu" is legible today. On the lintel of the entrance to the tomb traces of a badly weathered text are visible. Although the reading is doubtful, the name of the tomb owner was possibly .[32]

The restoration inscription is written on the northern doorjamb of the entrance to the tomb, and not inside the tomb as most other restoration texts are.[33] This location is more prone to wind erosion than the interior of the tomb, and thus the last line of text containing the name is quite weathered. However, there can be no doubt that this text also belongs to Djehutinakht, son of Teti, as the few remaining traces

27 Tomb S, x in the numbering system of Fraser (Griffith and Newberry, El-Bersheh II, 64-65). Fraser wrongly identifies the tomb owner as somebody whose mother's name is Teta, not noticing that the text from which he derives this is, in fact, a restoration text. This in turn lead Gomaà to falsely conclude that this is the tomb of Djehutinakht, son of Teti, who left the restoration inscriptions (F. Gomàà, Ägypten während der Ersten Zwischenzeit, ed. H. Gaube and W. Röllig, BTAVO 27 (Wiesbaden, 1980), 110).

28 This is a fairly common name during the Old and Middle Kingdom: H. Ranke, Die ägyptischen Personennamen, vol. 1: Verzeichnis der Namen (Glückstadt, 1935), 25:17. E. Brovarski et al., Report of the 1990 Field Season of the Joint Expedition of the Museum of Fine Arts, Boston; University Museum, University of Pennsylvania; Leiden University, Bersheh Reports 1 (Boston, 1992), 69, gives the name as Impy; as he does not provide the hieroglyphs, it is difficult to understand what this reading is based on.

29 Bibliography: partially published in J. Clédat, "Notes sur la nécropole de Bersheh." BIFAO 1 (1901).

30 Clédat, "Notes sur la nécropole de Bersheh".

31 Clédat follows the numbering of Griffith and Newberry, El-Bersheh II, 64-65.

32 This name is known from the Middle Kingdom (Ranke, Personennamen I, 87:17-18).

33 There is, however, inside the tomb on the southern wall an area that is smoothened in exactly the same way as was done for other restoration texts of Djehutinakht. It seems probable that the original plan was to place the inscription inside, but that this was abandoned for an unknown reason.

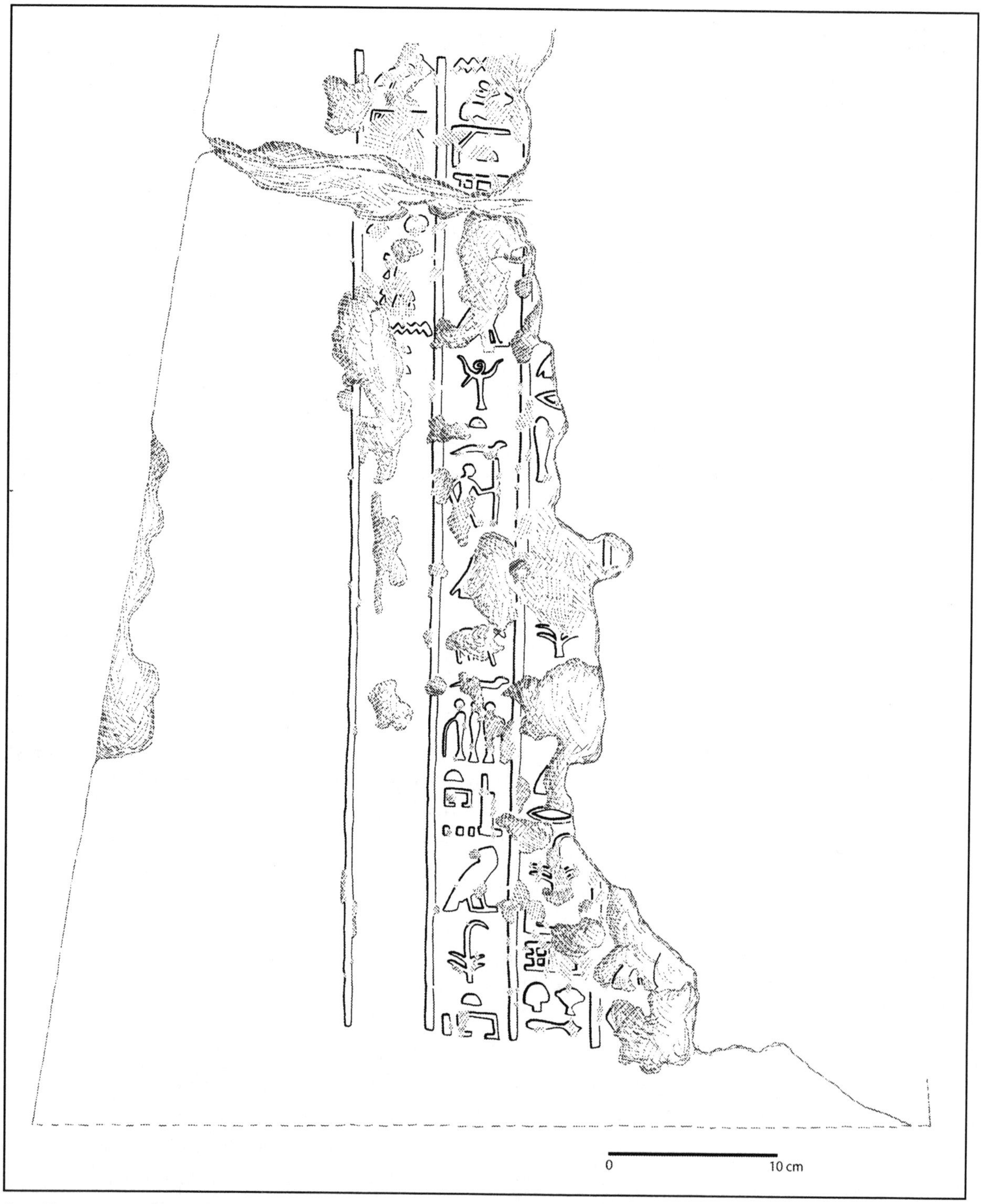

fig. 1: The restoration text of Djehutinakht, son of Teti, in the tomb of Wky on the southern hill at Deir al-Barsha.

indicate. Of the rest of the text, much more is preserved than what Clédat published. Due to heavy wind erosion, few traces of color are preserved. However, one tiny patch of paint demonstrates that these hieroglyphs, cut in sunk relief, were once filled in with blue paint. No traces of the red guidelines are preserved. Although today only parts of four text columns are visible, it is estimated (based on the width of the doorjamb and the amount of text preserved) that the inscription originally consisted of six columns[34] read from right to left.

34 The distribution of the text in the columns is very similar to that of the restoration inscription in the tomb of Meru/Bebi at Sheikh Said (cfr. supra).

B.2.3. Tomb of An-Ankhy[35]

The tomb of An-Ankhy[36] is located on the southern hill of Deir al-Barsha, in a tomb labeled by Fraser as Q,b.[37] This tomb is the only Old Kingdom rock tomb in Deir al-Barsha that has its entire decoration preserved. The relief figures of the tomb owner and his family have largely been hacked away by Copts, but the texts are preserved in an almost intact state.[38]

Probably due to the good state of preservation of the original wall decoration, a small patch of damage on the eastern interior wall of the tomb below an offering scene for An-Ankhy was not noticed before. This damage turned out to be applied to a restoration text, of which only scant traces remain today. However, again there is no doubt it concerns a text of Djehutinakht, son of Teti. The text consists of seven columns, read from right to left. The hieroglyphs were carved in sunk relief and painted blue on a yellow background. In some cases traces of the red guidelines are still visible.

B.2.4. Tomb 15J15/1[39] [fig. 2]

The tomb is located in zone 7 on the southern wadi flank, to the south of the path leading up to the Amenhotep III quarries, labeled as tomb S, s by Fraser.[40] The inscription is located on the back (eastern) wall of the tomb and is placed low above the ground. Inside the tomb are two square shafts without climbing holes.[41] Protruding from the back wall are the remains of a double seated and standing statue, carved out in a niche. These are largely cut away, and Coptic crosses were painted around them. No inscriptions of the original tomb owner are preserved. A rock-cut false door is preserved on the western wall of the tomb chamber.

The Copts rendered this restoration inscription magically harmless by painting three large red crosses over the text. In the middle of the text, a large hole was hacked away, but this damage likely originates from a more recent date since it cuts through the Coptic crosses. The inscription is otherwise quite well preserved. The surface on which it was cut was first smoothened, so that it actually lies deeper than the surrounding wall surface, which was left fairly rough. The walls were originally probably plastered: a piece of lime plaster is still in place on the southern interior wall of the tomb.

The hieroglyphs were carved in sunk relief and painted blue, whereas the background was painted yellow. There are traces left of the red guidelines that were set out on the wall before the inscription was

35 Bibliography: unpublished.

36 This tomb is usually referred to as the tomb of Ankhy (see for instance Brovarski et al., Report of the 1990 Field Season of the Joint Expedition of the Museum of Fine Arts, Boston; University Museum, University of Pennsylvania; Leiden University, 67-69), but the reading of the name seems more likely to be *ꜥn-ꜥnḫy*. The name can be written as either or , but the *ꜥ* and the *n* are always written out in full before the *ꜥnḫ*-sign. Though these could technically be explained as merely being phonetic complements, the additional *n* that is sometimes written out behind the *ꜥnḫ*-sign makes this unlikely; it would be quite unusual to have a double *n* as phonetic complement. Furthermore it is unusual for the *ꜥnḫ*-sign to be preceded by phonetic complements in personal names; none of the names with the element *ꜥnḫ* in them mentioned in Ranke have this (Ranke, Personennamen I, 1:62-68). The name *ꜥn-ꜥnḫy* occurs only one other time, in one of the Letters to the Dead (the Cairo text on linen) which originates from Saqqara and dates to the late Sixth Dynasty or early First Intermediate Period (A.H. Gardiner and K.H. Sethe, Egyptian Letters to the Dead, Mainly from the Old and Middle Kingdoms (London, 1928), 1-3, pl. 1). Gomàà, Ägypten während der Ersten Zwischenzeit, 111, has suggested that the owner of this tomb might possibly be identified with an Ankhy who worked in Hatnub and was sent there by Pepi II (Anthes, Die Felseninschriften von Hatnub, 22-23, 104, and pl. 12). However, this individual is named *ḫnm-ꜥnḫ*, and his "beautiful name" is *ꜥnḫy*. His titles partly overlap with the titles of An-Ankhy at Deir al-Barsha (*ḫtm.ty bỉty, śmr wꜥ.ty, ḫr.y ḥbt*) but he also carries two other titles which do not occur in the Deir al-Barsha tomb (*ỉmy-rꜣ ḥm(.w)-nṯr* "Overseer of the God's Servants", *ỉmy-rꜣ ḫnty(.w)-š pr-ꜥꜣ* "Overseer of Land-Tenants of the Great House" (D. Jones, An Index of Ancient Egyptian Titles, Epithets and Phrases of the Old Kingdom, Vol. 1, BAR International Series 866 (Oxford, 2000), nr. 710). The difference in titulature between the two individuals, the fact that the name *ḫnm-ꜥnḫ* occurs nowhere in the Deir al-Barsha tomb, and the different writings of the names (*ꜥn-ꜥnḫy verśuś ꜥnḫy*) make it rather doubtful these two persons are identical.

37 Griffith and Newberry, El-Bersheh II, 64. As this is the third tomb in the Q series, it should rather be Q, c instead of Q, b.

38 See Brovarski et al., Report of the 1990 Field Season of the Joint Expedition of the Museum of Fine Arts, Boston; University Museum, University of Pennsylvania; Leiden University, 67-69, for a short description of the tomb. The Belgian Mission to Deir al-Barsha plans to publish this tomb with facsimile drawings.

39 Bibliography: unpublished. Text mentioned in Griffith and Newberry, El-Bersheh II, 65.

40 Griffith and Newberry, El-Bersheh II, 65.

41 The northernmost shaft was excavated during the 2004 season. A summary of the results of this excavation is presented below.

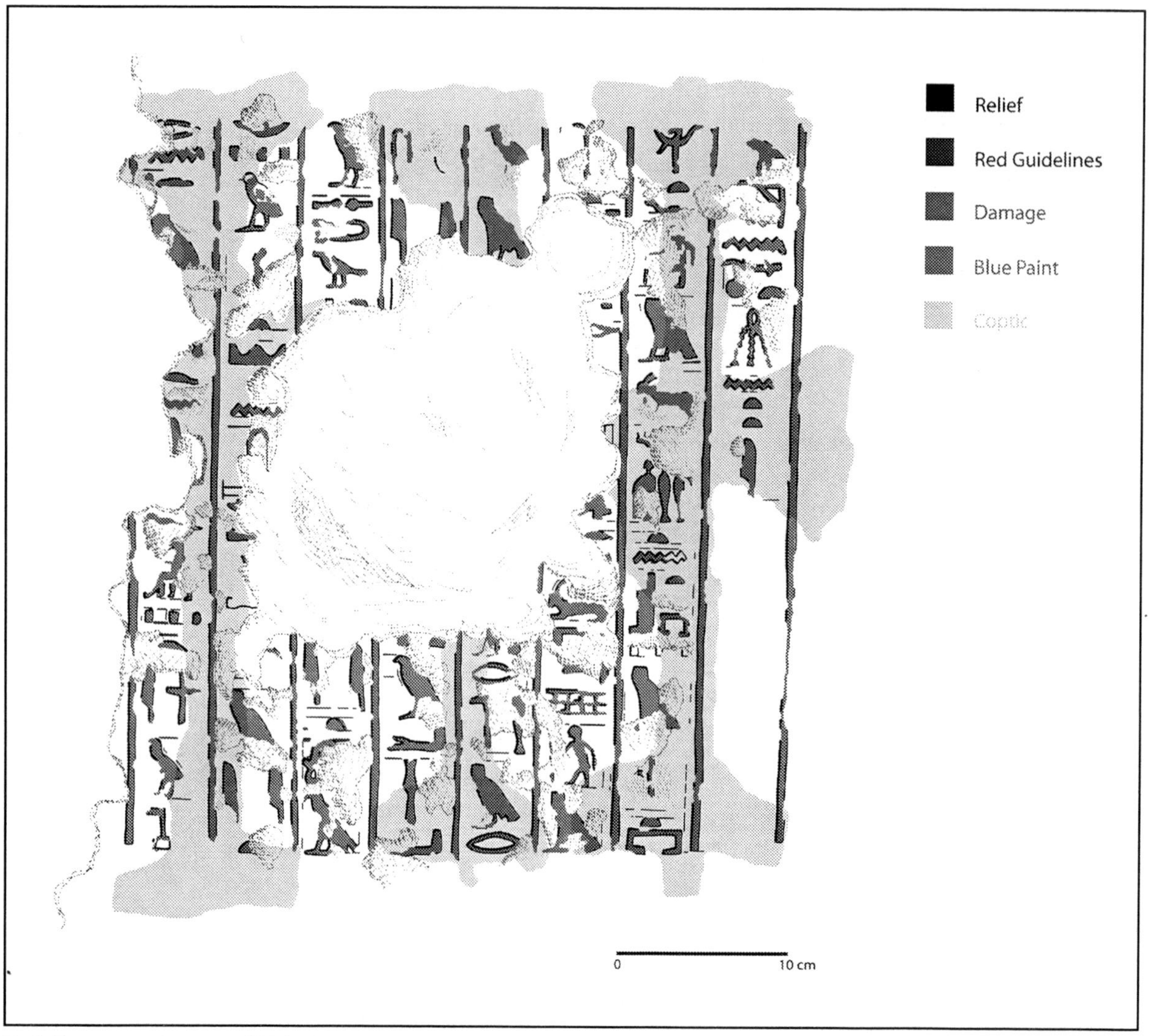

fig.2: The restoration text of Djehutinakht, son of Teti, in tomb 15J15/1 on the southern hill at Deir al-Barsha.

applied. The inscription consists of eight columns, read from left to right.

During the 2004 campaign the northernmost shaft, which was halfway filled with debris, was excavated. The fill of the shaft was fairly sterile, in that only broken Old Kingdom pottery (beer jars and bread moulds) was found and not more recent pottery as is normally the case in shafts on the north hill. In the burial chamber, which lay to the east of the shaft, the complete skeleton of a female was found, laying on her left side with her head north, facing east, and her legs slightly flexed. She had been provided with a few funerary gifts, namely a bronze mirror and a calcite jar that were both laying in front of her face. She was wearing a necklace composed of carnelian, steatite, and metal beads. The wooden coffin had badly decayed due to humidity, but large portions of it were also still found in situ. It is highly likely that this burial belongs to the wife of the Old Kingdom tomb owner, who is represented in the double seated statue against the rear wall of the tomb. Therefore, this is one of the people Djehutinakht considered to be "his ancestors". Although this is not a very rich burial, it is also not a totally common one, and it must be assumed that this woman at least belonged to the upper class.

Conclusions

The corpus of restoration texts of Djehutinakht, son of Teti, is unique. The large number of identical texts, nine in total, spread out over two necropoleis and found in the wealthiest and most extensively decorated tombs of both those necropoleis, can be called remarkable at least. At Sheikh Said over a hundred tombs[42] are recorded, but only a handful were decorated with texts and/or rock-cut statues and/or false doors. A similar situation is encountered on the southern hill of Deir al-Barsha, which is honeycombed with plain undecorated tombs. In almost every decorated tomb, a restoration text was found.

Chronologically the restoration texts are important because they form the link between the Old Kingdom use of Sheikh Said and Deir al-Barsha, and the emergence of a new nomarchal line that chose Deir al-Barsha as its burial place, starting with the nomarch Ahanakht I. It is therefore all the more unfortunate that Djehutinakht, son of Teti, cannot be linked directly with neither the Old Kingdom rulers nor the line of Ahanakht I. The only genealogical information that he provides is his mother's name Teti. This name, although still in vogue in the Middle Kingdom, clearly evokes an affinity with the Sixth Dynasty. His own name, Djehutinakht, on the contrary is clearly a late First Intermediate Period - Middle Kingdom construction.[43] This may give an indication that Djehutinakht, son of Teti, is to be placed in the First Intermediate Period. Another reason for placing him in this timeframe is the style in which the inscriptions are carved. The hieroglyphs are carved in sunk relief and painted blue, while the background is yellow. Often traces of the red guidelines are visible. This distinctive style is identical to that used in the tomb of Iha, one of the subordinates of the nomarch Ahanakht I, whose tomb is located at a lower level in front of the tomb of Ahanakht.[44]

The titles of Djehutinakht, son of Teti, show he was a *ḥr.y-tp ꜥꜣ n Wnw* "Great Chief of the Hare Nome", thus a nomarch. Strangely enough, however, the location of his tomb is not known, and it is not to be found on the plateau of Middle Kingdom nomarchal tombs on the north hill of Deir al-Barsha. It has been suggested by Brovarski[45] that Djehutinakht, son of Teti, could be the father of the nomarch Ahanakht I, whose name is mentioned on the lintel above the entrance to his tomb. Ahanakht was the first in the line of Middle Kingdom nomarchs buried at Deir al-Barsha, and so his father might have been preparing the way for him by linking his family to the high officials already buried in Deir al-Barsha and Sheikh Said.

Another nomarch of the Hare nome, Iha, also left restoration texts, but he only left two, both at Sheikh Said.[46] Furthermore, he does not claim to have restored the tombs of his ancestors, and his texts are only two lines long. This Iha has been identified with the Iha who is known from Hatnub graffito 9.[47] This graffito is palaeographically later than those of Pepi II, which puts him into the First Intermediate Period. Djehutinakht, son of Teti, is probably to be placed after him. Both apparently felt the need to associate themselves with the elder nobles of the area so as to legitimise their own position.

All the inscriptions are now in quite a ruined state. In fact, it is often only possible to recognise the shape of the original hieroglyph by the remaining traces of paint. This does not mean, however, that they were the target of purposeful malicious intent at any one point in time, such as a *damnatio memoriae*. The destruction rather took place at different points in time, for different reasons. The Copts were responsible for much of the damage done at Deir al-Barsha (certainly in tomb 16K86/1 and tomb 15J15/1), while at Sheikh Said most inscriptions were damaged in recent times, after the visit of Lepsius in 1843 (tombs of Meru, Uiu, Teti-ankh).

The question arises as to whether all the tombs in which Djehutinakht placed a restoration text actually belonged to his real ancestors. Though we

42 Davies, Sheikh Said, 7-9.

43 H. Ranke, Die ägyptischen Personennamen, vol. 2: Einleitung; Form und Inhalt der Namen; Geschichte der Namen; Vergleiche mit anderen Namen; Nachträge und Zusätze zu Band I.; Umschreibungslisten (Glückstadt, 1952), 235, n. 6.

44 The publication of the tomb of Iha, together with those of Djehutinakht and Khnumhotep, is forthcoming (H.O. Willems et al., Deir al Barsha. Vol. 1: The Rock Tombs of Djehutinakt (No. 17L20/1), Khnumnakht (17L20/2), and Iha (17L20/3); With a Chapter on the History and Functioning of Nomarchal Rule in the Early Middle Kingdom, OLA (Leuven, 2005)).

45 Brovarski, "Ahanakht of Bersheh,", 22, n. 31.

46 One on the thickness of the doorway in the tomb of Uiu, above where the restoration inscription of Djehutinakht, son of Teti, was once located (Davies, Sheikh Said, 28, 38; Grallert, Bauen, stiften, weihen, 496, 682, pl. 56c (Pr/9D/Wf003)); one on the façade of the tomb of Teti-ankh (Davies, Sheikh Said, 31, 38, pl. 29e; Grallert, Bauen, stiften, weihen, 496, 683, pl. 56d (Pr/9D/Wf006)). Possibly a third restoration text, in the tomb of Meru/Henenet, is to be attributed to Iha, but the name has been lost (Lepsius, Denkmaeler, 122; Grallert, Bauen, stiften, weihen, 496, 683, pl. 56b (Pr/9D/Wf005)).

47 Brovarski, "Ahanakht of Bersheh,", 22.

cannot be absolutely sure, it seems that the answer to this question has to be negative. Davies[48] has suggested, based only on the texts at Sheikh Said of which he knew, that Djehutinakht might have selected tombs which in some way have the name Teti in them (this being the name of his mother). The wives of Meru and Uiu were both named Teti, and Teti-ankh has this element in his name. However, with the new inscriptions on the south hill of Deir al-Barsha, this argument is no longer valid as nowhere is the name Teti found in these tombs. In fact, the only common factor in all these tombs is that they were originally decorated and thus obviously belonged to the more well-to-do stratum of the population. At Sheikh Said this means the tombs of several high officials and at least one nomarch of the Sixth Dynasty, while at Deir al-Barsha this means the tombs of the high officials (none of them nomarchs) of that same period.

What exactly Djehutinakht meant when he claimed he had *restored* the tombs of his ancestors, remains unclear. Davies[49] already remarked that no signs of any sort of restoration were visible in the tombs of Sheikh Said, and recent investigations in the tombs in Deir al-Barsha confirm this statement. Rather than restoring tombs, it seems Djehutinakht was more concerned with his own propaganda and justifying the rule of the future nomarchs of the Hare Nome.

48 Davies, Sheikh Said, 39.
49 Davies, Sheikh Said, 39.

Bibliography

Anthes, Rudolf. 1928. *Die Felseninschriften von Hatnub, UGAÄ 9, ser. ed. K.H. Sethe. Leipzig: J.C. Hinrichs'sche Buchhandlung.*

Baer, Klaus. 1960. *Rank and Title in the Old Kingdom. The Structure of the Egyptian Administration in the Fifth and Sixth Dynasties. Chicago: The University of Chicago.*

Brovarski, Edward. 1981. *"Ahanakht of Bersheh and the Hare Nome in the First Intermediate Period and Middle Kingdom." In Studies in Ancient Egypt, the Aegean, and the Sudan. Essays in Honor of Dows Dunham on the Occasion of His 90th Birthday, June 1, 1980, edited by W.K. Simpson and W.M. Davis. Boston: Department of Egyptian and Ancient Near Eastern Art, Museum of Fine Arts: 14-30.*

Brovarski, Edward, Rita E. Freed, Olaf Ernst Kaper, Jean-Louis Lachevre, Melissa Robinson, David P. Silverman, René Van Walsem, and Harco Olger Willems. 1992. *Report of the 1990 Field Season of the Joint Expedition of the Museum of Fine Arts, Boston; University Museum, University of Pennsylvania; Leiden University, Bersheh Reports 1. Boston: Museum of Fine Arts.*

Clédat, Jean. 1901. *"Notes sur la nécropole de Bersheh." BIFAO 1: 101-102.*

Davies, Norman de Garis. 1901. *The Rock Tombs of Sheikh Saïd, ASE 10, ser. ed. F.L. Griffith. London: Egypt Exploration Fund.*

Fitzenreiter, Martin. 1999/2001. *Statue und Kult. Eine Studie der funerären Praxis an nichtköniglichen Grabanlagen der Residenz im Alten Reich, doctoral dissertation, Humboldt-Universität 1999 (IBAES III, 2001, http://www2.rz.hu-berlin.de/nilus/net-publications/ibaes3).*

Gardiner, Alan Henderson, and Kurt Heinrich Sethe. 1928. *Egyptian Letters to the Dead, Mainly from the Old and Middle Kingdoms. London: The Egypt Exploration Society.*

Gomàà, Farouk. 1980. *Ägypten während der Ersten Zwischenzeit, BTAVO 27, ser. eds. H. Gaube and W. Röllig. Wiesbaden: Dr. Ludwig Reichert Verlag.*

Grallert, Silke. 2001. *Bauen, stiften, weihen. Ägyptische Bau- und Restaurierungsinschriften von den Anfängen bis zur 30. Dynastie. 2 vols, ADAIK 18. Berlin: Achet.*

Griffith, Francis Llewellyn, and Percy E. Newberry. [1895]. *El-Bersheh II, ASE 4, ser. ed. F.L. Griffith. London: Egypt Exploration Fund.*

Jones, Dilwyn. 2000. *An Index of Ancient Egyptian Titles, Epithets and Phrases of the Old Kingdom. 2 vols. BAR International Series 866. Oxford: Archaeopress.*

Lepsius, Karl Richard. 1849. *Denkmaeler aus Aegypten und Aethiopien nach den Zeichnungen der von Seiner Majestät dem Koenige von Preussen, Friedrich Wilhelm IV., nach diesen Ländern gesendeten, und in den Jahren 1842–1845 ausgeführten wissenschaft-lichen Expedition auf Befehl Seiner Majestät. Vol. 2. Berlin: Nicolaische Buchhandlung. Reprint, 1972.*

Porter, Bertha, Rosalind Louisa Beaufort Moss, and Ethel W. Burney. 1934. *Topographical Bibliography of Ancient Egyptian Hieroglyphic Texts, Reliefs, and Paintings. Vol. 4: Lower and Middle Egypt: Delta and Cairo to Asyut. Oxford: The Griffith Institute.*

Ranke, Hermann. 1935. *Die ägyptischen Personennamen. Vol. 1: Verzeichnis der Namen. Glückstadt: Verlag J. J. Augustin.*

Willems, Harco Olger, Marleen De Meyer, David Depraetere, Christoph Peeters, Stan Hendrickx, Tomasz Herbich, Dietrich Klemm, Rosemarie Klemm, Lies Op de Beeck, and Mark Depauw. 2004. *"Preliminary Report of the 2002 Campaign of the Belgian Mission to Deir al-Barsha." MDAIK 60: 237-283.*

Willems, Harco Olger, Lies Op de Beeck, Troy Leiland Sagrillo, René Van Walsem, and Stefanie Vereecken. 2005. *Deir al Barsha. Vol. 1: The Rock Tombs of Djehutinakt (No. 17L20/1), Khnumnakht (17L20/2), and Iha (17L20/3); With a Chapter on the History and Functioning of Nomarchal Rule in the Early Middle Kingdom, OLA. Leuven: Uitgeverij Peeters.*

Die Entwicklung der genealogischen Informationen nach dem Neuen Reich

KARL JANSEN-WINKELN

1. Bis zum Ende des Neuen Reiches sind genealogische Angaben auf ägyptischen Denkmälern in aller Regel knapp;[1] meist werden entweder der Vater oder beide Elternteile angegeben. Längere Stammbäume finden sich nur ganz ausnahmsweise.[2]

Nach Ende des Neuen Reiches ändert sich das: nun sind die genealogischen Angaben recht häufig ausführlicher (obwohl die bloße Anführung des Vaters oder der Eltern auch in der späteren Zeit durchaus gängig ist), und nicht selten trifft man auch auf sehr lange Stammbäume, die sich über viele Generationen erstrecken.

Schon zu Beginn der 22. Dynastie ist diese neue Sitte deutlich ausgeprägt; der Anfang dieser Entwicklung sollte daher in der 21. Dynastie liegen. Er ist aber nur schwer zu fassen, denn gerade aus der 21. Dynastie sind diejenigen Arten von Denkmälern nicht überliefert, auf denen üblicherweise längere Genealogien stehen: Es gibt keine dekorierten Gräber mehr, keine Privatstatuen und kaum Steinstelen.[3] Reichlich vorhanden sind allein Särge und Totenpapyri, und auch die nur aus Theben. Auf den Särgen dieser Zeit wird im allgemeinen nur der Besitzer genannt, selten Vater, Mutter, Ehemann oder Kinder. Auf den Papyri erscheint außer dem Besitzer in der Regel auch nur ein Elternteil oder beide. Immerhin gibt es einige Fälle, wo auch drei, vier oder fünf Generationen der Vorväter aufgeführt werden.[4] Bedenkt man, daß Totenpapyri auch in späterer Zeit nur selten ausführlichere genealogische Angaben machen, kann man diese wenigen Belege wohl doch als Anzeichen dafür nehmen, daß sich schon in der 21. Dynastie eine derartige Entwicklung anbahnt.

In der 22. Dynastie haben wir dann sehr viel reichhaltigeres Material. Schon aus der Regierung Osorkons I. stammen zwei Statuen mit ausführlichen Genealogien, die angeblich bis in die Zeit Ramses II. zurückreichen sollen (s. Liste im Anhang, Nr.1-2). Besonders viele derartige Stammbäume gibt es aus dem Ende der 3. Zwischenzeit, kurz vor Beginn der nubischen Herrschaft, u.a. ein Grabrelief aus Sakkara mit einer 60 Generationen langen Genealogie, mit Abstand der längsten überhaupt aus dem Alten Ägypten (Berlin 23673, s. Liste, Nr.9). Insgesamt kann man sagen, daß die Blütezeit der langen Genealogien von der 22. bis zur 26. oder allenfalls 27. Dynastie reicht, mit dem Höhepunkt in der späten Libyerzeit, und zwar was die durchschnittliche Ausführlichkeit genealogischer Angaben angeht als auch in Bezug auf das Vorkommen ungewöhnlich langer Stammbäume. Diese besonders ausführlichen Genealogien findet man vor allem auf Privatstatuen aus Tempeln, auf Serapeumstelen, seltener auch in Priestereinführungsinschriften (im inneren Tempelbereich), auf Grabwänden und einmal in einer Felsinschrift (s. die Liste). In der zweiten Hälfte des 1. Jahrtausends sind ungewöhnlich lange Genealogien wieder selten, und auch im Durchschnitt werden genealogische Angaben zunehmend knapper. In der Ptolemäerzeit beschränkt man sich meist wieder auf das Anführen von Vater und Mutter.[5]

1 Vgl. D.B. Redford, A Study of the Biblical Story of Joseph, Leiden 1970, 5-8; A. Leahy, Libyan Studies 16, 1985, 55; R. Ritner, in: For his Ka, Essays Offered in Memory of Klaus Baer, Chicago 1994, 219-20.

2 Z.B. die Stele Louvre C 50 aus der Zeit Sethos' I. (s. K.A. Kitchen, Ramesside Inscriptions, I, 327-9; D.A. Lowle, Oriens Antiquus 15, 1976, 91-106), auf der sechs Generationen von Vorfahren in den Wunsch nach Opfern einbezogen werden, oder ein ramessidisches Graffito aus Deir el-Bahri (M. Marciniak, Les inscriptions hiératiques du Temple de Thoutmosis III, Warschau 1974, 80-1; pl.XXI/XXIA; A.I. Sadek, Göttinger Miszellen 71, 1984, 85-6), in dem nicht weniger als 13 Generationen Vorväter erscheinen.

3 Stelen aus dem Serapeum von Memphis, ab der 22. Dynastie eine der wichtigsten Quellengruppen, sind z.B. aus der 21. Dynastie überhaupt nicht bezeugt.

4 A. Niwinski, Studies on the Illustrated Theban Funerary Papyri of the 11th and 10th Centuries B.C., Orbis Biblicus et Orientalis 86, 1989, 243 (Besitzer + 5 Generationen), 284 (4 Gen.), 291 (3 Gen.).

5 Als Beispiel: In den von A. Kamal herausgegebenen Totenstelen aus Achmim (Stèles ptolémaïques et romaines, Kairo

2. Die meisten Personen, von denen wir ausführlichere Genealogien haben, sind Priester. Es ist aber zu bedenken, daß die entsprechenden Denkmälern überwiegend aus Tempeln stammen und zudem in der 3. Zwischenzeit so gut wie keine Zivilverwaltung vorhanden ist (und damit entsprechende Titel). Von daher ist es nicht überraschend, daß Priestertitel deutlich im Vordergrund stehen, aber es gibt lange Genealogien auch von überwiegend weltlichen Beamten (s. Liste, Nr.22).

Im allgemeinen wird in den Genealogien, gleich welcher Länge, ausschließlich oder überwiegend die väterliche Linie berücksichtigt. Ausnahmen sind diejenigen Fälle, wo ein wichtiges Amt durch die mütterliche Linie vererbt wird oder wo die Mutter aus der Königsfamilie stammte. So gibt etwa der prominente vierte Amunprophet Nachtefmut A auf seinen Statuen[6] in der Filiation nur seinen Vater an, gleichfalls ein vierter Amunprophet, nicht aber dessen Vorväter, die nur einfache Priester waren. Bei seiner Mutter aber wird stets noch deren Vater genannt, ein Hoherpriester des Amun, sowie ihr Großvater, der König Schoschenk I. Offensichtlich beruht die gehobene Position des Nachtefmut und seines Vaters auf der Einheirat in die Königsfamilie.[7] Auch die ausführlichen Stammbäume geben entweder ausschließlich oder ganz überwiegend die väterliche Linie wieder. Manchmal werden zusätzlich einige Generationen der Vorfahren der Mutter von Besitzer oder Stifter genannt. Eine Ausnahme machen allerdings oft die funerären Papyri; in ihnen wird gern ausschließlich die Mutter genannt. Das wird wohl damit zusammenhängen, daß diese Texte nicht der Nachwelt, also den Menschen, sondern nur der jenseitigen Welt, den Göttern, zugänglich waren, und für die kam es, etwa beim Totengericht, nicht so sehr auf die väterlichen Ämter an, sondern auf die genaue Identität des Toten; dafür ist die Mutter die zuverlässigere Angabe.[8]

Eine Besonderheit sind die „Familiendenkmäler" der 26. Dynastie. Auf dem Türsturz Kairo JE 38824 (Liste Nr.17) werden 13 Generationen von Vorvätern des Besitzers genannt und dargestellt, es wird aber auch die Mutter und deren Vater (z.T. auch Großvater) erwähnt, so daß sich eine lange väterliche Ahnenlinie ergibt mit den jeweiligen Ehefrauen und deren Vätern. Auf der Stele Wien 157 (Nr.18) werden rechts elf Vorväter des Besitzers mit ihren Ehefrauen dargestellt und benannt, dazu links in gleicher Form der Bruder der Mutter des Besitzers und 12 Generationen seiner Vorväter mit ihren Frauen (bei einigen Frauen fehlt der Name). Beide Linien fallen nach wenigen Generationen zusammen, benennen also identische Personen. Leider steckt ein Fehler in dieser ungewöhnlichen Stammtafel: Entweder sind in der Linie des Onkels zwei Generationen zu viel genannt, oder, und das ist wahrscheinlicher, in der des Vaters sind zwei irrtümlich ausgelassen worden. Ein ähnliches Familiendenkmal, die Stele Kairo JE 43197 (Nr.20),[9] macht leider zu unklare Angaben, um die Rekonstruktion eines Stammbaums zu ermöglichen. Interessant ist allerdings die Überschrift: Es handelt sich um „die Familie (*3bwt*) der Mutter des Djed-amun-efanch".

3. Die Vorfahren einer Person anzuführen dient zunächst einmal der genauen Identifizierung. Dazu reichen aber in der Regel (zumal in Verbindung mit einem Titel) Vater und Mutter, und so wird es ja auch bis zum Ende des Neuen Reiches durchgehend gehandhabt. Ausführlichere Angaben oder gar lange Stammbäume sind zur bloßen Identifizierung überflüssig, sie haben andere Zwecke. Der wichtigste ist

---

1904-5), mit meist recht ausführlichen Texten, beschränkt man sich fast durchgehend auf das Anführen der Eltern. Etwas längere Stammbäume finden sich nur vereinzelt (CG 22044 und 22174: Besitzer und vier Vorväter; 22074: sechs Vorväter). Die beiden Stelen mit besonders ausführlichen Filiationen (22141: Besitzer und sieben Generationen Ahnen; 22147: Besitzer und neun Vorväter, dazu die Mutter mit fünf Vorvätern) stammen aus der 26. Dynastie, s. P. Munro, Die spätägyptischen Totenstelen, Glückstadt 1973, 313-4.

6 Kairo CG 42206-8, s. K. Jansen-Winkeln, Ägyptische Biographien der 22. und 23. Dynastie, Wiesbaden 1985, 25-62; 441-61; Taf.4-14.

7 Der Vater Djedchonsefanch A sagt auf seiner Statue (Kairo CG 559, b,6-12, s. ibid., 11-2; 435-6) auch ganz deutlich, daß er ein enger persönlicher Vertrauter Osorkons I. war.

8 Als besonders markanten Fall kann man auf das Götterdekret für Neschons (A) verweisen. Deren Ehemann (und Auftraggeber dieses „Dekrets"), der Hohepriester Pajnedjem (II.), wird darin schlicht als „Pajnedjem, der Sohn der Astemachbit" erwähnt, ohne Berücksichtigung seines Titels eines Hohenpriesters und ohne seinen Vater, den Hohenpriester Mencheperre, zu nennen.

9 Diese Stele wurde früher in die 22. Dynastie datiert, für P. Munro, Die spätägyptischen Totenstelen, 42, n.1 ist sie "bubastid(isch)-kuschitisch". F. Payraudeau, Journal of Egyptian Archaeology 89, 2003, 204 (4), setzt sie, wohl zurecht, in die 26. Dynastie.

zweifellos, den Anspruch der Familie auf bestimmte Ämter zu dokumentieren, weniger im Interesse des Besitzers dieses Denkmals selbst als vielmehr seiner Nachkommen. Das zeigt sich schon daran, daß lange Genealogien meist an sakraler, geschützter Stelle angebracht sind, z.B. auf Tempelstatuen, Serapeumstelen oder Tempelwänden, wie z.B. die Priestereinführungsvermerke. Diese Funktion erklärt auch, warum die väterliche Linie deutlich Vorrang hat, denn Ämter werden in aller Regel vom Vater zum Sohn vererbt. Wie erbittert umstritten Priesterstellen in der Spätzeit waren, zeigen sehr deutlich die im Papyrus Rylands 9 geschilderten Vorgänge, wo man sich buchstäblich mit Brandstiftung und Mord bekämpft. Dort (Kol.XIII) sorgt sich auch ein hoher Beamter, daß seine Nachkommen nach seinem Tode nicht mehr genügend Einfluß haben könnten, um sich ihre ererbten Priesterämter zu bewahren. Daher läßt er „die guten Dinge", die er für Amun getan hat (also seine Biographie) und seine Priesterämter auf einer Stele aufzeichnen und sie im Tempel aufstellen.[10] Dies zeigt expressis verbis die Funktion einer solchen Aufzählung der Ämter eines Vorfahren für die Nachkommen.

Vor allem die sehr langen Stammbäume dienen aber wohl auch noch einem anderen Zweck: Sie sollen belegen, wie vornehm die Abkunft einer Person war, auch wenn sich daraus nicht unmittelbar ein materieller Vorteil ergibt. Das zeigt sich vor allem an solchen Stammbäumen, die einen besonders berühmten (und zeitlich fernen) Vorfahren nennen (s.u.). Ein gutes Beispiel ist auch die Genealogie des Pasenhor aus dem 37. Jahr Schoschenks V. (Liste, Nr.10). Diese Person war selbst nur einfacher Priester in Memphis, aber sein Vater und die vier weiteren Vorväter waren Gouverneure und Hohepriester von Herakleopolis, dann folgen die ersten Könige der 22. Dynastie, die hier samt ihren Müttern in ihrer genealogischen (nicht theologischen) Abkunft aufgeführt werden. Deren Vorväter wiederum waren fünf „Großfürsten" (der Libyer), und der letzte Ahn, der Stammvater der ganzen Linie, wird schlicht als „Libyer" bezeichnet, ohne jeden Titel. Der Grund für diese lange und außergewöhnliche Wiedergabe eines Stammbaums war zweifellos der Stolz des Pasenhor auf seine königliche Abkunft und – das ist gleichfalls deutlich – seine Zugehörigkeit zur *libyschen* Herrschaftsschicht Ägyptens. Man wird annehmen dürfen, daß gerade die Tatsache, daß Pasenhor selbst kein besonders hohes Amt innehatte, ihn dazu brachte, der Mit- und Nachwelt seine berühmten Vorfahren vor Augen zu stellen. Dazu paßt auch, daß umgekehrt gerade höchste Würdenträger wie etwa die Wezire, die Obervermögensverwalter der Gottesgemahlin, die obersten Amunpropheten oder Leute wie Montemhet und Petamenophis auf ihren Denkmälern meist nur knappe genealogische Angaben machen.

4. Für den Historiker ist die Angabe von mehreren Generationen von Vorfahren natürlich besonders erfreulich, denn sie gestattet es oft, ein Denkmal und seinen Besitzer chronologisch einzuordnen. Ausführliche Stammbäume sind daher eine große Hilfe bei der Rekonstruktion der altägyptischen Chronologie, zumal wenn darin prominente Personen vorkommen, die aus verschiedenen Quellen bekannt sind. Für die ägyptische Spätzeit ist diese Hilfe um so wichtiger, als in dieser Zeit der regierende König auf privaten Objekten nur selten genannt wird, und so diese wichtigste Stütze bei der zeitlichen Einordnung meist fehlt.

Damit stellt sich sogleich die Frage nach der Glaubwürdigkeit ägyptischer Genealogien. Im allgemeinen hat sich gezeigt, daß die Angaben recht zuverlässig sind. Vor allem für die Dritte Zwischenzeit und die 25. und 26. Dynastie gibt es eine Vielzahl von Quellen, deren genealogische Angaben sich gegenseitig ergänzen und stützen und oft zu eindeutigen und widerspruchsfreien Ergebnissen führen. Von vielen Familien kann man ausführliche Stammtafeln aufgrund zahlreicher unterschiedlicher Denkmäler erstellen, deren Angaben übereinstimmen.[11] Größere Widersprüche waren in der Vergangenheit eher durch fehlerhafte Rekonstruktionen bedingt.

Ein merkwürdiger Fall ist die sogenannte Nebnetjeru-Familie.[12] Ihre zentrale Figur ist der königliche Sekretär Hor (IX), der eine wichtige Figur der Zeitgeschichte gewesen zu sein scheint. Auffällig ist, daß

10 S. G. Vittmann, Der demotische Papyrus Rylands 9, Wiesbaden 1998, 61-3; 158-61.

11 S. die Stammtafeln bei K.A. Kitchen, The Third Intermediate Period in Egypt (1100-650 BC), Warminster 31995, M.L. Bierbrier, The Late New Kingdom in Egypt (c. 1300 - 664 B.C.). A Genealogical and Chronological Investigation, Warminster 1975 und G. Vittmann, Priester und Beamte im Theben der Spätzeit, Wien 1978.

12 Kitchen. op. cit., § 177-9; Bierbrier, op. cit., 73-8.

einige seiner Vorfahren höhere Ämter bekleidet haben als er, aber aus der gesamten Familie sind nur er selbst und sein Sohn Nebneteru (IV) zeitgenössisch belegt, alle anderen kennen wir ausschließlich durch die genealogischen Angaben dieser beiden Personen. Der Stammbaum muß deshalb keineswegs falsch oder zweifelhaft sein, aber die Tatsache ist bemerkenswert.

Zuweilen lassen sich aber klare Fehler nachweisen, selbst bei der Angabe unmittelbarer Vorfahren, und zwar offenbar eher auf Särgen und Teilen der Grabausstattung als z.B. auf Statuen, die ja einer gewissen öffentlichen Kontrolle unterlagen. H. de Meulenaere hat vor einigen Jahren den Würfelhocker Kairo JE 37878 aus dem Ende der 25. Dynastie veröffentlicht (Liste, Nr.15), deren Besitzer Chonsumes zehn Vorfahren väterlicherseits anführt. Eine Reihe davon erscheinen auch auf anderen Denkmälern, und dabei gibt es gewisse Widersprüche, (siehe Abb.1).[13] Man wird wohl annehmen dürfen, daß die Angaben der Statuen gegen die Särge korrekt sind; bei CG 48617 ist offenbar nur ein *Ns-Jmn* unrichtigerweise eingeschoben worden. Das wird durch eine weitere Statue, Kairo JE 38002 bestätigt (Liste, Nr.16) die ebenfalls die Folge Penmaat - Amenhotep - Petamon hat. Daraus ergibt sich allerdings ein weiteres Problem: Falls die Genealogien von JE 37878 und JE 38002 korrekt sind und sich partiell überschneiden,[14] müßte der Besitzer von JE 38002 fünf Generationen, mehr als 100 Jahre, nach dem von JE 37878 gelebt haben, also schon gegen Ende der 26. Dynastie, und das scheint stilistisch so gut wie ausgeschlossen.

Gerade die sehr langen Genealogien sind aus verschiedenen Gründen besonders anfällig für Fehler bzw. sogar für bewußte Falschinformationen geeignet:

- Die sog. Ahnentafel Berlin 23673 (Liste, Nr.9), die vermutlich aus der Zeit Schoschenks V. stammt, enthält neben zweifellos richtigen und wertvollen Angaben eine Reihe offenkundiger Fehler. So wird die Zeit zwischen König Amenemnisut aus der 21. Dynastie (Reihe1, Nr.15) und dem Ende der Regierung Ramses II. (2,2), das sind ca. 170-180 Jahre, durch zwei Generationen überbrückt. Umgekehrt liegen zwischen Amenemhet I. (4,6) und Mentuhotep II. (4,13) nicht weniger als sieben Generationen. Unter der Regierung Ramses II. werden drei Hohepriester von Memphis aufgeführt, von denen nur einer in zeitgenössischen Quellen belegt ist (Neferrenpet), und auch die Hohenpriester aus den gut dokumentierten Epochen von Amenophis III. und Sethos I. sind uns nur aus dieser Quelle bekannt.
- Der Stammbaum des Chnumibre aus dem Wadi Hammamat (Liste, Nr.22), etwa im 26. Jahre Darius' I. verfaßt, ist noch zweifelhafter als die Berliner Ahnentafel: Schon die viermalige(!) Abfolge von Personen des Namens Nestefnut und Tjaenhebu ist unwahrscheinlich. Vor allem aber werden die Vorfahren ab der fünften Generation aufwärts sämtlich als Baumeister und Wesir bezeichnet, insgesamt 18 Generationen, die bis zu dem bekannten Wesir Rahotep unter Ramses II. reichen. Außer diesem Rahotep aber, den der Text berühmter als selbst Imhotep nennt, ist *kein einziger* dieser Wesire aus anderen Quellen bezeugt. Zudem führen die ältesten Vorfahren dieses Stammbaums anachronistische Namen und Titel.[15] Es wäre allerdings auch erstaunlich, falls ausgerechnet diese lange Genealogie korrekt wäre; sie wurde ja in einem Wüstental aufgeschrieben, wo der Autor oder Schreiber sicher keine schriftlichen Aufzeichnungen zur Hand hatte (und andrerseits kaum Kontrollen befürchten mußte).
- Der Stammbaum eines Priesters und Vorstehers der Lehrer namens Horachbit (Liste, Nr.5), an einer Tempelwand in Karnak hieratisch eingemeißelt, führt 18 Generationen väterlicher Vorfahren auf; ab dem Großvater soll jeder einzelne „Baumeister aller Denkmäler des Amuntempels" gewesen sein. Die letzten drei Vorfahren, Amenemope, Sohn des Paser, Sohn des Amenmose werden Wezire genannt, der letztere zur Zeit eines Königs Amenophis. Tatsächlich gibt es im Neuen Reich Wesire mit diesen Namen, aber sie sind nicht Vater und Sohn, und ihre zeitliche Reihenfolge ist anders: Ein Wesir Amenemope (Sohn eines Ahmose) ist unter Amenophis II. bezeugt, ein Wesir Paser unter Ramses II. und ein Wezir Amenmose unter Amenmesse. Sollten diese historischen Personen gemeint sein, wäre ihre Reihenfolge umgekehrt worden, und man hatte sie fälschlich in ein Vater-Sohn-Verhältnis gebracht.

13 Entspricht Fig. 3 bei De Meulenaere mit kleineren Änderungen.

14 Indem es sich bei Penmaat, Sohn des Amenhotep, Sohn des Petamon auf beiden Statuen um dieselben Personen handelt.

15 S. G. Posener, La première domination perse en Egypte, Kairo 1936, 104 (n); A. Weil, Die Veziere des Pharaonenreiches, Straßburg 1908, 62.

Statuen			Särge		
Kairo JE 37878	**JE 37183**	**CG 48617**	**CG 41001/1bis/42/43**	**CG 41006/46**	**CG 41002/44/45**
Amenhotep					
Penmaat		Petamon			
Petamun		Amenhotep			
Amenhotep		Nesamon	Nebneterou		
Penmaat	Penmaat	Penmaat	Djedchonsefanch		
Djedchonsefanch	Djedchonsefanch	Djedchonsefanch	Penmaat		
Pestjenef	Pestjenef	Pestjenef	Pestjenef	Nesamon	Pestjenef
Wennefer	Wennefer	Wennefer	Wennefer	Wennefer	Wennefer
Hor					
Djedasetefanch					
Chonsumes					

Abb. 1: Genealogien der Familie des Chonsumes.

Der Stammbaum der Statuen Kairo CG 42188 und 42189 aus der Zeit Osorkons I. (Liste, Nr.1-2) endet mit Ipui, Sohn eines zweiten Amunpropheten Roma. Dieser zweite Amunprophet Roma ist aus der Zeit Ramses II. als Vater des bekannten späteren Hohenpriesters Bakenchons bekannt, und Ipui war sein Bruder (nicht sein Vater). Falls diese Personen gemeint sind, wäre der Stammbaum deutlich zu kurz, um mindestens 100 Jahre; die Zeit zwischen Ramses II. und Osorkon I. kann nicht in zehn Generationen (ca. 250 Jahren) überbrückt werden.

Es gibt aber durchaus auch lange Genealogien, in denen zumindest keine Fehler, Widersprüche oder Anachronismen nachzuweisen sind. So sind z.B. die Angaben auf der berühmten Pasenhorstele (Liste, Nr.11) richtig, soweit sich das überhaupt nachprüfen läßt, ebenso stimmen die Familienverhältnisse, wie sie eine Priestereinführungsinschrift aus dem Jahr 7 Takeloths III. (Liste, Nr.8) für die 21. Dynastie anführt, mit anderen Quellen überein.[16] Auch die beiden langen Priesterstammbäume Berlin 2096/2097 aus der Zeit des Tanutamun mit 16 bzw. 14 Generationen Vorfahren enthalten zumindest keine internen Widersprüche, ebenso die zweitlängste Genealogie auf einer Statue aus Dendera mit 25 Generationen Vorfahren (Liste, Nr.4). Hier wird an 19. Stelle der Hohepriester Nebwenenef aus dem Beginn der Regierung Ramses' II. aufgeführt, und das wäre zumindest chronologisch möglich, falls die Statue um 800 anzusetzen ist.

Als Fazit kann man festhalten: Genealogische Angaben sind in der Regel wohl zuverlässig, aber dennoch ist immer mit Fehlern zu rechnen, selbst in kurzen Stammbäumen. Besonders ausführliche Genealogien sind in den älteren Partien öfter nachweislich falsch oder doch sehr zweifelhaft, vor allem, wenn der Anschluß an bekannte Personen aus dem Neuen Reich gesucht wird. Auffällig ist, wie häufig solche langen Stammbäume gerade am Ende der Libyerzeit vorkommen. So ist z.B. die sogenannte Neseramun-Familie[17] zeitgenössisch in der 21. und in der Mitte der 22./23. Dynastie bezeugt, aber ihre längste Genealogie, die vier Generationen über die anderen hinausragt und bis ins Neue Reich zurückgeht, stammt gerade von einem ihrer jüngsten Mitglieder[18] aus der Zeit Osorkons III. Noch deutlicher ist das bei der Familie des Nachtefmut A aus der 22./23. Dynastie:[19] Er selbst, sein Vater und sein Sohn geben nur jeweils einige Vorfahren an, bis zur Zeit Osorkons I., erst sein Enkel (bzw. sein Urenkel als Stifter der Statue) führt den Stammbaum glatte zehn Generationen darüber hinaus (s. Liste, Nr.7), wodurch die Wurzeln der Familie bis in die Ramessidenzeit zurückreichen würden.[20] Da gerade in dieser Zeit der „Archaismus" im thebanischen Raum beginnt, eine Richtung, die sich an Vorbildern älterer Zeit orientiert, wäre es denkbar, daß dieser Einfluß dazu führte, auch bei den Familienstammbäumen den Anschluß an die großen alten Zeiten zu suchen und gegebenenfalls zu konstruieren.

5. Was kann nun der Grund dafür sein, daß nach dem Neuen Reich auf einmal solcher Wert auf die Aufzählung der Vorfahren gelegt wird?

Am leichtesten zu erklären ist wohl der Ausnahmefall der „Berliner Ahnentafel" (Liste, Nr.9). Hier dürfte es klar sein, daß man sich die Königslisten der Tempel zum Vorbild genommen hatte. Es ist gerade für die Dritte Zwischenzeit gut bezeugt, daß man Texte und Darstellungen, die früher den Königen vorbehalten waren, für nichtkönigliche Personen übernommen hat, z.B. die Unterweltbücher, die in der 21. Dynastie oft auf Totenpapyri bezeugt sind.

Für die Erklärung der neuen Sitte überhaupt – von diesem Einzelfall abgesehen – hat zuerst A. Leahy libyschen Einfluß geltend gemacht,[21] denn die Wertschätzung genealogischer Informationen in nomadischen oder halbnomadischen Stammesgesellschaften ist wohlbekannt. Dieser Erklärung hat sich auch R. Ritner angeschlossen.[22] Daß die libyschen Herrscher Ägyptens besonderen Wert auf Familie und Abstammung legten, ist im übrigen kein bloßes Konstrukt, sondern zeigt sich deutlich in der konsequenten Besetzung der höchsten politischen und priesterlichen Ämter mit Nachkommen der Könige und Häuptlinge, eine Vorgehensweise, die übrigens auch durch Inschriften Osorkons I. und II.

16 S. J. Yoyotte, Bulletin de la Société francaise d'égyptologie 77-78, 1976-77, 39-54.

17 S. dazu Kitchen, The Third Intermediate Period in Egypt, § 166-176; Bierbrier, The Late New Kingdom in Egypt, 68-73.

18 Djedbastefanch I auf seinem Würfelhocker Kairo CG 42224, s. Liste, Nr.6.

19 Kitchen, op. cit., § 183-9; Bierbrier, op. cit., 79-85.

20 Wenn der Stammbaum denn richtig wäre, was sich nicht nachprüfen läßt.

21 Libyan Studies 16, 1985, 55.

22 In: For his Ka, Essays Offered in Memory of Klaus Baer, Chicago 1994, 219.

explizit dargelegt wird.[23] Nicht zuletzt daraus ergibt sich die ganz andersartige politische Entwicklung Ägyptens nach dem Neuen Reich, mit der allmählichen Aufspaltung in immer zahlreichere erbliche Lokalfürstentümer. Es ist daher mehr als wahrscheinlich, daß genealogische Informationen für die libysche Oberschicht Ägyptens von besonderer Bedeutung waren.[24] Allerdings betreffen *unsere* Quellen ja meist Ägypter, vor allem Priester, die gerade in Oberägypten vermutlich überwiegend nichtlibyscher Herkunft waren. Es ist aber grundsätzlich anzunehmen, daß die herrschende Schicht bestimmenden Einfluß auf die Entstehung neuer Gewohnheiten hat. Zudem könnte es durchaus eine bewußte Reaktion der ägyptischen Oberschicht auf eine ursprünglich libysche Sitte gewesen sein, wenn man zeigte, daß man gleichfalls derartig weitreichende Bindungen hatte und sie sogar schriftlich nachweisen konnte. Auf jeden Fall ist der zeitliche Zusammenhang zwischen dem Entstehen der Sitte längerer Genealogien und dem Beginn der libyschen Oberherrschaft so deutlich, daß auch ein sachlicher Zusammenhang bestehen sollte.

Noch ein weiterer Faktor könnte eine Rolle spielen: Die Struktur der ägyptischen Gesellschaft der Dritten Zwischenzeit ist von der des Neuen Reiches sehr verschieden. Es gibt außer ein paar königlichen Schreibern und Sonderbeauftragten praktisch keine Zivilverwaltung mehr, sondern eine Zweiteilung der Gesellschaft in die libysche Militäraristokratie und die ägyptische Priesterschaft, zumindest was die oberen Klassen der Bevölkerung angeht, oberhalb der Bauern und Handwerker. Mit anderen Worten, bis zum Ende des Neuen Reiches war das Priesteramt, abgesehen von ein paar theologischen Spezialisten, ein Nebenberuf, jetzt ist es ein Hauptberuf, *der* Hauptberuf der ägyptischen Oberschicht und des Schreibkundigen überhaupt. Um eine Priesterstelle zu bekommen, spielen aber besondere Fähigkeiten (außer Lesen und Schreiben) und persönliche Tüchtigkeit oder die Gunst des Königs längst nicht die gleiche Rolle wie für zivile und militärische Ämter. Hier kam es viel eher auf die Abstammung an. Das zeigen einige Texte expressis verbis,[25] gleichfalls die spätere Entwicklung, in der die Herkunft aus einer Priesterfamilie verbindliche Voraussetzung war, selbst Priester zu werden.[26] Auch der bereits erwähnte Papyrus Rylands 9 beweist, wie wichtig es war, wenn man nachweisen konnte, daß bestimmte Priesterämter schon sehr lange von einer Familie besetzt worden waren.

Schließlich kann man noch auf einen letzten Punkt hinweisen. Einzelgräber, zumal solche mit eigener Dekoration und Kultraum, verschwinden in der 21. Dynastie völlig, und sie bleiben auch danach recht selten; der Normalfall in der Dritten Zwischenzeit ist die Sammelbestattung bzw. die Beisetzung in bereits vorhandenen Gräbern ohne großen Aufwand. Ein eigenes dekoriertes Grab war aber sicher *auch* eine Art Denkmal für die Familie, das noch nach mehreren Generationen für die Nachkommen sichtbar vorhanden war und so die Erinnerung an die Vorfahren aufrechterhielt. Als diese Möglichkeit weggefallen war, hat man sich vielleicht eher darum bemüht, die Namen der Ahnen auf andere Weise dauerhaft in Erinnerung zu behalten.

---

23 Auf der Statue Kairo CG 1040 Osorkons II. aus Tanis (Z.7-15, s. H. Jacquet-Gordon, Journal of Egyptian Archaeology 46, 1960, 16-7) und in einer teilweise wortgleichen Passage einer Inschrift Osorkons I. aus Bubastis, die E. Lange demnächst veröffentlichen wird.

24 Kenntnis und Aufzeichnung des Stammbaums sind im übrigen auch im alten Israel besonders wichtig, gleichfalls eine Stammesgesellschaft, die sich unmittelbar im Anschluß an die spätbronzezeitlichen Wanderungen etabliert hatte; s. dazu auch Redford, A Study of the Biblical Story of Joseph, 9ff.

25 Z.B. die Priestereinführungsinschrift aus dem Jahr 11 Takeloths II. (Louvre C 258, Z.3-5, s. Chronique d'Egypte 67, 1992, 249-54) oder der Bericht über die Wiedereinsetzung von Priestern in Karnak durch den Hohenpriester Osorkon B aus demselben Jahr (R.A. Caminos, The Chronicle of Prince Osorkon, Rom 1958, § 70).

26 Vgl. S. Sauneron, Bulletin de l'institut francais d'archéologie orientale 61, 1962, 55-7.

Längere Genealogien der Spätzeit[27]

1. Sitzfigur Kairo CG 42188; Osorkon I.; K. Jansen-Winkeln, Studien zur altägyptischen Kultur 31, 2003, 211-6; Taf.10-13;
Bes. + 8 Gen. Vorväter, dazu Sohn und Enkel als Stifter, Ehefrau + V und GV, Ehefrau des Sohnes + V und GV

2. Würfelhocker Kairo CG 42189; Osorkon I.; ibid., 216-23; Taf.14-17;
Bes. + 9 Gen. Vorväter, dazu Sohn als Stifter, Mutter + V, GV, UGV, UUGV, Ehefrau + V, GV, UGV, UUGV

3. Würfelhocker Kairo CG 42221; ca. Takeloth II.; K. Jansen-Winkeln, Ägyptische Biographien der 22. und 23. Dynastie, Wiesbaden 1985, 183-92; 536-41; Taf.47-48 (A16);
Bes. + 9 Gen. Vorväter; Mutter + V, GV, UGV, dazu Mutter der Mutter und deren V (König), Sohn (als Stifter), Ehefrau mit V und GV

4. Würfelhocker Chicago OIM 10729; spätere 3. Zwischenzeit; R. Ritner, in: For his Ka, Essays Offered in Memory of Klaus Baer, Chicago 1994, 205-26
Bes. + 25 Gen. Vorväter, dazu Mutter + V, GV, UGV, UUGV

5. Hieratische Steininschrift in Karnak; spätere 3. Zwischenzeit; G. Vittmann, Studien zur altägyptischen Kultur 30, 2002, 351-71; Taf.20-22
Bes. + 18. Gen. Vorväter

6. Würfelhocker Kairo CG 42224; Osorkon III.; G. Legrain, Statues et statuettes de rois et de particuliers, III, Kairo 1914, 54-7; pl.31
Bes. + 12 Gen. Vorväter, Mutter, Sohn als Stifter, Ehefrau + V und GV

7. Würfelhocker Kairo CG 42211; Takeloth III.; K. Jansen-Winkeln, Ägyptische Biographien der 22. und 23. Dynastie, Wiesbaden 1985, 83-99; 470-81; Taf.18-21 (A6)
Bes. + 14 Gen. Vorväter, Mutter, Sohn als Stifter, Ehefrau und deren Vater (König)

8. Block aus Chonstempel Karnak; Jahr 7 Takeloths III.; G. Daressy, Recueil de travaux 18, 1896, 51-52; J. Yoyotte, Bulletin de la Société francaise d'égyptologie 77-78, 1976-77, 39-54
Bes. + 12 [+ x] Gen. Vorväter, dazu verschiedene andere Angehörige (sehr fragmentarisch)

9. Grab(?)relief Berlin 23673; Schoschenk V.(?); L. Borchardt, Die Mittel zur zeitlichen Festlegung von Punkten der ägyptischen Geschichte, Kairo 1935, 96-112; Bl.2/2a
Bes. + 59 Gen. Vorväter (jeweils Figur mit Beischrift); dazu 26x der damals regierende König

10. Stele Louvre SIM 2846; Jahr 37 Schoschenks V.; M. Malinine u.a., Catalogue des stèles du Sérapéum de Memphis, Paris 1968, 30-1; pl.10 (31)
Bes. + 15 Gen. Vorväter (darunter 4 Könige); die ersten 11 Gen. jeweils mit Ehefrauen

11. Stele Louvre SIM 3429; ca. Schoschenk V.; ibid., 48-9; pl.16 (52)
Bes. + 11 Gen. Vorväter (davon 8 Hohepriester von Memphis)

12. Würfelhocker Kairo CG 42212; späte 3. Zwischenzeit; G. Legrain, Statues et statuettes de rois et de particuliers, III, Kairo 1914, 32-3; pl.21
Bes. + 15 [+ 1-3] Gen. Vorväter

13. Block Berlin 2096; Jahr 3 Tanutamuns; G. Vittmann, Studien zur altägyptischen Kultur 29, 2001, 357-62; 369; Taf.21
Bes. + 16 Gen. Vorväter

14. Block Berlin 2097; [Jahr 3] Tanutamuns; G. Vittmann, Studien zur altägyptischen Kultur 29, 2001, 362-8; 370; Taf.22
Bes. + 14 Gen. Vorväter

15. Würfelhocker Kairo JE 37878; Ende 25. Dynastie; H. de Meulenaere, in: Isimu. Revista sobre Oriente Próximo y Egipto en la antigüedad 2, 1999 (Festschrift Garrido Herrero), 393-9
Bes. + 10 Gen. Vorväter

16. Stehfigur Kairo JE 38002; Ende 25. Dynastie; K. Jansen-Winkeln, Biographische und religiöse Inschriften der Spätzeit, Wiesbaden 2001, 13-7; 334; Taf.4-5
Bes. + 13 Gen. Vorväter

27 Abkürzungen: Bes. = Besitzer; Gen. = Generation(en); V = Vater; GV = Großvater; UGV = Urgroßvater; UUGV = Ururgroßvater.

17. Türsturz Kairo JE 38824; frühe 26. Dynastie; A. Leahy / L. Leahy, Journal of Egyptian Archaeology 72, 1986, 133-47; pl.12
Bes. + 13 Gen. Vorväter (Figuren mit Beischriften), dazu z.T. die Ehefrauen und deren Vorfahren (nicht dargestellt)

18. Stele Wien 157; frühe 26. Dynastie; W. Wreszinski, Aegyptische Inschriften aus dem K.K. Hofmuseum in Wien, Leipzig 1906, 71-81 (I 23); P. Munro, Die spätägyptischen Totenstelen, Glückstadt 1973, 262; Abb.96
rechts Bes. + 11 Gen. Vorväter mit Ehefrauen; links Bruder der Mutter des Bes. + 12 Gen. Vorväter mit Ehefrauen (Figuren mit Beischriften)

19. Würfelhocker Kairo CG 48617; frühe 26. Dynastie; J. Josephson / M. Eldamaty, Statues of the XXVth and XXVIth Dynasties, Kairo 1999, 37-9; pl.17
Bes. + 9 Gen. Vorväter; dazu Mutter

20. Stele Kairo JE 43197; 26. Dynastie(?); R. el-Sayed, Bulletin de l'Institut francais d'archéologie orientale 85, 1985, 173-81; pl.29-30
„Sippe (Abwt) der Mutter des NN"; Stammbaum und Zahl der Gen. unklar (z.T. fehlende Verwandtschaftsangaben)

21. Stele Kairo CG 22147; späte 26. Dynastie; A. Bey Kamal, Stèles ptolémaïques et romaines, Kairo 1904-5, 132-4; pl.44
Bes. + 9 Gen. Vorväter; dazu Mutter + 5 Gen. ihrer Vorväter

22. Inschrift 92/93 im Wadi Hammamat; Darius I.; G. Posener, La première domination perse en Egypte, Kairo 1936, 98-105
Bes. + 22 Gen. Vorväter; dazu Mutter

(Herodot II,143; Priester des Zeus in Theben zeigen hölzerne Kolossalfiguren des Oberpriesters und seiner Vorfahren, insgesamt 345)

Die Ahnenreihe des Aspelta

ANGELIKA LOHWASSER

Im Mittelpunkt dieser Betrachtung steht die auf seiner Inthronisationsstele erhaltene Genealogie des Königs Aspelta, der im frühen 6. Jh. v. Chr. (mittelnapatanische Zeit) in Nubien über das „Reich von Kusch"[1] herrschte. Die Genealogie nennt sieben Generationen von Frauen, die linear von einander abstammen. Ihre Verwandtschaftsbezeichnungen, die konkreten Personen sowie der Zweck dieser Genealogie sollen untersucht werden.

Mit dem Entstehen eines Häuptlingstums im 9. Jh. v. Chr. in der Gegend des Gebel Barkal läßt die Forschung die napatanische Periode (benannt nach der sakralen Hauptstadt am Gebel Barkal, Napata) des Reiches von Kusch beginnen. Das Ende der napatanischen und zugleich der Beginn der meroitischen Periode wird mit der Verlegung des königlichen Friedhofes nach Meroe um 275 v. Chr. angesetzt.

Materielle Hinterlassenschaften der napatanischen Kultur finden wir vor allem in Obernubien zwischen dem 2. und 4. Katarakt, in der 25. Dyn. auch in Unternubien und Ägypten.[2] Abgesehen vom König Taharqo, der einer der größten Bauherren der ägyptischen Geschichte war und von dem unzählige Bauten und Texte erhalten sind, haben wir noch vom König Aspelta eine verhältnismäßig gute Beleglage.[3]

Im Jahre 1862 wurden am Gebel Barkal im Sudan mehrere große Stelen von Königen der napatanischen Periode des Reiches von Kusch entdeckt.[4] Sie geben uns in einzigartiger Weise Einblick in das Königtum im Mittleren Niltal, da sie als "Regierungsinschriften" angelegt sind. Sie beginnen mit der Thronbesteigung des jeweiligen Herrschers und berichten über die Krönung, die Krönungsreise sowie Feldzüge und Baumaßnahmen. Jede dieser Stelen ist auf ihre Weise ein außergewöhnliches Denkmal, wie z.B. die Triumpfstele des Piye[5] oder die Traumstele des Tanwetamani.[6] Zu diesen Stelen gehört auch die Intronisationsstele des Aspelta.[7]

Der König Aspelta wird gemeinhin als Zeitgenosse von Psammetich II., einem König der ägyptischen 26. Dyn., angesehen. Demzufolge wird seine Regierungszeit von 595-568 v. Chr. angenommen. Tatsächlich beruht diese Einordnung jedoch auf einem Zirkelschluß: Psammetich II. führte einen Feldzug nach Nubien. Dieser Feldzug ist uns von drei Stelen gleichen Inhalts bekannt, die in Tanis, Karnak und Aswan aufgestellt wurden.[8] Als südlichster Ort wird übereinstimmend Pnubs angegeben. Einige Forscher nehmen jedoch an, daß Psammetich – oder zumindest ein Teil seiner Truppen – weiter in den Süden vorgedrungen sei und Napata zerstört habe. Im Palast B 1200 am Gebel Barkal gibt es eine Brandschicht, die in die Zeit des Aspelta datiert. Ebenso ist eine Statuencachette im B 500/800 wahrscheinlich in dieser Zeit angelegt worden, zumindest ist der letzte Herrschername auf einer der Statuen der des Aspelta. Und nicht zuletzt sind die Kartuschen einiger Könige auf den erwähnten Stelen am Gebel Barkal ausgehackt, wie das unter Psammetich II. auch in Ägypten praktiziert wurde.[9] So wurde und wird angenommen, daß die Zerstörungen unter Aspelta mit dem Feldzug von Psammetich II. zusammenhängen und folglich Aspelta zeitgleich mit diesem König regiert hätte.

Gegen die Tatsache, daß die Ägypter Napata zerstört hätten, lassen sich einige Gründe vorbringen. Zunächst muß man bedenken, daß als südlichster Punkt auf den Stelen des Psammetich II. Pnubs, das

1 Kusch ist der ägyptische Name für das Land südlich des 2. Nilkataraktes. Von den Kuschiten selbst ist bisher keine Eigenbezeichnung überliefert.

2 Zusammenstellungen bei Williams 1990 für Nubien und Leclant 1965 für die Thebais.

3 Zu den einzelnen Königen siehe die Einträge in den FHN.

4 PM VII: 217f.; Reisner 1931: 82, Nr. 50. Plan in ZÄS 69 (1933), gegenüber S. 76.

5 Kairo JE48862, 47086-89 (heute im Nubian-Museum Aswan), zuletzt dazu Goedicke 1998.

6 Kairo JE 48863 (heute im Nubian-Museum Aswan), zuletzt dazu Breyer 2003.

7 Kairo JE 48866 (heute im Nubian-Museum Aswan), Granit, 162 x 71 cm.

8 Siehe dazu Goedicke 1981.

9 Yoyotte/ Sauneron 1949; Yoyotte 1951.

alte Kerma, verzeichnet ist.[10] Des weiteren scheint es in der Regierungszeit des Königs Aspelta innenpolitische Schwierigkeiten gegeben zu haben, wodurch es auch zur Zerstörung königlicher Denkmäler kam. Darauf deutet die eigentümliche Schilderung seiner Auswahl und Krönung auf der Inthronisationsstele hin sowie die Berufung auf Piye und dessen nie an die Macht gekommenen Sohn Chaliut auf der Chaliut-Stele (s.u). Es ist gerade der Name des Aspelta, der auf den Denkmälern ausgehackt ist. Z.B. ist der Name des Tanwetamani auf der Traumstele, die zusammen mit der Inthronisationsstele in der Cachette gefunden wurde, nicht ausgehackt. Auch die Namen der anderen Könige, die sich im Tempelrelief finden, wurden nicht zerstört. M. E. gehen daher sowohl die Brandspuren im Palast als auch die Aushackung der Namen in der Zeit des Aspelta auf interne Auseinandersetzungen zurück.[11] Dadurch wird allerdings auch eine absoulte Datierung des Königs Aspelta unmöglich. Somit bleibt festzustellen, daß wir uns auch in der am besten belegten Periode der mittelnapatanischen Zeit, der Regierungszeit des Aspelta, auf höchst unsicherem Terrain befinden.

Im folgenden möchte ich einige inschriftliche Zeugnisse zu Aspelta vorstellen.[12] Die sogenannte Adoptionsstele stammt aus dem 3. Regierungsjahr, der Fundort ist leider unbekannt.[13] Sie handelt von der Übergabe des Amtes "Sängerin des Amun" von Matiqen an Henuttachebit. Im Giebelfeld werden hinter König Aspelta drei Frauen gezeigt, die alle drei den Titel *śnt njśwt* („Schwester eines Königs") tragen. Die erste Frau ist die *mwt njśwt* („Mutter eines Königs") Nasalsa, die zweite die *ḥmt njśwt* („Gemahlin eines Königs") Matiqen, die dritte die *s3t njśwt* („Tochter eines Königs") Henuttachebit. Wir sehen also drei Generationen von Frauen des Königshauses dargestellt und werden bereits mit dem interessanten Phänomen konfrontiert, daß sich genealogische Konstruktionen in Kusch besonders auf Frauen des Königshauses beziehen.

Die Chaliut-Stele, die leider keine Angabe eines Regierungsjahres trägt, stand vor dem 1. Pylon des Amuntempels am Gebel Barkal. Sie wurde dort in situ von Reisner gefunden, ist aber m. W. leider nur in einem Foto von schlechter Qualität und in einer Skizze publiziert.[14] Sie handelt davon, daß Aspelta für Chaliut, Sohn des Piye, ein Grabdenkmal errichten läßt. Chaliut bedankt sich, indem er Amun um das Königsamt für Aspelta bittet. Dabei ist einer der interessantesten Sätze folgender: "... das Erscheinen als König von Ober- und Unterägypten auf dem Thron des Horus der Lebenden, ewig, zusammen mit (*ḥnꜥ*) der Königsmutter (*mwt njśwt*) (Nasalsa)|, sie möge leben." Die Königsmutter Nasalsa soll also mit Aspelta gemeinsam herrschen!

Bevor nun aber endlich die Inthronisationsstele in den Blickpunkt gerückt wird, möchte ich noch als letzten einleitenden Punkt die immer wieder diskutierte Erbfolge bei den Kuschiten in wenigen Worten vorstellen. Bald stellte sich nämlich heraus, daß sich die kuschitische Thronfolge vom **patrilinear** konzipierten Ägypten unterscheidet.[15] Als Modelle wurden vorgeschlagen:

Das **kollaterale** System:[16] Der Thron wird von Bruder zu Bruder weitergegeben, bis eine Generation erschöpft war. Dann folgt der älteste Sohn des ältersten Bruders, wieder folgen dann dessen Brüder. Wir kennen allerdings nur einen sicheren Fall, daß ein Bruder einem Bruder folgt, nämlich Aspelta, der nach Anlamani den Thron besteigt. Beide Könige haben zumindest dieselbe Mutter, nämlich Nasalsa.

Das **matrilineare** System:[17] Matrilinear heißt, daß der Thron von einem zum nächsten König durch eine Frau, meistens die Schwester, weitergegeben wird. Es heißt nicht, daß eine Frau den Thron besteigen kann, sondern daß der Sohn der Schwester des regierenden Königs das Recht auf die Thronfolge hält.

Diese Vorstellung modifizierend gehe ich davon aus, daß die häufig verwendeten Bezeichnungen *śn njśwt* und *śnt njśwt* nicht Brüder und Schwestern im genealogischen Sinn, sondern vielmehr im sozialen Sinn bedeuten, *śnt njśwt* als "Schwester des Königs" also viel weiter zu fassen ist.[18] Alle Frauen, die

10 In Kerma wurde 2003 ein Statuenversteck gefunden, das ebenso wie das Versteck am Gebel Barkal rituell zerstörte Statuen der frühnapatanischen Zeit enthielt. Siehe dazu Wildung 2003: 25, Breyer 2003: Vorspann. Die Statuen wurden vor der sehr sorgfältigen Deponierung geteilt, die Namen in den Kartuschen sind aber entgegen der in Ägypten unter Psammetich II. üblichen Praxis nicht zerstört!

11 So auch Török 1997b: 371-4 mit der Zusammenfassung der Argumente und Literatur.

12 Zu den Belegen von Aspelta siehe FHN I: 229ff. Die meist ebenfalls Aspelta zugeschriebene Exkommunikationsstele ist nach Priese (1996: 207) aus paläographischen Gründen an das Ende der 25. Dyn. zu setzen.

13 Schäfer 1895.

14 Reisner 1934.

15 Die Zusammenstellung der Diskussion bei Morkot 1999 und Lohwasser 2001: 246-249.

16 Vor allem Macadam 1949: 119-131, bes. 125.

17 Vor allem Priese 1981.

Abb. 1: Giebelfeld der Inthronisationsstele des Aspelta (aus: Grimal 1981: pl. V [© IFAO])

die Bezeichnung *śnt njśwt* tragen, gehören einer bestimmten Kategorie an („Königsumgebung"). Sie selbst sind die Gruppe der *śnwt njśwt* und ihre Söhne bilden die Gruppe der *śnw njśwt*. Ihre Töchter sind wieder Mitglieder der *śnwt njśwt* usw.

Die *śnw njśwt* bezeichnen also eine bestimmte Gruppe, sie sind die möglichen Thronkandidaten. Um eine ähnliche Gruppe dürfte es sich bei den Trägerinnen der femininen Bezeichnung *śnwt njśwt* handeln. Diese Gruppe charakterisiert sich durch die ihnen vorbehaltene Möglichkeit, die Anwärterschaft auf den Thron zu vererben. Aus der Gemeinschaft der *śnw njśwt* wurde der König gewählt oder berufen, alle *śnw njśwt* sind also potentielle Thronanwärter. Diese potentiellen Thronanwärter haben alle etwas gemeinsam: Ihre Mutter ist eine *śnt njśwt* – „Schwester eines Königs". Erst wenn der Sohn König wird, wird dessen Mutter zusätzlich dazu *mwt njśwt* – „Mutter eines Königs".

Wenden wir uns nun der Inthronisationsstele des Aspelta zu, auf der die "Ahnenreihe" verzeichnet ist.[19]

18 Ausführlich zur von mir vertretenen Nachfolgeregelung bei Lohwasser 2000.

19 Auswahl von Abbildungen, Übersetzungen und Kommentaren: PM VII, 217; FHN I (1994): 232–252; Grimal 1981: pl. V–VII; Lohwasser 2001: 50-51; Macadam 1949: 125-130; Morkot 1999: 196-200; Roeder 1961: 380; Török 1995: 107–114; Török 2002: 422-439; Verhoeven 1998: 1487-1501

Giebelfeld (Abb.1):

In der Mitte des Giebelfeldes kniet der König Aspelta, nach rechts blickend, mit den königlichen Insignien. Hinter ihm thront der widderköpfige Amun von Napata, der den Kopf des mit dem Rücken zu ihm sitzenden Königs berühren will. Hinter Amun steht schützend Mut. Der ganzen Szene zugewandt steht hinter fünf Kolumnen Inschrift die Mutter des Königs, die in ihrer Rede um die Krone für ihren Sohn Aspelta bittet.

Alle Namen in Kartuschen sind ausgehackt, sowohl im Giebelfeld als auch im Text, sie sind im folgenden als NN gekennzeichnet. Da aber die Teile der Titulatur des Aspelta, die nicht in Kartuschen stehen, noch erhalten sind, kann man die Stele eindeutig Aspelta zuweisen. Die dargestellte *mwt njśwt* wird analog als seine aus der Chaliut-Stele bekannte Mutter Nasalsa angesprochen.

Inhalt:

Der Text beschreibt, wie nach dem Tod des Vorgängers ein neuer König gesucht wird. Die Soldaten, die darüber nachdenken, wissen keinen Rat und beschließen, zu Amun von Napata zu ziehen, um seine göttliche Entscheidung zu erbitten. Im Tempel werden zunächst mehrere Kandidaten präsentiert, doch Amun erwählt keinen von ihnen.

Abb. 2: Genealogie (Z. 19-21) auf der Inthronisationsstele des Aspelta (aus: Grimal 1981: pl. VII [© IFAO])

Dann wird Aspelta ein zweites Mal vor den Gott gestellt – und siehe, der Gott verheißt ihm das Königtum. Abgesehen von der Vorgangsweise der Erwählung ist auch die Begründung der Wahl durch Amun interessant. Der Gott sagt (Abb.2): "Denn der Vater (von *Aspelta*) ist mein Sohn, der Sohn des Re, NN, gerechtfertigt,

seine Mutter ist die *śnt njśwt* und *mwt njśwt*, die Herrin von Kusch, Tochter des Re, NN, sie lebe ewig.
Ihre Mutter ist die *śnt njśwt*, Gottesanbeterin des Amun-Re, König der Götter von Theben, NN, gerechtfertigt.
Ihre Mutter ist die *śnt njśwt* NN, gerechtfertigt.
Ihre Mutter ist die *śnt njśwt* NN, gerechtfertigt.
Ihre Mutter ist die *śnt njśwt* NN, gerechtfertigt.
Ihre Mutter ist die *śnt njśwt* NN, gerechtfertigt.
Ihre Mutter ist die *śnt njśwt*, Herrin von Kusch NN, gerechtfertigt."

Wichtig ist also die Abstammung des Aspelta, wobei sein königlicher Vater zwar genannt wird – und das ist das einzige Mal in der Geschichte von Kusch! –, seine weiblichen Vorfahren, beginnend bei seiner Mutter, aber über sieben Generationen verfolgt werden.

Nach diesem Orakel wird die Einsetzung des Königs im Tempel vollzogen sowie sein Erscheinen vor den jubelnden Soldaten geschildert.

Die Genealogie:

Die Nennung der sieben Generationen von weiblichen Vorfahren wurde oft diskutiert. Dabei standen vor allem zwei Fragenkomplexe im Mittelpunkt:

1. Fragen, die um die Personen der Frauen kreisen: wer waren sie, können wir sie aus anderen Quellen bekannten Frauen zuordnen, in welchem Verhältnis standen sie zum König, sind sie jeweils leibliche oder Adoptivtöchter?

2. Fragen, die um die Person des Aspelta kreisen: Warum will er sich über seine mütterliche Linie legitimieren, führt er seine Legitimation auf Alara oder sogar davor zurück, wurden alle Namen ausgehackt, weil Aspelta nicht rechtmäßig auf den Thron gekommen ist? Auf diese Fragen möchte ich nun näher eingehen.

- Wer waren diese Frauen? Aus anderen Quellen sind uns eine Vielzahl von weiblichen Mitgliedern des Königshauses bekannt.[20] Unter Zuhilfenahme der Länge der ausgehackten Kartuschen sowie logischen Folgerungen wurden Versuche unternommen, bekannte Namen von Frauen einzusetzen.[21] Dieses Vorhaben scheitert vor allem am Überlieferungszufall: Es sind uns hauptsächlich die Namen der in Nuri bestatteten königlichen Frauen bekannt, aus Meroe ist nur eine einzige Frau namentlich gesichert. Jedoch wird die mit *mwt njśwt* bezeichnete Frau

20 Siehe die Zusammenstellung in Lohwasser 2001: 141-191.

21 Siehe z.B. Török in FHN I: 251, Morkot 1999: 197f.

einstimmig mit Nasalsa ergänzt und deren Mutter, die Gottesanbeterin, mit Amenirdis II.

Nasalsa ist auf weiteren Denkmälern des Aspelta mit der gleichen Bezeichnung *mwt njśwt* belegt.[22] Bereits Anlamani, der Vorgänger von Aspelta, läßt sie als *mwt njśwt* im Giebelfeld seiner Regierungsinschrift darstellen und im Text erwähnen. Die Tatsache, daß sie von Anlamani und Aspelta „Königsmutter" genannt wird, hat zu dem Schluß geführt, daß Anlamani und Aspelta Brüder sein mußten.

Die Gottesanbeterin von Theben wird mit Amenirdis II. identifiziert, da deren Vorgängerinnen Amenirdis I. und Schepenupet II. einerseits aus chronologischen Gründen, andererseits wegen des Zölibats nicht in Frage kommen. Als weitere kuschitische Gottesanbeterin ist nur Amenirdis II. bekannt.

- Handelt es sich bei der Tochterschaft um ein leibliches oder Adoptivverhätnis? Macadam[23] hat sich vehement für Adoptivmütter ausgesprochen, da die Mutter von Nasalsa als Gottesanbeterin bezeichnet wird. Diese Gottesanbeterinnen des Amun von Theben mußten in der Spätzeit zölibatär leben.[24] Wenn sie keine Kinder haben durften, dann konnte es sich bei der Mutter von Nasalsa nur um die Adoptivmutter handeln. Andere Forscher gehen von einer leiblichen Abstammung aus, da Amenirdis II. – um die es sich nach der communis opinio bei der Gottesanbeterin handelt – nie an die Macht kam und vielleicht aus Theben nach Napata zurückkehrte, und dort ohne weitere Bindung an das Zölibat in das Königshaus einheiratete.[25]

Oben habe ich versucht zu zeigen, daß der Titel *śnt njśwt* diejenigen Frauen auszeichnet, die die Legitimation weitergeben können. Nach *mwt njśwt* war es die wichtigste Bezeichnung von Frauen. Amenirdis II. ist auf allen ihren Denkmälern nie mit *śnt njśwt* bezeichnet – m.M. nach ein Hinweis, daß sie nicht zu diesen Legitimationsträgerinnen gehörte. Entweder hat sie den Titel auf der Stele des Aspelta zugeschrieben bekommen, um eine "reine" Abstammung des umstrittenen Königs zu sichern, oder es handelt sich eben nicht um Amenirdis II.[26]

- Wie sind die Frauen zeitlich einzuordnen? Bisher wurde die Genealogie des Aspelta immer so verstanden, daß die sieben erwähnten *śnwt njśwt* jeweils die Mütter der Könige bzw. der Kronprinzen waren. Nicht berücksichtigt wurde dabei, daß von diesen sieben *śnwt* nur die erste auch *mwt njśwt* bezeichnet ist. Es scheint mir sehr unwahrscheinlich zu sein, daß in einer solchen Zusammenstellung das *śnt njśwt* zwar behalten, *mwt njśwt* jedoch nicht berücksichtigt wurde. Ich glaube daher nicht, daß außer der ersten noch eine weitere der erwähnten Frauen Mutter eines Königs war. Somit wären die sieben Frauen, die durch die Mutter-Tochter-Folge sieben Generationen benennen, unabhängig von den zehn vor Aspelta regierenden Königen einzuordnen.

Hier sei der Einschub gestattet, daß ich mich früher dahingehend geäußert habe, daß die Genealogie mit dem Dynastiegründer Alara beginnen müsse, also nicht über den ersten namentlich bekannten und in späteren Texten manchmal erwähnten Herrscher hinausgehen kann.[27] Mit den von Macadam aufgestellten und von Priese zugrundegelegten verwandtschaftlichen Verhältnissen der Könige würde die Genealogie des Aspelta noch zwei Generationen vor Alara hinausgehen.[28] Alara und Kaschta, Piye und Schabaqo, Schebito und Taharqo, Tanwetamani und Atlanersa werden jeweils als Brüder angenommen, Senkamanisken herrschte als einziger seiner Generation, Anlamani und Aspelta sind wieder Brüder.

Karl Jansen-Winkeln hat vor kurzem in einem Aufsatz die Möglichkeit angedeutet, daß Alara nicht der Begründer des kuschitischen Herrscherhauses, sondern nur der älteste Vorgänger der Linie, zu der Taharqo gehörte, war.[29] Alara mußte sich gegen einen Widersacher durchsetzen, sodaß die Krone zu

22 Stele Kawa VIII (Macadam 1949: 44-50, pl. 15-16). Nasalsa ist außer auf den genannten Stelen noch durch ihr Grab (Nu. 24) belegt (Dunham 1955: 103-108). Außerdem wird sie als die hinter Aspelta stehende Frau auf einer nur in wenigen Fragmenten erhaltenen Stele aus Kawa angenommen (Macadam 1949: pl. 40). Des weiteren ist ihr Name auf Votivsistren aus Meroe belegt (Török 1997a: 297, Inscr. 23, fig. 119).

23 Macadam 1949: 126.

24 Unlängst zu diesem Problem Teeter 1999.

25 Vor allem Habachi 1977.

26 Aus anderen, hier nicht diskutierten Gründen stellt auch Dodson (2002: 186, n. 46) die Identifizierung der Gottesanbeterin mit Amenirdis II. in Frage. Seiner Meinung nach könnte eine Frau des kuschitischen Königshauses diesen Titel in Erinnerung an die Praxis der Königinnen des Neuen Reiches angenommen haben. Es könnte sich auch um die bereits vorgesehene Nachfolgerin der Amenirdis II., die nach der Adoption von Nitokris gar nicht nach Theben abreiste, gehandelt haben.

27 Lohwasser 2000: 93, Anm. 41, dies. 2001: 250

28 Siehe Anm. 16 und 17.

29 Jansen-Winkeln 2003: 155.

seinem Zweig der Familie kam. Wenn wir nun von mindestens zwei Zweigen der Herrscherfamilie ausgehen, wobei wir nicht wissen, zu welchem Aspelta gehören könnte, ist es müßig, dessen Genealogie in irgendeiner Weise an Alara anschließen zu wollen. So kann die Genealogie mit Alara, zwei Generationen vor Alara oder überhaupt unabhängig von Alara angesetzt werden.

Kürzlich hat sich auch Karola Zibelius-Chen in einer Rezension des Beitrages von Morkot in der Meroitica 15 zur zeitlichen Tiefe der Genealogie des Aspelta geäußert.[30] Da sie die Reproduktionszeitspannen der biologischen Generationen mit 15-20 Jahren annimmt, die nicht den längeren der Königsabfolgen entsprechen müßten, könnte man annehmen, daß die sieben Ahninnen bei Aspelta nur bis Piye, vielleicht sogar noch kürzer zurückreichen.

- Sind die "sieben" Vorfahren aus magischen Gründen gewählt oder hat die Zahl einen realen Hintergrund? Sicherlich hat die Zahl 7, so ist es zumindest in Ägypten belegt, vor allem eine magische Konnotation.[31] Allerdings kommt sie in historischen Texten so gut wie nie vor, und in einem Zusammenhang wie hier schon gar nicht. Auch sprechen die ehemals mit Namen gefüllten Kartuschen gegen eine Interpretation als magisches Spiel. Jedoch bleiben zu viele unbekannte Faktoren: waren die Namen überhaupt von realen Personen? Wie lange reichte die Erinnerung wirklich, wurden nicht vielleicht nach (noch im Gedächtnis verbliebenen) drei oder vier realen Frauen die Namen von berühmten Heroinnen/Ahnfrauen eingesetzt?

- Wie rechtmäßig war die Thronbesteigung Aspeltas? Sowohl der seltsame Vorgang bei der „Wahl" des Amun – Aspelta wird zuerst zusammen mit den anderen *śnw njśwt* vor den Gott gestellt und nicht erwählt, erst beim zweiten Durchgang, bei dem Aspelta alleine vor den Gott tritt, wird er ausgewählt –, die in dieser Form in der kuschitischen Geschichte einzigartige Genealogie als Legitimation als auch die Berufung auf den von keinen anderen Quellen bekannten Chaliut und nicht zuletzt die Aushackungen deuten auf Ungereimtheiten hin. Für mich hat es tatsächlich den Anschein, daß Aspelta ein zu starkes Bedürfnis hatte, seine Rechtmäßigkeit zu deklarieren.

Die drei genannten Hinweise – Inthronisationsstele, Chaliut-Stele und die Namensaushackungen – sind dabei im Zusammenhang zu berücksichtigen. Der Name von Aspelta sowie aller Frauen auf der Inthronisationsstele sind ausgehackt; Chaliut, Aspelta und Nasalsa auf der Chaliut-Stele und übrigens auch auf der Adoptionsstele sind nicht zerstört. Könnte das bedeuten, daß es zwei Varianten der Legitimation gab, daß die Legitimation über Chaliut möglich war, die auf der Inthronisationsstele gegebene nicht? Es ist bemerkenswert, daß auf der Inthronisationsstele zwar alle Namen in Kartusche, jedoch nicht das Gesicht des Aspelta, sondern das der Frau ausgehackt ist.[32] Sie, in ihrer Funktion als Fürsprecherin vor Amun, als diejenige, die den Gott um die Königswürde für ihren Sohn bittet, wurde eliminiert. Ich schließe daraus, daß es vor allem diese Frau war, die sich als nicht tragbar erwies. Ihre weiblichen Vorfahren im Text wurden ebenso ausgemeißelt. Es scheint mir so, als ob der Versuch der Legitimation über die weibliche Linie mißlungen ist und darum in einem zweiten Versuch der Piye-Sohn Chaliut als Fürsprecher für die Königswürde vorgestellt wird. Da die Chaliut-Stele und auch die Adoptionsstele nicht zerstört sind, gehe ich davon aus, daß die Legitimation über Chaliut geglückt ist. Jedoch wird auf der Chaliut-Stele explizit Nasalsa als *mwt njśwt* genannt. Sie fungiert laut dieser Stele als Mitregentin (?) und wurde nicht eliminiert. Nasalsa trug bereits den Titel *mwt njśwt* in der Regierungszeit des Anlamani, des Vorgängers von Aspelta. Sie ist in dessen Regierungsinschrift mehrfach genannt. Sie „funktionierte" also bereits zur Legitimation Anlamanis und dann auch wieder auf allen Denkmälern Aspeltas – außer auf der Inthronisationsstele. Das führt mich zu dem Schluß, daß die auf der Inthronisationsstele dargestellte und genannte *mwt njśwt* **nicht** Nasalsa sein kann.

Das impliziert, daß das *mwt njśwt* nicht (unbedingt) eine leibliche Mutter bezeichnen muß. Bei *śn/śnt* wurde die Zugehörigkeit zu einer bestimmten Gruppe festgestellt, die nicht notwendigerweise biologisch verwandt sein muß. In Ägypten – für Kusch fehlen uns bislang die Belege – bezeichnet das Verhältnis *jtj/sꜣ* häufig den Amtsvorgänger/Nachfolger, auch hier ist nicht eine biologische Abstammung Voraussetzung. Möglicherweise kann auch *mwt* nicht nur biologisch, sondern auch funktional verstanden werden, vielleicht in dem Sinn „Mentorin". M.E. hatte

30 Zibelius-Chen 2003: 441.

31 Rochholz 2002: 238.

32 Dies ist m.W. zuerst Vinogradov (1996) aufgefallen. Er verweist dabei schon auf die Möglichkeit, daß die Legitimation über die Königsmutter nicht rechtmäßig war.

der kuschitische König drei „Mütter“: eine biologische, also in unserem Sprachgebrauch leibliche Mutter, eine politische Mutter, die als *mwt njśwt* im Zeremoniell fungiert, und eine göttliche Mutter[33] (Mut, Bastet, Isis). Die biologische und die politische Mutter konnten eine Person sein, mußten es aber nicht, wenn z.B. die leibliche Mutter bereits verstorben[34] oder nicht geeignet war. Da die *mwt njśwt* bei der Krönung des Königs im Zeremoniell eine wichtige Rolle spielte und wir keine Regierungsinschrift eines kuschitischen Königs haben, in der eine *mwt njśwt* nicht dargestellt oder genannt ist, mußte sie anwesend sein. Daß von allen bekannten Königen deren leibliche Mütter bei der Krönung noch am Leben waren, darf bezweifelt werden. Ich sehe darin einen weiteren Hinweis, *mwt njśwt* als funktionale/politische Mutter – die die biologische Mutterschaft nicht ausschließen muß – zu verstehen.

So bleibt mir, zuletzt eher resigniert ein Fazit zur Genealogie des Aspelta zu geben, das noch weitere bisher sicher geglaubte Antworten als Spekulationen entlarvt. Weder wissen wir, wer die Frauen waren, welche Beziehung sie zum König oder überhaupt zur ganzen Dynastie hatten, ob es sich um leibliche oder Adoptivverhältnisse handelt. Wir wissen nicht einmal, ob die genannte Königsmutter die von den anderen Stelen bekannte Nasalsa ist. Wir wissen nicht, ob die Genealogie mit Alara beginnt oder über ihn hinausgeht oder überhaupt etwas mit ihm zu tun hat. Wir werden also wahrscheinlich nie den "Sitz im Leben" der Genealogie auf der Inthronisationsstele des Aspelta feststellen können.

Das Entscheidende ist aber, daß es sie gibt. Sie hatte eine bestimmte Funktion, nämlich die Legitimation des Aspelta für seine Inthronisation als König zu bringen. Dieser Funktion hat die Genealogie genügt – so dachte zumindest zunächst Aspelta, bevor er eines besseren belehrt, noch Chaliut zu Hilfe rief. Ursprünglich aber zählte Amun-Re sieben Generationen von weiblichen Vorfahen als Legitimation auf.

Diese Berufung auf die Abstammung in Aspeltas weiblichen Linie ist duch die schriftliche Fixierung dauerhaft und evident gemacht. Es ist ein Vesuch, durch eine bestimmte lineare Abstammung die Legitimität für das Königsamt zu beweisen. Ahnenreihen sind in der kuschitischen Kultur keine übliche Praxis, sondern wurde nur hier für eine bestimmte Funktion eingesetzt. Durch die Aufzeichnung wurde eine Wirklichkeit konstruiert, bzw. die Konstruktion wurde durch die Verewigung zur Wirklichkeit gemacht. Darum soll nochmals hervorgehoben werden, daß das Erstaunlichste an dieser Ahnenreihe ist, daß es sie gibt, daß sie geschaffen und verewigt wurde, um den König zu legitimieren.

33 Siehe dazu Lohwasser 2001: 319-322.

34 Z.B. ist in der Inschrift Kawa IX des Irikeamanote die *mwt njśwt* genannt, die den dann bereits gekrönten König besuchte. Er selbst bestieg den Thron aber erst mit 41 Jahren und es wäre eine außergewöhnliche – wenn auch nicht gänzlich unwahrscheinliche – Situation, wenn seine leibliche Mutter zu dieser Zeit noch am Leben gewesen wäre (Macadam 1949: 64, pl. 25).

Literatur

Breyer 2003 = *Breyer, F., Tanutamani. Die Traumstele und ihr Umfeld, ÄAT 57 (2003)*

Dodson 2002 = *Dodson, A., The problem of Amenirdis II and the heirs to the office of God's Wife of Amun during the twenty-sixth dynasty, JEA 88 (2002): 179-186*

Dunham 1955 = *Dunham, D., Nuri, The Cemeteries of Kush II, Boston 1955*

FHN = *Eide, T./T. Hägg/R.H. Pierce/L. Török (Hrsg.), Fontes Historiae Nubiorum. Textual Sources for the History of the Middle Nile Region between the Eighth Century BC and the Sixth Century AD, Bergen 1994-2000 (= FHN)*

Goedicke 1981 = *Goedicke, H., The Campaign of Psammetik II against Nubia, MDAIK 37 (1981): 187-198.*

Goedicke 1998 = *Goedicke, H., Pi(ankh)y in Egypt. A Study of the Pi(ankh)y Stela, Baltimore 1998*

Grimal 1981 = *Grimal, C., Quatre stèles Napatéennes au musée du Caire JE 48863-48866, PIFAO 106 (1981)*

Habachi 1977 = *Habachi, L., Mentuhotp, the Vizier and Son-in-law of Taharqa, in: Ägypten und Kusch, Schriften zur Geschichte und Kultur des Alten Orients 13 (= Fs Hintze), Berlin 1977: 165-170.*

Jansen-Winkeln 2003 = *Jansen-Winkeln, K., Alara und Taharka: Zur Geschichte des nubischen Königshauses, Or 72 (2003): 141-158*

Leclant 1965 = *Leclant, J., Recherches sur les monuments thebains de la XXVe dynastie, dite ethiopienne, BdE 36 (1965)*

Lohwasser 2000 = *Lohwasser, A., Die Auswahl des Königs von Kusch, BzS 7 (2000): 85-102*

Lohwasser 2001 = *Lohwasser, A., Die königlichen Frauen im antiken Reich von Kusch, Meroitica 19, Berlin 2001*

Macadam 1949 = *Macadam, M.F.L., The Temples of Kawa I, London 1949*

Morkot 1999 = *Morkot, R., Kingship and Kinship in the Empire of Kush, in: Studien zum antiken Sudan (Meroitica 15), Berlin 1999: 179-229*

PM VII = *Porter, B./R. Moss, Topographical Bibliography of Ancient Egyptian Hieroglyphic Texts, Reliefs, and Paintings, Vol. VII, Oxford 1952*

Priese 1981 = *Priese, K.-H., Matrilineare Erbfolge im Reich von Kusch, in: ZÄS 108 (1981): 49-53.*

Priese 1996 = *Priese, K.-H., Das Reich von Napata und Meroe, in: D. Wildung (Hg.), Sudan. Antike Königreiche am Nil, München: 207-217*

Reisner 1931 = *Reisner, G.A:, Inscribed Monuments from Gebel Barkal, in: ZÄS 66 (1931): 76-100*

Reisner 1934 = *Reisner, M.B., Inscribed Monuments from Gebel Barkal IV, in: ZÄS 70 (1934): 35-46*

Rochholz 2002 = *Rochholz, M., Schöpfung, Feindvernichtung, Regeneration. Untersuchung zum Symbolgehalt der machtgeladenen Zahl 7 im alten Ägypten, ÄAT 56 (2002)*

Roeder 1961 = *Roeder, G., Zauberei und Jenseitsglauben im Alten Ägypten, Zürich 1961*

Schäfer 1895 = *Schäfer, H., Die äthiopische Königsinschrift des Louvre, in: ZÄS 33 (1895): 101-113*

Teeter 1999 = *Teeter, E., Celibacy and adoption among god's wives of Amun and singers in the temple of Amun, a re-examination of the evidence, in: E. Teeter/ J.A. Larson (ed.), Gold of Praise. Studies in Honour of Edward Wente, Studies in Ancient Oriental Civilization 58 (1999): 405-412.*

Török 1995 = *Török, L., The Birth of an Ancient African Kingdom, Kush and Her Myth of the State in the First Millenium BC, CRIPEL Suppl. 4, Lille 1995*

Török 1997a = *Török, L., Meroe City. An Ancient African Capital. John Garstang's Excavations in the Sudan, London 1997a*

Török 1997b = *Török, L., The Kingdom of Kush: Handbook of Napatan-Meroitic Civilisation. Handbuch der Orientalistik Abt. 1 Bd. 31, Leiden 1997b*

Török 2002 = *Török, L., The Image of the Ordered World in Ancient Nubian Art. The construction of the Kushite Mind (800 BC - 300AD), PdÄ 18 (2002)*

Verhoeven 1998 = *Verhoeven, U., Amun zwischen 25 Männern und zwei Frauen. Bemerkungen zur Inthronisationsstele des Aspelta, in: W. Clarysse/A. Schoors/H. Willems (Hg.), Egyptian Religion. The Last Thousand Years, OLA 85 (1998), II, 1487-1501*

Vinogradov 1996 = *Vinogradov, A., The Erasures on the Election Stela: A Consideration on the Causes; in: I. Welsby-Sjöström (Hg.), Eighth International Conference for Meroitic Studies, Pre-prints of the main papers and abstracts, London (1996): 152-153*

Wildung 2003 = *Wildung, D., Hilferuf und Finderglück. Sudantag 2003 im Ägyptischen Museum Berlin, in: aMun 19 (2003): 23-25*

Williams 1990 = *Williams, B.B., The University of Chicago Oriental Institute Nubian Expedition. Vol. VII: Twenty-Fifth Dynasty and Napatan Remains at Qustul: Cemeteries W and V, Chicago 1990*

Yoyotte 1951 = *Yoyotte, J., Le martelage des noms royaux éthiopiens par Psammetique II., in: RdE 8 (1951): 216-239*

Yoyotte/ Sauneron 1949 = *Yoyotte, J./S. Sauneron, Le martelage des noms royaux ethiopiens et la campagne nubienne de Psametik II., in: BSFE 2 (1949): 45-49*

Zibelius-Chen 2003 = *Zibelius-Chen, K., Neue Studien zur Meroitistik, OLZ 98 (2003): 433-452*

Der Ahnenkult bei den Ptolemäern

FRIEDERIKE HERKLOTZ

Unter den Ptolemäern, den Nachfolgern von Alexander d. Gr. in Ägypten, hatte sich ein Herrscherkult herausgebildet, der eine Mischung aus griechisch-hellenistischen und einheimisch-ägyptischen Elementen darstellte. Für die Ägypter waren die Ptolemäer Pharaonen, die durch das tägliche Opfer an die Götter die Welt vor dem Rückfall ins Chaos bewahrten. Als griechische *basileis* wiederum ragten die Ptolemäer durch ihre großartigen Taten über ihre Untertanen hinaus und wurden von diesen daher mit Kulten bedacht, die ähnlich denen waren, die sie den Göttern zukommen ließen. Es wurden allerdings nicht nur einzelne Familienangehörige aufgrund ihrer herausragenden Taten geehrt, sondern die gesamte Familie war göttlich. Wie kam es dazu?

Um 285 v. Chr. wurde Alexander d. Gr. in Ägypten zum Gott erhoben, der einen eigenen eponymen Priester besaß, dessen Namen für die Datierung griechischer und demotischer Dokumente herangezogen wurde.[1] Der Alexanderpriester wurde als so genannter eponymer Priester ab nun in Ägypten in den Urkunden hinter dem König in der Datierungsformel genannt. Dieser Kult wurde unter der Regierung des Ptolemaios I. Soter eingerichtet. Dieser ließ sich jedoch selbst nicht in diesen Kult einbinden. Von einem Dynastiekult kann daher noch nicht gesprochen werden. Sein Nachfolger Ptolemaios II. Philadelphos erhob seinen Vater und dessen Ehefrau Berenike I. nach ihrem Tod zunächst zu *theoi soteres*,[2] schloss diese aber auch noch nicht an den eponymen Kult des Alexander an. Im Jahre 272/271 v. Chr.,[3] also noch zu Lebzeiten des Königspaares, fügte er dann den Kult für sich und seine Frau Arsinoe II. als *theoi adelphoi* an den Alexanderkult an. Es gab somit einen „Priester des Alexander und der *theoi adelphoi*". Für seine verstorbene Gemahlin Arsinoe II. begründete Ptolemaios II. 270 v. Chr. einen eigenen eponymen Kult, der von einer Priesterin, der Kanephore,[4] versehen wurde. Im Jahre 243 v. Chr.[5] folgte dann das dritte Ptolemäerpaar, Ptolemaios III. Euergetes I. und Berenike II., als *theoi euergetai*. Vollendet wurde die Entwicklung durch die Aufnahme des Kultes der *theoi philopatores* (216/215 v. Chr.)[6] und der *theoi soteres* (215/214 v. Chr.)[7] unter Ptolemaios IV. Philopator in den Dynastiekult.

Ab der Regierung des Ptolemaios III. Euergetes I. finden sich Zeugnisse der Verehrung von lebenden

1 P. Eleph. 2, Zl. 1 aus dem 40. Regierungsjahr des Ptolemaios' I. = 284/283 v. Chr. Genannt wird ein Priester des Alexander namens Menelaos. Die Zuweisung des Payprus in die Zeit des Ptolemaios I. ergibt sich, so der Herausgeber, aus den Fundumständen und der Schrift. Hinzu kommt, dass der Vater des Königs nicht genannt ist, jegliche Beinamen fehlen und dass der Priester des Alexander nicht auch der Priester des Ptolemaios ist; P. Hib. I 84 a, Zl. 1 aus dem 40. Regierungsjahr des Ptolemaios I. = 284/283 v. Chr. (vgl. zur Datierung auch BL 2, 2, 76; 5, 46).

2 In der Forschung ist umstritten, ob dieser Kulttitel bereits zu Lebzeiten des Ptolemaios' I. oder erst nach seinem Tode verliehen wurde; vgl. dazu die Diskussion bei Minas, Ahnenreihen, S. 91 mit Anm. 341.

3 Erstmalig belegt in den Priesterannalen von P. Hib. 2, 199, Zl. 17 für das 14. Regierungsjahr (272/271 v. Chr.). Grzybek, Calendrier, wollte das 14. Regierungsjahr in das Jahr 269/268 v. Chr. verlegen. Dann wäre Arsinoe II., die Gemahlin des Ptolemaios II., schon verstorben gewesen. Diese Interpretation wird jedoch in der neueren Forschung abgelehnt; vgl. Koenen, Ptolemaic King, S. 25-115, hier: S. 51f. mit Anm. 61, und vor allem Minas, Ahnenreihen, S. 91 mit Anm. 345 und S. 93 mit Anm. 350.

4 Das genaue Datum ist umstritten. Minas, Ahnenreihen, S. 94, vermutet, dass der eponyme Kult zwischen dem Tod der Arsinoe im Juli 270 v. Chr. und dem 18. Regierungsjahr des Ptolemaios II. Philadelphos im Jahre 268/267 v. Chr. eingeführt wurde. Sie weist auf den griechischen Papyrus P. Sorb. Inv. 2440 hin.

5 Erstmalig belegt in PSI 4, 389 aus dem Monat Epiphi des 5. makedonischen (= 4. ägyptischen) Jahres = August/September 243 v. Chr.

6 Erstmalig belegt in BGU 6, 1283 aus dem Monat Artemisios des 7. Regierungsjahres (Oktober/November 216 v. Chr.).

7 Erstmalig belegt in BGU 6, 1276 aus dem Monat Loios des 8. Regierungsjahres (Februar/März 214 v. Chr.).

und verstorbenen Ptolemäern auch im ägyptischen Bereich, in Tempelinschriften und -darstellungen.[8]

Im Folgenden soll zunächst untersucht werden, in welchen Formen die Verehrung der ptolemäischen Ahnen erfolgte. Es wird dann nach den jeweiligen Traditionen gefragt, die diesen Kultformen zugrunde liegen. Anschließend soll der Blick auf eine Besonderheit, die herausragende Rolle der Herrscherinnen innerhalb dieses Kultes, geworfen werden.

1. Formen der Verehrung

1.1. Titel der eponymen Priester

Aufzählungen der vergöttlichten Ahnen erfolgten vor allem in den Titeln eponymer Priester in Alexandria und im oberägyptischen Ptolemais. Die Vorfahren wurden in den Aktpräskripten der griechischen und demotischen dokumentarischen Papyri verzeichnet.

In einem Papyrus,[9] der vom 4. September 173 v. Chr. datiert, ist der Alexanderpriester auch zuständig für den Kult der *theoi soteres*, der *theoi adelphoi*, der *theoi euergetai*, der *theoi philopatoroi*, der *theoi epiphaneis* und der *theoi philometoroi*, das regierende Königspaar. Die Papyrusurkunde wurde in Philadelphia, im Fayum, verfasst.

Das demotische Beispiel[10] stammt aus Theben, aus dem Jahr 184 v. Chr., also aus der Regierungszeit des Ptolemaios V. Epiphanes. Wiederum wird der Alexanderpriester genannt, der gleichzeitig Priester der *theoi adelphoi*, der *theoi euergetai*, der *theoi philopatores* und der *theoi epiphaneis* war. Die *theoi soteres* sind hier nicht einbezogen.

1.2. Hieroglyphische Ahnenreihen

Eine weitere Möglichkeit, wie Beziehungen zu den vergöttlichten Ahnen dargestellt werden konnten, sind die hieroglyphischen Ahnenreihungen. Dabei handelt es sich um Aufzählungen der eigenen dynastischen Vorfahren des regierenden Ptolemäer(-paares), die sich an die Titulatur bzw. den Namen des zeitgenössischen Königs anschließen.[11] Auf der Abbildung 1.[12] ist zu sehen, wie auf den beiden Säulen zum Vorhof des Tempels in Dakke nach der fünfteiligen Titulatur Ptolemaios' VIII. jeweils eine Ahnenreihe angebracht worden ist. Auf der West-

Westsäule

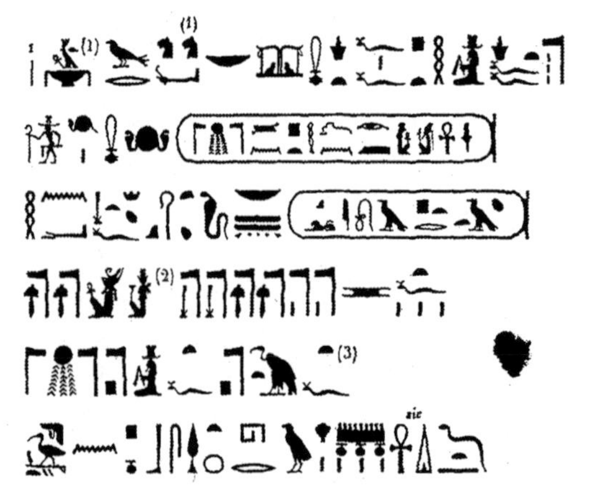

Ostsäule

8 Erster Beleg: Darstellung auf dem Euergetestor vor dem Chonstempel in Karnak, östliche Tordicke, nördlicher Teil, 2. Register von unten: Ptolemaios III. räuchert vor Ptolemaios II. und Arsinoe II.: Clère, Porte d' Evergête, Taf. 61; Urk. VIII, 78f., Nr. 93; PM II2, S. 226, Nr. 3(f); vgl. Winter, Herrscherkult, S. 149. Es ist nicht ganz klar, ob bereits eine Szene auf der Pithomstele, die unter der Regierung des Ptolemaios II. Philadelphos angefertigt wurde (in Zl. 27 der Inschrift = Urk. II, 104,10 wird das 21. Regierungsjahr dieses Königs = 265/264 v. Chr. genannt), eine Ahnenverehrungsszene ist, vgl. dazu die Diskussion in Kap. 1.3 weiter unten.

9 P. Freib. 3, 34, Zl. 1-6; vgl. BL 9, 89.

10 P. dem. Schreibertrad. 115,1: [Am 15. Pharmuthi des Jahres 21 des Pharaos Ptolemaios, des Sohnes des Ptolemaios und der] Arsinoe, der (Götter) Philopatores, als Ptolemaios, der Sohn des Ptolemaios, des Sohnes des Chrysermos, Priester des Alexandros und der Götter (Phil)adelphoi, der Götter Euergetai, der Götter Philopatores (und) der Götter Epiphaneis war (Übersetzung vom Herausgeber des Papyrus).

11 vgl. Minas, Ahnenreihen, S. 1.

12 Roeder, Dakke: Westsäule: S. 125f. § 279; Ostsäule: S. 124 § 277.

säule folgen nach dem Horus-, Zwei-Herrinnen-Namen und Eigennamen des Königs die Titel und der Name Kleopatras II. sowie der Kultname der *theoi euergetai* und eine komplette Reihe von Ahnen. Das Herrscherpaar und die dynastischen Vorfahren werden von Isis, der Herrin von Philae, geliebt. Auf der Ostsäule ist der Goldhorus- und der Thronname des Königs sowie die Titel und der Name Kleopatras II., der Kultname der *theoi euergetai* und nochmals eine ganze Reihe von Ahnen genannt, die von Thoth von Pnubs geliebt werden. Die Liste der vergöttlichten Könige weist dabei folgende Herrscher-(paare) auf – die *theoi adelphoi*, die *theoi euergetai* (Ptolemaios III. und Berenike II.), die *theoi philopatores*, die *theoi epiphaneis*, Ptolemaios Eupator, Ptolemaios Philometor und schließlich die *theoi euergetai* (Ptolemaios VIII. und Kleopatra II.).[13]

Die frühesten Belege für solche Ahnenreihungen finden sich auf Gründungstäfelchen im Bezirk des so genannten Anat-Tempels von Tanis aus der Zeit des Ptolemaios IV. Philopator.[14]

Martina Minas hat in ihrer Dissertation aus dem Jahre 2000 Ahnenreihen und Titel der eponymen Priester systematisch untersucht und miteinander verglichen. Sie kam dabei zu folgenden Ergebnissen: Ahnenreihungen in den Tempelinschriften kamen unter Ptolemaios IV. Philopator auf und wurden bis zu Ptolemaios XII. Neos Dionysos verwendet.[15] Die ägyptischen Priester lehnten sich dabei offensichtlich an die vom Königshof sanktionierten, in den Titeln der eponymen Priester des Dynastiekultes überlieferten Königslisten an. Allerdings beginnen Ahnenreihen in den hieroglyphischen Inschriften erst mit den *theoi philadelphoi*, während in den Titeln der eponymen Priester von Alexandria auch die *theoi soteres* Einzug fanden (zumindest ab der Regierung des Ptolemaios IV). In den Priestertiteln lassen sich die Ahnenreihungen nur bis in die Regierungszeit des Ptolemaios IX. Soter II. (88-80 v. Chr.) nachweisen. Danach wurden, wenn überhaupt, nur noch Kurzformeln verwendet. Im oberägyptischen Ptolemais lässt sich eine eigene Entwicklung feststellen.

13 Auf der Westsäule sind die Kulttitel der Theoi Euergetai am Ende der Ahnenreihe nur mit Logogrammen geschrieben; auf der Ostsäule ist nicht ganz klar, ob dort jemals die Kulttitel gestanden haben; vgl. dazu Minas, Ahnenreihen, S. 5 mit Anm. 19.

14 PM IV 25; vgl. Montet, Tanis, S. 146-149, Taf. 84-86.

15 vgl. Minas, Ahnenreihen, S. 180f.

Es stellt sich die Frage, warum Alexander und Ptolemaios I. Soter in den ägyptischen Reihungen nicht enthalten sind. Alexander gehörte nicht zur ptolemäischen Familie; er wäre nur Mitgott gewesen, sein herausragender Status ginge somit verloren. Er wäre nur der fiktive Vorfahre des regierenden Königspaares gewesen.[16] Im griechischen Bereich wiederum wurde die Verehrung des Alexander jedoch in den Dynastiekult eingeschlossen. Dies lag meines Erachtens daran, dass die Ptolemäer Könige auf dem Boden des ehemaligen Alexanderreiches waren und somit seine Nachfolge, zumindest in einem kleinen Bereich, in Ägypten, beanspruchten.

Ptolemaios I. Soter war zunächst auch nicht in den Listen der eponymen Priester erschienen. Er scheute offenbar davor zurück, sich bereits zu Lebzeiten göttlich verehren zu lassen. Möglicherweise gab es in Ägypten Probleme bei seinem Herrschaftsantritt, denn die Ägypter wussten nicht, wie sie einen solchen Fremdherrscher in das pharaonische System einbinden sollten. Auffällig ist, dass griechische Dokumente bereits ab dem Jahr 306 nach König Ptolemaios datieren;[17] ägyptische Dokumente dies jedoch erst ab dem Jahre 304 v. Chr. tun.[18]

1.3. Ahnenverehrungsszenen

Die vergöttlichten Ahnen sind jedoch auch in anderen Kontexten anzutreffen. Auf Tempeldarstellungen sieht man, wie der regierende König bzw. das Königspaar den vergöttlichten Vorfahren Opfer darbringt bzw. für sie libiert und räuchert. Diese können allein oder aber auch zusammen mit den Lokalgöttern darstellt werden. Auf der bereits oben erwähnten Darstellung auf dem Euergetestor am Chonstempel in Karnak räuchert Ptolemaios III. vor seinen Eltern Ptolemaios II. und Arsinoe II., wobei sein Vater

16 vgl. Minas, Ahnenreihen, S. 182.

17 P. Köln 6, 247. Es wird von der Annahme des Königstitels durch Antigonos Monophtalmos (306 v. Chr.) und den Reaktionen auf dieses Ereignis gesprochen. Die Rhodier hatten Antigonos als König anerkannt, ohne damit Ptolemaios zu verärgern. Nach Empfang eines Briefes hat Ptolemaios den Königstitel angenommen. (II, 15-19), vgl. Maresch, Kommentar zu P. Köln 6, 247, S. 97f. mit Anm. 3.; Diod. 20, 53, 3; Plut. Dem. 18, 2; App. Syr. 54, 276.

18 vgl. pap. dem. Louvre 2427; 2440, zitiert bei Pestmann, Chronologie, S. 13, Nr. 13; vgl. Huß, Ägypten, S. 191 mit Anm. 747 und der Forschungsliteratur; Merkelbach, Isisfeste, S. 45f., hat die Krönung des Ptolemaios auf den 6. Januar 304 datiert; vgl. auch die Überlegungen bei Hölbl, Legitimation, S. 26f.

zu ihm sagt: „Ich gebe Dir mein Amt, meinen Sitz, meinen Thron und das Erbe in diesem Land."[19] Auf der Parallelszene ist zu sehen, wie dem zeitgenössischen Ptolemäerpaar, in diesem Fall Ptolemaios III. und Berenike II., die Regierungsjahre von Chons-Thot in eine Palmrispe eingetragen werden, wobei König und Königin im Zeremonienmantel dastehen.[20] Neben die realen Machtverhältnisse wurden also Szenen gesetzt, mit denen daran erinnert wird, dass die historische Situation eigentlich nur das Ergebnis der Erwählung des Königs durch Ägyptens Götter darstellt, wie es der traditionellen ägyptischen Theologie entspricht.[21]

Die Anzahl der Vorfahren, denen der regierende Pharao opfert, kann dabei sehr lang werden. Auf einer Szene im Raum der Westtreppe des Edfu-Tempels, im untersten Register der Nordwand, überweist Ptolemaios IV. ein Speiseopfer an Horus, Hathor und Harsomptus sowie an Ptolemaios III. und „Arsinoe" (statt Berenike II.), Ptolemaios II. und Arsinoe II. sowie Ptolemaios I. und Berenike I.[22] Minas[23] bemerkt, dass bei solchen Szenen meist Opfer dargebracht werden, die dem Totenkult angehören, so z. B. Salben, Stoffstreifen und Wein.

Es soll hier noch auf die umstrittene Szene auf der Pithom-Stele (CG 22183) hingewiesen werden, die von einigen Forschern für die erste Ahnenverehrung gehalten wird.[24] In der zweiten Szene von links ist zu sehen, wie der König dem Atum ein Opfer darbringt. Atum trägt die Krone von Ober- und Unterägypten.[25] Links daneben befindet sich eine weitere Darstellung, auf der Ptolemaios II. einem Gott das Udjat-Auge darreicht. Der Gott ist menschengestaltig, trägt Krummstab und Geißel in der linken und das Was-Zepter in der rechten Hand. Auf dem Kopf befindet sich eine Kompositkrone, die aus der Roten Krone und der Hem-Hem-Krone gebildet wird, die von drei Falken, die Sonnenscheiben auf dem Kopf tragen, bekrönt wird. Die Gottheit trägt eine Jugendlocke und keinen Bart. Wahrscheinlich ist darin der Gott Harsomtus zu sehen.[26] Leider fehlen sämtliche Beischriften. Grzybek hält diese Gottheit für Ptolemaios I., der hier nicht als König, sondern als Satrap dargestellt worden wäre, da er keinen Bart trägt.[27] Falls diese Annahme stimmt, wäre hier die erste Ahnenverehrungsszene auszumachen.[28] Minas[29] wendet sich mit meines Erachtens sehr überzeugenden Gründen gegen diese Hypothese. Sie gibt zu bedenken, dass eine so herausragende Maßnahme wie die der Einführung des Ahnenkultes für Ptolemaios I. im ägyptischen Bereich doch sicher besser dokumentiert wäre, ähnlich wie beispielsweise für Arsinoe II. Wenn eine solche Maßnahme erfolgt wäre, hätten auf der Pithom-Stele eindeutige Beischriften vorhanden sein müssen. Diese fehlen jedoch hier. Ich gebe außerdem zu bedenken, dass die Person des Ptolemaios I. Soter in den hieroglyphischen Ahnenreihen fehlt. Auch in den Ahnenverehrungsszenen tauchen die *theoi soteres* nur äußerst selten auf. Und selbst in den Titeln der eponymen Priester, welche den hieroglyphischen Ahnenreihen als Vorbild dienten, werden die *theoi soteres* erst unter Ptolemaios IV. eingeführt. Ein weiteres Argument gegen eine Ahnenverehrungsszene bestünde laut Minas[30] darin, dass in den Opfergaben für die vergöttlichten Ahnen normalerweise nur Salben, Zeugstreifen und Wein auftauchen, jedoch niemals das Udjat-Auge.

1.4. Darstellung der Ahnen auf Giebeln von Stelen

Schließlich ist es auch möglich, dass das lebende und die verstorbenen Ptolemäerpaare gemeinsam auf dem Giebel von Stelen unter den Göttern dargestellt sind. Dies ist besonders deutlich auf der Stele von Kom el-Hisn,[31] auf der das Kanoposdekret publiziert

19 Clère, Porte d' Evergête, Taf. 61; Urk. VIII, 78, Nr. 93g.

20 Clère, Porte d' Evergête, Taf. 43.

21 vgl. Winter, Herrscherkult, S. 154.

22 PM VI, S. 142, Nr. 165; Edfu 1, S. 526f., Taf. 36 a; dazu auch Winter, Herrscherkult, Dok. 28.

23 vgl. Minas, Ahnenreihen, S. 63.

24 vgl. Grzybek, Chronologie, S. 76f., und Hölbl, Ptolemäer, S. 306 mit Anm. 202.

25 Grzybek, Chronologie, S. 76f. Grzybek möchte nun den hier dargestellten Atum mit Ptolemaios I. gleichsetzen, denn Ptolemaios war der Begründer einer neuen Dynastie und dies würde gut zu Atum als Schöpfergott und Stammvater der heliopolitanischen Neunheit passen. Hinzu käme, dass das hieroglyphische Zeichen, mit dem das Wort Atum in der Inschrift geschrieben wird, gewöhnlich den Begriff des Königs von Ober- und Unterägypten wiedergibt. Minas, Pithomstele, S. 204f. richtet sich mit überzeugenden Argumenten gegen diese Gleichsetzung.

26 so Minas, Pithomstele, S. 204f.

27 vgl. Grzybek, Chronologie, S. 78.

28 Hölbl, Ptolemäer, S. 306 mit Anm. 202, folgt Grzybeks Annahme, denn Ptolemaios I. wäre hier seinem Vater Atum angenähert. Er widerspricht allerdings der These von Grzybek, wonach auf der Stele für „Atum" stets Ptolemaios I. zu verstehen sei.

29 vgl. Minas, Pithomstele, S. 204f.

30 Minas, Ahnenreihen, S. 68 mit Anm. 241.

31 Cairo CG 22186; vgl. auch PM IV, S. 51.

ist. In der linken Hälfte (von der Mitte nach links) ist Ptolemaios III. Euergetes I. zu sehen, dem seine Gattin Berenike II. folgt, es schließen sich Thot, Seschat, das zweite und zuletzt das erste Ptolemäerpaar an. Zu beachten ist hier, dass das erste Ptolemäerpaar in die Verehrung mit einbezogen ist, denn das regierende Königspaar hat von seinen Eltern und den Großeltern die Königswürde erhalten, wobei dies von den Göttern sanktioniert wurde.

1.5. Griechische Inschriften

Auch im griechischen Bereich wird der Ahnenkult auf vielerlei Weise deutlich. Auf Weihinschriften wird zugunsten oder für die vergöttlichten Vorfahren zusammen mit dem lebenden Ptolemäerpaar geopfert. Dabei können die Ptolemäer mit den Göttern verbunden sein, müssen es aber nicht. Die folgende Inschrift wurde von Kavallerieoffizieren gestiftet, die im Hermopolitischen *nomos* stationiert werden. Wegen der erhaltenen Wohltaten weihen sie Statuen, einen Naos und die anderen Konstruktionen innerhalb des Temenos sowie eine Stoa den *theoi euergetai* und den verstorbenen *theoi adelphoi*.[32]

> Βασιλεῖ Πτολεμαίωι τῶι Πτολεμαίου καὶ Ἀρσινόης, θεῶν Ἀδελφῶν, καῖ βασιλίσσηι Βερενίκηι τῆι ἀδελφῆι αὐτοῦ καὶ γυναικὶ θεοῖς Εὐεργέταις, καὶ Πτολεμαίωι καὶ Ἀρσινόηι θ?εοῖς Ἀδελφοῖς τὰ ἀγάλματα καὶ τὸν ναὸν καὶ τὰ ἄλλα ἐντὸς τοῦ τεμένους καὶ τὴν στο[ά]ν, οἱ τασσόμενοι ἐν τῶι Ἑρμοπολίτηι νομῶι κάτοικοι ἱππε[ι]ς, εὐεργεσίας ἕνεκεν τῆς εἰς αὐτούς.

1.6. Der Königseid

Auch der Königseid wurde nicht nur beim regierenden Königspaar geleistet, sondern die Ahnen und die Schwurgötter wurden einbezogen. Die frühesten Belege stammen aus der Regierungszeit des Ptolemaios II. Philadelphos und sind sowohl in griechischer[33] als auch in demotischer[34] Sprache überliefert. Allerdings ist nunmehr die umgekehrte Reihenfolge zu beobachten. Man schwört auf das lebende Ptolemäerpaar und nennt in absteigender Folge die Ahnen, so dass die theoi soteres stets an letzter Stelle stehen. Der letzte belegte Königseid, der P. Oxy. 55, 3777 aus dem Jahr 57 v. Chr., fasst aufgrund der langen Ahnenreihe die dynastischen Ahnen abgekürzt unter dem Ausdruck *progonoi* zusammen.

1.7. Münzen

Auch auf Münzen befinden sich Spuren des Herrscherkultes der Ptolemäer. Aus dem 23. Regierungsjahr des Ptolemaios II. Philadelphos stammt ein Silbertetradrachmon,[35] welches auf dem Avers den Kopf des Ptolemaios I. Soter mit Diadem und Ägis zeigt und auf dem Revers einen Adler mit der Inschrift PTOLEMAIOU SOTEROS. Hier bezieht sich also der regierende Pharao auf seinen Vorgänger Ptolemaios I. Soter und zeigt, dass er von diesem seine Regierungsgewalt erhalten hat.

Ebenfalls unter Ptolemaios II. wurden Münzen mit dem Doppelbildnis von Ptolemaios II. und Arsinoe II. auf dem Avers und dem von Ptolemaios I. und Berenike I. auf dem Revers geprägt.[36] Dazu befindet sich die Legende ADELFON auf der Vorderseite und THEON SOTERON auf der Rückseite. Hier bezieht sich also das regierende Herrscherpaar auf die vergöttlichten Eltern. Interessant ist, dass nur die verstorbenen Eltern das Attribut *theos* erhalten.

Erwähnenswert sind des weiteren Münzen aus Berytos, welche aus der Zeit des Ptolemaios III. Euergetes I. stammen.[37] Auf der Vorderseite ist Berenike II. zu sehen, die wie Arsinoe II. dargestellt ist. Es fehlt allerdings das Zepter. Auf der Rückseite befindet sich die Legende ARSINOES PHILADELPHOU.

1.8. Eine Ptolemäergalerie aus Tell Timai

Auf ein weiteres Beispiel für Ahnendarstellungen der Ptolemäer hat Katja Lembke in einem 2000 erschienenen Artikel hingewiesen. Im Februar 1908 hatten Arbeiter in Tell Timai, dem antiken Thmuis, eine Gruppe von insgesamt 45 Marmorfragmenten von Statuen und Statuetten, diversen Miniaturaltären, Alabastergefäßen sowie Kleinfunde aus Kalkstein und Glas entdeckt.[38] Unter den Stücken befanden sich zehn Köpfe. Lembke rekonstruierte daraus eine Ptolemäergalerie. Sie vermutete, dass im Zentrum

32 vgl. Wace, Hermopolis; Fraser, Alexandria, S. 384, Anm. 356.; I Herm. Magna 1 = Bernand, E., Inscriptions grecques d'Hermopolis Magna et de sa nécropole, Kairo 1999, (= BdE 123), S. 16-18.

33 BGU 6, 1257; zwischen 270 und 258 v. Chr., Oxyrhynchos.

34 P. dem. Testi Botti, S. 38-43 = P. Florenz 7127; Jahr 21 des Ptolemaios II. = 265/264 v. Chr.

35 Svoronos, Nomismata 821.

36 Svoronos, Nomismata 604-606; 608f.; 613-614; 618; 621.

37 Svoronos, Nomismata 1061 und 1062.

38 veröffentlicht in: Edgar, Greek Sculpture.

der Gruppenkomposition wahrscheinlich Alexander stand, der von den dynastischen Göttern eingerahmt wurde. Lembke nimmt an, dass es sich hierbei um Dionysos und Isis gehandelt haben könnte. Neben Dionysos stand Ptolemaios IV. Philopator, der sich mit diesem Gott besonders häufig identifizierte. Begleitet wurde er von seiner Gattin Arsinoe III. Neben Isis könnte eine Königin gestanden haben, die sich ganz besonders gern an diese Göttin assimilierte – Arsinoe II. Es würde sich dann ihr „Sohn" Ptolemaios III. Euergetes mit seiner Gattin Berenike II. anschließen. Den seitlichen Abschluss bildeten dann zwei Statuen der Aphrodite, denn mit dieser Göttin wurden sowohl Arsinoe III. als auch Berenike II. gleichgesetzt.

Alexander	**Isis**
Dionysos	**Arsinoe II.**
Ptolemaios IV	**Ptolemaios III.**
Arsinoe III.	**Berenike II.**
Aphrodite	**Aphrodite**[39]

Es muss sich hier um eine private Ahnenreihung handeln, die in der Zeit des Ptolemaios V. Epiphanes entstanden war. Das Dekret von Memphis, welches auf dem Stein von Rosette publiziert worden war, weist auf einen königlichen Erlass hin, wonach in privaten Kontexten Statuen von Herrschern aufgestellt worden sind. „Siehe es. Es soll in den Händen derer, die es wünschen, liegen aufzustellen ebenso einen Schrein für den Gott, um zu veranlassen, dass er in ihren Häusern ist. Und sie mögen machen Feste der Erscheinung monatlich am Anfang des Monats und am Anfang des Jahres, um erkennen zu lassen, dass die in Ägypten den Gott Epiphanes verehren, wie es richtig ist."[40]

Welche Vorbilder lassen sich nun in der griechischen, aber auch in der ägyptischen Geschichte für diesen Ahnenkult finden?

2. Vorbilder für den Ahnenkult

2.1. Griechische Kultur

Ahnen und Abkömmlinge waren im Bewusstsein der Griechen und Römer stark aufeinander bezogen.[41] Heil und Fluch waren jeweils ausschlaggebend für das Geschick der Nachkommen. Väter und Vorväter konnten für den Menschen Vorbild, Maßstab und Orientierung sein. Genealogien verbürgten für den Griechen eine gewisse Ordnung. Anhand von mythischen Genealogien erklärte er sich den Ursprung und das Wesen der Welt. Durch ein weit verzweigtes Netz von Stammbäumen konnte sich der Grieche ein geordnetes Bild der Geschichte und der Welt erstellen und auch Fremdes durch Einbindung in diese Ordnung sich vertraut machen. Jeder Herrscher, der darin einbezogen war, fügte sich in eine unumstößliche Ordnung. Wenn der Herrscher mit seinem Vorgänger verwandt war, dann konnte er seine eigene Herrschaft bzw. den eigenen Anspruch auf die Herrschaft legitimieren. Deswegen war es für einen Außenstehenden, der die Herrschaft erringen wollte, wichtig, Verbindungen zur rechtmäßigen Dynastie zu erfinden. Je älter der Stammbaum war, desto größer war das Ansehen, umso mehr, wenn der Stammvater ein Gott war.

Auch im Seleukidenreich sind Ahnenkulte nachzuweisen. Sie lassen sich allerdings erst seit der Zeit des Antiochus III. sicher in Inschriften nachweisen.[42] Allerdings werden die Vorfahren nicht namentlich genannt und auch Alexander wird nicht einbezogen.

2.2. Ägyptische Ahnenreihungen

In Ägypten war es schon seit dem Alten Reich üblich, Ahnentafeln und Königslisten zu führen. Die Listen beschränkten sich allerdings nicht auf die gerade herrschende Familie, sondern zählten alle Pharaonen seit Menes auf. Mitunter wurden (wie z. B. im Turiner Königspapyrus) auch die Götter einbezogen, denn die Pharonen standen in der Nachfolge der Götter. Auch wenn die Götter nicht explizit genannt wurden, weist doch häufig der Anbringungsort in einem Tempel darauf hin, dass diese die Ahnentafel legitimieren.[43] Interessanterweise stellten sich allerdings die Ptolemäer nicht mit ihren ägyptischen Vorfahren in eine Reihe; sie bezogen sich auf ihre eigene Dynastie. Aber sie haben sich möglicherweise an den ägyptischen Gepflogenheiten orientiert.

39 Lembke, Ptolemäergalerie, S. 139.

40 Urk. II, 196,9-197,6.

41 vgl. zum folgenden Huttner, Heraklesgestalt, S. 221-225.

42 Rostovzeff, PROGONOI; Hermann, Antiochos; Minas, Ahnenreihen, S. 176.

43 vgl. Minas, Ahnenreihen, S. 176.

3. Die Einbeziehung von Königinnen

Während in den ägyptischen Königslisten immer nur die männlichen Vorfahren der jeweiligen Könige genannt werden, sind in den ptolemäischen Genealogien auch die Königinnen einbezogen. Die Ptolemäer gingen sogar noch weiter, indem sie eponyme Priesterinnenämter für die verstorbenen Herrscherinnen schufen – diese erscheinen jedoch nicht in den hieroglyphischen Ahnenreihungen. Woraus resultiert nun eine solche Betonung der Königinnen?

Auffällig ist, dass im makedonischen Königshaus Frauen eine relativ hohe Bedeutung hatten. Erinnert sei hierbei an Olympias, die Mutter von Alexander d. Gr, Kleopatra wiederum, die Schwester des Alexander, war lange Zeit die einzige überlebende nahe Verwandte. Daraus resultierte, dass sie zunächst von keinem der Diadochen geheiratet werden wollte, denn das hätte den jeweiligen Herrscher allzu sehr in die Nähe des vergöttlichten Alexander gerückt.

Der spezielle Kult für die Ptolemäerinnen setzte unter Arsinoe II.[44] ein. 316 v. Chr. wurde Arsinoe II. als Tochter von Ptolemaios I. und Berenike I.[45] geboren und heiratete im Jahre 300 Lysimachos, den 61-jährigen König von Thrakien.[46] Als dieser 281 v. Chr. in der Schlacht von Kuropedion fiel,[47] ehelichte sie im Jahre 281/280 v. Chr. den König von Makedonien Ptolemaios Keraunos, ihren Halbbruder.[48] Dieser verlor 279 v. Chr. im Kampf gegen die Kelten sein Leben.[49] Sie kehrte noch im selben Jahr nach Ägypten zurück und heiratete dort (vor 274 v. Chr.)[50] ihren Bruder Ptolemaios II., der acht Jahre jünger als sie war. Seine erste Frau, Arsinoe I., die Tochter des Thrakerkönigs Lysimachos, schickte er ins Asyl nach Koptos.[51] Das Königspaar nahm nun den Namen *philadelphos* – bruderliebend – an. Nach dem Tod erhielt Arsinoe II. nie dagewesene Ehrungen. Sie wurde mit einer eigenen Priesterin, der Kanephore, vergöttlicht und damit an den Alexanderpriester angeschlossen.

Die Betonung der herausragenden Stellung der Königin lässt sich gut mit den ägyptischen theologischen Vorstellungen erklären. Eine Göttin übt nämlich gleichzeitig die Rolle der Mutter, der Schwester und der Tochter des Gottes aus. Die Tochter vereinigt sich mit ihrem Vater, dem Schöpfer. Sie wird zunächst seine Begleiterin, dann die Mutter des Vaters und der Sohn ist der wiedergeborene Vater. Durch die Tochter wird der Vater wiedergeboren, erneuert und die Einheit der Schöpfung bleibt erhalten.[52] Ganz besonders deutlich wird dies an der Rolle der Göttin Isis. Beim Tod des Osiris empfing Isis durch die Liebe zu ihrem Bruder und Gatten Osiris ihren Sohn und Nachfolger Horus und erweckte Osiris dabei zu neuem Leben. Nach seinem Tod wird Horus zu Osiris. Mit Isis kann nun die Königin gleichgesetzt werden, denn Isis ist die Mutter des Horus und damit die Mutter des Königs. Der König wäre nach diesem Konzept Osiris, der in seinem Nachfolger und Sohn Horus wiedergeboren wurde. Das Königspaar wiederholte somit das, was Isis und Osiris getan hatten. Die Geschwisterliebe ist also der innere Grund für die göttliche Verehrung, denn die Liebe des Königspaares garantiert den Bestand des Königtums durch die Nachfolge des Sohnes. Die Liebe der Mutter zum Vater führt zur Liebe des Vaters zum Sohn und damit zur dynastischen Kontinuität.[53] Auf die Rolle der Königin als Schwestergemahlin des Königs weist auch ihr Titel hin – *ḥm.t śn.t n śꜣ Rꜥ*. Im griechischen Kontext ist sie dann ηε γψνε και αδελπηε του βασιλεου.[54] Möglich ist es allerdings auch, die Beziehung der Königin zum König mit Hilfe des Götterpaares Zeus und Hera zu erklären.[55]

---

44 Über Arsinoe II. gibt es bis zum heutigen Zeitpunkt kein grundlegendes Werk. Jan Quaegebeur hat sich mit den ägyptischen Zeugnissen über diese Königin ausführlich beschäftigt und plante, eine Monographie herauszugeben. Die gesammelten ägyptischen Dokumente wurden 1999 posthum veröffentlicht, vgl. Quaegebeur, Documents. Zur neuesten Literatur über diese Königin vgl. insbesondere, Huss, W., Ägypten in hellenistischer Zeit 332-30 v. Chr., München 2001, S. 305-312 und S. 326.

45 Paus. 1, 7, 1.

46 Plut. Dem. 31; Paus. 1, 10, 3; FGrH 434 Memnon F 4, 9; vgl. Seibert, Beiträge, S. 74.

47 zur genauen Datierung anhand der Keilschrifttafel BM 35603: Heinen, Untersuchungen, S. 20-24.

48 Iust. 17, 2, 7; 24, 2, 2.

49 vgl, Heinen, Untersuchungen, S. 88-91.

50 Die Pithomstele lehrt, dass sie im 12. Jahr des Königs, also im Jahre 274/3 v. Chr. Königin war; vgl. Urk. II, 94, 5-15; zur genauen Datierung vgl. Huß, Ägypten, S. 307 mit Anm. 22. Dort wird die gesamte relevante Literatur aufgezählt.

51 Schol. Theocr. 17, 128; vgl. Huß, Ägypten, S. 265 mit Anm. 90.

52 vgl. Naguib, Métaphore féminine, S. 440-444.

53 vgl. Koenen, Adaptation, S. 162f.

54 In der Isisaretalogie von Kyme nennt Isis sich nach ägyptischer Tradition *gyne kai adelfe Oseiridos basileos*, vgl. Müller, Isisaretalogien, S. 29.

55 Theokr. 17, 130ff.; vgl. Koenen, Adaptation, S. 158.

4. Zusammenfassung

Unter den Ptolemäern hatte sich ein Dynastiekult entwickelt, der sowohl griechisch-hellenistische als auch ägyptische Elemente aufwies. Nicht nur einzelne Personen dieser Herrscherfamilie, sondern die göttliche Funktion innerhalb der Familie wurde verehrt. Ein charakteristisches Merkmal dieses Kultes bildeten vor allem die Titel der eponymen Priester und die Ahnenreihen auf hieroglyphischen Darstellungen.

Martina Minas hat in ihrer Dissertation beide Quellengruppen miteinander verglichen und alle Belege gesammelt. Sie kam zu dem Ergebnis, dass hieroglyphische Ahnenreihen von Ptolemaios IV. bis zu Ptolemaios XII. Neos Dionysos geführt wurden und vom zweiten Ptolemäerpaar ausgingen. Ahnenreihen in Priestertiteln dagegen gab es schon unter der Regierung des Ptolemaios II. Ab der Regierung des Ptolemaios IX. wurden nur noch Kurzformeln verwendet. Ptolemaios I. Soter ist in die Listen der eponymen Priester einbezogen, allerdings erst ab der Regierung des Ptolemaios IV.

Vorbilder für die Sitte, die vergöttlichten Vorfahren zu nennen, finden sich sowohl in der griechischen als auch in der ägyptischen Kultur. Ahnenreihen stellten für die Griechen eine gewisse Ordnung dar. Wenn der Herrscher mit seinem Vorgänger verwandt war, dann konnte er seine eigene Herrschaft bzw. den eigenen Anspruch auf die Herrschaft legitimieren, denn normalerweise wurde das Königtum vom Vater auf den leiblichen Sohn übertragen. Auch ägyptische Königslisten waren Vorbilder. In den erhaltenen Listen erfolgte allerdings der Bezug auf alle Könige und nicht nur die der eigenen Dynastie.

Neu ist allerdings in der Ptolemäerzeit, dass nicht nur die männlichen Vorfahren allein genannt werden, sondern immer auch die Königinnen einbezogen sind. Hier wird insbesondere das Verhältnis zwischen Isis und Osiris auf das Königspaar übertragen.

Literatur

1. Griechische Papyri

BGU 6 = *Papyri und Ostraka der Ptolemäerzeit, hrsg. von W. Schubart and E. Kühn, Berlin 1922.*

BL = *Berichtigungsliste der griechischen Papyrusurkunden aus Ägypten, Bd. 1-11, Berlin, Leiden u. a. 1922-2003.*

P. Eleph. = *Aegyptische Urkunden aus den Königlichen Museen in Berlin: Griechische Urkunden, Sonderheft. Elephantine-Papyri, hrsg. von O. Rubensohn. Berlin 1907.*

P. Freib. = *Juristische Urkunden der Ptolemäerzeit, hrsg. von J. Partsch. Heidelberg 1927.*

P. Hib. = *The Hibeh Papyri, Bd. 1, hrsg. von B.P. Grenfell and A.S. Hunt, London 1906; Bd. 2, hrsg. von E.G. Turner and M.-Th. Lenger, London 1955.*

P. Köln 6 = *Kölner Papyri, Bd. 6, hrsg. von M. Gronewald, B. Kramer, K. Maresch, M. Parca and C. Römer. Opladen 1987.*

P. Oxy. = *The Oxyrhynchus Papyri, Bd. 1-66, London 1898-1999.*

PSI 4 = *Papiri greci e latini, Bd. 4, hrsg. von G. Vitelli and M. Norsa u. a., Florenz 1917.*

2. Demotische Papyri

P. dem. Schreibertrad. = *Die Ägyptische Schreibertradition in Aufbau, Sprache und Schrift der demotischen Kaufverträge aus ptolemäischer Zeit, hrsg. von K.-Th. Zauzich., Bd. 1: Text, Bd. 2: Anmerkungen, Indices, Tabellen der Anlage. Wiesbaden 1968. (= Ägyptische Abhandlungen; Bd. 19).*

P. dem. Testi Botti = *Testi Demotici, Bd. 1, hrsg. von G. Botti. Florenz 1941.*

3. Griechische Inschriften

Bernand, E., *Inscriptions grecques d'Hermopolis Magna et de sa nécropole, Kairo 1999, (= BdE 123) = I Hermopolis Magna*

4. Antike Autoren

App. Syr. = *Appian's Roman History: in four volumes, griech.-engl., hrsg. von H. White, ND Cambridge/Mass. u. a. 1982-1990.*

Diod. = *Diodori bibliotheca historica, Bd. 1- 5, hrsg. von F. Vogel und C. Th. Fischer, ND Stuttgart 1964-1969.*

FGrH = *Die Fragmente der griechischen Historiker, Bd. 1-5, hrsg. von F. Jacoby u.a., Berlin und Leiden 1923-1999.*

Iust. = *M. Iuniani Iustini epitoma historiarum Philippicarum accedunt prologi in Pompeium Trogum, hrsg. von O. Seel, Stuttgart 1977.*

Paus. = *Pausaniae Graeciae Descriptio, Bd. 1-3, hrsg. von F. Spiro und M. H. Rocha-Pereira, Stuttgart 1967-1981.*

Plut. Dem. = *Plutarchi Vitae parallelae, Bd. 1-3, hrsg. von K. Ziegler, ND Leipzig 1969-1971.*

Schol. Theocr. = *Scholia in Theocritum vetera, hrsg. von C. Wendel, Stuttgart 1966.*

Theokr. = *Theokrit, Gedichte, griech.-dt., hrsg. von B. Effe, Düsseldorf u.a. 1999.*

5. Hieroglyphische Inschriften

CG = *Kamal, A. B., Stèles ptolémaiques et romaines, Bd. 1-2, Le Caire 1904f., (= Catalogue général des antiquités Egyptiennes du Musée du Caire).*

Urk. II = *Sethe, K., Hieroglyphische Urkunden der griechisch-römischen Zeit, Bd. 1-3, Leipzig 1904-1916, (= Urkunden des ägyptischen Altertums, begr. von G. Steindorf; Abt. 2).*

Urk. VIII = *Thebanische Tempelinschriften aus griechisch-römischer Zeit aus dem Nachlass von Kurt Sethe, hrsg. von O. Firchow, Berlin 1957, (= Urkunden des ägyptischen Altertums, begr. von G. Steindorf; Abt. 8).*

6. Münzen

Svoronos, Nomismata = *Svoronos, J. N., Ta nomismata tou kratous ton Ptolemaion, Bd. 1-3, 1904; Bd. 4 (deutsch) 1908.*

7. Literatur

Clère, Porte d' Evergête = *Clère, P., La porte d' Evergête à Karnak, Le Caire 1961, (= MIFAO 84).*

Edfu 1 = *Rochemonteux, M. de; Chassinat, E., Le temple d'Edfou, Bd. 1, 2. Auflage, hrsg. von S. Cauville und D. Devauchelle, Le Caire 1984.*

Edgar, Greek Sculpture = *Edgar, C.C., Greek Sculpture from Tell Timai, in: Maspero, G., Le Musée Egyptien III, 1915, S. 1-13.*

Fraser, Alexandria = *Fraser, P. M., Ptolemaic Alexandria, Bd. 1-3, Oxford 1972.*

Grzybek, Calendrier = *Grzybek, E., Du calendrier macédonien au calendrier ptolemaique. Problèmes de chronologie hellénistique, Basel 1990. (= Schweizer Beiträge zur Altertumswissenschaft; Bd. 20.)*

Heinen, Untersuchungen = *Heinen, H., Untersuchungen zur hellenistischen Geschichte des 3. Jahrhunderts v. Chr., Zur Geschichte der Zeit des Ptolemaios Keraunos und zum chremonideischen Krieg, Wiesbaden 1972, (= Historia; Bd. 20).*

Hermann, Antiochos = *Hermann, P., Antiochos der Große und Teos, in: Anadolu 9, 1965, S. 29-159.*

Hölbl, Ptolemäer = *Hölbl, G., Geschichte des Ptolemäerreiches. Politik, Ideologie und religiöse Kultur von Alexander dem Großen bis zur römischen Eroberung, Darmstadt 1994.*

Hölbl, Legitimation = *Hölbl, G., Zur Legitimation der Ptolemäer als Pharaonen, in: Selbstverständnis und Realität. Akten des Symposiums zur ägyptischen Königsideologie in Mainz 15.-17.6.1995, hrsg. von R. Gundlach und C. Radler, Wiesbaden 1997, (= ÄAT 36,1), S. 21-34.*

Huß, Ägypten = *Huß, W., Ägypten in hellenistischer Zeit 332-30 v. Chr., München 2001*

Huttner, Heraklesgestalt = *Huttner, U., Die politische Rolle der Heraklesgestalt im griechischen Herrschertum, Stuttgart 1997, (= Historia; Bd. 112).*

Koenen, Adaptation = *Koenen, L., Die Adaptation ägyptischer Königsideologie am Ptolemäerhof, in: Egypt and the Hellenistic World, Proceedings of the International Collquium. Leuven 24-26 May 1982, hrsg. von E. Van't Dack u. a. Leuven 1983, (= Studia Hellenistica; Bd. 27), S. 143-190.*

Koenen, Ptolemaic King = *Koenen, L., The Ptolemaic King as a Religious Figure, in: Images and Ideologies. Self-Definition in the Hellenistic World, hrsg. von A. Bulloch u. a., Berkeley u. a. 1993, S. 25-115, (= Hellenistic Culture and Society; Bd. 12).*

Lembke, Ptolemäergalerie = *Lembke, K., Eine Ptolemäergalerie aus Thmuis/Tell Timai, in: JDI 115, 2000, S. 113-146.*

Merkelbach, Isisfeste = *Merkelbach, R., Isisfeste in griechisch-römischer Zeit. Daten und Riten, Meisenheim a. Gl. 1963.*

Minas, Ahnenreihen = *Minas, M., Die hieroglyphischen Ahnenreihen der ptolemäischen Könige. Ein Vergleich mit den Titeln der eponymen Priester in den demotischen und griechischen Papyri, Mainz 2000, (= Aegyptiaca Treverensia; Bd. 9).*

Minas, Pithom-Stele = *Minas, M., Die Pithom-Stele. Chronologische Bemerkungen zur frühen Ptolemäerzeit, in: Aspekte spätägyptischer Kultur, FS für E. Winter zum 65. Geburtstag, hrsg. von M. Minas und J. Zeidler, Mainz 1995, (= Aegyptiaca Treverensia; Bd. 7), S. 203-212.*

Montet, Tanis = *Montet, P., Nouvelles fouilles de Tanis (1929-1932), Paris 1933.*

Müller, Isisaretalogien = *Müller, D., Ägypten und die griechischen Isisaretalogien, Berlin 1961, (= Abhandlungen der sächsischen Akademie der Wissenschaften zu Leipzig, Philologisch-Historische Klasse; Bd. 53, Heft 1).*

Naguib, Métaphore = *Naguib, S.-A., "Fille du Dieu", "Epouse du Dieu", "Mère du dieu" ou la métaphore féminine, in: Stud. Aeg. 14 (FS Kákosy), 1992, S. 437-447.*

Pestman, Chronologie = *Pestmann, P. W., Chronologie égyptienne d'après les textes démotiques (332 av. J.-C. – 453 ap. J.-C.), Leiden 1967 (= Papyrologica Lugduno Batava; Bd. 15).*

PM = *Porter, B.; Moss, R. L. B., Topographical bibliography of Ancient Egyptian texts, reliefs and paintings, Bd. 1-7, Oxford 1927-1952; 2. Aufl. 1960ff.*

Quaegebeur, Documents = *Quaegebeur, J., Documents égyptiens anciens et nouveau relatifs à Arsinoé Philadelphe, in: Le culte du souverain dans l'Egypte Ptolemaïque au IIIe siècle avant notre ère. Actes du colloque international, Bruxelles 10 mai 1995, hrsg. von H. Melaerts, Leuven 1998, (Studia Hellenistica; Bd. 34), S. 73-108.*

Roeder, Dakke = *Roeder, G., Der Tempel von Dakke I-III, Le Caire 1913-1930.*

Rostovzeff, PROGONOI = *Rostovzeff, M. I., PROGONOI, in: JHS 55, 1935, S. 56-66.*

Seibert, Beiträge = *Seibert, J., Historische Beiträge zu den dynastischen Verbindungen in hellenistischer Zeit, Wiesbaden 1967, (= Historia; Bd. 10).*

Wace, Hermopolis Magna = *Wace, A.J.B., Hermopolis Magna, Alexandria 1959.*

Winter, Herrscherkult = *Winter, E., Der Herrscherkult in den ägyptischen Ptolemäertempeln, in: Das ptolemäische Ägypten. Akten des internationalen Symposions, 27.-29.9. 1976 in Berlin, hrsg. von H. Maehler und V. M. Strocka, Mainz 1978, S. 147-160.*

Naturae imitatio. Hinweise auf Ritualpraktiken zur Adoption

CARIS-BEATRICE ARNST

Die Annahme einer fremden Person an Kindes Statt – ob sinnbildlich als Gotteskindschaft oder real, verbunden mit der Einsetzung als Erben – scheint im Alten Ägypten schon in ältester Zeit praktiziert worden zu sein.[1] Der sogenannte Adoptions-Papyrus (P. Ashmolean Museum 1945.96)[2] und andere Textdokumente[3] vom Beginn der 19. Dynastie an lassen die erbrechtlichen und sozialen Aspekte sowie die Zusammenhänge mit dem Totenkult erkennen. Das durch Adoption vererbte Amt der „Gottesgemahlinnen des Amun"[4] beweist, daß die Adoption auch schon als institutionalisiertes Mittel genutzt wurde, um politische Herrschaftsansprüche zu legitimieren und auszubauen.

Erörtungen zu den privaten Adoptionsfällen[5] ließen dabei den Eindruck entstehen, die Adoption wäre ausschließlich durch eine öffentliche Erklärung und eine rechtswirksame Verfügung vollzogen worden. Für die nach einem „religiösen Menschenideal"[6] strebenden Menschen früher Gesellschaften mußte jedoch jede Status- bzw. Zustandsänderung durch Formalitäten und Riten vermittelt werden – bei der Geburt, beim Übergang von einer Altersklasse zur anderen, bei der Heirat, beim Tod und ebenso bei der Adoption.

Da bei einer Adoption die gleichen Einzelriten vollzogen werden wie bei der Angliederung von Fremden, soll zunächst die ambivalente Situation von Fremden sowie die Struktur der Riten, mit denen sie in ein neues soziales Beziehungsgeflecht integriert werden, erläutert werden:[7]

Außerhalb einer Verwandtschaftsgruppe oder sozioreligiösen Gemeinschaft stehend befinden sich Fremde in einem Zustand der Isolation, fühlen sich ebenso wie Sinuhe „wie ein *ḥww*-Stier inmitten einer anderen Herde".[8] Sie gelten einerseits als schutz- und rechtlos, andererseits als Gefährdungspotential, weil man ihnen unbekannte, übernatürliche Kräfte zuschreibt, die Positives als auch Negatives bewirken können. Riten sollen sie neutralisieren, freundlich stimmen und in die Gemeinschaft integrieren. Form und Dauer dieser Angliederungsriten variieren bei den verschiedenen Ethnien. Doch ganz gleich, ob eine kurzzeitige (Gastfreundschaft) oder eine dauerhafte Verbindung (Verbrüderung, Verlobung, Eheschließung, Adoption) hergestellt wird, die rituelle Abfolge ist weltweit die gleiche:

1 R. Tanner, in: LÄ I, 66 f. (s. v. Adoption); M. Malinine: L'expression désignant l'enfant adoptif en égyptien, in: Académie des inscriptions et belles-lettres. Comptes rendus du Groupe linguistique d'études chamito-semitique, séance du 28 Mai 1952, 13 – 14; S. Allam: De l'adoption en Égypte pharaonique, in: Oriens Antiquus 11 (1972), 277 – 295; ders.: Zur Adoption im pharaonischen Ägypten, in: ZDMG, Suppl. II (1974), 1 – 7.

2 A. H. Gardiner: Adoption Extraordinary, in: JEA 26 (1940), 23 – 29; S. Allam: Hieratische Ostraka und Papyri aus der Ramessidenzeit. Tübingen 1973, 258 – 267; E. Cruz-Uribe: A New Look at the Adoption Papyrus, in: JEA 74 (1988), 220 – 223; S. Allam: A New Look at the Adoption Papyrus (reconsidered), in: JEA 76 (1990), 189 – 191; C. J. Eyre: The Adoption Papyrus in Social Context, in: JEA 78 (1992), 207 – 221.

3 J. Cerny: A Community of Workmen at Thebes in the Ramesside Period. BdE L (1973), 325 f.; S. Allam: Papyrus Turin 2021: Another Adoption Extraordinary, in: Individualité, Société et Spiritualité dans l' Égypte Pharaonique et Copte. Mélanges égyptologiques offerts au Aristide Théodoridès, hg. Ch. Cannuyer. Athen u.a. 1993, 23 – 28.

4 M. Gitton u. J. Leclant, in: LÄ II, 792 - 812 (s. v. Gottesgemahlin); S. Allam, in: ZDMG, Suppl. II (1974), 5 – 7; E. Graefe: Untersuchungen zur Verwaltung und Geschichte der Institution der Gottesgemahlin des Amun vom Beginn des neuen Reiches bis zur Spätzeit. ÄA 37, Wiesbaden 1981; R. K. Ritner: Fictive Adoptions or Celibate Priestesses, in: GM 164 (1998), 85 – 90; E. Graefe: Die Adoption ins Amt der *ḥswt njwt ḥnw nj jmnw* und der *šmˁwt dwꜣt-nṯr*, in: GM 166 (1998), 109 – 112; E. Teeter: Celibacy and Adoption among God's Wives of Amun and Singers in the Temple of Amun: A Re-Examination of the Evidence, in: Gold of Praise. Studies on Ancient Egypt in Honor of Edward F. Wente. SAOC 58 (1999), 405 – 414.

5 Siehe vor allem die genannten Aufsätze von S. Allam.

6 M. Eliade: Das Heilige und das Profane. Vom Wesen des Religiösen. Frankfurt a. M. 1984, 162.

7 Dazu ausführlich A. van Gennep: Übergangsriten (Les rites de passage). Frankfurt/ New York 1999, 34 - 46.

8 Zitiert nach J. Assmann: Herrschaft und Heil. Politische Theologie in Altägypten, Israel und Europa. München 2000, 234; dort ausführlich zu den Ängsten der Ägypter vor dem einsamen, vogelfreien Status des Fremden und ihrer Furcht vor Fremden, die Tabus verletzen und die Religion mißachten, 234 - 242.

Nach einer **Trennungsphase**, in der sie ihren früheren Status/ Zustand ablegen, durchlaufen sie eine **Umwandlungsphase**, um schließlich in der **Angliederungsphase** die mit neuen Rechten und Pflichten versehene andere Position einzunehmen.

Neben dem Gabentausch und dem gemeinsamen Essen und Trinken bilden oftmals direkte, kontagiöse Riten den Kern der Zeremonie (z.B. einander die Hände schütteln, sich umarmen, mit einem Stoffgürtel aneinander binden, sich küssen, Blut austauschen u. ä.). Betont körperliche Binderiten werden vor allem dann praktiziert, wenn ein Individuum dauerhaft in eine Familie integriert wird und die Verbindung auch Konsequenzen für andere Gruppen hat (den Stamm, die Dorfgemeinschaft, die Altersgruppe, die Kultgemeinschaft). Daher bestehen gewisse Ähnlichkeiten zwischen den Riten, die das Neugeborene in die Gemeinschaft der Lebenden und in seine Familie eingliedern, den Hochzeitszeremonien und den Adoptionsriten.[9]

Nach diesen für das Verständnis wichtigen Vorbemerkungen wenden wir uns den Hinweisen zu, die Rückschlüsse auf altägyptische Adoptionsriten erlauben. Wie generell bei im Alltag geübten Bräuchen und Zeremonien, handelt es sich um indirekte Indizien bzw. Reflexionen in mythisch überhöhter Form, die sich einer unmittelbaren Lesbarkeit entziehen.

1. Pyramidentext-Spruch 565

In Spruch 565 der Pyramidentexte wird beschrieben, wie der verstorbene König nach seiner Ankunft im Himmel durch die Himmels- und Muttergöttin Nut aufgenommen wird. Der freudige Empfang besteht in einer merkwürdig anmutenden Prozedur, bei der der König mit dem Saum ihres *ʿk*-Untergewandes in Berührung kommt. Sethe kommt nach verunsicherten Überlegungen, welches intime Kleidungsstück mit *ʿk* bezeichnet wird,[10] zu dem Schluß, daß der tote König mit der Göttin sexuell verkehrt, um später ideell wiedergeboren zu werden.[11] In seiner Neuübersetzung macht Faulkner deutlich, daß es sich bei *ʿk* um ein Unterwäsche-Teil handelt,[12] woraufhin sich später Allen für Slip entscheidet.[13] Zwei Textzeilen weiter ist davon die Rede, daß die Schutzgöttin Selket dem König ihre Brust reicht. Sethe erkennt dies als Stillen und mithin als „nicht anstößig“,[14] da es ihn an Darstellungen erinnert, wo Göttinnen einen wiedergeborenen König nähren. Am Ende des Spruches erklärt der König, seine erste Mutter nicht mehr zu kennen, da er von Nut geboren wurde. Sethe sieht darin eine Anspielung auf die Wiedergeburt des Königs, der sich nun "ganz als Kind seiner zweiten Mutter Nut" fühlt.[15] Doch weshalb er seine erste, irdische Mutter regelrecht verleugnet, ist für Sethe und Faulkner ebenso unklar, wie der Gesamtzusammenhang und Sinn der einzelnen Ritualhandlungen.

Zunächst zu *ʿk*, dessen Übersetzung die Fantasie entzündet und von der eigentlichen Fragestellung abgelenkt hat. Das Determinativ erinnert an ein Lendentuch, das zwischen den Beinen hindurch gezogen und mittels angenähter Bänder über der Taille verknotet wird.[16] Dieser *ʿk*-Lendenschurz soll sich nun aber „unter ihrem *nṯśtn*“ befinden, was Faulkner und Allen als „Kleid“ übersetzen, Sethe hingegen als „Brustlatz“ oder „Brusthemd“ Das Determinativ zu *nṯśtn* sieht dem des *k* ähnlich, nur mit etwas schmalerem Mittelteil. In der Pyramide des Pepi (P. 642) ist es hingegen trapezförmig gestaltet, mit Fransen- oder Perlenbesatz und zwei Bändern an der Oberkante. Sethes Überlegung, daß es sich um ein Kleidungsstück in der Art eines Brustlatzes handeln könnte, stützt sich auf zwei Textbelege, in denen *ṯśtn* ein Kleidungsstück der Hathor bezeichnet.[17] Folgt man seinen Intentionen, müßte es sich bei *nṯśtn* um ein separates Kleidungs- bzw. Schmuckstück oder einen bestimmten Teil eines Kleides handeln – etwa ein Brustgehänge aus Perlen oder der Kleidausschnitt. Im Ganzen hieße die Passage dann (Abb. 1a und 1b):

9 Van Gennep, Übergangsriten, 138.

10 K. Sethe: Übersetzung und Kommentar zu den altägyptischen Pyramidentexten, Bd. V. Glückstadt u.a. 1962, 348 f.; er übersetzt „ *mʿk*-Eingangsschlitz“.

11 Ebenda, 347 und 348 (zu 1462 c).

12 R. O. Faulkner: The Ancient Egyptian Pyramid Texts. Oxford 1969, 220 mit Anm. 5; er übersetzt „petticoat“. S. A. B. Mercer: The Pyramid Texts in Translation and Commentary. New York [u.a.] 1952, Bd. III, 695; hatte zuvor noch etwas allgemeiner "slip-over garment" vorgeschlagen

13 J. P. Allen: The Inflection of the Verb in the Pyramid Texts. Malibu 1984, 280, § 415.

14 Sethe, Übersetzung u. Komm., V, 351

15 Ebenda, 353.

16 G. Vogelsang-Eastwood: Die Kleider des Pharaos. Die Verwendung von Stoffen im Alten Ägypten. Hannover/Amsterdam 1995, 67 f., 97 f.

17 Sethe, ebenda, 349.

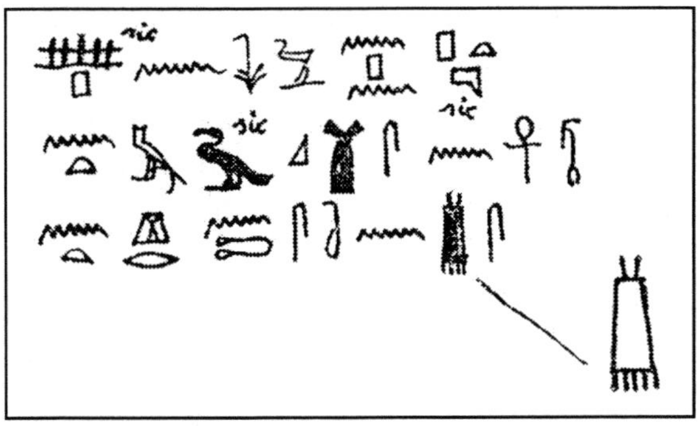

Abb. 1a: § 1426 nach P. 642 (Pyramide Pepi I.).

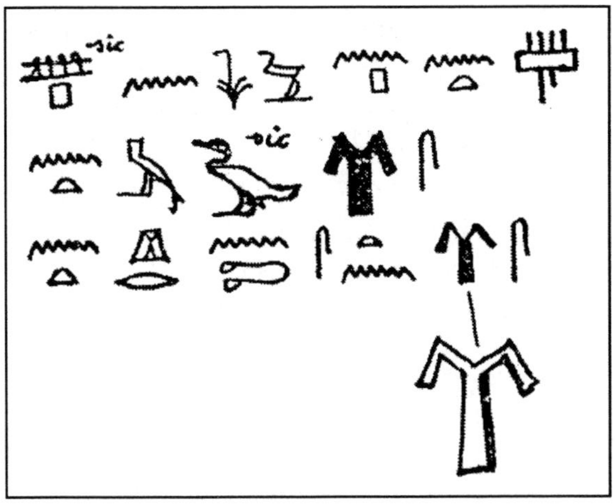

Abb. 1b: § 1426 nach N. 1240 (Pyramide Pepi II.)

„Der Saum empfing ihn, der an ihrem ḳ-Lendenschurz ist, der unter ihrem nṯśtn-Brustlatz ist."

Das „ẖr" könnte dabei meinen, daß der Lendenschurz unter dem Kleid ist, sich aber auch in Bezug auf die Körperregion unten befindet. Wesentlicher als die Frage, welche intimen Kleidungsstücke hier bezeichnet werden und was die Ägypterinnen damals „darunter" trugen, ist jedoch die Frage, was der König unter dem Kleid der Nut macht und was das zu bedeuten hat.

In diesem Zusammenhang ist eine mythische Episode von Bedeutung, die Diodor überliefert hat. Nach einem heftigen Streit um Herakles, der nach dem Willen des Göttervaters in den Olymp aufgenommen werden und Hebe heiraten soll, überredet Zeus seine Frau Hera, ihren künftigen Schwiegersohn zu adoptieren. Diese Adoption soll folgendermaßen vonstatten gegangen sein:

„Hera ließ sich auf einem Bett nieder, zog Herakles an den Leib und ließ ihn dann durch ihre Kleider hindurch zur Erde fallen, wobei sie auf diese Art eine wirkliche Geburt nachahmte."[18]

18 Diodor IV, 39,2.

Diodors Schilderung läßt folgendes deutlich werden: Indem der zu Adoptierende durch die Kleider der Adoptivmutter hindurchgezogen wird bzw. selbst hindurchkriecht, wird anschaulich ein Geburtsvorgang nachgeahmt und suggeriert, der zu Adoptierende wäre aus dem Leib der Adoptivmutter hervorgekommen. Auf diese Weise erhält der Adoptierte den Status eines sanguinen Kindes, dem fortan mütterliche Liebe zu erweisen ist und das im sozialen wie rechtlichen Sinne Mitglied seiner neuen Familie ist.

Abb. 2: Etruskischer Bronzespiegel: Milchadoption des Herakles durch die Göttin Hera. Aus Volterra, Um 300 v. Chr. Florenz, Museo Archeologico.

Diodors nachfolgender Hinweis, daß dieser Brauch bei den „Barbaren" fortbesteht, will den archaischen Charakter des Adoptionsritus suggerieren, möglicherweise auch seine nichtgriechische Tradition.[19] Und tatsächlich finden sich keine Darstellungen in der griechischen, dafür aber in der etruskischen Bildkunst. Allerdings zeigen sie nicht den simulierten Geburtsvorgang, sondern das anschließende rituelle Stillen. So ist auf einem Bronzespiegel aus Volterra (Florenz, Museo Archeologico; um 300 v. Chr.)[20] die thronende Hera/ Uni zu sehen, wie sie dem bärtigen Herakles/ Hercle die Brust reicht, wobei ihr Hebe hilfreich den Umhang anhebt (Abb. 2). Offenbar wurde

19 So H. Schulze in: Herakles – Herkules (Sonderausstellungskatalog). Staatliche Antikensammlungen München. München 2003, 287. Den Literaturhinweis verdanke ich Herrn Dr. V. Kästner von der Antikensammlung der SMB.

20 Ebenda, 288, Abb. 50.2 und 50.3; vgl. auch Abb. 50.1.

wegen der göttlichen Natur der Akteure und der sakralen Dimension des Vorganges lediglich eine der nachfolgenden Handlungen abgebildet.

Der Ritus der simulierten Geburt ist weltweit in vielen antiken und rezenten Kulturen nachzuweisen. In einem palästinensischen Dorf nahe Bethlehem wurde noch vor ca. 80 Jahren folgendes beobachtet: Als ob die Adoptivmutter ein Kind zur Welt bringen würde, „läßt sie es durch ihr Kleid gleiten vom Ausschnitt zum Saum. Wenn es so groß ist, daß es nicht in dieser Weise durch ihr Kleid kriechen kann", muß sie es irgendwie unter ihrem Kleid plazieren.[21] Dieses für größere oder erwachsene Adoptivkinder abgewandelte Verfahren findet sich noch bequemer bei den Berawanen in Polynesien: Hier setzt sich die Adoptivmutter auf einen hohen, mit einem Tuch bedeckten Sitz. Der zu Adoptierende kriecht von hinten unter dem Sitz und durch ihre geöffneten Beine hindurch.[22] Ein wichtiges Detail ist durch Della Valle aus dem Persien des 17. Jahrhunderts überliefert, daß nämlich das Adoptivkind nackt durch das Hemd der Adoptivmutter geschoben wurde, und zwar unabhängig von dessen Alter.[23] Dies ist zum einen als konsequente Inszenierung einer Geburt aufzufassen, bei der das Neugeborene auch nackt aus dem Mutterleib hervorkommt. Zum anderen hat Nacktheit in Übergangsritualen eine metaphysische Bedeutung: Sie versinnbildlicht das Abstreifen des alten, mit Schlechtem behafteten Menschen und die Geburt eines neuen, reinen Ichs.[24]

Schauen wir uns den Pyramiden-Spruch 565 nun etwas genauer an, um auch die übrigen Einzelriten besser verstehen und aus deren Abfolge die Struktur des Rituals ablesen zu können:

I. (§ 1423) *„NN ist rein, so daß er berechtigt ist für den Himmel. NN ist dauernd als (etwas) mehr als Menschliches. NN erscheint den Göttern."*[25]

Das heißt: Er hat sich von der alten, menschlichen Welt getrennt und identifiziert sich durch seine reine, herrliche Erscheinung mit den Göttern. Damit hat er – wie er selbst sagt – die Berechtigung erworben, den Himmel zu betreten und den Göttern zu begegnen.

(§ 1423 - § 1425) *„NN ist erschienen mit Re bei seinem Erscheinen. (Er ist) der Dritte der beiden, die mit ihm sind: einer hinter NN und einer vor ihm; einer gibt Wasser und einer gibt Sand. NN hat sich auf deinen Arm gestützt, o Schu, so wie Re sich auf deinen Arm gestützt hat. Diese beiden haben NN entdeckt, sitzend bei seinem Nahen, (nämlich) die beiden Ach-Geister, die Herrinnen dieses Landes.*

Das bedeutet: Der erste Kontakt wird durch den mächtigsten Gott im Himmel hergestellt, da dieser am besten gegen eventuell negative Auswirkungen des Kontaktes geschützt ist (auf Erden würde diese Aufgabe dem ranghöchsten Repräsentanten der Gesellschaft, des Dorfes bzw. der Familie zufallen). Seiner Bedeutung entsprechend erscheint Re mit Begleitern, zwei namenlosen halbgöttlichen Wesen. Der eine gießt Wasser, der andere streut Sand vor die Füße des Königs. Damit wird nicht etwa sein Weg gereinigt, sondern eine künstliche Grenze markiert.[26] Das ist deshalb von Bedeutung, weil in traditionellen Gesellschaften jeder Wechsel einer sozialen Kategorie bzw. eines Zustandes auch mit einem räumlichen oder gar örtlichen Wechsel verbunden ist.[27]

An dieser Grenze bzw. Übergangsschwelle zum Himmelsbereich wird der König von zwei weiblichen Schutzgeistern entdeckt. Die *ꜣḫtj* [28] haben hier die Funktion von Wächterinnen, die – wie die ihnen

---

21 H. Granqvist: Birth and Childhood among the Arabs. Helsingfors 1947, 114.

22 J. G. Frazer: Der goldene Zweig. Das Geheimnis von Glauben und Sitten der Völker. Hamburg 1989 (engl. Originalausgabe 1922), 21.

23 H. Ploß u. B. Renz: Das Kind in Sitte und Brauch, Bd. II. Leipzig 1912, 676.

24 Dazu u.a. M. Eliade: Das Heilige und das Profane. Vom Wesen des Religiösen. Frankfurt a. M. 1984, 117 f.

25 Bei der Übersetzung wurde auf Anmerkungen mit Wortdiskussionen und grammatikalische Kommentierungen überwiegend verzichtet, da hier die Inhaltswiedergabe im Vordergrund steht. Für die intensiven Diskussionen anhand der Wörterbuchzettel und Papierabklatsche danke ich Frau Dr. I. Hafemann, Herrn Dr. S. Grunert und Herrn Y. Sabek sehr herzlich.

26 Zu diesem noch 1902 in Nordafrika bei Abreisenden ausgeführten Trennungsritus van Gennep, Übergangsriten, 43.

27 Dazu Van Gennep, Übergangsriten, 184; dort stellt er klar, daß die räumliche Trennung von Gruppen ein Aspekt früher Sozialordnungen ist.

28 Sethe (Übersetzung u. Komm., V, 347 (1425 c) sieht in ihnen die beiden Buto-Schlangen, also Nechbet und Buto, die Schutzgöttinnen der Königsmacht. Ch. Leitz (Lexikon der ägyptischen Götter und Götterbezeichnungen, Bd. 1. OLA 110, Leuven 2002, 48) identifiziert sie hingegen als „Die beiden Glanzaugen", die beim Erscheinen des Re erstrahlen.

nahestehenden „Horizontischen“[29] und die Türschlangen[30] – unerwünschte und vor allem feindlich gesinnte Eindringlinge abwehren.

Alle diese Aussprüche und Handlungssequenzen sind **Trennungsriten**, bei denen der ankommende König seine Absichten und Zugehörigkeitsansprüche erklären muß und eine erste Annäherung stattfindet.

> II. (§ 1426 - § 1427) *„Nut ist erfeut beim Nahen des NN. Der Saum empfing ihn, der an ihrem ꜥḳ-Lendenschurz ist, der unter ihrem nṯśtn-Brustlatz ist.*[31] *Sie aber gebärten (ihn) für sich als NN.*[32] *Das zu ihm gehörige Schlechte löse sich von ihm.“*

Nachdem die Himmelsgöttin den König freudig begrüßt hat, läßt sie ihn durch ihr Kleid kriechen. Die Neugeburt ist eine eindrucksvoll dramatisierte Verdeutlichung, daß er nun ein Adoptivsohn der Nut ist. Dabei erfährt er zugleich eine Umwandlung, eine Initiation, bei der alles Schlechte und Unreine des früheren Lebens von ihm abgestreift wird. Denn nur als erneuertes, reines Wesen kann er zu einem vollberechtigten Mitglied seiner neuen Familie – der Götterfamilie – werden.

Diese **Umwandlungsriten** bilden das Herzstück des Rituals, in der ein Seinswechsel und eine symbolische Wiedergeburt in einer neuen Welt stattfindet.

> III. (§ 1427 - § 1428) *„Selket gibt ihre Hände auf den NN. Sie führt ihre Brust zum Mund des NN. ḏwꜣ-wr schert den NN. Sothis wäscht die Hände des NN.*

Wie ein Neugeborenes wird der adoptierte und transformierte König gestillt, geschoren und gewaschen. Dabei handelt es sich um **Angliederungsriten**, die das „Kind“ in die neue Familie – die Götterfamilie – integrieren. Das Haareschneiden ist zwar eigentlich ein Trennungsritus, der die Ablösung von der alten Welt versinnbildlicht; doch indem die abgeschnittenen Haare den Göttern geopfert werden, findet eine Bindung an die neue Familie und generell an die sakrale Welt statt.[33]

Daß das neugeborene „Kind“ aus den Armen der Adoptivmutter sogleich in die Arme von zwei anderen Göttinnen und eines göttlichen Barbiers wechselt, soll ihm die Akzeptanz und den Rechtsschutz aller Familienmitglieder sichern. Als Zeichen der Anerkennung legt man ihm die Hände auf den Kopf.[34] Die bloße Tatsache des (Neu-) Geborenwerdens bzw. des Adoptiertwerdens genügt also nicht, um vollberechtigtes Mitglied einer (neuen) Familie zu werden.[35]

> (§ 1428) *Seine Wiedergeburt ist heute, ihr Götter. NN kennt seine erste Mutter nicht (mehr), die er (einst) kannte. Nut ist es, die NN geboren hat und ebenso Osiris.“*

Die Wiedergeburt, der Seinswechsel ist vollzogen. Durch das Adoptionsritual hat sich zugleich der Status des Königs verändert: Er steht jetzt in einem sanguinen Kindschaftsverhältnis zur Himmelsgöttin, ist damit seiner Abkunft und Natur nach wahrhaft göttlich, also im sozialen Sinne Mitglied der Götterfamilie. Indem er die Trennung von seiner biologischen Mutter öffentlich erklärt – sie regelrecht verleugnet –, bekräftigt er die Bindung zu seiner göttlichen Adoptivmutter. Durch die Bemerkung, ebenso wie Osiris von Nut geboren worden zu sein, rückt der tote König in eine verwandtschaftliche Nähe zu dem Totengott: er ist nun sein Bruder.

Obgleich die Ritualsequenzen in den Textzeilen nur stichwortartig und unvollständig genannt sind, was die Interpretation und Erschließung der meist komplexen Sinnzusammenhänge erschwert,[36] kann doch folgendes festgehalten werden:

1. Nach Pyramidentext-Spruch 565 läßt sich ein vollständiges, aus mehreren Einzelriten bestehen-

---

29 Leitz , ebenda, 56.

30 S. Schott: Urkunden mythologischen Inhalts, Heft 2: Bücher und Sprüche gegen den Gott Seth. Leipzig 1939, Nr. 20, 110.

31 St. Grunert würde weder in ꜥḳ noch in *nṯśtn* Kleidungsstücke sehen wollen. Als Nominalbildungen von ꜥḳ und *śṯnj* hält er sie für Umschreibungen für „Scheide“ und „Brüste“. Einigkeit besteht aber darin, daß sich ꜥḳ unten und *nṯśtn* oben befindet.

32 Sethe: “Sie beide aber [die Herrinnen des Landes] sehen einen, den sie für sich geboren hätten, in NN ...”; Mercer: "they gave birth, for themselves, to N."; Faulkner: “He whom they have fashioned for themselves is myself ...”; Allen: “when the two of them had given birth to the King NN ...”.

33 Dazu C.-B. Arnst: Nilschlammbälle mit Haaren. Zum Opfer des ersten Haarschnitts, in: ZÄS 133, Heft 2 (2006) (im Druck).

34 H. Bächtold-Stäubli: Handwörterbuch des deutschen Aberglaubens. Berlin/ New York 1987 (Originalausg. 1937), Bd. 1, 196.

35 Ebenda, Bd. 8, 1655 (s. v. Verwandtschaft).

36 Siehe H. Altenmüller: Zur Ritualstruktur der Pyramidentexte, in: ZDMG, Suppl. II (1974), 8 – 17.

des Adoptionsritual rekonstruieren, wie es sicher auch im Alltag praktiziert wurde.

2. Es weist die für Übergangsriten typische dreigliedrige Abfolgeordnung auf, die aus einer Trennungsphase, einer Umwandlungs- und einer Angliederungsphase besteht.

3. Die simulierte Geburt und das nachfolgende rituelle Handauflegen und Stillen sind Umwandlungs- bzw. Binderiten der Kategorie *naturae imitatio*, die biologisch-körperliche Vorgänge anschaulich nachahmen.

Da das rituelle Stillen neben Erwähnungen in den Pyramidentexten[37] vor allem durch zahlreiche bildliche Darstellungen bekannt ist, die Erklärungen aber meist nur auf zwei Bedeutungsebenen abzielen, soll nun dieser Einzelritus etwas genauer betrachtet werden.

Abb. 3: Relieffragment: Eine löwenköpfige Göttin (vermutl. Sachmet) stillt Niuserre. Aus Abusir, Taltempel der Pyramidenanlage des Königs. Altes Reich, 5. Dynastie, ca. 2474 - 2444 v. Chr. Berlin, Ägyptisches Museum und Papyrussammlung, Inv.-Nr. 17911.

2. Rituelles Stillen

Göttinnen, die einen König stillen, sind seit dem Alten Reich in den königlichen Totentempeln sowie in den Mammisi der Spätzeit und der griechisch-römischen Zeit sehr zahlreich dargestellt (s. Abb. 3 bis 5a u. 5b).

Obgleich G. Maspero bereits 1892[38] erkannt hat, daß die stillende Göttin den König damit adoptiert, blieb dieser Aspekt in Fachkreisen weitgehend unbeachtet. Wohl auch deshalb, weil die Beischriften entweder nur den Tatbestand konstatieren – *„Ich habe dich genährt mit meiner Milch... mein leiblicher Sohn..."*[39] – oder die Wirkung der göttlichen Muttermilch aufzählen – *„Ich bin deine Mutter, die deine nfr-w-Gestalt erzeugt hat. Du hast gesaugt von meiner Milch, die eintritt für dich als Leben, Stärke, Verjüngung deiner Glieder und wśr-Stärke deiner beiden Arme."*[40] Aus den Texten und Darstellungen wurde richtig abgeleitet, daß die göttliche Milch 1. die Lebenskräfte stärkt, Genesung, Verjüngung und Regeneration bewirkt sowie gegen Feinde schützt und 2. dem König in allen Etappen seiner Herrschaft zugute kommen soll: nach der Geburt (Geburtslegende), bei der Thronbesteigung und Krönung, bei den Erneuerungsfesten (tägliche und jährliche Erneuerung des Königsamtes, Sedfest) und nach dem Tod – ihn damit zur Ausübung seines Königsamtes befähigen und seine jenseitige Existenz ermöglichen soll.[41]

37 Siehe J. Leclant: Le rôle du lait et de l'allaitement d'après les textes des pyramides, in: JNES 10 (1951), 123 - 127.

38 G. Maspero: Notes au jour le jour, in: Proceedings of the Society of Biblical Archaeology XIV (1891/92), § 23, 308 – 312; ders.: Histoire ancienne des peuples de l'Orient classique, Bd. I. Paris 1985, 263.

39 Urk. IV (5-16), 579 F.

40 A.-Ch. Thiem: Speos von Gebel es-Silsileh. ÄAT 47,1, Wiesbaden 2000, 341 (Nr. 97), s. auch 135.

41 Vgl. W. Seipel, in: LÄ V, 339 (s. v. Säugen). Zum Stillen als Bekräftigung der göttlichen Abkunft des Königs als Voraussetzung für dessen Agieren im Götterkult s. A. Moret: Du charactère religieux de la royauté pharaonique. Paris 1902, 63 - 66, 222. Zum Aspekt des Verjüngens durch göttliche Milch s. E. Feucht: Verjüngung und Wiedergeburt, in: SAK 11 (1984, Fs Helck), bes. 402 – 404. Zum Erlangen der Dominanz über die Feinde durch göttliche Milch s. J. Leclant: Sur un contrepoids de Menat au nom de Taharqa. Allaitement et „apparition" royale, in: BdE 32 (1961), bes. 266 -267.

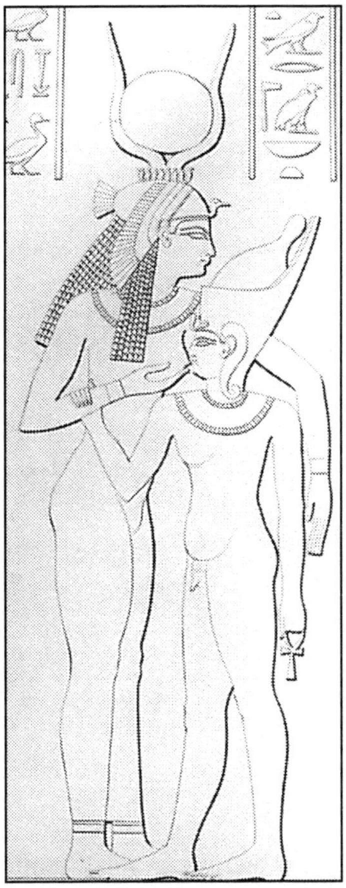

Abb. 5a: Reliefdarstellung: Die Göttin Isis stillt Ptolemaios II. Insel Philae, Isis-Tempel. Ptolemäerzeit, ca. 282 - 246 v. Chr. Lepsius, Denkmäler, IV, Bl. 6 b.

Abb. 5b: Reliefdarstellung: Die Göttin Isis stillt Ptolemaios II. Insel Philae, Isis-Tempel. Ptolemäerzeit, ca. 282 - 246 v. Chr. Fotografien der Nubischen Expedition der Berliner Akademie, Ph.-Nr. 1022.

Abb. 4: Malereifragment: Eine Baumgöttin (Isis) stillt einen König. Aus einem Privatgrab in Theben-West. Neues Reich, 18. Dynastie, um 1400 v. Chr., Berlin, Ägyptisches Museum und Papyrussammlung, Inv.-Nr. 18534.

Der soeben besprochene Pyramidentext-Spruch beweist, daß das rituelle Stillen auch als Teil eines Adoptionsrituals aufgefaßt werden muß. Im Zusammenhang mit dem Königskult ist das Adoptionsritual wiederum Teil eines umfassenden Übergangs- und Initiationsrituals, das bei allen „Etappenfesten"[42] kultisch zelebriert werden mußte. Und zwar deshalb, weil entweder der Status (Königskind → zur Herrschaft legitimierter Gottessohn; Thronfolger → regierender König), der Zustand (müder, altersschwacher König → verjüngter, starker König) oder beides gewechselt wurde (toter König → verklärtes, göttliches Himmelswesen bzw. Amtsnachfolger des Osiris). Diese Wechsel, Übergänge aus einer genau definierten Situation in eine andere, erfordern eine schrittweise Überführung von der profanen, unreinen Welt in die sakrale, reine Welt, was im Ritual

42 Dazu R. Gundlach: Tempelfeste und Etappen der Königsherrschaft in der 18. Dynastie, in: ÄAT 33,2. Wiesbaden 1998, bes. 56 – 58.

häufig als „Sterben" und anschließende „Wiedergeburt" dramatisiert wurde.[43]

Auch das rituelle Stillen läßt sich weltweit nachweisen – in einer Ritenfolge oder separat, als sogenannte Milchadoption. Bei den Tscherkessen im westlichen Kaukasus beispielsweise war das rituelle Stillen fester Bestandteil eines mehrgliedrigen Adoptionsrituals.[44] Die Palästinenser vollzogen die Milchadoption als *pars pro toto,* wenn das zu adoptierende „Kind" schon so groß war, daß es nicht mehr unter dem Kleid der Adoptivmutter hindurchkriechen konnte. Sie schob ihm dann die Brustwarze in den Mund und sagte mit Blick auf die umstehenden Leute: *„Du bist mein Sohn nach dem Buch Gottes. Du hast von meiner Brust gesaugt. Du sollst mein Kind sein, ein Kind unter meinen Kindern!"*[45] Das tatsächliche oder angedeutete Stillen des Adoptivkindes soll eine Blutsverwandtschaft erzeugen, weil nach traditioneller Vorstellung die Muttermilch aus dem Blut der Mutter gebildet wird. In der Konsequenz gelten eine Junge und ein Mädchen, die von der gleichen Frau gestillt worden sind, vielerorts als Blutsverwandte – sie sind Milchgeschwister – und dürfen einander nicht heiraten. Neben der verbindenden und Leben sichernden Kraft, die Blut und Milch gleichermaßen zugeschrieben werden, schafft die Muttermilch im Nebeneffekt ein starke emotionale Bindung. Adoptivmutter und Adoptivkind sind dadurch viel stärker verbunden, als sie es je durch andere kontagiöse Angliederungsriten sein könnten.

Erinnern wir uns noch einmal an die etruskische Spiegeldarstellung, die die Göttin Hera/ Uni beim Stillen von Herakles/ Hercle zeigt (s. Abb. 2). Abgebildet ist nur ein Angliederungsritus – wenn auch der wichtigste. Der Grund ist in der repräsentativen, kultischen Funktion der Darstellung zu suchen: Die Hauptakteure sind keine einfachen Menschen, sondern eine Göttin und ein gottgleicher Held – ebenso wie bei den altägyptischen „Stillszenen", die eine Göttin und einen König zeigen. Ihr Tun ist heilig und muß chiffriert werden, um ihre Verehrungswürdigkeit nicht zu mindern und die sakrale, kosmische Dimension der Handlung deutlich zu machen.

Für uns ist es mitunter recht schwierig, religiöse Symbole zu entziffern und aus „heiligen Realitäten" religiöser Texte profane, alltägliche Handlungen und Rituale abzuleiten. Ethnologische Beschreibungen von Bräuchen und Ritualen in rezenten Kulturen können jedoch bei der Entschlüsselung hilfreich sein.

43 Bereits Leclant, a. a. O., 264, erkannte, daß der Statuswechsel bei der Krönung eine Geburt in ein neues Leben bedeutet, Geborenwerden das Stillen impliziert und alles einem „rituel de passage" entspricht.

44 Ploß/ Renz, Kind, II, 678.

45 Granquist, Birth and Childhood, 114.

„Unter Brüdern!“
Verwandtschaftsbezeichnungen zum Ausdruck hierarchischer Positionen zwischen Herrschern altorientalischer Reiche am Ende des 2. Jahrtausends v.Chr.

MATTHIAS MÜLLER

"An diesem Tag des Gedenkens und der Hoffnung empfangen die Franzosen Sie mehr denn je als Freund. Sie empfangen Sie als Bruder!"
Jacques Chirac zu Gerhard Schröder am 06.06.2004 anläßlich der D-Day-Gedenkfeiern

1. Einleitung

Es dürfte weitgehend bekannt sein, daß die ägyptischen Herrscher des Neuen Reiches mit anderen Herrschern vorderasiatischer Reiche einen mehr oder minder umfangreichen Schriftverkehr pflegten, dessen Überreste unter der Bezeichnung Amarna-Archiv oder Amarna-Korrespondenz bekannt sind (Moran 1992). Hingegen scheint es weniger bekannt, daß ein solcher nicht nur zwischen Ägypten und Vorderasien, sondern auch zwischen den verschiedenen vorderasiatischen Reichen bestand, wie es die in der hethitischen Hauptstadt Hattusa gefundene Korrespondenz der Hethiter zeigt (Hagenbuchner 1989). Aus den diversen unter dem Gesichtspunkt "Genealogie – Fiktion und Realität von Identität" an diesem Korpus interessanten Fragestellungen soll es im Folgenden um ein auf den ersten Blick eher marginales Phänomen gehen, und zwar um die Verwendung von Verwandtschaftstermini zur hierarchischen Selbst- und Fremdverortung zwischen den Herrschern altorientalischer Reiche des ausgehenden zweiten Jahrtausends v. Chr.

Im Hinblick auf die im Text wiederholt auftauchenden akkadischen Verwandtschaftsbezeichnungen scheint es an dieser Stelle angebracht, kurz die Terminologie derselben darzustellen. Im Anschluß an die Darstellungen von Kraus (1973: 242-254) und Wilcke (1985: 219-241) ergibt sich folgendes Schema:

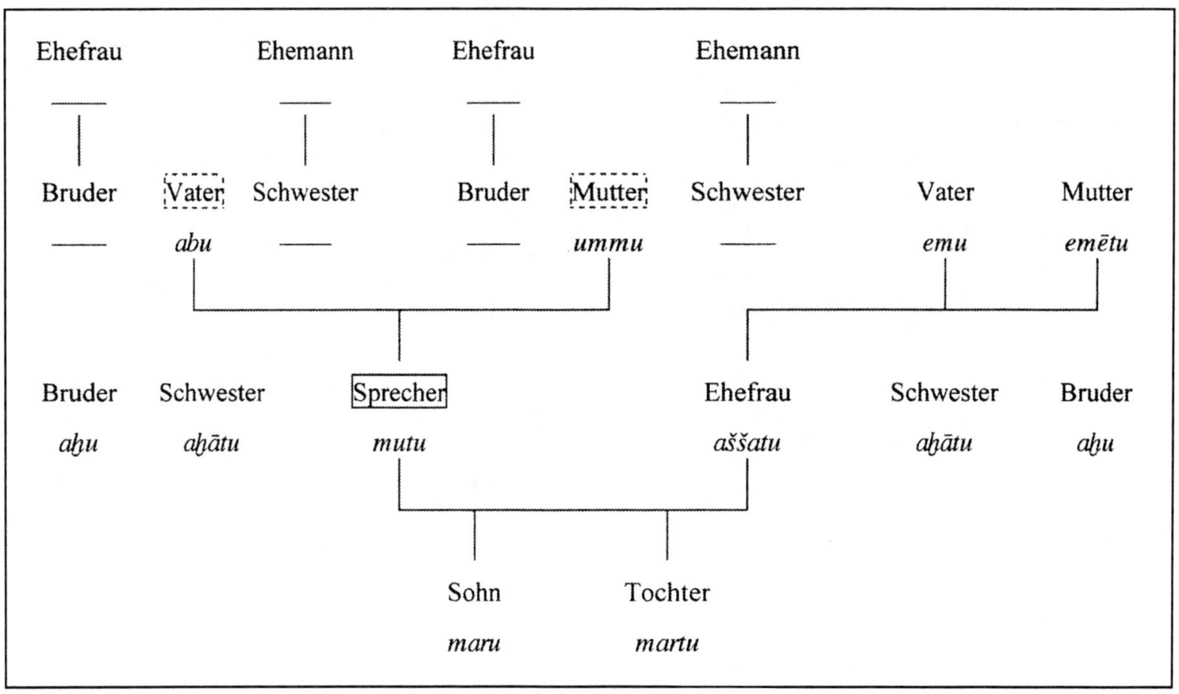

In dem Diagramm ist der Sprecher als *mutu* "Ehemann" verortet. Relationen zu anderen Familienmitgliedern orientieren sich im Diagramm an ihm; d.h. seine Ehefrau wird als *aššatu* bezeichnet, die Kinder der beiden als *maru* "Sohn" bzw. *martu* "Tochter". Sowohl seine als auch die Geschwister seiner Frau werden als *aḫu* "Bruder" respektive *aḫātu* "Schwester" bezeichnet. Auf der Ebene der Vorgängergeneration wird unterschieden in die leiblichen Eltern, *abu* "Vater" und *ummu* "Mutter", und die des Ehepartners, *emu* "Schwiegervater" und *emētu* "Schwiegermutter". Für deren Geschwister sind keine spezifischen Termini belegt; auch diese werden als *aḫu* "Bruder" respektive *aḫātu* "Schwester" des jeweiligen Verwandten bezeichnet.

2. Die Situation innerhalb des Korpus

2.1. Im 14. vorchristlichen Jahrhundert

Hintergrund ist die Beobachtung, daß, sieht man die entsprechenden Korpora durch, gewisse Unterschiede in der Bezeichnung der Absender und Adressaten auffallen. Sehr häufig sind in diesen neben, nur selten statt Pronomen referentielle Nominalphrasen gebraucht.

Beispielsweise fragt der König von Babylon in einem Brief den Pharao:

> *"Hast nicht du Bruderschaft und gute Freundschaft gesucht, als du — damit wir einander näher träten — wegen einer Heirat schriebst? Habe ich nicht doch eben genau deswegen, um Bruderschaft und gute Freundschaft zu erlangen, sowie deswegen, daß wir einander näher träten, wegen einer Heirat geschrieben? Warum hat mein Bruder keine einzige Frau geschickt?"* [1]

Auch in der Adresse werden die Korrespondenzpartner jeweils mit dem Prädikat "mein Bruder" (Adressat) respektive "dein Bruder" (Absender) versehen:

> *"An Napchuri^{c}, den König von Ägypten, meinen Bruder von Burraburias, dem König von Kardunias, deinem Bruder!"* [2]

Auch in Briefen des ägyptischen Hofes an den Herrscher von Babylon wird dieser von Pharao als "Bruder" bezeichnet.[3] Auch hier ist die Brüderschaft zwischen den Herrschern Thema des Schreibens:

> *"'Pflanze zwischen uns eine gute Brüderschaft!' hast du geschrieben! Nun, du und ich sind doch miteinander verbrüdert!"* [4]

Gleiches gilt für die Korrespondenz mit den Königen von Assur, Mitanni, Alasia und Hatti, die ebenfalls als "Bruder" bezeichnet werden.

Dies ist nun kein royales Prerogativ, da es sich ebenfalls in einem Brief des Wesirs von Alasia (Zypern) an den ägyptischen Wesir beobachten läßt. Auch hier wird der gleichrangige Korrespondenzpartner als "Bruder" angesprochen.[5] Auffallend ist immerhin, daß der König von Mitanni in einem Brief an Teje, die Witwe Amenophis III., verwandtschaftliche Termini in der Anrede vermeidet (Adler 1976: 206-211), während er sowohl Amenophis III. (z.B. Adler 1976: 122/123 Z.2 & 4) als auch Amenophis IV. (z.B. Adler 1976: 212/213 Z.1 & 3) immer als Bruder bezeichnet.

Auf einer anderen Ebene verläuft die Kommunikation zwischen Königen und Prinzen. So wird der Pharao in einem Schreiben eines hethitischen Prinzen als "Herr, mein Vater" bezeichnet.

> *"An den Herrn, den König von Ägypten, meinen Vater von Zita, dem Prinzen, deinem Sohn."* [6]
> *"Ich wünsche mir Gold! Mein Vater, schick mir Gold! Was auch immer, der Herr, mein Vater wünscht, schreib mir und ich werde es dir schicken!"* [7]

---

1 EA 4,15-19 (Knudtzon 1915: 72/73): *at-ta ul aḫ-ḫu-ta-a ù ṭa-bu-ta tu-bi-ʾi-i-ma / ki-i a-na a-ḫa-mi-iš ki-ri-bi-ni a-na a-ḫu-za-ti ta-aš-pu-ra / ù a-na-ku aš-šum an-ni-ti-im-ma a-na aḫ-ḫu-ti ù ṭa-bu-ti / aš-šum a-na a-ḫa-mi-iš ki-ri-bi-ni a-na a-ḫu-za-ti [a]š-pu-ra-ak-ku /* ŠEŠ-*ia* 1 SAL *am-mi-ni la ú-še-bi-la.* S. a. Moran 1992: 8-10.

2 EA 8,1-4 (Knudtzon 1915: 84/85): *[a-n]a Na-ap-ḫu-ʾ-ru-ri-[ia] /* LUGAL ^{KUR}*Mi-iṣ-ri-i* ŠEŠ-*ia q[í-bí-ma] / um-ma Bur-ra-bu-ri-ia-aš* LUGAL ^{KUR}*Ka-ra[-du-ni-ia-aš] /* ŠEŠ-*ka-ma.* S. a. Moran 1992: 16/17.

3 EA 1,1-3 (Knudtzon 1915: 60/61): *[a-n]a* ^{p}*Ka-dá-aš-ma-an-*EN.LÍL LUGAL ^{KUR}*Ka-ra-*^{d}*du-n[i]-še /* ŠEŠ-*ia qí-bí-ma um-ma* ^{p}*Ni-ib-mu-a-ri-a* LUGAL.GAL / LUGAL ^{KUR}*Mi-is-ri-i*^{KI} ŠEŠ-*ka-ma*. S. a. Moran 1992: 1-5.

4 EA 1,64-66 (Knudtzon 1915: 64/65): *ap-pu-na-ma šu-ku-un aḫ-ḫu-ut-ti* DÙG.GA-*ti i-na be-ri-nu / ša ta-aš-pu-ra an-nu-tum a-wa-tí-ka a-nu-um-ma at-ḫa-nu / a-na-ku ù at-ta ki-la-li-nu.* S. a. Moran 1992: 1-5.

5 Z.B. EA 40,21-23 (Cochavi-Rainey 2003: 38-42): *[ù a]t-ta* ŠEŠ-*ia mi-n[u]-u[m-me] / [š]a te-ri-iš-šu ki-ma [li-bi-ka] / ù a-na-ku i-dì-na-ak-[ku]* "Und du mein Bruder, was immer du dir wünscht, werde ich dir geben!"

6 EA 44,1-4 (Knudtzon 1915: 306/307): *a-na be-lí* LUGAL $^{KUR.URU}$ *Mi-iṣ-ri-[i] / a-bi-ia qí-bí-ma / um-ma* ^{p}*Zi-i-ta* DUMU.LUGAL / DUMU-*ka-ma.* S. a. Moran 1992: 117.

Zur Brüderlichkeit gehören naturgemäß auch Bekundungen gegenseitiger Freundschaft: So heißt es in einem Brief des Königs von Babylon an Amenophis IV:

"Mein Bruder und ich haben uns gegenseitig unserer Freundschaft versichert mit den Worten: ‚So, wie unsere Väter miteinander befreundet waren, so werden auch wir befreundet sein!'" [8]

Die Aufrechterhaltung der mit dem Vorgänger gepflegten, guten Beziehungen wird auch in anderen Briefen thematisiert. So zitiert Tusratta, der König von Mitanni, aus einem Brief der Teje, der Witwe Amenophis III., deren Wunsch, er möge das freundschaftliche Verhältnis, das er zu Amenophis III. unterhielt, mit dessen Sohn Amenophis IV./Echnaton fortsetzen, so wie Amenophis III. das freundschaftliche Verhältnis zum Vater Tusrattas mit diesem fortsetzte:

"Mimmu^{c}ari^{c}, mein Gatte, hat zu deinem Vater freundschaftliche Beziehungen unterhalten und sie dir gegenüber bewahrt, denn er hatte die Freundschaft zu deinem Vater nicht vergessen und die Gesandtschaften, die er zu schicken pflegte, nicht unterbrochen! Nun sollst du deine Freundschaft zu Mimmu^{c}ari^{c}, deinem Bruder, nicht vergessen! Vergrößere und bewahre sie mit Napchuri^{c}!" [9]

Diesem steht Tusratta positiv gegenüber:

"Nie werde ich die Freundschaft zu Mimmu^{c}ari^{c}, deinem Gatten, vergessen! Mehr als je zuvor, in diesem Augenblick, zeige ich zehnmal soviel, ja über alle Maßen, Freundschaft zu Napchuri^{c}, deinem Sohn!" [10]

allerdings nur, um sich dann über den Undank des neuen Herrschers zu beschweren, der statt echter Gold- nur vergoldete Holzstatuen schickte!

Im Referenzrahmen der gegenseitigen Beziehungen werden jedoch nicht nur personengebundene Bezeichnungen gebraucht. Beispielsweise schreibt der assyrische König Assur-uballit an den Pharao:

"Wenn du echte Freundschaft intendierst, schick mir viel Gold! Und da dies dein Haus ist, schreib mir, und was du begehrst, wird man dir schicken!" [11]

Die Referenz auf "das Haus" ist im antiken Orient häufiger gebraucht, verwiesen sei nur auf das Haus Davids.

In den Briefen abhängiger Herrscher an den Hof Pharaos benutzen diese für Pharao Bezeichnungen wie "Herr" oder "Gebieter", während sie auf sich selbst hingegen mit *ardu* "Diener", *epru ša šēpē-ka* "der Staub deiner Füße", *guzi (ša) sisê* "der Stallknecht deiner Pferde" oder gar *kalbu* "Hund" referieren. Als Beispiel mag eine häufiger gebrauchte Huldigungsformel (Hagenbuchner 1989: I 56 58) dienen, hier dem Brief des Abdi-Asirti, des Herrschers von Amurru, entnommen:

"An den König, die Sonne, meinen Herrn, von Abdi-Asirti, deinem Diener, dem Staub deiner Füße. Ich warf mich je siebenmal vor den Füßen des Königs nieder. Siehe, ich bin ein Diener des Königs, ein Hund seines Hauses und bewache das ganze Land Amurru für den König, meinen Herrn." [12]

In einem anderen Brief wird das siebenmalige Niederwerfen noch expliziert

"An den König, meinen Herrn von Abdi-Astarte, dem Diener des Königs Zu Fußen des Königs

7 EA 44,25-29 (Knudtzon 1915: 308/309): *ù a-n[a]-ku* [K]Ù.GI *ḫa-aš-ḫa-ku / ù a-bu-[i]a* KÙ.GI *šu-bi-la / ù mi-nu-um-me-e be-lí a-bi-ia / ḫa-aš-ḫa-tá šu-up-ra-ma ú-[š]e-bal-ak-ku.* S. a. Moran 1992: 117.

8 EA 8,8-13 (Knudtzon 1915: 86/87): *a-na-ku ù* ŠEŠ*-ia it-ti a-ḫa-mi-iš / ṭa-bu-ta ni-id-da-bu-ub / ù an-ni-ta ni-iq-ta-bi / um-ma-a ki-i ab-bu-ni it-ti a-ḫa-mi-iš ṭa-a-bu / ni-i-nu lu ṭa-ba-nu.* S. a. Moran 1992: 16/17.

9 EA 26,21-27 (Adler 1976: 206-209; Korrekturen nach Moran 1992: 84-86): ^{p}*M[i-im-]mu-ri-ia mu-ti it-ti a-bi-i-k[a] / ir-[t]a-na-ʾ-am-me ù ak-ka-a-ša it-ta-ṣa-ar-k[a] / ù it-ti a-bi-i-ka ra-aʾ-mu-ut-ta-šu la im-š[e] / ù [ḫ]ar-ra-na ša il-ta-na-ap-pa-ru la ip-r[u-us] / ù i-n[a]-an-na at-ta it-ti* ^{p}*Mi-im-mu-[ri-ia]* / ŠEŠ*-ka [r]a-aʾ-mu-ut-ka la ta-ma-aš-ši i[t-ti] /* ^{p}*Na-ap-ḫur-ri-[i]a ru-ub-bi ù ú-ṣú-ur-šu.*

10 EA 26,30-33 (Adler 1976: 208 209 Korrekturen nach Moran 1992: 84-86): *it-ti* ^{p}*Mi-im-mu* [illegible] *ma-ut-[ta la] / a-⌈ma-aš-ši⌉* UGU *ša pa-n[a-a]-nu* [illegible] *Na-ap-ḫur-ri-i[a* DUMU-]*ka a-na 10-šu / dan* [illegible]

11 EA 16,32-34 (Knudtzon 1915 128 129 [illegible] *ta-bu-ut-ta pa-nu-ka da-am-qí-iš /* KÙ.[G]I [illegible] *šu-up-ra-am-ma ša ḫa-aš-ḫa-ta li-il-qu-u* S. a. Moran 1992 38 41.

12 EA 60,1-9 (Izre'el 1991: II 7 8 [illegible] *um-ma* ^{p}ÌR-^{d}*Aš-ra-tum /* ÌR*-ka4* [illegible] LUGAL EN*-ia / 7-šu ù 7-šu am-qut* [illegible] *ša* É*-šu ù /* ^{KUR}*A-mur-ri gáb-ba-* [illegible] *-ar-šu.* S. a. Moran 1992: 131-133.

warf ich mich siebenmal nieder und noch weitere sieben Mal, sowohl auf den Bauch als auch auf den Rücken." [13]

Der Herrscher von Qatna wiederum versichert Pharao:

"O Herr, ich bin dein Diener hier! Ich suche den Weg zu meinem Herrn und weiche nicht von meinem Herrn ab." [14]

Und so heißt es denn auch an anderer Stelle:

"All diese Könige sind meines Herrn Diener!" [15]

Wie aus diesen Beispielen hervorgehen dürfte, haben wir ein gruppenabhängig ausdifferenziertes System vor uns, in dem Korrespondenten ein und derselben sozialen Gruppe Verwandtschaftsbezeichnungen wie "Bruder", "Schwester" oder "Vater" benutzen, während Korrespondenten, die hierarchisch unterschiedlichen sozialen Gruppen angehören, ein System von Abhängigkeitsbezeichnungen, wie "Herr" oder "Diener" verwenden.

2.2. Im 13. vorchristlichen Jahrhundert

Ein Jahrhundert später bietet sich ein ähnliches Bild: In den Briefen, die zwischen dem Hof Ramses II. und dem hethitischen Hof Hattusilis III. ausgetauscht werden, bezeichnen beide Korrespondenzpartner den jeweils anderen als ihren Bruder und referieren auf sich als "dein Bruder". Beispielhaft sei auch hier aus den einleitenden Grußformeln zitiert:

"Mir, deinem Bruder, geht es sehr gut! ... Möge es auch dir, mein Bruder, sehr gut gehen!" [16]

Ja, Ramses zitiert in einem Brief an Hattusili diesen gar mit den Worten:

"Haben du und ich nicht Brüderschaft geschlossen, als wären wir von einem Vater und als wären wir von einer Mutter, und als wohnten wir in einem Land!" [17]

An anderer Stelle differenziert Ramses in Bezug auf Hattusili zwischen sich selbst als dessen Bruder und Hattusilis leiblichen Bruder Muwatalli als dessen dortigem Bruder! Offenbar werden die Geschwister des verbrüderten Königs nicht automatisch in den "neuen Familienverband" integriert, da z.B. Ramses in dem bekannten Brief über die Möglichkeiten einer Schwangerschaft der fünfzig- oder sechzigjährigen Schwester Hattusilis diese nie als "meine Schwester" sondern immer nur als "deine Schwester" bezeichnet (Edel 1994: I 178-181).

Das Motiv der familiären Verbundenheit erscheint auch im Text des Friedensvertrages zwischen Ramses und Hattusili. Sowohl in der akkadischen als auch in der ägyptischen Fassung wird betont, daß die gemeinsame Brüderschaft und der gemeinsame Frieden vollkommener sind als die jeweils frühere Brüderschaft respektive Frieden.[18] Auch anderen Herrschern gegenüber wird das gute Verhältnis zwischen Ramses und Hattusili betont. So versichert Ramses dem König des Landes Mira:

"Siehe, es ist ein vollkommenes Verhältnis der Brüderschaft und des Friedens, in dem ich mich mit dem Großkönig und König von Hatti, meinem Bruder, befinde. Ich verbleibe auf ewig darin!" [19]

---

13 EA 64,1-7 (Knudtzon 1915: 354/355): *a-na* ${}^{\text{I}}$LUGAL-*ri* EN-*ia / qí-bí-ma / um-ma* ${}^{\text{I}}$ÌR-${}^{\text{d}}$INNIN ÌR LUGAL-*ri / a-na* 1 GÌR${}^{\text{ḪÁ}}$ LUGAL-*ri* EN-*ia / ma-aq-ti-ti 7 {*GÌR${}^{\text{ḪÁ}}$ LUGAL EN-*ia} / ù 7 mi-la an-na / ù ka-ba-tu-ma ù zu-uḫ-ru-ma.* S. a. Moran 1992: 135/6.

14 EA 55,4-6 (Knudtzon 1915: 332/333): *be-lí i-na aš-ri an-ni-im a-na-ku šu-ú-tú /* ${}^{\text{LÚ}}$ÌR-*ka a-na [š]a be-lí-ia* ${}^{\text{SILA}}$*ur-ḫu ub-ta-e / iš-tu ša be-lí-[i]a la a-baṭ-ṭár-me.* S. a. Moran 1992: 127/8.

15 EA 53,43/44 (Knudtzon 1915: 326/327): *an-nu-ut-ti / gab-bá* LUGAL${}^{\text{MEŠ}}$ *a-na ša be-lí-ia* ${}^{\text{LÚ}}$ÌR${}^{\text{MEŠ}}$-*m[a].* S. a. Moran 1992: 125/6.

16 ÄHK 76,4 & 7 (Edel 1994: I 180): *a-na ia-ši* ŠEŠ-*ka šul-mu dan-níš ... / a-na ka[-a-ša* Š]EŠ-*ia lu-ú šul-mu dan-níš.*

17 ÄHK 32,20-22' (Edel 1994: I 86): *ul at-ta ù a-na-ku* [ŠEŠ-*ḫu-*ut-*ta] ni-pu-uš ù ki-i ša 1-e[n-ma] / a-bu ni-i-nu ù a-k[i-i ša 1-]en-et-ma* ${}^{\text{SAL}}$AMA.SAL *ni-i-nu ù ni-i-[nu] / ki-i-ma i-na* KUR 1-*en[-et-m]a aš-ba-a-ni.*

18 Akkadische Fassung nach Textzeuge A Vs.17/18: (Edel 1997: 6) *[a-mur ni-]i-nu ni-{in}-ip-pu-uš* ŠE[Š]-*ut-ni ù [sal-a]m-a-ni ù* SIG$_5$ UGU ŠEŠ-*ti ù sa-la-mi ša pa-na-nu / ša* ${}^{\text{KUR}}$*M[i-iṣ-ri-i ù* ${}^{\text{KU}}$]${}^{\text{R}}$Ḫa-at-ti "Und so schaffen wir vollkommenere Brüderschaft und vollkommeneren Frieden als den früheren Frieden und die frühere Brüderschaft Ägyptens und Hattis!". Hieroglyphische Fassung in Karnak Z.11 (Edel 1997: 25*/26*): *ptr=j ḥr ḫpr jrm (R^{c}-ms-sw Mri̯-Jmn) pꜣ ḥqꜣ ꜥꜣ n Km.t jw n[fr pꜣ sḫr n* pꜣy=n] ḥ[t]p pꜣy[=n] sn[sn] jw nfr sw r pꜣ ḥtp r pꜣ snsn ḥꜣw.tj wn m pꜣ tꜣ* "Siehe, ich bin verbündet mit Ri^{c}masesa Majaman, dem großen Herrscher Ägyptens, wobei der Zustand unseres Friedens und unserer Brüderschaft vollkommen, ja sogar noch besser ist, als die frühere Brüderschaft und der frühere Frieden, die im Land existierten!"

19 ÄHK 28,R22-24' (Edel 1994: I 76): *a-mur ṭe$_4$-mu* SI[G$_5$-*qú ša* ŠEŠ-*ut-ti] / ù sa-la-mi ša a-na-ku i-na* ŠÀ-*šu it-ti* LUGAL.G[AL LUGAL

Gleiches gilt für die Königinnen, naturgemäß mit der Anpassung des Genus. In Briefen an die Gemahlin Hattusilis nennt Ramses diese: "Puduchepa, meine Schwester", und sich selbst ihren Bruder.[20] Auch in einem Brief der Nefertari, der Gemahlin Ramses', an Puduchepa heißt es in der Grußformel:

"Mir, deiner Schwester, geht es gut! Meinem Land geht es gut! Möge es auch dir, meiner Schwester, gut gehen! Möge es auch deinem Land gut gehen!"[21]

Im Fortlauf des Briefes versichert sie ihr, mit ihr ebenso verbrüdert und in Frieden zu sein, wie ihre Männer es sind.[22]

Wie in den bereits erwähnten Texten des vorhergehenden Jahrhunderts wird in Schreiben von ägyptischen respektive hethitischen Prinzen an den jeweils anderen König der Herrscher als "mein Vater" angesprochen, während sich der jeweilige Prinz als "dein Sohn" bezeichnet. Exemplarisch sei hier aus einem Brief des ägyptischen Prinzen Sutachapschaf an Hattusili anläßlich des Abschlusses des Friedensvertrages zitiert:

"Der Großkönig und König von Hatti hat mir geschrieben, um seinen Sohn zu grüßen, und ich habe mich sehr darüber gefreut, daß mein Vater mir geschrieben hat, um mich zu grüßen!"[23]

Parallel dazu ist die Verwendung in Briefen eines der Könige an einen Prinzen, wie in dem Brief Ramses' an einen hethitischen Prinzen:

"Ramses, der Großkönig und König von Ägypten, an Kannuta, meinen Sohn. Der Großkönig und König von Ägypten, dein Vater, hat den Brief gesehen, den du ihm geschickt hast. Es ist sehr schön, daß du dem König, deinem Vater, von deiner Lage und deinem Wohlergehen geschrieben hast!"[24]

Ein weiteres Beispiel findet sich in der Grußformel eines anderen Briefes:

"Dir, meinem Sohn, möge es gut gehen, dem Sohne des Großkönigs und Königs von Hatti, meines Bruders!"[25]

Die Mutter des ägyptischen Herrschers, Tuja, bezeichnet sich in ihren Schreiben an Hattusili respektive Puduchepa als "Schwester" der Adressaten, statt – wie man vielleicht erwarten mag – als deren "Mutter".[26]

Auch innerhalb dieses Korpus' findet sich das System mit den Abhängigkeitsbezeichnungen Herr versus Diener. In einem Brief des Wesirs Pasjara und weiterer hoher Beamter des pharaonischen Hofes werden sowohl der hethitische König als auch Pharao jeweils als "unser Herr"[27] bezeichnet. In einem Brief vom Hofe Merenptahs an den König von Ugarit heißt es:

"Deine Väter waren in der Tat Diener des Königs, des vollkommenen Sohnes des Sonnengottes!

---

^{KUR}*Ḫa-at-ti* ŠEŠ-*ia*] / *a-na-ku kán-na i-na* ŠÀ-*šu a-di da-ri-ti.* Zur von Edel abweichenden Übersetzung und Identifikation als Interferenz ägyptischer Cleftsentencemuster s. Müller 2003: §17.2.2.2.

20 Z.B. ÄHK 43,3-4 (Edel 1994: I 106): *a-na* ^{f}*Pu-du-ḫé-pa* SAL.LUGAL.GAL-*tu₄ ša* ^{KUR}*Ḫa-at-ti* NIN-*ia qí-bí-ma* / *a-nu-ma* ^{p}*Ri-a-ma-še-ša ma-a-i-*^{d}*A-ma-na* LUGAL.GAL LUGAL ^{KUR}*Mi-iṣ-ri-i* / ŠEŠ-*ki šul-mu* "An Puduchepa, die Großkönigin von Hatti, meine Schwester! Nun, Ri^{c}masesa Majaman, dem Großkönig und König von Ägypten, deinem Bruder, geht es gut!" et passim.

21 ÄHK 12,3-5 (Edel 1994: I 40): *a-na ia-ši a-ḫa-ti-ki šu-ul-mu a-na* KUR-*ia šul-mu* / *a-na ka-a-ši a-ḫa-ti-ia lu-ú šul-mu* / *a-na* KUR-*ti-ki lu-ú šul-mu.*

22 ÄHK 12,17-19 (Edel 1994: I 40): *ù sa-al-ma-a-ku* / *ù aḫ-ḫa-a-ku it-ti-ki* ^{SAL}*a-ḫa-ti-ia* / *a-na-ku kán*^{an}*-na-ma* "und so bin auch ich mit dir in Frieden und verbrüdert!"

23 ÄHK 9,^{V}11-16 (Edel 1994: I 34): *a-nu-ma* LUGAL.GAL LUGAL ^{KUR}*Ḫa-at-ti a-bu-ia* / *il-tap-ra a-na ia-ši a-na ša-a-li* / *šu-ul-ma ša* DUMU-*šu ù a-na-ku* / *aḫ-tá-di dan-níš dan-níš* / *ki-i a-bu-ia il-tap-ra a-na ia-ši* / *a-na ša-a-li šu-ul-ma.* Bei der Verwendung von √*š'l šulma* "jmd. grüßen" (lit. "nach dem Wohlergehen fragen") dürfte eine pragmatische Interferenz des ägyptischen *nḏ-ḫr.t* "jmd. grüßen" (lit. "nach dem Wohlergehen fragen") vorliegen.

24 ÄHK 14,^{V}1-9 (Edel 1994: I 42): [*um-m*]*a* ^{m}*Ri-a-ma-š*[*e-š*]*a ma-a-i* / [^{d}]*A-ma-na* LUGAL.GAL LUGAL [^{K}]^{UR}*Mi-iṣ-ri-i* / [*a-n*]*a* ^{p}*Ka-an-nu-ta* DUMU-*ia qí-bí-ma* / [*a-*]*nu-ma* LUGAL.GAL LUGAL ^{KUR}*Mi-iṣ-ri-i* / [*a*]*-bu-ka i-ta-mar ṭup-pa-ka* / *ša at-ta tù-še-bi-la* SIG$_5$ *dan-níš* / [*k*]*i-i at-ta ta-aš-pu-ra* / [*a*]*-na* LUGAL *a-bi-ka* UGU *ṭe₄-mi-ka* / *ù* UGU *šu-ul-mi-i-ka.*

25 ÄHK 17,7/8 (Edel 1994: I 46): [*a-n*]*a ka-a-ša* DUMU-*ia lu-ú šul-mu* / DUMU *ša* LUGAL.GAL LUGAL $^{K[UR}$*Ḫa*]*-at-ti* ŠEŠ-*i*[*a*].

26 ÄHK 10 und 11 (Edel 1994: I 36-39), s. ÄHK 11,5 (Edel 1994: I 38): [*a-n*]*a ia-ši* ^{SAL}*a-ḫa-at-ki* / [*šul-mu*].

27 Vgl. z.B. ÄHK 8,3/4 (Edel 1994: I 32): [*a-na*] ^{p}*Ḫa-at-tu-š*[*i-li* LUGAL.GAL LUGAL ^{KUR}*Ḫa-at-ti*] / [*b*]*e-li-ni qí-b*[*í-ma*] "[an] Hattusi[li, den Großkönig und König von Hatti], unseren [He]rrn" bezogen auf Hattusili mit ÄHK 8,16/17 (Edel 1994: I 32): *be-li-ni it-ti* ^{m}[*Ḫa-at-tu-ši-li*] / LUGAL.GAL LUGAL ^{KUR}*Ḫa-at*[*-ti* "... unseres Herrn mit [Hattusili], dem Großkönig und König von Hatti" bezogen auf Ramses.

Auch du bist, gleich ihnen, ein Diener des Königs, des vollkommenen Sohnes des Sonnengottes!"[28]

Auf die Differenzierung zwischen dem Familien- und dem Abhängigkeitsmodell wurde offenbar Wert gelegt. So werfen die Briefpartner sich einander des öfteren vor, nicht in brüderlichem Tonfall miteinander zu korrespondieren, sondern einander wie Diener zu behandeln. Ramses zitiert in einem Brief an Hattusili auch dessen Vorwurf an ihn: "Und siehe, du gibst die Brüderschaft Ägyptens heute auf!",[29] während er in einem Parallelbrief an Puduchepa, die Gemahlin Hattusilis, versichert:

"Ich bin mit dem König von Hatti, meinem Bruder, auf ewig in Frieden und verbrüdert in meinem Verhältnis. Ich habe mein Verhältnis zu ihm nicht geändert."[30]

Schlußendlich scheint dies auch die familiäre Gegenseite zu überzeugen, so daß Ramses aus einem Brief der hethitischen Königin zitieren kann:

"Jetzt war ich sicher, daß der König von Ägypten den Großkönig und König von Hatti, seinen Bruder, liebt!"[31]

Ramses bestätigt dies mit den Worten:

"Nun, ich liebte meinen Bruder schon früher, als Mutalli, sein dortiger Bruder, ihn nicht mehr liebte! Was mich angeht — mein Herz wünscht jedes gute Vorhaben immer wieder für meinen Bruder und meine Schwester in die Tat umzusetzen und ich werde nicht aufhören, meinen Bruder und meine Schwester für immer zu lieben!"[32]

Auch in der Korrespondenz der Hethiter mit anderen Großreichen des Nahen Ostens wurden die Korrespondenzpartner als "Bruder" bezeichnet. In einem Brief Hattusilis wird zuerst der verstorbene Vater des babylonischen Königs, dann der regierende König als "mein Bruder" bezeichnet (Hagenbuchner 1989: II #204).

Aber auch, oder vielleicht gerade Könige mögen jedoch nicht mit jedem verwandt sein, wie das Schreiben eines hethitischen Herrschers an den König von Assur demonstriert:

"Ein Großkönig bist du also geworden! Was sprichst du aber ständig von Bruderschaft ...? Was soll das, Bruderschaft? Weshalb sollte ich dir von Bruderschaft schreiben? Wer schreibt einem anderen ständig von Bruderschaft? Weshalb sollte ich dir von Bruderschaft schreiben? Pflegen diejenigen, die nicht befreundet sind, sich von Bruderschaft zu schreiben? Sind du und ich denn in einer Mutter gezeugt? So, wie mein Großvater und mein Vater dem König von Assur nichts von Bruderschaft schrieben, sollst auch du mir nichts davon schreiben!"[33]

Später heißt man jedoch auch den assyrischen König unter den "Brüdern" willkommen!

Und wie in allen Familien klappt es auch in der imperialen Welt nicht immer sofort mit der Verständigung, wie aus einem Schreiben des hethitischen Königs Hattusili an Kadasman-Enlil, den König von Babylon hervorgeht:

"Damals, als wir, dein Vater und ich, freundschaftliche Beziehungen begannen und wir zu guten Brüdern wurden, da wurden wir nicht nach einem Tag zu guten Brüdern!"[34]

---

28 RS 88.2158 (Lackenbacher 1995): AB.BA.E^{MEŠ}-*[ka]* / ÌR^{MEŠ} *ša* LUGAL [DUMU SIG$_5$ ^{d}UTU-*a*] *ki-i ki-it-ti / at-ta-ma* ÌR *ša* LUGAL DUMU SIG$_5$ ^{d}UTU-*a ki-i ša-a-šu-nu.*

29 ÄHK 32,^{V}23/4' (Edel 1994: I 86): *ù [a-m]ur at-ta t[u]-maš-šar* ŠEŠ-*ḫu-ut-ta ša* ^{KUR}*Mi-iṣ-ri-i i-na UD-mi / an-ni-i.*

30 ÄHK 33,^{R}4-7 (Edel 1994: I 90): *ša-al-ma-ku* ŠEŠ-*ḫa-ku it-ti* LUGAL ^{KUR}*Ḫa-at-t[i]* / ŠEŠ-*ia i-na ṭe$_4$-mi-ia gi-na-a gi-na-a a-na-[ku] / ul e-pu-uš ṭe$_4$-mi-ia i-na ša-ni ṭe$_4$-[mi] / it-ti-šu.*

31 ÄHK 46,^{V}31/2 (Edel 1994: I 118): *i-ni-in-na a-na-ku aq-ti-ip / um-ma-a* LUGAL ^{KUR}*Mi-iṣ-ri-i i-ra-a-am* LUGAL.GAL LUGAL ^{KUR}*Ḫa-at-ti* ŠEŠ-*šu.*

32 ÄHK 46,^{V}34-37 (Edel 1994: I 118)*: a-nu-ma a-na-ku a-ra-am* ŠEŠ-*ia ul-tu pa-na-nu ki-i* ^{P}*Mu-ta-al-l[i]* / ŠEŠ-*šu an-ni-ka-nu ul i-na-an-na i-ra-am-šu a-na-ku* ŠÀ *ḫa-ši-i[ḫ] / a-na it-te-en$_6$-pu-uš gab-bi ṭe$_4$-mi* SIG$_5$ *a-na* ŠEŠ-*ia ù a-na* NIN-*[ia] / ù a-na-ku ul ú-né-ek-ki-ir a-na ra-a-am* ŠEŠ-*ia ù* NIN-*ia a-d[i da-ri-ti].* NB: Für Edels Ergänzung [ŠEŠ-*šu aš-ra-nu*] hinter dem Namen Muwatallis reicht der Platz auf der Tafel nicht aus.

33 KUB XXIII 102,4-18 (Hagenbuchner 1989 II 260-264): *nu-za* LUGAL.GAL */ ki-iš-ta-at* ŠEŠ-*UT*-[illegible] *ku it nam-ma me-mi-iš-ki-ši / ku-it-ta-at* ŠEŠ-*UT-TA* [illegible] *me-mi-ni ḫa-at-ra-a-mi /* ŠEŠ-*tar ku-iš ku-e-da* [illegible] *nu-kán Ú-UL a-aš-ši-ia-an-te-eš ku-i-e-eš / nu* [illegible] *ḫa-at-ri-eš-ki-iz-zi / [t]u-uk-ma* ŠEŠ-*tar ku-ua-at-ta* [illegible] *za-kán am-mu-uq-qa / 1-e-da-ni* AMA-*ni ḫa* [illegible] *A-BI-IA-ma A-BI-IA-ia* GIM-*an A-NA* LUGAL KUR [illegible] ŠEŠ-*UT-TA*] *Ú-UL ḫa-at-ri-eš-kir zi-iq-qa-mu /* [ŠEŠ [illegible] *UT-TA-ia li-e ḫa-at-ri-eš-ki-ši.*

34 KBo I 10 + KUB III 72,^{V}7/8 (Hagenbuchner 1989 II 281): *[u]n-du a-bu-ka ù a-na-ku at-te-ru-ta* [illegible] *a-bu-ti ni-tu-ru / [a-n]a* ŠEŠ^{MEŠ} E[GIR] UD 1 KAM [illegible]

Auch danach scheint das Verhältnis gewissen Belastungen ausgesetzt gewesen zu sein, wie das Zitat einer Antwort eines babylonischen Beamten in eben jenem Brief demonstriert, der dem hethitischen König vorwarf: "Du schreibst uns nicht auf brüderliche Art, sondern überprüfst uns wie Diener!",[35] was dieser naturgemäß weit von sich weist.

In der Korrespondenz mit von ihnen abhängigen Königen wird einerseits die Relation "Vater"-"Sohn", andererseits das Modell "Herr" versus "Diener" bemüht. Mit Königen von kleineren, aber offenbar halbwegs eigenständigen Reichen wird im Rahmen des ersten Modells kommuniziert. Beispielsweise tituliert der König des Mitanni-Reiches den hethitischen König als "mein Vater", während er sich als "sein Sohn" verortet (Hagenbuchner 1989: II #210-213). Gleiches findet sich in den Briefen des Königs von Zypern (Hagenbuchner 1989: II #214). In der Kommunikation mit Herrschern direkt abhängiger Territorien kommt das zweite, das Herr-Diener-Modell zur Anwendung (e.g. Hagenbuchner 1989: II #260-267).

Die Herrscher Ugarits hingegen benutzten bei hierarchisch über ihnen angesiedelten Herrschern für diese die Bezeichnung "mein Vater" und bezeichnen sich selbst als "Sohn" des Adressaten. Auch bei sozial gleichrangigen, aber älteren Adressaten wird der Ausdruck "Vater" benutzt, jedoch ohne die Eigenbezeichnung "Sohn". Im Gegensatz zu Ugaritisch geschriebenen Texten, in denen das Herrscherpaar als "Vater" bzw. "Mutter" des Absenders bezeichnet wird (Cunchillos 1999: 362), wird der König in den Akkadisch geschriebenen Texten als "Herr" angeredet (z.B. Huehnergard 1999: 377).

3. Pragmatischer Hintergrund

Soweit dieser kurze Überblick über die anzutreffenden Phänomene. Wollte man die Texte nach diesen Verwendungen kategorisieren, ließen sich diese zwei Gruppen zuordnen. In den Texten des Subkorpus A verwenden die Absender Verwandtschaftstermini, in Subkorpus B hingegen Bezeichnungen wie Herr und Diener zur Selbst- respektive Adressatenreferenz.

Hier könnte man nun die Frage stellen, ob es sich bei diesen pragmatischen Phänomenen, d.h. dem Verwandtschafts- versus dem Abhängigkeitsmodell, um eine Eigenheit des diplomatischen Jargons handelt. Oder ob es schlichtweg Verwendungen innerhalb einer arealtypischen Pragmatik der Textsorte "Brief" sind.

Vorwegnehmend läßt sich sagen, daß es sich um letzteres handeln dürfte. In den jeweiligen Kulturkreisen des antiken Nahen Ostens finden sich ähnliche Verwendungssituationen: Schrieb zum Beispiel in Ägypten (Wente 1990: 11/12) eine hierarchisch niedrigere Person an eine Höhere, so vermied erstere die Verwendung von Personalpronomen in der Selbstreferenz und wich auf den Ausdruck *bꜣk jm* "der Diener da" aus. Auf den Adressaten wurde entweder per Titel respektive Name oder mit *nb=j* "mein Herr" referiert. Kommunizierten zwei hierarchisch gleichrangige Personen miteinander, wurde zur Selbstreferenz des Absender der Ausdruck "dein Bruder da" verwandt. Der Adressat wurde als *sš=k jm* "dein Schreiber"[36] bezeichnet bzw. auf ihn auch einfach per Pronomen referiert. Schrieb eine hierarchisch höhere Person an unter ihr stehende Mitglieder der Gesellschaft, wurden allein Pronomen benutzt.

Dieses System ändert sich im zweiten Jahrtausends vor Christus, so daß ab dieser Zeit fast ausschließlich referentielle Pronomenverwendungen zu beobachten sind.[37] Allein in Bezug auf den Adressaten lassen sich Verwendungen von *nb* "Herr" bei hierarchisch höher verorteten Kommunikationspartnern feststellen. Weitere Bezeichnungen sind nur noch in den Grußformeln am Anfang eines Briefes vorzufinden, wie beispielsweise in folgendem Brief aus der 18. Dynastie:

> *"Teti grüßt seinen von ihm geliebten Bruder und Lieblingsfreund, den Schreiber Ahmose"*[38]

35 KBo I 10 + KUB III 72,^{V}23/24 (Hagenbuchner 1989: II 282): *ki-i aḫ-ḫu-ti / ú-ul ta-šap-pa-ra-an-na-ši ki-i* ÌR^{MEŠ} *tu-sa-an-na-qa-an-na-ši.*

36 Z.B. in pBerlin 8869 aus dem Alten Reich (Smither 1942: 17).

37 Der Verzicht auf referentielle Nominalphrasen als eine Form statusmotivierter Pronomenvermeidung ist zuerst bei gleichrangigen Kommunikationspartnern zu beobachten, da z.B. in den Briefen aus Illahun von diesen allein Pronomen benutzt werden (abgesehen von Einleitungsformeln), während in vertikalen Kommunikationssituationen nach oben weiterhin *bꜣk jm* "der Diener da" verwandt wird, vgl. Collier & Quirke 2002.

38 pLouvre 3230,1/2 (Peet 1926: pl. XVII): *Ttj ḥr nḏ-ḫr.t sn=f mrr=f ḫnms=f n ḫr.t-jb=f, sš Jꜥḥ-ms*. Ähnlich auch in einem Text aus der 19. Dynastie (pLeiden I 360, 1), in dem es heißt: *sḏm.w Mr-sw-jt ḥr s:wḏꜣ-jb n nb.t=f šmꜥy.t n Js.t Tl* "Der Diener Majsejate an seine Herrin, die Sängerin der Isis Tal" (Bakir 1970, pl. 9).

oder einem Brief aus der 19. Dynastie

"[...] grüßt seinen Bruder, den Wedelträger Achpe."[39]

In den zitierten Texten wird im Brieftext selbst per Pronomen auf die Adressaten referiert.

Parallel dazu stellt sich die Situation in Mesopotamien dar. Sallaberger (1999) konnte für ein Textkorpus aus der ersten Hälfte des zweiten vorchristlichen Jahrtausends feststellen, daß die Teilnehmer an einer vertikalen Kommunikationssituation nach oben Bezeichnungen wie *bēli* "mein Herr" *šāpiri* "mein Gebieter" oder die Bezeichnung *awīlum* "Herr" plus etwaige Titel benutzten. Für sich selbst benutzten sie hingegen "dein Diener" oder ähnliches. Dabei ist die Reihung der Adressatenansprache, also "mein Herr", "mein Gebieter" und "Herr", deszendent in Bezug auf den Rangfaktor, jedoch aszendent im Hinblick auf die soziale Entfernung. Daß heißt, die Verwendung von "mein Herr" und "mein Gebieter" markiert die Zugehörigkeit zu einer institutionalen Gruppe, während die Verwendung von "Herr X" offenbar auf Personen außerhalb der eigenen Gruppen beschränkt ist.

Für gleichrangige Briefpartner verwandte man Bezeichnungen wie "mein Bruder" respektive "meine Schwester". Diese wurden sowohl für den Adressaten als auch den Absender benutzt. Für hierarchische Differenz bei sozialer Nähe wird auf die Relation Eltern–Nachkommen ausgewichen, d.h. der Adressat bzw. die Adressatin als "mein Vater" oder "meine Mutter" tituliert.

Bei einer vertikalen Kommunikationssituation von oben nach unten wurden wiederum pronominale Referenzen eingesetzt.

Auch die Verwendung der Bezeichnung *bītu* "Haus" in Bezug auf gemeinsame Verbindungen zwischen Briefpartnern hat in Mesopotamien ihre Vorläufer. So heißt es in einem Text aus der ersten Hälfte des zweiten Jahrtausends vor Christus von den Städten Uruk und Babylon, daß sie ein Haus wären. Und genauso ihre Herrscher.[40] Ebenso sind die Städte Larsa und Eschnunna "ein Haus",[41] wie auch der Herrscher von Qatna in Syrien dem assyrischen König Isme-Dagan versichert:

"Dieses Haus ist dein Haus! Was fehlt in deinem Haus? Erfüllt ein Bruder nicht dem anderen einen Wunsch?"[42]

Und Hammurapi von Babylon wird in einem Brief aus Mari mit den Worten zitiert:

"Seit jeher und für alle Zeit sind Mari und Babylon ein Haus und ein Finger, die nicht getrennt werden können!"[43]

Derartige Verwendungen finden sich denn auch in privater Korrespondenz. Die Semantik des Wortes "Haus" schließt in vielen Fällen offenbar auch unser "Familie" ein, so daß sich hier eine Anbindung an die Verwendung von Verwandtschaftsbezeichnungen ergibt.

Zwar scheint die Pragmatik hethitischer Epistolographie in erster Linie pronominale Referenz in der 2. Person vorzuschreiben (Hagenbuchner 1989: 148), doch finden sich auch hier Verwendungen von "Bruder", "Vater" oder "Sohn", mitunter erweitert in der Form "guter Bruder" oder "guter Sohn". Diese werden aber anscheinend immer appositionell neben Formen der 2. Person benutzt, sowohl im Singular als auch im Plural.

Ähnliche Verwendungen sind auch aus den in Ugarit gefundenen Briefen zu erheben (Cunchillos 1999, Huehnergard 1999).

4. Zusammenfassung

Die Korrespondenten auf internationaler Ebene bedienen sich somit eines Systems, das arealtypisch zu sein scheint und damit geeignet war, auf die Bedürfnisse der internationalen Korrespondenz

39 pCG 58056,1 (Bakir 1970: pl.4): [zerstört] *Ptḥ ḥr nḏ-ḫr.t n sn=f ṯ3y-sry ꜥḫ-pt*

40 Brief des Königs Annam von Uruk an Sinmuballit von Babylon (Falkenstein 1963: 56,II,1/2) *an-na* UNUG^{KI} *ù* K[À.DINGIR.R]A$^{[KI]}$ / *bi-tum iš-te-en-ma* "Ja, Uruk und Babylon sind ein Haus und ..." bzw. (Falkenstein 1963: 58,25) *iš-tu* LUGAL-*ri* UNUG^{KI} *ù* KÀ.DINGIR.RA^{KI} *bi-tum iš-te-en-ma* "Seit die Könige von Uruk und Babylon ein Haus sind, ..."

41 TIM I 26,^{R}16 (al-Zeebari 1964: 72/73): UD.UNUG^{KI} *ù Èš-n[un-n]a*^{KI} *bi-tum iš-te-en* "Larsa und Eschnunna sind ein Haus!"

42 ARMT V 20,25-28 (Dossin 1952: 36 & Durand 1997: 403-405): *É an-nu-ú-um É-ka / i-na É-ka mi-nu-um ḫa-ṭì / a-ḫu-um a-na a-ḫi-im / e-ri-iš-t[a]-a-am ú-ul i-na-ad-di-in.*

43 ARM XXVI 449,14-16 (= AEM I/2, Lackenbacher 1988: 365 mit Korrektur nach Moran 1992: XXV Anm. 61): *iš-tu pa-na a-na wa-ar-ka a-lum Ma-ri*^{KI} *ù* KÁ.DINGIR.RA^{KI} / É-*tum iš-te-en ù ú-ba-nu-um iš-te-et ša a-na na-*ab-tu-qí-im / la i-r[e-e]d-du-ú.*

übertragen zu werden, da es den jeweiligen Kommunikationspartnern aus ihrem eigenen soziokulturellen Umfeld bekannt war. Obschon diese Systeme zum Teil in der eigenen Kultur ersetzt wurden, wie in Ägypten, haben sie sich innerhalb der Pragmatik der lingua franca der internationalen Korrespondenz erhalten bzw. sich dort als eigenständiges System etabliert.

Ohne dies an dieser Stelle weiter verfolgen zu können, läßt sich die Frage stellen, wie es zu der Erweiterung der Verwandtschaftsbezeichnungen kam. Als mögliche Hypothese ließe sich überlegen, daß die Familie als eine Art typisches Rollenmodell verallgemeinert wurde. So könnte das Muster "Geschwister" als prototypisch für soziale Gleichheit angesehen worden sein. Die Anwendung der Eltern-Kinder-Relation wäre dann eine Verwendung innerhalb dieses Musters. Verlagert sich die Interaktion in den Bereich der sozialen Gruppe mit stärker vertikalen Strukturen, so wird mit der "Herr-Diener"-Relation auf vorhandene Dependenzmuster ausgewichen.

Bibliographie

Adler, Hans-Peter 1976: *Das Akkadische des Königs Tušratta von Mitanni, Alter Orient & Altes Testament 201, Kevelaer: Butzon & Bercker; Neukirchen-Vluyn: Neukirchner Verlag.*

Bakir, Abd el-Mohsen 1970. *Egyptian Epistolography from the Eighteenth to the Twenty-First Dynasty, Bibliothèque d'Études 48, Le Caire: Institut français d'archéologie orientale du Caire.*

Cochavi-Rainey, Zipora 2003. *The Alashia Texts from the 14th & 13th Centuries BCE, A Textual & Linguistic Study, Alter Orient & Altes Testament 289, Münster: Ugarit-Verlag.*

Collier, Mark & Quirke, Stephen 2002. *The UCL Lahun Papyri: Letters, BAR International Series 1083, Oxford: Archaeopress.*

Cunchillos, Jesús-Luis 1999. *"The Ugaritic Letters", in: Watson & Wyatt 1999: 359-374.*

Dossin, Georges 1952. *Correspondance de Iasmaḫ-Addu, Archives Royales de Mari V, Paris: Imprimerie Nationale.*

Durand, Jean-Marie 1997. *Documents épistolaires du Palais de Mari I, Littératures Anciennes du Proche-Orient 16, Paris: Les Éditions du Cerf.*

Edel, Elmar 1994. *Die ägyptisch-hethitische Korrespondenz aus Boghazköi in babylonischer & hethtischer Sprache, Band I: Umschriften & Übersetzungen, Band II: Kommentar, Abhandlungen der Rheinisch-Westfälischen Akademie der Wissenschaften, 77, Opladen: Westdeutscher Verlag.*

Edel, Elmar 1997. *Der Vertrag zwischen Ramses II. von Ägypten & Hattušili III. von Hatti, 95. Wissenschaftliche Veröffentlichung der Deutschen Orientgesellschaft, Berlin: Gebrüder Mann Verlag.*

Falkenstein, Adam 1963. *"Zu den Inschriftenfunden der Grabung Uruk–Warka 1960—1961", Baghdader Mitteilungen 2: 1-82.*

Hagenbuchner, Albertine 1989. *Die Korrespondenz der Hethiter, 1. Teil: Die Briefe unter ihren kulturellen, sprachlichen & thematischen Gesichtspunkten, Texte der Hethiter 15, 2. Teil: Die Briefe mit Transkription, Übersetzung & Kommentar, Texte der Hethiter 16, Heidelberg: Carl Winter Universitätsverlag.*

Huehnergard, John 1999. *The Akkadian Letters, in Watson & Wyatt 1999: 375-389.*

Izre'el, Shlomo 1991. *Amurru Akkadian: A Linguistic Study, With an Appendix on the History of Amurru by Itamar Singer, 2 Bde, Harvard Semitic Studies 40/41, Atlanta/GA: Scholars Press.*

Knudtzon, Jørgen Alexander 1915. *Die El-Amarna-Tafeln, Mit Einleitung & Erläuterungen, Vorderasiatische Bibliothek 2, 2 Teile. Leipzig: Hinrichs.*

Kraus, Fritz Rudolf 1973: *Vom mesopotamischen Menschen der altbabylonischen Zeit & seiner Welt, Eine Reihe Vorlesungen, Mededelingen der Koninklijke Nederlandse Akademie van Wetenschappen, Afd. Letterkunde, Nieuwe Reeks, Deel 36 – No. 6, Amsterdam/ London: North-Holland Publishing Company.*

Lackenbacher, Sylvie 1988. *"Les lettres de* Yanṣib-Addu*", in: Dominique Charpin, Francis Joannès, Sylvie Lackenbacher & Bertrand Lafont, Archives épistolaires du Mari I/2, Archives Royales de Mari XXVI, Paris: Editions Recherche sur les Civilisations, 359-370.*

Lackenbacher, Sylvie 1995. *"La correspondence entre l'administration du pharaon Merneptah & le roi d'Ougarit", In: Margueritte Yon, Maurice Sznycer & Pierre Bordreuil (eds.), Le pays d'Ougarit autour de 1200 av. J.-C., Actes du colloque international de Paris, 28 juin — 1er juillet 1993, Ras-Shamra–Ougarit XI, Paris: Editions Recherche sur les Civilisations, 77-83.*

Moran, William L. 1992. *The Amarna Letters, Edited & Translated, Baltimore & London: The Johns Hopkins University Press.*

Müller, Matthias 2003. *Akkadisch in Keilschrifttexten aus Ägypten, Deskriptive Grammatik einer Interlanguage des späten zweiten vorchristlichen Jahrtausends, Diss. Göttingen.*

Peet, Thomas Eric 1926. *"Two Eighteenth Dynasty Letters, Papyrus Louvre 3220", The Journal of Egyptian Archaeology 12: 70-74.*

Sallaberger, Walther 1999. *"Wenn Du mein Bruder bist, ...", Interaktion & Textgestaltung in altbabylonischen Alltagsbriefen, Cuneiform Monographs 16, Groningen: Styx Publications.*

Smither, Paul Cecil 1942. *"An Old Kingdom Letter Concerning the Crimes of Count Sabni", The Journal of Egyptian Archaeology 28: 16-19.*

Watson, Wilfred G.E. & Wyatt, Nicolas 1999. *Handbook of Ugaritic Studies, Handbuch der Orientalistik I/39, Leiden/ Boston/ Köln: Brill.*

Wente, Edward Frank 1990. *Letters from Ancient Egypt, Society Of Biblical Writing Literature, Writings from the Ancient World, Vol. I, Atlanta/GA: Scholars Press.*

Wilcke, Claus 1985. *"Familiengründung im alten Babylonien", in: Geschlechtsreife & Legitimation zur Zeugung, hrsg. von Ernst Wilhelm Müller, Veröffentlichungen des "Instituts für Historische Anthropologie e.V." 3 (= Kindheit Jugend Familie I), Freiburg& München: Karl Alber, 213-317.*

al-Zeebari, Akram 1964. *Altbabylonische Briefe des Iraq-Museums, Dissertation Münster.*

Die Genealogien Jesu im Evangelium des Matthäus und Lukas

MARTIN STOWASSER

1. Einleitung

Genealogien sind ein weit verbreitetes Phänomen im Altertum,[1] das auch in der alttestamentlichen wie frühjüdischen Überlieferung seine Spuren hinterlassen hat.[2] Das Alte Testament enthält ca. 25 Genealogien unterschiedlicher Komplexität, was den hohen Stellenwert dieser Form von Geschichtsschreibung für das alte Israel belegt.[3] Ihre Bedeutung ist vielfältig: Alttestamentliche Genealogien überbrücken Zeiträume, für die keine Quellen existieren. So kann eine Verbindung hergestellt werden zwischen den Patriarchen und Adam in der mythischen Ursprungszeit des Paradieses (vgl. Gen 5,1ff.; 11,1ff.).[4] Genealogien strukturieren auch Zeiträume nach idealtypischen Gesichtspunkten, wenn der Chronist zwölf Priester vom Exodus bis zu Salomos Tempelbau zählt und danach wieder zwölf bis zum Exil (vgl. 1 Chr 5,27-36.37-41). Stammbäume ordnen fremde Stämme und Völker einander zu und schaffen so Vernetzung, die entweder reale Beziehungen abbildet oder ideale zur Vorgabe macht. Davon zeugen die Völkertafel im Buch Genesis (vgl. Gen 10,6-32), die Stammbäume der Ismaeliter (Gen 25,12-18) oder Edomiter (Gen 36), aber auch die konkurrierenden Stammbäume des Zwölfstämmevolkes (Gen 29,31-30,24; 35,16-20).[5] Genealogien im Alten Testament legitimieren Ansprüche von Priestern (vgl. Num 26,57-62) und Königen (vgl. 1 Chr 2,3-17) oder unterstreichen die Bedeutung einer einzelnen Person (1 Sam 1,1; Sach 1,1).

Im Alten Testament gewinnen Genealogien durch Sekundärnutzung, die sie ihrer konkreten ursprünglichen Bedeutung entkleiden, auch eine literarische Bedeutung. Sie übernehmen die Funktion der Gliederung von Büchern und werden damit Teil übergeordneter Erzählkonzepte. So verwendet die sogenannte Priesterschrift, eine Quelle, die später in die Tora, die wichtigen ersten fünf Bücher der hebräischen Bibel, integriert wurde, ältere Genealogien für ein geschichtstheologisches Konzept: Israels Geschichte von Erwählung und Segen durch Jahwe wird mit Adam beginnend über die Stammväter Israels vererbt und bis zum israelitischen Priestertum fortgeschrieben, das in diesem Konzept als das eigentliche Ziel dieses göttlichen Erwählungsvorganges in der Geschichte dargestellt wird.[6]

Die Genealogien Jesu im Neuen Testament nehmen in unterschiedlichem Ausmaß an diesem eklektisch skizzierten Erbe Israels Teil, wobei spezifische Akzente sichtbar werden. Dem ist im folgenden nachzugehen.

2. Die Genealogien Jesu im Evangelium des Matthäus und Lukas

Das Neue Testament überliefert im Matthäusevangelium (= MtEv) sowie im Lukasevangelium (= LkEv) zwei Genealogien der Abstammung Jesu (Mt 1,1-17; Lk 3,23-38), deren Inhalt allerdings über weite Strecken nicht übereinstimmt.[7] Bereits in der Antike setzten Versuche ein, sie zu harmonisieren und als historisch korrekt zu erweisen, doch gelten diese heute als obsolet. Die durch Julius Africanus im ausgehenden 2. Jh. n. Chr. vorgeschlagene Lösung, Matthäus beschreibe die biologische Abstammung (und verwende deshalb γεννάω), Lukas hingegen die juridische, womit das alttestamentliche Rechtsinstitut der Leviratsehe gemeint ist,[8] interessiert nur noch unter wissenschaftsgeschichtlichem Aspekt.[9] Lukas

1 Vgl. Speyer, Genealogie.

2 Vgl. dazu Johnson, Purpose 3-138; Wilson, Genealogy.

3 Vgl. Wilson Genealogy 930.

4 Die Abkürzungen für die biblischen Bücher erfolgen nach den "Loccumer Richtlinien" und entsprechen denen in gängigen deutschsprachigen Bibelausgaben.

5 Vgl. Wilson, Genealogy 932.

6 Vgl. Wilson, Genealogy 932.

7 Vgl. die synoptische Gegenüberstellung am Ende des Beitrages, welche der Patmos-Synopse entnommen ist.

8 Um die Erbfolge und damit den Grundbesitz zu sichern, sollte ein Mann seinem kinderlos gebliebenen verstorbenen Bruder mit dessen Frau Nachkommen zeugen.

9 Zu den Details der altkirchlichen Argumentation vgl. die Darstellung bei Bovon, LkEv I 188.

kennzeichnet zwar durch Lk 3,23b Josef als gesetzlichen Vater Jesu, um einen Ausgleich mit der geistgewirkten Geburt des Kindes (vgl. Lk 1,35f.) zu schaffen, er liefert aber weder innerhalb der Genealogie noch in deren Kontext einen Hinweis, dass an eine Leviratsehe gedacht ist.[10] Die historische Skepsis wird durch die moderne Namensforschung unterstützt, da einzelne Namen des lukanischen Stammbaumes in Israel vorexilisch, also vor dem 6. Jh. v. Chr., nicht als Personennamen verwendet wurden (so die Namen der Patriarchen Juda, Simeon, Levi, aber auch Josef und Jesus), sondern erst in der Zeit der Ptolemäer und Römer, also ca. ab dem 3. Jh. v. Chr., zunehmend in Gebrauch kamen.[11] Dieser Sachverhalt erweist die jesuanischen Genealogien zwingend als Kunstprodukte späterer Zeit, die nicht in jene Epochen hinabreichen, die sie abzudecken beanspruchen.

Damit stellt sich die Frage nach der Herkunft dieser ganz oder teilweise fiktiven Genealogien, die jedoch nur kurz gestreift werden soll. Das Verhältnis von Tradition und Redaktion der Genealogien ist seit langem diskutiert und bleibt doch in beiden Fällen kontrovers.[12] Für manche Teile der Genealogien lassen sich Vorlagen im Alten Testament aufweisen, die Pate standen, in anderen Passagen begegnen Namen, die zwar verstreut irgendwo im Alten Testament vorkommen, jedoch nirgends in einem genealogischen Zusammenhang stehen. Auch dieser Befund belegt letztlich den fiktiven Charakter der jesuanischen Genealogien sowie ihre literarische Genese.

In den Vordergrund rücken wir die synchrone Betrachtung der matthäischen (= mt) und lukanischen (= lk) Genealogie Jesu, die nach dem genaueren Zweck ihrer Verwendung sowie ihrer durchaus mehrschichtigen Bedeutung fragt. Dies erfordert es, ihre jeweils konkrete Gestalt und erzähltechnische Einordnung ins Gesamtwerk zu untersuchen.

10 Abgesehen von ihrem apologetischen Zweck besitzt die angeführte altkirchliche Auslegung ihren sachlichen Ausgangspunkt darin, dass der lk Josef – anders als der mt – die ebenfalls mögliche Voraussetzung für eine juridische Vaterschaft durch Namensgebung nicht erfüllt bzw. die lk Maria dazu den Auftrag erhält (vgl. Lk 1,31), diesen dann in der Erzählung jedoch ebenfalls nicht explizit ausführt. Lukas war es offenbar nur darum zu tun, die biologische Vaterschaft Josefs auszuschließen, nicht aber eine sachgemäße Erklärung für die Alltagswirklichkeit zu bieten.

11 Vgl. Jeremias, Jerusalem 330f.; Johnson, Purpose 229f.

12 Vgl. die Diskussion in neueren Kommentaren, wie Luz, MtEv I 130f.; Radl, LkEV I 214f.

2.1. Die matthäische Genealogie

Der mt Stammbaum (Mt 1,1-17) und damit das gesamte Buch des Matthäus beginnt mit dem Satz: "Buch der Geschichte / Urkunde der Abstammung[13] Jesu Christi, (des) Sohnes Davids, (des) Sohnes Abrahams". Diese Überschrift beinhaltet zumindest drei Aussagen: Das bereits zum Namen[14] gewordene "Jesus Christus" dokumentiert den urchristlichen Anspruch, dass Jesus von Nazaret der Messias Israels ist. Dieser Messias wird mit zwei weiteren Ehrennamen näher charakterisiert, die in der Genealogie auch als Vorfahren nochmals genannt sind: "Sohn Davids" und "Sohn Abrahams".

2.1.1. Jesus, der "Sohn Davids"

Die auf diese Überschrift folgende Genealogie versucht zunächst deutlich erkennbar, Jesu Abstammung von König David zu belegen und damit eine wichtige Voraussetzung für den im Namen ausgedrückten Anspruch zu schaffen, er sei der endzeitliche Messiaskönig Israels. Der besonders wichtige Bezug zu König David und der damit mitschwingenden Erwartung wird im Text dadurch erkennbar, dass nur David das Epitheton "der König" trägt (V. 6).

Jesus wird also in die Linie des Hauses Davids eingeschrieben, das die judäischen Könige bis zum babylonischen Exil (586 v. Chr.) stellte. Da Jahwe, der Gott Israels, diesem Königshaus eine ewige Herrschaft zugesagt hatte (vgl. 2 Sam 7,12f.), entstand in nachexilischer Zeit, in der Israel keine Eigenstaatlichkeit mehr erlangte und auch keine Restauration des davidischen Königshauses stattfand, die Hoffnung auf eine solche am Ende der Zeiten.

In seinem Buch kommt Matthäus noch öfter auf Jesus als den "Sohn Davids" zurück (vgl. Mt 9,27; 15,22; 20,30f. u.ö), was den titularen Charakter des Ausdrucks verdeutlicht. Allerdings definiert Matthäus dabei den traditionellen Erwartungshorizont an den königlichen Messias Israels radikal um: Das Element der politischen Befreiung von der Fremdherrschaft (der Römer) und der Restauration eines nationalen Königtums ersetzt er durch ein gänzlich

13 Zur Mehrdeutigkeit dieses Beginns vgl. z. B. die unterschiedlichen Positionen von Frankenmölle, MtEv I 128-130; Gnilka, MtEv I 7f.

14 Bei streng titularem Gebrauch setzt Matthäus vor χριστός den Artikel: vgl. Mt 1,17. Die unmittelbar anschließende Verwendung als Name in Mt 1,18 (ohne Artikel: Ἰησοῦ Χριστοῦ) zeigt jedoch, dass es sich für den Evangelisten um einen "sprechenden Namen" handelt.

anderes Bild. Denn der mt "Sohn Davids" kümmert sich um die Kranken und Armen (Mt 9,27-30; vgl. 8,17) und reitet als Friedenskönig, der Gewaltverzicht fordert, in Jerusalem ein (Mt 21,5.9; vgl. 5,38ff.).

Am Ende der Genealogie gerät das traditionelle Konzept, mittels einer Genealogie Jesus als "Sohn Davids" und damit als Messias zu erweisen, allerdings in Konflikt mit der bereits entwickelteren theologischen Vorstellung einer Zeugung Jesu durch Gottes Geist. In V. 16 wird deshalb die stereotype Formel "A zeugte B" fallengelassen und durch Verwendung eines Passivs, das Gottes Handeln umschreibt,[15] sowie die Erwähnung von Jesu Mutter Josef als Vater dezidiert ausgeschlossen.

Von V. 16 aus betrachtet, erscheint die beigebrachte Genealogie zunächst ihren Zweck zu verfehlen, da Josef nicht der leibliche Vater Jesu sein soll und daher die Rückführung auf David nicht gelingt. Erst die nachfolgende Erzählung (Mt 1,18-25) vermag den Widerspruch aufzulösen, dass der Davidide Josef zwar nicht der leibliche Vater Jesu ist, diesem aber dennoch die (messianisch legitimierende) Davidsohnschaft sichert. Josef, der deshalb in 1,20 nochmals betont als "Sohn Davids" angesprochen wird, gibt Jesus den Namen und akzeptiert ihn so als seinen legitimen Nachkommen. Durch diese gesetzliche Vaterschaft Josefs erfüllt die mt Genealogie also doch noch ihren legitimierenden Zweck.

Das für die biblische Tradition wichtige genealogische Denken erweist sich also einerseits als verbindliche Vorgabe, um mit der Davidsohnschaft den Anspruch Jesu auf die Messiaswürde zu sichern, andererseits entpuppt sich das genealogische Denken im klassischen Sinn als zu enges Korsett für neue theologische Entwürfe.

Der Hebräerbrief, eine frühchristliche Schrift aus dem ausgehenden 1. Jh. n. Chr., wird daraus die Konsequenz ziehen und Jesu Würde als Hoherpriester der Endzeit bewusst mit der Gestalt des Hohenpriesters Melchisedek in Verbindung bringen, der keinen Vater und keine Mutter hatte und keinen Stammbaum besaß. Mit Formulierungen, die an den Berliner Ptah-Hymnus[16] erinnern, wird Jesus bewusst aus dem menschlichen in den göttlichen Bereich verschoben (vgl. Hebr 7,8.23).[17]

<u>Hebr 6,20-7,3:</u> *...dorthin ist Jesus für uns als unser Vorläufer hineingegangen, er, der nach der Ordnung Melchisedeks Hoherpriester ist auf ewig. Dieser Melchisedek, König von Salem und Priester des höchsten Gottes; er, der dem Abraham, als dieser nach dem Sieg über die Könige zurückkam, entgegenging und ihn segnete 2 und welchem Abraham den Zehnten von allem gab; er, dessen Name "König der Gerechtigkeit" bedeutet und der auch König von Salem ist, das heißt "König des Friedens"; 3 er, der ohne Vater, ohne Mutter und ohne Stammbaum (ἀγενεαλόγητος) ist, ohne Anfang seiner Tage und ohne Ende seines Lebens, ein Abbild des Sohnes Gottes: dieser Melchisedek bleibt Priester für immer.*

2.1.2. Jesus, der "Sohn Abrahams"

Anders als "Sohn Davids" greift Matthäus die Bezeichnung "Sohn Abrahams", die für Jesus unstrittig und für jeden Juden selbstverständlich war, in der weiteren Erzählung nicht mehr explizit auf. Ihre auffällige Erwähnung im Stammbaum sowie ihre exponierte Stellung zu Beginn in V. 1 erklären sich am ehesten aus der universalen Heilsverheißung für alle Völker in Gen 12,3 (vgl. Gen 18,18; 22,18), die sich durch Abraham und seine Nachkommen in Israel[18] erfüllen soll.

<u>Gen 12,3:</u> *Ich will segnen, die dich segnen; wer dich verwünscht, den will ich verfluchen. Durch dich sollen alle Geschlechter der Erde Segen erlangen.*

Der Name Abraham bedeutet "Vater der Völker". In der späteren rabbinischen Tradition gilt Abraham dann auch als Vater der Proselyten.[19] Der jüdische Philosoph Philo v. Alexandrien wirbt heidnische Gottesfürchtige unter anderem mit dem Argument, dass Abraham, der Urahne Israels, mit dem Gott die besondere Geschichte Israels begonnen hat, als Heide aus Heiden berufen wurde (vgl. Virt. 212-219).[20] Mit Abraham verbindet sich also der Gedanke vom

15 Vgl. Gnilka, MtEv I 11.

16 Zur Einordnung des Papyrus in die 22. Dynastie und seinem weit älteren Inhalt vgl. Wolf, Ptah-Hymnus 26; zu den Beziehungen zum biblischen Text Speyer, Genealogie 1236.

17 Vgl. Gräßer, Hebräer 21.

18 Die spezielle Erwählung Israels wird im folgenden über Isaak und Jakob entwickelt, denn nicht alle Nachkommen Abrahams gehören zum Bundesvolk Israel. Die Linie der Genealogie führt über Isaak, wobei Ismael und seine Nachkommenschaft ausgeschlossen bleiben, und Jakob, wobei Esaus Nachkommen unberücksichtig sind (vgl. Gen 21,12; 25,23). Vgl. Gnilka, MtEv I 8. – Wenn in der mt Genealogie von den zwölf Söhnen Jakobs der Blick sogleich auf Juda und damit nicht den Erstgeborenen gelenkt wird (V. 2b), steuert sie bereits auf König David zu.

19 Vgl. Strack-Billerbeck III 211.

20 Vgl. den Hinweis bei Speyer, Genealogie 1212.

Segen für alle Völker. Die Abrahamsohnschaft verleiht dem Stammbaum somit einen "universalistischen Unterton".[21] Jesus hat als Messias nicht nur Bedeutung für Israel, sondern für die gesamte Menschheit.

Der Hinweis auf Jesus als "Sohn Abrahams" erlaubt zusätzlich einen Blick auf die literarische Dimension der mt Genealogie. Die ersten beiden Kapitel des MtEv, in denen von der Herkunft, Geburt und dem Schicksal des neugeborenen Jesus erzählt wird, erfüllen für Matthäus die Funktion eines Proömiums. Wichtige Themen des Buches klingen bereits an. Die Öffnung des auserwählten Volkes Israel für die Heiden und damit des Heils für alle Menschen ist ein solcher zentraler Gedanke. Er leuchtet in der Genealogie erstmals mit der betonten Abrahamsohnschaft Jesu auf und bildet nach Art einer Inklusion den Ausblick in der Schlussszene des Buches, wenn der Auferstandene seinen Jüngern den universalen Missionsbefehl erteilt (vgl. Mt 28,19f.).[22]

Dieses Basisthema des MtEv, die Integration der Heiden ins auserwählte Gottesvolk Israel, wird durch eine Besonderheit in der Genealogie[23] bereits rudimentär zur Darstellung gebracht. Der grundsätzlich patrilinear verlaufende Stammbaum erwähnt auch vier Frauen: Tamar (V. 3), Rachab (V. 5a), Rut (V. 5b) und "die (Frau) des Uria", also Batseba (V. 6b). Die Erwähnung dieser vier Frauen ist besonders auffällig, weil nicht die großen Frauengestalten der Geschichte Israels genannt werden, wie Sara, Rebekka oder Rahel.[24] Das Auswahlkriterium besteht am ehesten darin, dass alle vier Frauen Nichtjüdinnen, also Heidinnen sind: Tamar gilt als Aramäerin,[25] Rut ist Moabiterin, Rachab ist Kanaanäerin aus Jericho; Batsebas Abstammung ist zwar unbekannt, sie wird jedoch vielleicht gerade deshalb nicht mit ihrem eigenen Namen angeführt, sondern durch den ihres Mannes, Uria, bezeichnet, der Hethiter war.

In den Frauennamen entfaltet Matthäus das Motiv der Abrahamsohnschaft Jesu aus V. 1 und präludiert damit das Motiv des universalen Heilswillens des Gottes Israels, der sich in der Endzeit durch die Aufnahme der Heiden ins Gottesvolk realisiert. Mit den Heidinnen im Stammbaum des Messias Jesus will Matthäus zeigen, dass dies kein neuer und aus jüdisch-theologischer Sicht häretischer Gedanke ist. Der Gott Israels hat vielmehr schon früher Heidinnen in die Heilsgemeinschaft des Gottesvolkes aufgenommen. Gerade im Stammbaum des Messias, des endzeitlichen Heilbringers, finden sich Spuren dieses göttlichen Plans. Zur Beweisführung für seine theologisch kontroverse These bedient sich Matthäus der legitimierenden Kraft von Genealogien im jüdischen Denken.

Demgegenüber wurden und werden auch andere Deutungen der vier Frauengestalten vorgeschlagen.[26] Die "mariologische Deutung" sucht nach Besonderheiten dieser Frauen, die eine Entsprechung bei Maria besitzen, da sie am Ende der Genealogie als fünfte Frau genannt wird (V. 16). Das Gemeinsame wird dann im "Ungewöhnlichen", in einer "göttlichen Irregularität" gesehen, die das Leben und Handeln dieser Frauen betrifft, was hin zu Maria und Gottes außergewöhnlichem Handeln an ihr in der Geistzeugung führe: Tamar verschafft sich auf ungewöhnliche Weise, nämlich mittels Verkleidung als Prostituierte ihre Nachkommen von Juda (vgl. Gen 38); Rachab, die Dirne von Jericho, versteckt die Kundschafter der Israeliten, entkommt so dem Genozid bei der Eroberung der Stadt und findet auf diesem Umweg Aufnahme im Volk Israel (vgl. Jos 2,1ff.; 6,22-25); Rut wird über Umwege in einer zweiten Ehe mit Boas zur Urgroßmutter Davids (vgl. Rut 4,17); Batseba wird erst durch Ehebruch und die Ermordung ihres Mannes Uria zur Ehefrau Davids und über ihren Sohn Salomo zur "Stammmutter" des davidischen Königs-

21 Luz, MtEv I 135.

22 Mt 28,19f.: *Darum geht zu allen Völkern, und macht allen Völkern (πάντα τὰ ἔθνη) zu meinen Jüngern; tauft sie auf den Namen des Vaters und des Sohnes und des Heiligen Geistes, 20 und lehrt sie, alles zu befolgen, was ich euch geboten habe. Seid gewiß: Ich bin bei euch alle Tage bis zum Ende der Welt.*

23 Zu anderen Besonderheiten, die das stereotype Schema "A zeugte B" ergänzen, vgl. Luz, MtEv I 133.

24 Für das Vorkommen von Frauen in alttestamentlichen Genealogien gilt noch immer das Urteil von Strack-Billerbeck, Kommentar I 15: "Namen von Frauen sind in jüdischen Geschlechtsregistern selten." Dennoch gibt es Beispiele (vgl. Gen 35,23-26; 36,1ff.; 1 Chr 1,32f.50). Vgl. Johnson, Purpose 153 mit Anm. 2. Die Erwähnung von Frauen an sich im mt Stammbaum bildet also die geringere Besonderheit im Vergleich mit der Auswahl der Frauen.

25 In der Kommentarliteratur zu Gen 38 wird sie gemeinhin als Kanaanäerin bewertet (vgl. Salm, Tamar 776). Die frühjüdische Überlieferung bezeichnet sie als Aramäerin (vgl. Jubiläenbuch 41,1; Testament der zwölf Patriarchen – Testament des Juda 10,1).

26 Vgl. die ausführliche Diskussion bei Johnson, Purpose, 152-179; Mayordomo-Marín, Anfang 217-250.

hauses (vgl. 2 Sam 11-12). Der Stammbaum mache durch die ausgewählten Frauen deutlich, dass Gott die Geschichte lenkt und auf seinen eigenen Wegen zum Ziel führt.[27] Dennoch bleiben berechtigte Zweifel an dieser Deutung. Sie beruht letztlich darauf, das "Ungewöhnliche" inhaltlich nicht zu umschreiben, weshalb es als einheitliches Band für die vier sehr unterschiedlichen Frauen wenig taugt. Zudem ist der Bezug zu Maria auch sprachlich nicht naheliegend, da die stereotype Konstruktion der Genealogie ("A zeugte B") gerade für die Mutter Jesu nicht zur Anwendung kommt.[28]

Diametral entgegengesetzt zur mariologischen Deutung hat die "soteriologische Deutung" seit Hieronymus die "Sünde" als das verbindende Element zwischen den vier Frauen angesehen – wobei dann kein Weg zu Maria führt, es sei denn im antithetischen Sinn[29] –, was auf die Erlösungsbedürftigkeit der Welt hindeute. Jesu zentrale Aufgabe wird es nach Mt 1,25 jedenfalls sein, "sein Volk von ihren Sünden zu befreien". Jedoch gilt Rut in der jüdischen Tradition als vorbildhaft gerecht, Rachab wird positiv als Prototyp des Proselyten gewertet, und Tamar steht bei Philo und den Rabbinen geradezu als Symbol für Tugend.[30]

Will man nicht auf eine "nicht-einheitlichen Deutung"[31] ausweichen, was die auffällige Auswahl der vier Frauen für den Stammbaum jedoch nicht nahe legt, erscheint die interpretatorische Verbindung der Frauen mit dem Abrahamsmotiv als stimmigste Lösung.

2.1.3. Geschichte als Heils-Geschichte

Am Ende der Genealogie hält Matthäus explizit fest, dass Jesu Ahnenreihe 3x14 Generationen umfasst (V. 17). Mit etwas Geschick lässt sich diese Einteilung rechnerisch nachvollziehen.[32]

Legt man der Zählung das Schema "A zeugte B" zugrunde und beachtet die Struktursignale in VV. 6.11, geht die Rechnung nicht auf (13 / 14 / 12). Da Matthäus das Zahlenschema offenkundig wichtig ist, wird er sich jedoch kaum verzählt haben. Am ehesten muss man die Namen zur Berechnung heranziehen: Abraham – David; David – Josias; Jechonias – Jesus.

David ist doppelt zu zählen, also als Abschluss der ersten und Beginn der zweiten Reihe. Die Betonung Davids schon in V. 1 sowie die explizite Nennung des Königstitels (V. 6) sprechen dafür. Als Begründer des Königtums markiert er in der Geschichte Israels einen wichtigen Einschnitt. Die nächste Zäsur ist durch den Beginn des babylonischen Exils (V. 11) ebenfalls hervorgehoben und unterstreicht mit dem Untergang Judas wiederum eine markante geschichtliche Zäsur. Jechonias ist deshalb nicht mehr hier mitzuzählen. Er eröffnet die Zählung der dritten Reihe, die mit Jesus schließt.

Wichtiger als die Korrektheit des numerischen Systems ist der Wille zur Periodisierung, den V. 17 dokumentiert. Das geschichtstheologische Denken Altisraels kommt hier mittels einer Genealogie zum Ausdruck. Für Matthäus verdankt sich die Geschichte aller Menschen der Leitung durch den Gott Israels, und so macht er mittels einer Genealogie Jesus zum Höhepunkt dieser Heils-Geschichte, die mit Abraham ihren Anfang nahm und über David auf Jesus zuläuft. Gottes Heilshandeln zielt auf alle Menschen, der Heilbringer ist jedoch der Messias Israels.

2.1.4. Resümee

Matthäus erweist sich mit seinem Stammbaum tief verwurzelt im alttestamentlich-frühjüdischen genealogischen Denken. Auch die mt Genealogie Jesu versucht Zeiträume zu überbrücken, für die es keine Quellen gibt, und gießt sie in eine idealtypische Struktur von drei Epochen zu je vierzehn Generationen. Den legitimierenden Aspekt der mt Ahnenreihe Jesu veranschaulicht am deutlichsten dessen Verwandtschaft mit König David. Sie weist den Sohn der Maria als jüdischen Messias aus.

Genealogien vernetzen aber auch über fiktive verwandtschaftliche Beziehungen ursprünglich fremde Gruppen. Als "Sohn Abrahams" mit vier Heidinnen im Stammbaum liefert der mt Jesus die Basis einer theologischen Argumentation, welche sich zum Ziel gesetzt hat, die Aufnahme von (dem Gottesvolk fremden) Heiden in die judenchristlich dominierte und sich als Israel fühlende Gemeinde des Matthäus zu ermöglichen. Dieser heilsgeschichtliche Gedanke in genealogischem Gewand wird im Buch noch wei-

27 Gnilka, MtEv I 9: "Vielmehr sind diese Frauen erwählte Gefäße, deren Gott sich bediente, um seinen Willen auf ungewöhnliche Weise zum Ziel zu führen." Für Wiefel, MtEv 27 zielt Matthäus auf die "Außergewöhnlichkeit der Geisterzeugung".

28 Vgl. auch Luz, MtEv I 134.

29 Vgl. so z. B. Sand, MtEv 44 (wenn auch mit Zweifel).

30 Vgl. die Hinweise bei Luz, Mt I 94 mit Anm. 38-39.

31 So z. B. Heil, Role; Mayordomo-Marín, Anfang 243-250.

32 Vgl. die Überlegungen bei Gnilka, MtEv I 6; kritisch allerdings Luz, MtEv I 129.

ter entwickelt. Das macht die mt Genealogie gleichzeitig zum ersten Baustein eines übergreifenden Erzählkonzeptes. Ein solcher literarischer Gebrauch übersteigt die unmittelbare Bedeutung einer Genealogie. Sie dient nun auch als Leseanweisung, die ein erstes Signal setzt und den Leser für den kontroversen Gedanken sensibilisiert.

Versteht man die mt Genealogie als Teil eines geschichtstheologischen Konzeptes, das in Jesus den "Stammvater" eines Gottesvolkes aus Juden und Heiden sieht – der trinitarische Taufbefehl am Ende des Buches legt den Gedanken eines neuen "Stammes" nahe –, ist die gesamte folgende Jesusgeschichte von einer weiteren Idee genealogischen Denkens geprägt: Im "Stammvater" zeigt sich bereits das Geschick des späteren "Stammes". Die mt Jesusgeschichte schildert im folgenden den wachsenden Konflikt zwischen Jesus und den Führern Israels, der sich in der Passion auf das "ganze Volk" (Mt 27,25) ausweitet. Jesu Ablehnung durch Israel, von der das Buch eindrucksvoll erzählt, ist zugleich die Erfahrung der judenchristlichen Gemeinde des Matthäus im ausgehenden 1. Jh. n. Chr. Erzähltheoretisch formuliert, spiegelt sich in der erzählten Welt (des Stammvaters) die Erzählwelt (des Stammes) wider.

2.2. Die lukanische Genealogie

Die lk Genealogie (Lk 3,23-38) bildet nicht die Eröffnung der Erzählung über Jesus wie im MtEv, sondern findet sich erst im 3. Kapitel des Buches. Sie ist vom Verfasser bewusst an diesen Ort gesetzt. Dies beweist ein Blick auf seine Vorlage, das Markusevangelium, das zwischen Tauf- und Versuchungserzählung keine Genealogie bietet, sowie die Beobachtung, dass Lukas erst in Lk 4,1 mit dem Stichwort "(heiliger) Geist" den Erzählfaden aus Lk 3,22 wieder aufgreift.

Der Stammbaum liefert zudem Hinweise, dass Lukas eine ältere, ihm bereits überlieferte Namensliste verwendet hat. Die einleitende Bemerkung in V. 23b, Jesus war Josefs Sohn, "wie man annahm",[33] zeigt nämlich, dass sich Lukas für seine Genealogie das gleiche Problem stellte wie Matthäus. In Kapitel 1 des LkEv wird Jesu Zeugung wie im MtEv auf den Geist Gottes zurückgeführt und Josef als Vater ausgeschlossen. In Kapitel 3 öffnet sich bei Jesu Taufe der Himmel, Gottes Geist schwebt auf ihn herab, und Gott selbst bezeichnet den dem Wasser Entstiegenen als "mein Sohn" (Lk 3,22). Jesus ist also nicht Sohn Josefs, sondern "Sohn Gottes". Die Nebenbemerkung in V. 23b schafft den Ausgleich mit der Genealogie und definiert Josefs Vaterschaft – wie im MtEv – als gesetzliche.[34] Der korrigierende Charakter von V. 23b belegt die Verwendung einer Quelle. Lukas hätte kaum eine Genealogie geschaffen und im gleichen Arbeitsgang relativiert.

Daneben finden sich noch andere Anzeichen redaktioneller Bearbeitung in der Namensliste selbst. Mit großer Wahrscheinlichkeit hat erst Lukas "Gott" als letztes Glied in Lk 3,38b eingefügt (...τοῦ Σὴθ τοῦ Ἀδὰμ τοῦ θεοῦ). In der gesamten jüdischen Überlieferung existiert keine Parallele für eine Genealogie, die Gott inkludiert,[35] weshalb diese Endgestalt nicht denkbar wäre, ohne dass zumindest die Taufperikope als Kontext das richtige Verständnis von "Sohn Gottes" sicherstellt.[36]

Im Rahmen seiner Redaktionsarbeit hat Lukas vermutlich auch die Anordnung der Genealogie umgedreht und die aufsteigende Reihenfolge geschaffen.[37] Beginnt man die Zählung probeweise mit Adam, "dann steht Adam am Anfang und Enoch am Ende der 1. Reihe, am Ende der 3. Reihe passend Abraham, am Ende der zwei nächsten passend David, am Ende der drei vorexilischen Davidssprossen passend Salatiel, am Ende der drei nachexilischen Jesus".[38] In der lukanischen Gestalt der Genealogie, in der man wegen der aufsteigenden Reihe mit Josef zu zählen beginnt, kommt Salatiel an der falschen Stelle zu stehen, da er in dem sich deutlich an der Zahl Sieben orientierenden Schema in die vorexilische Zeit übergreift.

Sämtliche Beobachtungen münden in der Erkenntnis, dass Lukas die ihm vorliegende Genealogie bewusst umgestaltet und auf die christologische Vorgabe aus Kapitel 1-2 abgestimmt hat. Auf

33 Bovon, LkEv I 190: "Grammatisch kann man ἐνομίζετο zwei ganz verschiedene Bedeutungen geben: 1. ‚Man hielt ihn für den Sohn Josefs' (aber ich, Lukas, weiß, daß es nicht stimmt). 2. ‚Er wurde rechtmäßig zum Sohn Josefs erklärt' (und ich, Lukas, bin damit einverstanden). Gegen die erste Übersetzung spricht, daß damit die Genealogie ihr Gewicht verliert."

34 Grundmann, LkEv 112: "nach jüdischem Recht Vater in vollem Sinn".

35 Vgl. Johnson, Purpose 237; zustimmend Fitzmyer, LkEv I 491; Schürmann, LkEv I 201: "ganz ungewöhnlich". Eine Rückführung (von Henoch) auf Adam kennt hingegen auch das äthiopische Henochbuch (vgl. äthHen 37,1).

36 Vgl. auch Radl, LkEv I 217.

37 Vgl. dazu auch u. S. 10 mit Anm. 54.

38 Schürmann, LkEv I 203.

den ersten Blick steht also in der lk Genealogie die göttliche Perspektive im Vordergrund, da Lukas sie um das Element τοῦ θεοῦ in V. 38b erweitert oder dieses zumindest durch die aufsteigende Anordnung zum Zielpunkt der Namensliste gemacht sowie mittels V. 23b in seinem Stellenwert gesichert hat. Dennoch erscheinen Zweifel an dieser zunächst nahe liegenden Akzentsetzung angebracht. Da Jesu Würde, "Sohn Gottes" zu sein, von Lukas bereits mehrfach in seinem Buch herausgestellt wurde (vgl. Lk 1,34; 2,49; 3,22), erscheint es wenig plausibel, dass die Genealogie in erster Linie dazu dient, dies dem Leser nochmals vor Augen zu führen. Eine genauere Analyse ihres von Lukas gestalteten Aufbaus und Kontextes[39] sollen im folgenden zu einem differenzierteren Urteil führen.

2.2.1. Aufbau und Gestaltung der lk Genealogie

Die lk Genealogie ist aufsteigend angeordnet. Sie setzt im Gegensatz zum mt Stammbaum mit Josef ein und führt über David, Abraham und Adam bis zu Gott als letztem Glied der Aufzählung. Der innere Aufbau ist schematisch gestaltet, und es ist daher zu prüfen, ob Lukas nicht doch in einer Variation dem Schema sowie der damit verbundenen Intention seiner Quelle treu geblieben ist. Beginnt man die Zählung mit Josef, dem ersten Namen der Genealogie im strengen Sinn, so kommt man auf die Gesamtzahl von 77[40] Namen.[41] Achtet man auf die biblisch wichtigen Gestalten Abraham und David, wird auch hinter der lk Genealogie ein Zahlenschema sichtbar, obwohl Lukas es nicht wie Matthäus hervorgehoben hat. Den Schlüssel bietet zunächst die biblische Zahl der Vollkommenheit: Sieben.[42]

Der erste Teil des Stammbaumes führt in <u>3x7</u> Generationen von <u>Josef</u> (V. 23b) bis <u>Salatiel</u> (V. 27b).[43] Beachtung verdienen dabei die Parallelisierung am Anfang und Ende in der ersten und zweiten Gruppe sowie der Gleichklang am Anfang und Ende der dritten Gruppe: I Josef (V. 23b) – Josef (V. 24b); II Mattathias (V. 25a) – Mattathias (V. 26a); III <u>S</u>emein (V. 26a) – Salatiel (V. 27b).[44] Danach führt die Genealogie erneut in <u>3x7</u> Generationen von <u>Neri</u> (V. 27b) bis David (V. 31b), wobei die erste Gruppe mit Jesus (V. 29a), die zweite mit Josef (V. 30a) endet,[45] bevor David als Abschluss der 3. Gruppe erreicht ist (V. 31b). Die Davidsohnschaft als Voraussetzung für Jesu Würde als Messias Israels ist damit auch für Lk erfüllt (vgl. auch 1,27.32; 2,11).[46] In der Geschlech-

39 Auch wenn die Hypothese mancher Forscher sich als tragfähig erwiese, dass Lukas die Kapitel 1–2 erst nachträglich seinem Werk vorangestellt hat (vgl. z. B. Schürmann, LkEv I 204), wäre der jetzige Standort der Genealogie keine bloße Verlegenheitslösung, da Lukas auch zum Zeitpunkt dieser Überarbeitung sie durchaus sachgerecht in die neu entstandenen Anfangskapitel hätte verlagern können. – Andere verweisen für die Stellung der lk Genealogie auf eine Ähnlichkeit in der Komposition zwischen Lk 1-3 und der Mosegeschichte in Ex 2,1-6,26, wo im Anschluss an die Erzählung über Geburt, Kindheit, Jugendtaten und Berufung des Mose seine (und des Aaron) genealogische Abstammung von Levi in Listenform dargelegt wird. Vgl. Eckey, LkEv I 203. Da die lk Christologie jedoch sonst keine Anzeichen einer Mosetypologie aufweist, dürfte diese Ähnlichkeit kaum auf Nachahmung beruhen. Vgl. auch die Überlegungen von Fitzmyer, LkEv I 489.

40 Die Zahl der Namen variiert nicht nur in einem Teil der Handschriftenüberlieferung (vgl. Johnson, Purpose 232; Radl, LkEv I 212f. Anm. 117), sondern auch in den gegenwärtigen Kommentaren. So zählt Fitzmyer, LkEv I 491, 78 Namen, indem er Jesus mitzählt, Bovon, LkEv I 186f., spricht von 75 Namen nach Jesus und Josef bzw. 76, wenn man Gott hinzurechnet.

41 Zu den textkritischen Problemen in der Handschriftenüberlieferung vgl. z. B. Bauckham, Jude 324f.371f.; Radl, LkEv I 212f. Anm. 117.

42 Zu anderen alttestamentlichen und frühjüdischen Beispielen für die strukturierende Funktion der Zahl Sieben in genealogischem Zusammenhang vgl. Fitzmyer, LkEv I 490.

43 Die Überlappung mit Salatiel in die nachexilische Zeit, die Schürmann, LkEv I 203, literarkritisch zu Recht auswertet, spricht jedoch nicht zwingend gegen eine Deutung, die sich auch für die lk Ebene am Zahlenschema orientiert. Die Zäsur des babylonischen Exils kann für Lukas von untergeordneter Bedeutung gewesen sein, sodass er die Überlappung in Kauf nahm, weil ihm die großen Namen (David, Abraham) am richtigen Ort wichtiger waren. Jedenfalls scheint sich die Gewichtung des Exils als (sperriges) Strukturelement vielleicht doch zu stark an Matthäus (vgl. Mt 1,11f.17) zu orientieren.

44 Vgl. die Beobachtungen bei Ernst, LkEv 121.

45 Die Wiederholung von Jesus und Josef ist trotz des Vorkommens von Josef auch in VV. 24.26 m. E. kein Zufall, da ihre pointierte Endstellung sie mit David parallelisiert. In diesem Teil der Genealogie existieren keinerlei alttestamentliche Entsprechungen. Es darf daher mit bewusster Gestaltung gerechnet werden. – Für VV. 26-29 rechnet zumindest Radl, LkEv I 214, mit Anlehnung an 1 Chr.

46 Bovon, LkEv I 190: "Die Tendenz, die hinter dieser Genealogie liegt, entspricht also der Bewegung der Eltern Jesu von Nazaret nach Betlehem." – Eine große Bedeutung kommt dem Titel "Sohn Davids" im folgenden Buch zwar nicht zu (vgl. nur noch in 18,38f.; 20,41.44; vgl. Apg 2,30f.; 13,23), aber in Apg 15,16 verleiht Lukas dem "Haus Davids" eine ekklesiologische Note und setzt so einen weiteren Baustein für sein universalistisches, die Heiden integrierendes Heilskonzept. Vgl. dazu u. S. 11f. sowie Radl, LkEv I 221.

terfolge Davids fällt auf, dass die sonst im Alten Testament und so auch in Mt 1,7ff. vertretene Linie über Salomo in der lk Genealogie nicht zum Zug kommt, sondern über den unbekannten Natam (V. 31b) läuft. Hier dürfte jene dynastiekritische Tradition gegen das Königshaus von Juda eingewirkt haben, die im Buch des Propheten Jeremia (vgl. Jer 22,24-30) ebenfalls ihren Niederschlag gefunden hat.[47] Die lk Genealogie – bzw. ihre Vorlage – vermeidet also, "daß es unter den Vorfahren des Messias Götzendiener gab".[48] Nach David führen 2x7 Generationen von Jessai (V. 32a) bis Abraham (V. 34a), dann neuerlich 3x7 Generationen von Tara (V. 34b) bis Gott (V. 38b).

Die lk Genealogie Jesu umfasst also elf Siebenerreihen. Manche optieren deshalb für einen apokalyptischen Deutehorizont,[49] der sich am Gedanken von "Weltwochen" (vgl. Jubiläenbuch 1,26 u.ö.; Äthiopisches Henochbuch 93,3-10; 91,11-17; Syrische Baruchapokaplypse 53-72) orientiert. Neben der Zahl Sieben besitzt auch Zwölf einen hohen symbolischen Stellenwert sowohl in der Überlieferung Altisraels, wie die Rückführung auf zwölf Stammväter bezeugt, als auch in der Jesustradition, wie das Zwölferkollegium im Jüngerkreis belegt. In frühjüdischen Apokalypsen (vgl. z. B. 4. Buch Esra 14,11) wird die Menschheitsgeschichte häufig in große Zeitalter eingeteilt, wobei die Uhr stets am Ablaufen ist und Gottes Eingreifen – direkt oder durch einen Mittler – die entscheidende Wende zum Guten bringt.

4 Esra 14,9-11: Esra, du wirst von den Menschen hinweg entrückt werden und wirst fernerhin mit meinem Sohn und mit deinesgleichen verweilen, bis die Zeiten zu Ende sind. 10 Denn die Welt hat ihre Jugend verloren, und die Zeiten nähern sich dem Alter. 11 Denn in zwölf Teile[50] *ist die Weltzeit geteilt, und davon sind schon zehn und zwar die Hälfte des zehnten Teils vergangen. 12 Übrig bleiben also noch zwei außer der Hälfte des zehnten Teils.*

Es ergibt ein auf den ersten Blick eindrucksvolles Konzept, setzt man mit der Zählung bei Josef, Jesu gesetzlichem Vater, ein. Es entstehen elf Siebenerreihen und Jesus ist dann als Beginn der zwölften Reihe zu verstehen. Jesus bildet den Anfang des zwölften und letzten Zeitalters.[51] Mit ihm hebe eine universale, d. h. auf alle Menschen ausgerichtete Heilsgeschichte Gottes an. Dieser Jesus sei der Erste der neuen Menschheit.[52] Die aufsteigende Reihenfolge der lk Genealogie spricht allerdings grundsätzlich gegen diese Deutung, bei der man Jesus als Ziel der Namensliste erwarten würde. Man müsste also die Genealogie gegen die Leserichtung interpretieren, um ihren Sinn zu erfassen, was sehr unwahrscheinlich ist.[53]

Hier liegt das Recht von Schürmanns Annahme begründet, dass Lukas eine ursprünglich absteigende Genealogie umgedreht hat, die mit Adam begann und sich bereits an der Zahl sieben orientierte. "Es ergibt sich so das Schema der zwölf Weltperioden, nach der Jesus am Ende der 11. Jahreswoche steht, was Luk jedenfalls aber nicht mehr erkannt hat."[54] Die meisten Exegeten teilen das Urteil, dass dieses Epochenschema für Lukas selbst keine Rolle mehr gespielt hat.[55] Dennoch darf man an Schürmanns Hypothese die kritische Anfrage richten, ob es tatsächlich ein judenchristliches Konzept gab, in dem Jesus der vorletzten Weltzeit zugeordnet wurde, er somit strenggenommen nicht zur eigentlichen Heilszeit zählte. Ebenso verweist Bauckham mit einem gewissen Recht auf die ekklesiologische Überzeugung der Urkirche, am Ende der Zeiten zu leben (vgl. Mk 13,30), was gar keinen Platz für eine neue Epoche lässt.[56]

Gibt man dem apokalyptischen Deutemuster den Abschied, scheint sich der erste Eindruck doch zu bestätigen, die lk Rückführung der Genealogie Jesu

47 Jer 22,30: So spricht der Herr: Schreibt diesen Mann [= Jojachin] als kinderlos ein, als Mann, der in seinem Leben kein Glück hat. Denn keinem seiner Nachkommen wird es glücken, sich auf den Thron Davids zu setzen und wieder über Juda zu herrschen.

48 Eckey, LkEv I 204.

49 Vgl. die forschungsgeschichtliche Darstellung dazu bei Johnson, Purpose 231-233; neuerdings wieder Eckey, LkEv I 204f.

50 Der äthiopische Text zählt nur zehn Perioden. Vgl. Schreiner, 4. Esra Buch 401 Anm. 11b.

51 Vgl. Eckey, LkEv I 204f., der allerdings mit Jesus zu zählen beginnt und bei der Einbeziehung von "Gott" in V. 38b schwankend bleibt. Je nachdem ergabe sich Jesus als Ende der 11. oder eben Anfang der 12. Reihe.

52 Vgl. Grundmann, LkEv 111.

53 Johnson, Purpose 233: "In all apocalyptic reconstructions of history, the movement is from the past to the future fulfillment."

54 Schürmann, LkEv I 203. (Vgl. das ursprungliche Schema auch Kap. 2.2.). Allerdings wird man eher sagen mussen, dass sich Lukas des Schemas nicht mehr bedient hat, denn ob er es erkannt hat oder nicht, lässt sich kaum beurteilen.

55 Vgl. Bovon, LkEv I 187f.; Radl, LkEv I 217.

56 Vgl. Bauckham, Jude 318.325f.

auf Gott selbst betone diese Dimension seiner Sohnschaft. Die Einschätzung ändert sich jedoch, führt man sich die Alternativen vor Augen, die Lukas als Redaktor besaß und welche er davon gewählt hat. Eine Genealogie, die an die Tauferzählung ("mein [= Gott] Sohn bist du") anschließend mit "Gott" eingesetzt hätte, hätte die göttliche Dimension ungleich stärker betont, als dies in der aufsteigenden Variante der Fall ist, die Lukas durch die Umkehrung der Vorlage geschaffen hat. Eine absteigende Reihenfolge, die mit Adam (oder in Vorformen mit Abraham bzw. David)[57] eingesetzt hätte, hätte geradezu einen Kontrapunkt zu Kapitel 1-2 gesetzt, was aber nicht die Intention des Lukas war, wie Lk 3,23b demonstriert. Die lk Lösung einer aufsteigenden Genealogie wahrt also mit ihrer Rückführung auf Gott (und der Einschränkung in V. 23b) die christologische Tiefendimension der bisherigen Erzählung, zielt aber nicht auf diese ab. "...der Abschluß mit τοῦ θεοῦ ist streng auf Adam zu beziehen, und das Ergebnis ist eine gewisse Parallelität zwischen Jesus und Adam."[58] Von entscheidender Bedeutung ist für Lukas die Rückführung Jesu auf Adam *und* die Adams auf Gott. "Daß eine Gottessohnschaft im von der Liste angezeigten Sinn von jedem Menschen ausgesagt werden könnte, stört Lukas dabei nicht."[59] Im Gegenteil, dieser Zug ist Teil, ja Basis seines Verständnisses der Genealogie, die er so mit seinem universalistischen Heilskonzept ("Soteriologie") sowie seiner paränetisch (= ermahnend) akzentuierten Christologie verknüpfen kann. Die folgenden Beobachtungen zum Kontext bestätigen dies.

2.2.2. Der Kontext der lk Genealogie

Die lk Genealogie schließt ad vocem "Sohn" an die Taufperikope an,[60] und dieses Stichwort wird in der Versuchungsperikope weiter behandelt (vgl. Lk 4,3.9: "Sohn Gottes"). Zugleich unterbricht die Genealogie das Thema "Geist", das in der Taufperikope von Lukas redaktionell besonders herausgestellt wird (vgl. Lk 3,22: "in Gestalt einer Taube") und über Lk 4,1.14[61] bis Lk 4,18 präsent bleibt.[62] Genealogie (Lk 3,23-38) und Versuchung Jesu (Lk 4,1-13) führen also das Stichwort "Sohn (Gottes)" aus der Taufperikope narrativ weiter, was die enge Zusammengehörigkeit beider Abschnitte erweist. Liest man in der Erzählrichtung des LkEv, so bereitet Lk 3,23ff. auf Lk 4,1ff. vor. "Genau an der Stelle, wo Jesus als Sohn Gottes proklamiert wird, folgt seine Genealogie, die einerseits seine menschliche Abstammung (mit V 23) relativiert und ihn andererseits als Glied der Menschheitsfamilie ausweist."[63]

Die lk Genealogie besitzt also erzähltechnisch eine Scharnierfunktion. Man darf sie jedoch nicht so sehr ausgehend von der davor erzählten Taufszene lesen, sondern vielmehr mit Blick auf die nach der Genealogie folgende Erzählung, die von der Versuchung des "Sohnes Gottes" durch den Satan handelt. Dort scheitert der satanische Versucher am souverän widerstehenden "Sohn Gottes", der mit seinem Verhalten als "Sohn Adams" den christlichen Lesern des Lukas ein nachahmenswertes Beispiel liefern soll. Jene paränetische Färbung des lk Jesusbildes hebt hier an, die bis in die Passionsgeschichte hinein leitend und dort geradezu dominant wird. Jesus gibt auf seinem Leidensweg ein Beispiel für die Gewaltlosigkeit (Lk 22,51a), für die Feindesliebe (Lk 22,51b) und vermag bei seinem Leiden und Sterben Menschen zur Umkehr zu bewegen (Lk 23,41f.48). Sein Verhalten am Kreuz ist später Beispiel für Stephanus, den ersten Märtyrer, der sich sterbend verhält wie sein Vorbild und Meister (vgl. Lk 23,[34a?]46; Apg 7,59f.).[64] Das Fehlen der langen Reihe sündiger und götzendienerischer Könige unter Salomos Nachfolgern, die in der lk Genealogie durch die Natam-Linie ersetzt sind (vgl. Lk 3,31b), komplettiert diesen vorbildhaft-paränetischen Zug des lk Jesusbildes.[65]

---

57 Vgl. die Überlegungen bei Radl, LkEv I 214.

58 Radl, LkEv I 219 Anm. 167. Schneider, LkEv I 94, will "den Gedanken der in Christus (in seiner Geistsalbung?) beginnenden Neuen Schöpfung ins Spiel bringen".

59 Schneider, LkEv I 94.

60 "... it is obviously occasioned by the declaration of the heavenly voice at the baptism itself." Fitzmyer, LkEv I 491.

61 Der Geist steuert dabei den Weg Jesu sowohl hinein in die Versuchung als auch zurück nach Galiläa, wo er seine Tätigkeit erfolgreich aufnimmt. Schon Lk 4,15 leitet zur Funktion Jesu über und unter diesem mehr persönlichen Aspekt, der auch Lk 3,22 prägt, entfaltet Lukas das Geistmotiv dann in der anschließenden Nazaretperikope (4,18f.).

62 Beide Themen, "Sohn Gottes" wie "Geist", sind bereits in Lk 1-2 präsent und wichtig.

63 Radl, LkEv I 220.

64 Zur textkritischen Problematik von Lk 23,34a vgl. die Kommentare zur Stelle.

65 Bereits im engeren Kontext von Genealogie und Versuchungserzählung schärft Lukas die Sensibilität des Lesers für die paränetische Dimension seiner Erzählung, indem er die Predigt Johannes' des Täufers um eine aktualisierende Mahnrede erweitert (vgl. Lk 3,10-14).

Das Besondere der lk Genealogie ist also weniger die Rückführung von Jesu Abstammung bis auf Gott, sondern die über Adam auf Gott. Der aus Gottes Geist gezeugte "Sohn Gottes" wird nach seiner menschlichen Seite hin in den universalen Stammbaum der Menschheit eingeschrieben. Dies führt nicht zwingend zu einer lk Adams-Christologie,[66] sondern zum zweiten Akzent im lk Verständnis der Genealogie. Sie liefert einen Baustein im universalistischen Konzept seiner Soteriologie bzw. Ekklesiologie (= Kirchenverständnis). Die Apostelgeschichte, der zweite Teil des Doppelwerkes, mit dem Lukas sein Evangelium fortschreibt, bestätigt diese Perspektive. Vor den heidnischen Zuhörern des Paulus in Athen hebt Lukas nicht nur Gottes Herrschaft über das All hervor (vgl. Apg 17,24f.), sondern auch die Abstammung aller Menschen von dem einen Schöpfergott (Apg 17,28). "Die Formulierung τοῦ γὰρ καὶ γένος ἐσμέν (vgl. 17,29: γένος τοῦ θεοῦ) besagt das gleiche wie Ἀδὰμ τοῦ θεοῦ am Schluß der Genealogie Jesu."[67]

Apg 17,24-30: Gott, der die Welt erschaffen hat und alles in ihr, er, der Herr über Himmel und Erde, ... 26 Er hat aus einem einzigen Menschen das ganze Menschengeschlecht erschaffen, damit es die ganze Erde bewohne. ... 28 Denn in ihm leben wir, bewegen wir uns und sind wir, wie auch einige von euren Dichtern gesagt haben: Wir sind von seiner Art (τοῦ γὰρ καὶ γένος ἐσμέν). 29 Da wir also von Gottes Art sind (γένος οὖν ὑπάρχοντες τοῦ θεοῦ), dürfen wir nicht meinen, das Göttliche sei wie ein goldenes oder silbernes oder steinernes Gebilde menschlicher Kunst und Erfindung. 30 Gott, der über die Zeiten der Unwissenheit hinweggesehen hat, läßt jetzt den Menschen verkünden, daß überall alle umkehren sollen (πάντας πανταχοῦ μετανοεῖν).

66 Die antithetische Parallelisierung mit Adam, die Jeremias, Ἀδάμ 141, zur Basis seiner Deutung gemacht hat, beschränkt sich auf das Motiv der Versuchung. Den Dienst der Engel sowie das Paradiesmotiv vom Essen mit den wilden Tieren kennt gerade die lk Variante der Versuchungsgeschichte nicht, bzw. die Elemente wurden von Lukas aus Mk 1,13 nicht übernommen. Vgl. auch Johnson, Purpose 234f. Eine Adam-Christus-Typologie an unserer Stelle ist in der Lukasforschung umstritten, weil sie bei Lukas sonst keine Rolle spielt. Vgl. ablehnend Schneider, LkEv I 94; etwas vorsichtiger Radl, LkEv I 219 Anm. 167; positiv hingegen Grundmann, LkEv 111f.; Ernst, LkEv 120. Vielleicht kann man sagen, dass Lukas ein traditionelles christologisches Denkmuster – bewusst oder unbewusst – paränetisch (neu) konzipiert hat.

67 Radl, LkEv I 221.

Die lk Genealogie, die Jesus als "Sohn Gottes" und "Sohn Adams" präsentiert, liefert also einen weiteren wichtigen Baustein für den universalen Horizont der Soteriologie bzw. Ekklesiologie des LkEv. Diese Perspektive leuchtete für den Leser bereits mehrfach auf: vgl. Lk 2,14.32; 3,6.[68] Mit dem paränetischen Element wird ein neuer Gedanke in das lk Jesusbild eingeführt und die Genealogie liefert dazu den Grundstein.[69] Sie steht deshalb erzähltechnisch geschickt an einer Nahtstelle des Buches. Bis zur Tauferzählung in Lk 3,22 ist Lukas bemüht, die Tiefendimension von Jesus als "Sohn Gottes" herauszustellen. Mit der Genealogie in Lk 3,23ff. rückt er eine andere Dimension ins Bild, ohne die bisherige zu nivellieren. Mit Jesus als "Sohn Adams" bedient er jedoch keine Zweistufenchristologie, sondern schafft die Grundlage für seine paränetisch akzentuierte Christologie.

2.2.3. Resümee

Auch der lk Stammbaum Jesu zeigt Nähe und Ferne zu den Sinnlinien alttestamentlich-frühjüdischer Genealogie.

Der in den Stammbaum der gesamten Menschheit eingeschriebene "Sohn Gottes" besteht die Versuchung des Satans. Der lk Jesus erweist sich so als vorbildhafter Mensch für alle, die an ihn glauben. In dieser paränetischen Variante von Jesus als Stammvater einer neuen Menschheit macht sich Lukas eine genealogischem Denken vertraute Idee zu nutze: Die Geschichte des Stammvaters ist stets prägend für das ganze Geschlecht. Für Lukas entsteht daraus eine Verpflichtung.

Die lk Genealogie dient erzähltechnisch auch als Baustein im universalistischen Konzept einer Heilsgeschichte, die nicht nur auf ein auserwähltes Volk Israel zielt (Jesus als Davidide und Sohn Abrahams), wohl aber über dieses Volk und seinen Messias auf alle Menschen (Jesus als Sohn Adams). Über Adam ist Jesus mit allen Menschen verbunden. Vielleicht verfolgt Lukas bereits im Stammbaum Jesu "das Anliegen der universalen Kirche".[70] Die lk Konzeption entspricht also auch einem anderen Aspekt

68 Vgl. auch die kürzlich von Wolter, Hirten bes. 517, vorgelegte Hypothese, dass bereits die Hirten im Weihnachtsevangelium die Heiden (als Adressaten des Evangeliums) repräsentieren.

69 Lk 2,51a wird man nur mutatis mutandis dem paränetischen Jesusbild des lk Doppelwerkes zurechnen dürfen.

70 So Radl, LkEv I 221. Vgl. Ernst, LkEv 122: "Jesus ist für alle Menschen der Sohn Gottes".

genealogischen Denkens im Alten Testament: Stammbäume geben den Richtungssinn der Geschichte an.[71]

Jesu Würde als "Sohn Gottes" wird im Anschluss an die Erzählung seiner Zeugung durch den Geist Gottes in Kapitel 1-2 auch mittels einer Genealogie dargelegt, die bis auf Gott zurückreicht. Darin erkennen viele einen Tribut des Lukas an die Vorstellung von Heroen als Göttersöhnen, die seinen hellenistisch gebildeten Lesern vertraut war.[72] Allerdings "demokratisiert" die Einbeziehung Jesu in die "Gottessohnschaft" aller Menschen über Adam diesen Gedanken. In der lk Interpretation der Genealogie Jesu steckt vielleicht ein Moment der Kritik bzw. Distanzierung von einem elitären genealogischen Denken. Lukas bedient den Erwartungshorizont hellenistischer Leser m. E. nur bedingt.[73]

Altgriechischer Originaltext[74]

Mt 1,1-17

1 Βίβλος γενέσεως Ἰησοῦ Χριστοῦ υἱοῦ Δαυὶδ υἱοῦ Ἀβραάμ. 2 Ἀβραὰμ ἐγέννησεν τὸν Ἰσαάκ, Ἰσαὰκ δὲ ἐγέννησεν τὸν Ἰακώβ, Ἰακὼβ δὲ ἐγέννησεν τὸν Ἰούδαν καὶ τοὺς ἀδελφοὺς αὐτοῦ, 3 Ἰούδας δὲ ἐγέννησεν τὸν Φάρες καὶ τὸν Ζάρα ἐκ τῆς Θαμάρ, Φάρες δὲ ἐγέννησεν τὸν Ἑσρώμ, Ἑσρὼμ δὲ ἐγέννησεν τὸν Ἀράμ,4 Ἀρὰμ δὲ ἐγέννησεν τὸν Ἀμιναδάβ, Ἀμιναδὰβ δὲ ἐγέννησεν τὸν Ναασσών, Ναασσὼν δὲ ἐγέννησεν τὸν Σαλμών,5 Σαλμὼν δὲ ἐγέννησεν τὸν Βόες ἐκ τῆς Ῥαχάβ, Βόες δὲ ἐγέννησεν τὸν Ἰωβὴδ ἐκ τῆς Ῥούθ, Ἰωβὴδ δὲ ἐγέννησεν τὸν Ἰεσσαί, 6 Ἰεσσαὶ δὲ ἐγέννησεν τὸν Δαυὶδ τὸν βασιλέα. Δαυὶδ δὲ ἐγέννησεν τὸν Σολομῶνα ἐκ τῆς τοῦ Οὐρίου,7 Σολομὼν δὲ ἐγέννησεν τὸν Ῥοβοάμ, Ῥοβοὰμ δὲ ἐγέννησεν τὸν Ἀβιά, Ἀβιὰ δὲ ἐγέννησεν τὸν Ἀσάφ,8 Ἀσὰφ δὲ ἐγέννησεν τὸν Ἰωσαφάτ, Ἰωσαφὰτ δὲ ἐγέννησεν τὸν Ἰωράμ, Ἰωρὰμ δὲ ἐγέννησεν τὸν Ὀζίαν,9 Ὀζίας δὲ ἐγέννησεν τὸν Ἰωαθάμ, Ἰωαθὰμ δὲ ἐγέννησεν τὸν Ἀχάζ, Ἀχὰζ δὲ ἐγέννησεν τὸν Ἑζεκίαν,10 Ἑζεκίας δὲ ἐγέννησεν τὸν Μανασσῆ, Μανασσῆς δὲ ἐγέννησεν τὸν Ἀμώς, Ἀμὼς δὲ ἐγέννησεν τὸν Ἰωσίαν,11 Ἰωσίας δὲ ἐγέννησεν τὸν Ἰεχονίαν καὶ τοὺς ἀδελφοὺς αὐτοῦ ἐπὶ τῆς μετοικεσίας Βαβυλῶνος. 12 Μετὰ δὲ τὴν μετοικεσίαν Βαβυλῶνος Ἰεχονίας ἐγέννησεν τὸν Σαλαθιήλ, Σαλαθιὴλ δὲ ἐγέννησεν τὸν Ζοροβαβέλ,13 Ζοροβαβὲλ δὲ ἐγέννησεν τὸν Ἀβιούδ, Ἀβιοὺδ δὲ ἐγέννησεν τὸν Ἐλιακίμ, Ἐλιακὶμ δὲ ἐγέννησεν τὸν Ἀζώρ,14 Ἀζὼρ δὲ ἐγέννησεν τὸν Σαδώκ, Σαδὼκ δὲ ἐγέννησεν τὸν Ἀχίμ, Ἀχὶμ δὲ ἐγέννησεν τὸν Ἐλιούδ,15 Ἐλιοὺδ δὲ ἐγέννησεν τὸν Ἐλεάζαρ, Ἐλεάζαρ δὲ ἐγέννησεν τὸν Ματθάν, Ματθὰν δὲ ἐγέννησεν τὸν Ἰακώβ,16 Ἰακὼβ δὲ ἐγέννησεν τὸν Ἰωσὴφ τὸν ἄνδρα Μαρίας, ἐξ ἧς ἐγεννήθη Ἰησοῦς ὁ λεγόμενος χριστός. 17 Πᾶσαι οὖν αἱ γενεαὶ ἀπὸ Ἀβραὰμ ἕως Δαυὶδ γενεαὶ δεκατέσσαρες, καὶ ἀπὸ Δαυὶδ ἕως τῆς μετοικεσίας Βαβυλῶνος γενεαὶ δεκατέσσαρες, καὶ ἀπὸ τῆς μετοικεσίας Βαβυλῶνος ἕως τοῦ Χριστοῦ γενεαὶ δεκατέσσαρες.

Lk 3,23-38

23 Καὶ αὐτὸς ἦν Ἰησοῦς ἀρχόμενος ὡσεὶ ἐτῶν τριάκοντα, ὢν υἱός, ὡς ἐνομίζετο, Ἰωσὴφ τοῦ Ἡλὶ 24 τοῦ Μαθθὰτ τοῦ Λευὶ τοῦ Μελχὶ τοῦ Ἰανναὶ τοῦ Ἰωσὴφ 25 τοῦ Ματταθίου τοῦ Ἀμὼς τοῦ Ναοὺμ τοῦ Ἑσλὶ τοῦ Ναγγαὶ 26 τοῦ Μάαθ τοῦ Ματταθίου τοῦ Σεμεῒν τοῦ Ἰωσὴχ τοῦ Ἰωδὰ 27 τοῦ Ἰωανὰν τοῦ Ῥησὰ τοῦ Ζοροβαβὲλ τοῦ Σαλαθιὴλ τοῦ Νηρὶ 28 τοῦ Μελχὶ τοῦ Ἀδδὶ τοῦ Κωσὰμ τοῦ Ἐλμαδὰμ τοῦ Ἢρ 29 τοῦ Ἰησοῦ τοῦ Ἐλιέζερ τοῦ Ἰωρὶμ τοῦ Μαθθὰτ τοῦ Λευὶ 30 τοῦ Συμεὼν τοῦ Ἰούδα τοῦ Ἰωσὴφ τοῦ Ἰωνὰμ τοῦ Ἐλιακὶμ 31 τοῦ Μελεὰ τοῦ Μεννὰ τοῦ Ματταθὰ τοῦ Ναθὰμ τοῦ Δαυὶδ 32 τοῦ Ἰεσσαὶ τοῦ Ἰωβὴδ τοῦ Βόος τοῦ Σαλὰ τοῦ Ναασσὼν 33 τοῦ Ἀμιναδὰβ τοῦ Ἀδμὶν τοῦ Ἀρνὶ τοῦ Ἑσρὼμ τοῦ Φάρες τοῦ Ἰούδα 34 τοῦ Ἰακὼβ τοῦ Ἰσαὰκ τοῦ Ἀβραὰμ τοῦ Θάρα τοῦ Ναχὼρ 35 τοῦ Σεροὺχ τοῦ Ῥαγαὺ τοῦ Φάλεκ τοῦ Ἔβερ τοῦ Σαλὰ 36 τοῦ Καϊνὰμ τοῦ Ἀρφαξὰδ τοῦ Σὴμ τοῦ Νῶε τοῦ Λάμεχ 37 τοῦ Μαθουσαλὰ τοῦ Ἑνὼχ τοῦ Ἰάρετ τοῦ Μαλελεὴλ τοῦ Καϊνὰμ 38 τοῦ Ἐνὼς τοῦ Σὴθ τοῦ Ἀδὰμ τοῦ θεοῦ.

---

71 Vgl. Schneider, LkEv I 93.

72 So z. B. Johnson, Purpose 252; Schneider, LkEv I 94; Radl, LkEv I 219 Anm. 166. Rezeptionsästhetisch betrachtet, konnten hellenistische Leser die folgende Versuchungsgeschichte durchaus als Bestehen einer ersten Gefahr durch den Helden der Erzählung auffassen.

73 Gegen Ernst, LkEv 122: "Listen und Stammbäume haben den Geruch des Elitären (Adelsgenealogien). Es mag sein, daß Lk in ähnlichen Kategorien gedacht hat."

74 Der altgriechische Text ist der gegenwärtigen Standardausgabe entnommen: E. Nestle / B. u. K. Aland u.a. (Hg.), Novum testamentum graece, Stuttgart [27]1993.

Die Stammbäume Jesu im synoptischen Vergleich (Teil 1)[75]

Mt 1,1-17	*(umgekehrte Reihe)*	Lk 3,23-38
1 Buch (der) Abstammung Jesu Christi,		23 Und selber war Jesus, als er an-
(des Sohnes) Davids, (des) Sohnes Abrahams.		fing, etwa dreißig Jahre, war Sohn
2 Abraham zeugte den Isaak,	16 Josef	wie man annahm, Josefs,
Isaak aber zeugte den Jakob,	Jakob	des Eli,
Jakob aber zeugte den Juda und	15 Mattan	24 des Mattat,
dessen Brüder,	Eleazar	des Levi,
3 Juda aber zeugte den Fares und	Eliud	des Melchi,
den Zara aus der Tamar,	14 Achim	des Jannai,
Fares aber zeugte den Hesrom,	Sadok	des Josef,
Hesrom aber zeugte den Aram,	Azor	25 des Mattathias,
4 Aram aber zeugte den Aminadab,	13 Eliakim	des Amos,
Aminadab aber zeugte den Naasson,	Abiud	des Nahum,
Naasson aber zeugte den Salmon,		des Hesli,
5 Salmon aber zeugte Boes		des Naggai,
aus der Rachab,		26 des Maat,
Boes aber zeugte den Jobed		des Mattathias,
aus der Rut,		des Semein,
Jobed aber zeugte den Jessai,		des Josef,
6 Jessai aber zeugte den David,		des Joda,
den König,		27 des Johanan,
David aber zeugte den Solomon		des Resa
aus der des Urias,	Zorobabel	des Zorobabel,
7 Solomon aber zeugte den Roboam,	12 Salatiel	des Salatiel,
Roboam aber zeugte den Abia,	Jechonias	des Neri,
Abia aber zeugte den Asaf,		28 des Melchi,
8 Asaf aber zeugte den Josafat,		des Addi,
Josafat aber zeugte den Joram,		des Kosam,
Joram aber zeugte den Ozias,		des Elmadam,
9 Ozias aber zeugte den Joatam,		des Er,
Joatam aber zeugte den Achaz,		29 des Jesus,
Achaz aber zeugte den Hezekias,	11 Josias	des Eliezer,
10 Hezekias aber zeugte den Manasse,	10 Amos	des Jorim,
Manasse aber zeugte den Amos,	Manasse	des Mattat,
Amos aber zeugte den Josias,	Hezekias	des Levi,
11 Josias aber zeugte den Jechonias	9 Achaz	30 des Symeon,
und dessen Brüder während der	Joatam	des Juda,
Umsiedlung nach Babylon.	Ozias	des Josef,
12 Nach der Umsiedlung nach Babylon	8 Joram	des Jonam,
aber:	Josafat	des Eliakim,
Jechonias zeugte den Salatiel,	Asaf	31 des Melea,
Salatiel aber zeugte den Zorobabel,	7 Abia	des Menna
13 Zorobabel aber zeugte den Abiud,	Roboam	des Mattata

75 Vgl. F. J. Schierse (Hg.), Patmos-Synopse. Übersetzung der wichtigsten synoptischen Texte mit Parallelen aus dem Johannesevangelium, den apokryphen Evangelien und der frühchristlichen Literatur, Düsseldorf [23]1996, 158f.

Die Stammbäume Jesu im synoptischen Vergleich (Teil 2)

Mt 1,1-17	*(umgekehrte Reihe)*	Lk 3,23-38
Abiud aber zeugte den Eliakim,	Solomon	des Natam,
Eliakim aber zeugte den Azor,	[6]David	des David,
[14]Azor aber zeugte den Sadok,	Jessai	[32]des Jessai,
Sadok aber zeugte den Achim,	[5]Jobed	des Jobed,
Achim aber zeugte den Eliud,	Boes	des Boos,
[15]Eliud aber zeugte den Eleazar,	Salmon	des Sala,
Eleazar aber zeugte den Mattan,	[4]Naasson	des Naasson,
Mattan aber zeugte den Jakob,	Aminadab	[33]des Aminadab,
[16]Jakob aber zeugte den Josef, den		des Admin,
Mann Marias, aus der gezeugt wurde	Aram	des Arni,
Jesus, der da heißt „Christus".+	[3]Esrom	des Esrom,
	Fares	des Fares,
	Juda	des Juda,
	[2]Jakob	[34]des Jakob,
	Isaak	des Isaak,
	Abraham	des Abraham,
		des Tara,
		des Nachor,
		[35]des Seruch,
		des Ragau,
		des Falek,
		des Eber,
		des Sala,
		[36]des Kainam,
		des Arfaxad,
		des Sem,
		des Noach,
		des Lamech,
		[37]des Matusala,
		des Henoch,
		des Jaret,
		des Maleleel,
		des Kainam,
		[38]des Enos,
		des Set,
		des Adam,
		(des) Gottes.
[17]All nun die Geschlechter von Abraham bis David: vierzehn Geschlechter, und von David bis zur Umsiedlung nach Babylon: vierzehn Geschlechter, und von der Umsiedlung nach Babylon bis zu Christus: vierzehn Geschlechter.		

Literatur:

R. Bauckham, *Jude and the Relatives of Jesus in the Early Church, Edinburgh 1990.*

F. Bovon, *Das Evangelium nach Lukas. Bd. 1 (EKK 3,1), Zürich 1989.*

W. Eckey, *Das Lukasevangelium. Bd. 1, Neukirchen-Vluyn 2004.*

J. Ernst, *Das Evangelium nach Lukas (RNT), Regensburg* ^{6}*1993.*

J. A. Fitzmyer, *The Gospel According to Luke. Bd. 1 (AncB 28), Garden City 1981*

.

H. Frankemölle, *Matthäus. Kommentar 1, Düsseldorf 1994.*

J. Gnilka, *Das Matthäusevangelium. Bd. 1 (HThK 1,1), Freiburg 1986.*

E. Gräßer, *An die Hebräer. Bd. 2 (EKK 17,2), Neukirchen-Vluyn 1993.*

W. Grundmann, *Das Evangelium nach Lukas (ThHK 3), Berlin [*^{4}*1966].*

J. P. Heil, *The Narrative Role of the Women in Matthew's Genealogy, in: Biblica 72 (1991) 538-545.*

J. Jeremias, *Art.* Ἀδάμ *in: Theologisches Wörterbuch zum Neuen Testament I (1933) 141-143.*

Ders., *Jerusalem zur Zeit Jesu. Eine kulturgeschichtliche Untersuchung zur neutestamentlichen Zeitgeschichte, Göttingen 31962.*

M. D. Johnson, *The Purpose of the Biblical Genealogies. With Special Reference to the Setting of the Genealogies of Jesus (MSSNTS 8), Cambridge* ^{2}*1988.*

U. Luz, *Das Evangelium nach Matthäus. Bd. 1 (EKK 1,1), Zürich* ^{5}*2002.*

M. Mayordomo-Marín, *Den Anfang hören. Leserorientierte Evangelienexegese am Beispiel von Mt 1-2 (FRLANT 180), Göttingen 1998.*

W. Radl, *Das Evangelium nach Lukas. Bd. 1, Freiburg 2003.*

E. Salm, *Art. Tamar, in: Neues Bibel-Lexikon Bd. 3 (2001) 776f.*

A. Sand, *Das Evangelium nach Matthäus (RNT), Regensburg 1986.*

G. Schneider, *Das Evangelium nach Lukas. Bd.1 (ÖTBK 3,1), Gütersloh* ^{2}*1984.*

J. Schreiner, *Das 4. Buch Esra, in: H. Lichtenberger u.a. (Hg.), Apokalypsen (JSHRZ 5), Gütersloh 1974-2003, 289-412.*

H. Schürmann, *Das Lukasevangelium. Bd. 1 (HThK 3,1), Freiburg* ^{4}*1990.*

W. Speyer, *Art. Genealogie, in: Reallexikon für Antike und Christentum Bd. 9 (1976) Sp. 1145-1268*

.

H. Strack / P. Billerbeck, *Kommentar zum Neuen Testament aus Talmud und Midrasch. Bd. 1-4, München 1922-1928.*

W. Wiefel, *Das Evangelium nach Matthäus (ThHK 1), Leipzig 1998.*

R. R. Wilson, *Art. Genealogy, Genealogies: Anchor Bible Dictionary Bd. 2 (1992) 929-932.*

W. Wolf, *Der Berliner Ptah-Hymnus, in: Zeitschrift für die Ägyptische Sprache 64 (1929) 17-44.*

M. Wolter, *Die Hirten in der Weihnachtsgeschichte, in: Religionsgeschichte des Neuen Testaments (Fs. K. Berger), Tübingen 2000, 501-517.*

Fiktive Völkergenealogien im Dīwān Luġāt at-Turk **des** Maḥmūd al-Kašġarī

CLAUS SCHÖNIG

Etwa im Jahr 1078 schloß der türkische Philologe Maḥmūd al-Kašġarī (im folgenden einfach "Kaschgari") in Baghdad die Arbeiten an seinem enzyklopädischen Wörterbuch *Dīwān Luġāt at-Turk* (im folgenden einfach "Divan") ab. Neben Informationen zu Sprachen und Dialekten der zeitgenössischen Türkvölker gibt er auch Informationen zu ihrer Folklore und zu ihrer Weltsicht, aber auch zu ihrer internen politischen Befindlichkeit, zur Geographie sowie zu Fauna und Flora ihres angestammten Lebensraums. Dieser Lebensraum, den sie sich mit anderen Völkern teilten, umfaßte im 10. Jahrhundert grob gesagt den Steppe- und Waldrandgürtel von Osteuropa bis zur Mandschurei. Zu Beginn des 10. Jahrhunderts etablierte sich in Nordchina die qitan-mongolische Liao-Dynastie. Durch die damit verbundenen Umschichtungen gerieten die türkischen Stämme nördlich Chinas in Richtung Westen in Bewegung. Dies erschütterte das Reich der türkischen Oghusen nördlich des Aral-Sees, das sich ohnehin in innenpolitischen Turbulenzen befand. Aufgrund einer Auseinandersetzung mit dem Herrscher der Oghusen setzte sich ein Stammesführer namens *Säljük* mit angeblich 22 Stämmen nach Süden ab, wo man sich endgültig dem Islam zuwandte, der sich schon vorher zu verbreiten begonnen hatte. Diese später Seldschuken genannten Türken dienten eine zeitlang als Söldner der nach ihrer afghanischen Hauptstadt Ghasna auch Ghasnawiden genannten Dynastie, die ihrerseits auf separatistische türkische Söldner der vormaligen iranischen Dynastie der Samaniden zurückging, deren Machtzentrum in Chorassan lag. Die Samaniden waren unter anderem am Kampf mit den türkischen Karachaniden zugrundegegangen, die im 9. Jahrhundert von Singkiang nach Westturkestan und so auch in das Gebiet des heutigen Usbekistan vorgedrungen waren, wo sie im 10. Jahrhundert zum Islam übertraten. Nach dem Tode des mächtigen Sultans Mahmud von Ghasna überwältigten die Seldschuken bis 1040 die Ghasnawiden. Im Jahr 1055 eroberten sie Baghdad, den Sitz des Abbasiden-Kalifen und machten sich zu seinen neuen Schutzherren. Ihr Reich, das sie von Isfahan aus regierten, pochte bald darauf an die Tore von Byzanz und drang bis Syrien-Palästina vor. Auch wenn die Seldschuken in den Gebieten zwischen Syrien und Afghanistan eine Minderheit blieben, so war es doch das erste Mal, daß Türken in geschlossenen Stammesverbänden in dieses Gebiet vorgedrungen waren, in dem sie zuvor fast ausschließlich als Söldner oder "Waffensklaven" aufgetreten waren.

In diesem die Kernländer der islamischen und älterer Zivilisationen umfassenden Raum waren die Völker und Kulturgruppen durch mancherlei Bande verknüpft, darunter auch reale und fiktive genealogische Bande. Besonders wenn die fiktiven genealogischen Konstrukte irgendeine Beziehung zu Religion aufwiesen, dienten sie oft der Legitimation einer irgendwie gearteten Vorrangstellung. Und die Konstruktion einer solchen Vorrangstellung der neu angekommenen Türken war meines Erachtens ebenfalls eine der Aufgaben des Divans von Kaschgari, der selbst einer vornehmen karachanidischen Familie entstammte, jedoch im Dienst der Seldschuken stand.

Kaschgari stellt dann auch die Türken insgesamt in letztlich biblischen Kontext, der auch für den Islam von grundlegender Bedeutung ist. Er behauptet, die Türken seien Nachkommen eines gewissen Türk, Sohn des Japhet, Sohn des Noah. In einer Welt, in der lange Ahnenreihen und eigene Rückführbarkeit bis teilweise in mythische Urzeit als prestigiös galten, war damit, daß bereits der Enkel Noahs und Sohn des Japhet Spender des Ethnonyms war, auf hoher Warte Position bezogen, die dem politischen Gewicht der Türken durchaus entsprach. Mit der japhetischen Abstammung war ihrer Verschiedenheit von den im Vorderen Orient eingesessenen Völkern Genüge getan, führten sich diese Völker doch letztlich auf Sem zurück. Selbst die ungläubigen Rum (das sind zu Kaschgaris Zeiten hauptsächlich die

Byzantiner), haben in diesem System ihren Platz: sie sind Kinder Esaus, Sohn des Isaak, Sohn des Abraham.

Mit der Verankerung in biblischer Tradition ist der Anwesenheit und dem Rang der Türken im Nahen Osten ein ideelles Fundament geschaffen. Doch Kaschgari geht noch weiter und korreliert die Türken mit der islamischen Tradition, und zwar auf eine Weise, die auf die früheste Phase rekurriert und sich keines Geringeren bedient als des Propheten Muhammad selbst. Dazu benutzt Kaschgari ein erfundenes Zitat aus dem imaginären Werk "Über das Ende der Zeiten" des berühmten Gelehrten *al-Ǧarǧarāʾī*, bekannt als *Ibn Abī-d-Dunyā*, das angeblich der Scheich und Imam *al-Ḥusayn Ibn Khalaf al- Kāšġarī* von *Ibn al-Ġarqī* übermittelt bekam. Das *Ibn Abī-d-Dunyā* zugeschriebene Zitat soll auf Muhammad zurückgehen und steht damit im Rang eines Hadith, der zweitwichtigsten Rechtsquelle im Islam. In dem Zitat heißt es zusammengefaßt: Der Prophet hat gesagt, Gott selbst hat den Türken ihren Namen gegeben, und sie zu Herrschern über die Völker bestimmt, die Gott erzürnen. Kaschgari fährt erklärend fort, daß dies sie vor allen anderen Geschöpfen auszeichnet, daß sie Gottes eigene Armee sind, ganz zu schweigen von ihren anderen Tugenden wie Schönheit, Eleganz, Verfeinerung der Sitten, Höflichkeit, Respekt den Älteren gegenüber, Loyalität, Würde und Tapferkeit, Eigenschaften, die alle das ungezählte Lob rechtfertigen, das sie empfangen.[1]

Auf die Gottgesandtheit der Türken und ihre gleichsam inflationäre Anhäufung von Tugenden kommt Kaschgari noch einmal zu sprechen, nämlich im Zusammenhang mit einem weiteren gefälschten Hadith. Mit diesem fordert er zum Erlernen der Sprache der Türken als gleichsam religiöse Pflicht auf, speziell der Sprache seiner oghusisch-seldschukischen Herren. Die Relevanz dieses Hadith unterstreicht er zunächst mit Hinweis auf ihre angebliche Quelle, Imame aus berühmten Orten islamischer Gelehrsamkeit wie Buchara und Nischapur, relativiert die Echtheit dieses Hadith dann aber wieder damit, daß er eigene Verantwortung eben für die Echtheit des Hadith ablehnt. Sein Respekt vor der prominenten Rechtsquelle Hadith geht immerhin so weit. Er meint aber dann noch, daß, wenn es schon nicht die Religion so dann doch die Vernunft gebiete, die Sprache der Türken, besonders die der Oghusen, zu lernen.[2] Insgesamt sehen wir somit die Türken, insbesondere auch die oghusischen Seldschuken, auf doppelte Weise in den genealogischen und den religiös-traditionellen Kontext des islamischen Vorderen Orients an prominenter Position eingebracht. Sie sind ein biblisch-altes Volk, lange vorher auch vom Verkünder des Islams angekündigt, das lediglich den ihm zustehenden Platz an der Spitze der rechtgläubigen muslimischen Völker eingenommen hat, nicht zuletzt als Gottes unmittelbare Armee.

Aus dem Divan erfahren wir weiter, daß auch die Karachaniden ihren Platz in der Welt vorderorientalischer Völkergenealogien eingenommen hatten, allerdings vermittels altiranischen Sagenstoffs. Wohl auch motiviert vom ghasnawidisch-karakhanidischen Gegensatz wurde unter den Ghasnawiden

1 "God, exalted and mighty, says, 'I have a host whom I have called *at-Turk* and whom I have set in the East; when I am wroth over any people I will make them sovereign above them.'" This is an excellence of theirs above the rest of created beings; that He the most high took it upon himself to name them; that He settled them in the most exalted spot and in the finest air on Earth; that he called them his own army. Not to mention their other virtues , such as beauty, elegance, refinement, politeness, reverence, respect for elders, loyalty, modesty, dignity and courage, all of which serve to justify their praises unnumbered." (K 176f./DK I 273f.)

2 "When I saw that God most High had caused the Sun of Fortune to rise in the Zodiac of the Turks, and set their Kingdom among the spheres of Heaven; that He called them "Turk", and gave them Rule; making them kings of the Age and, placing in their hands the reins of temporal authority; appointing them over all mankind, and directing them to the Right; that He strengthened those who are affiliated to them and those who endeavor on their behalf; so that they attain from them the utmost of their desire, and delivered from the ignominy of the slavish rabble; — [then I saw that] every man of reason must attach himself to them, or else expose himself to their falling arrows. And there is no better way to approach them than by speaking their own tongue, thereby bending their ear, and inclining their heart. And when one of their foes comes over to their side, they keep him secure from fear of them; then others may take refuge with him, and all fear of harm be gone. I heard from one of the trustworthy informants among the Imams of Bukhara, and from another Imam of the people of Nishapur: both of them reported the following tradition, and both had a chain of transmission going back to the Apostle of God, may God bless him and grant him peace. When he was speaking about the signs of the Hour and the trials of the end of Time, and he mentioned the emergence of the Oğuz Turks, he said: "Learn the tongue of the Turks, for their reign will be long." Now if this hadith is sound — and the burden of proof is on those two — the learning it is a religious duty; and if it is not sound, still Wisdom demands it." (K 2f./DK I 70).

das iranische Kulturerbe der Mehrheit der Bevölkerung betont und gepflegt. Schließlich wurde um das Jahr Tausend vielleicht von Sultan Mahmud selbst die Abfassung des Schah-name durch Firdosi gefördert. Ein wichtiger Bestandteil des Schah-name betrifft die Auseinandersetzung zwischen Rustam, dem Helden von Iran, und Afrasiyab (*Afrāsiyāb*), dem Führer von Turan, dem Land, aus dem die Türken stammten und woher auch die Karachaniden kamen. Die Karachaniden-Dynastie nahm den ihnen zugespielten literarisch-propagandistischen Ball auf und figurierte alsbald als "Dynastie von Afrasiyab". Und als solche wird sie dann auch bei Kaschgari vorgestellt. Einen Hinweis darauf, daß auch dieser vorgebliche Ahnherr irgendwie im biblischen Kontext steht, liefert eine Textstelle, wo wir erfahren, daß in der Stadt *Barčuq* der Afrasiyab den *Bīzan*, den Sohn des Nebukadnezar, eingekerkert hatte. Afrasiyab selbst residierte in Kaschgar.

Offenbar diente die vorgebliche Abstammung der Karachaniden von Afrasiyab auch dazu, Gebietsansprüche geltend zu machen oder zu legitimieren. So wird an einer Stelle im Divan bezug auf eine vorgebliche Tochter *Qaz* von Afrasiyab genommen, deren Authentizität ich leider nicht überprüfen konnte. Der Name von Qaz soll nun angeblich im Namen der iranischen Stadt *Qazwin* weiterleben, die in der Nähe von Teheran auf dem Weg nach Täbriz liegt und nicht zum Staat der Karachaniden gehörte. Das Toponym wird volksetymologisch falsch als *Qaz oyni* mit der angeblichen Bedeutung 'die Spielwiese von Qaz' analysiert. Tatsächlich läßt sich *Qaz oyni* bestenfalls als 'Qaz-Spiel', 'Qaz-Tanz' etc. übersetzen, also als ein türkischer Typ von Kompositum, bei dem der erste Teil, der Name Qaz, im Nominativ steht, während das folgende Nomen *Oyun* ein Possessivsuffix erhält. Selbst wenn die von Kaschgari für *oyun* angegebene Bedeutung im 11. Jahrhundert existierte, würde die von Kaschgari angegebene Deutung des Namens Qazvin ein Genitivsuffix am Eigennamen erwarten lassen. Nach Kaschgari scheint es damals die Meinung gegeben zu haben, damit sei ein karakhanidisch-türkischer Besitzanspruch auf Qazvin legitimiert. Ähnlich scheint es sich mit der südlich von Teheran gelegenen, heute heiligen Stadt Ghom verhalten zu haben. Ihr Name wurde als türkisch *qum* 'Sand' gedeutet, übrigens ein Ort, der von der Afrasiyab-Tochter Qaz zur Jagd frequentiert worden sein soll. Andere Zeitgenossen dagegen verlegen die Grenze der Türken weiter zurück und damit in die Realität des 11. Jahrhunderts, nämlich nach Merv, heute in Türkmenistan an der Grenze zu Iran, weil es von Afrasiyab errichtet wurde.[3]

An den im vorderasiatischen Raum literarisch verarbeiteten Alexander-Stoff sind die Oghusen angeschlossen. Auch an hier muß noch genau geprüft werden, ob und wo die angeblichen Anschlüsse in irgendeiner Variante dieses verbreiteten und teilweise sehr populären Stoffes ihren Gegenpart finden. Alexander bzw. Iskender erscheint im islamischen Kontext im Koran in Sure 18, 83/82-98 mit dem Namen Ḏu'l-Qarnayn, "Träger der zwei Hörner", vielleicht wegen Darstellungen von Alexander dem Großen, die ihn mit den zwei in Ägypten erwordenen Ammonshörnern zeigen. Der Anschluß der Oghusen an den Alexanderstoff erfolgt bei Kaschgari mit Hilfe der Volksbezeichnung *Türkmän*. Diese Bezeichnung hat er an anderer Stelle als identisch mit den Oghusen und ihren 22 Stämmen erklärt.[4]

Als Ḏu'l-Qarnayn nun heraufzog, traf er auf die 22 Stämme mit ihren unterschiedlichen Viehmarken und dem Brandzeichen der Türken, worauf er auf Persisch sagte *turk mānand* "sie sehen aus wie Türken", woraus "Türkmän" geworden sein soll. Früher sollen die Türkmenen sogar 24 Stämme umfaßt haben.[5] Als aber der Türkenkönig Shu sich vor Ḏu'l-Qarnayn zurückzog, wußten die 22 Türkmän nicht, ob sie abziehen oder bleiben sollten. Sie sahen zwei erschöpfte Männer und sagten zu ihnen: "Ihr zwei! Ḏu'l-Qarnayn ist ein Umherreisen-

---

3 *Qāz* 'name of the daughter of Afrāsiyāb. She is the one who built the city of Qazvān. The root-form of this is *Qāz oyni* meaning "Qāz's playground (*mulʿab*)", since she used to live there and play. For this reason some of the Turks reckon Qazvīn within the borders of the Turk lands. Also the city of Qum, since *qum* in Turkic is "sand (*raml*)" and this daughter of Afrāsiyāb used to hunt there and frequent it. Others of them reckon [the borders] from Marv aš-Šāhijān since her father *Tona Alp Är* — who is Afrāsiyāb — built the city of Marv, ...' (K 509f./DK II 225).

4 *Oġuz* "a tribe of the Turks; the Türkmǟn" (K 40/DK I 101); *Türkmǟn* 'they are the Oġuz.' (K 622/DK II 362)

5 "When Ḏu'l-Qarnayn came up and saw this group of people with their distinguishing marks and with the brand of the Turks, he said, before inquiring [who they were]: *turk mānand* meaning [in Persian] 'These look like Turks.' This remained their name ever since his time, and until our own day. In origin they are 24 tribes, but the two Khalajiyya tribes are distinguished from them in certain respects and so they are not counted among them. This is the origin." (K 624/DK II 363).

der. Er wird verschwinden und wir bleiben in unserem Land!" Angeblich soll nun auf Türkisch *qal ač* "Ihr zwei! Bleibt! Verharrt!" bedeuten, woraus sich der Stammesname *Xalač* entwickelt haben soll (s. K 623f./DK II 362f.). Mit der üblichen, auch von Kaschgari vermittelten Kenntnis des Türkischen ist diese Deutung aber nicht möglich. Ein weiterer Fall also von haltloser Volksetymologie zur Herstellung einer Verknüpfung zur vorderasiatisch-muslimischen Ideen- und Traditionswelt.

Auch im Fall der Uighur wird der Namenserwerb eines Türkvolkes in Zusammenhang mit D̲u'l-Qarnayn gebracht. Als dieser nämlich in der Nähe des Uighurengebietes auftauchte und sie erblickte, sagte er auf Persisch: *īnān xud̲ xurand* etwa "diese sind sich selbst ernährend!" weswegen dieses Gebiet *xud̲ xur* genannt wurde, was dann später zu "Uighur" wurde (K 68f.; DK I 139f.). Fast unnötig anzumerken, daß auch diese Etymologie keinerlei Realitätsgehalt hat.

Zweifelsohne kann im Falle von Quellen wie Schah-name und Alexanderroman eher davon ausgegangen werden, daß Erinnerungen an frühtürkisch-iranische und vielleicht sogar frühtürkisch-hellenistische Kontakte bewahrt sind. Jedoch ist überdeutlich, daß weder die von Kaschgari berichteten noch die von ihm selbst vorgenommenen zeitgenössischen Interpretationen besagter Stoffe viel konkreten Wahrheitsgehalt haben. Ebenso wie die anfangs vorgestellten Versuche, die Türken im Rahmen biblischer und islamischer Überlieferung anzusiedeln, sind sie reine Akte der Identitätskonstruktion, um den türkischen *newcomern* eine der Gegenwart angemessene Stellung auch in der Vergangenheit zukommen zu lassen.

Solche Konstruktionen waren offenbar damals nicht einzigartig. So berichtet Kaschgari über das in Nordosttibet ansässige Volk der *Taŋut*, es behaupte, arabischer Abstammung zu sein. Dies wird auch von den Tibetern berichtet, die in Kaschgaris Sprache den Namen *Tübüt* tragen. Angeblich sollen sie von einem Mann mit dem arabischen Namen *T̲ābit* abstammen, der sich wegen eines Verbrechens aus dem Jemen absetzen mußte und nach Tibet floh. Dort ließ er sich nieder und wurde zum Stammvater der Tibeter. Zu dieser Genealogie weiß Kaschgari sogar einen stützenden linguistischen Befund anzuführen, nämlich die tibetischen Wörter *uma* 'Mutter' und *aba* 'Vater', die den entsprechenden arabischen Wörtern *umm* und *ab* zufällig ähneln. Wenn auch der Vergleich der beiden Ausdrücke verfehlt ist, zeigt diese Stelle bei Kaschgari doch, daß die für die Tibeter konstruierte Abstammung von den Arabern zumindest für Kaschgari und wohl auch für seine Zeitgenossen eine durchaus wissenschaftlich untermauerbare Tatsache war. So müssen wir wohl auch der besprochenen fiktiven Genealogie der Türken zugestehen, daß sie bei allem propagandistischen Zierrat, der auch zur Zeit Kaschgaris keiner Überprüfung stand gehalten hätte, auch ernsthaftes Bestreben zeigt, das Phänomen "Türken" in das bestehende Weltmodell zu integrieren.

Das Bestreben, die bestehende Welt sachgemäß zu erklären, hat mitunter auch zu Ergebnissen geführt, durch die ein wahrer Kern schimmert. So bemerkt Kaschgari zum Volk der *Känčäk* zwar einerseits, sie seien ein Stamm der Türken (K 241/DK I 357). Andererseits sagt er: "Man findet den Laut *h* in der Sprache von Chotan [das ist im heutigen Singkiang], weil sie indischen Ursprungs ist; und in der Sprache der Känčäk ebenso, weil sie nicht türkisch ist (K 7/DK 73)." Zum einen finden wir hier das Wissen darüber dokumentiert, daß Chotan lange Zeit intensive Kontakte zu Indien hatte und dort auch indische Alphabete verwendet wurden. Ob sich Kaschgari darüber klar war, daß das Chotan-Sakische auch in dem Sinn "indisch" war, als es nämlich zum Indoeuropäischen gehört, darf eher bezweifelt werden. Was hier verwundet, ist, daß die Känčäk einerseits als ein Stamm der Türken genannt werden, aber kein Türkisch sprachen. Wie wir hier wie vor allem auch an philologisch-linguistischen Passagen im Divan sehen können, ist das Konzept "Türke" aber keineswegs sprachlich basiert, wie wir es von einem Wörterbuch vielleicht zunächst erwarten würden. Selbst unter den an zentraler Stelle genannten "zwanzig Stämmen der Türken" werden vierzig Prozent als Sprecher eigener Sprachen ausgewiesen, die lediglich mehr oder minder gut auch Türkisch sprachen. Das Konzept der "zwanzig Türkenstämme" dürfte Völkerschaften meinen, die auf verschiedenen Ebenen auf eine für die zentralasiatischen bzw. eurasiatischen Steppengebiete typischen Weise organisiert waren. Und die erste – wenn auch nur kurzfristige – politische Zusammenfassung dieses Raums war unter den Türken in der zweiten Hälfte des 6. Jahrhunderts gelungen, so daß die kulturelle Identität des Raums mit den Türk assoziiert wurde.

Im Unterschied zu den vorher vorgestellten fiktiven Konzepten ist "Türk" hier also gar kein volksgenealogischer Begriff im ethnischen sondern im eher politisch-kulturelle Tradition meinenden Sinn, vergleichbar etwa den Entsprechungen zu "römisch" in West- und Mitteleuropa im Mittelalter. Ich glaube nicht, daß dieses auf politisch-gesellschaftlich-militärischen Gemeinsamkeiten basierende, wohl aus Zentralasien stammende Konzept von Türkentum im Widerspruch zu den vorher vorgestellten muslimisch-vorder- und mittelasiatischen genealogischen Konzepten gesehen wurde. Ich bezweifle, daß diese Vorstellungen jemals überhaupt anders als additiv miteinander in Bezug gesetzt wurden. Darüberhinaus denke ich, daß im 11. Jahrhundert überkommene genealogische Konzepte im Falle von Völkern auch dann nicht in Frage gestellt wurden, wenn zwei angebliche Verwandte verschiedene Sprachen benutzten.

Wie wir sehen, versorgt uns der Divan nicht nur mit reichem lexikalischen sondern auch mit interessantem geistesgeschichtlichem Material. Wir sehen, wie die Türken eingebunden erscheinen in biblischen Kontext ebenso wie mit der islamischen Hadith-Tradition, altiranischen Mythen und Motiven aus dem Alexander-Roman. Schon die erste Bekanntschaft der Araber mit den Türken bald nach Beginn der islamischen Expansion im 7. Jahrhundert mag zu durchaus ernst gemeinten Versuchen geführt haben, diese mit der Person des durch die Welt ziehenden, immerhin koranischen Ḏu'l-Qarnayn oder in eine letztlich biblische Ideenwelt zu integrieren. Noch ältere Kontakte verbergen sich hinter den Bezugnahmen auf Schah-name und Alexander-Roman. Kaschgari geht noch einen Schritt weiter und kolportiert offenbar falsche Hadithe zum Ruhme der Türken, sowohl der seiner karakhanidischen Heimat als auch der oghusischen Seldschuken, seiner neuen Landesherren. Man mag darüber streiten, ob Kaschgari den Türken damit wirklich einen Platz in der islamischen Tradition verschaffen wollte. Zumindest mit dem einen Hadith geht er ja sehr distanziert um, während er für den anderen ein nichtexistentes Werk eines berühmten Gelehrten zitiert - was zu seiner Zeit möglicherweise dem öffentlichen Eingeständnis gleichkam, daß auch dieser Hadith eher nicht kanonisch war. Was er aber eindeutig ausdrückt ist das türkische Selbstverständnis dieser Zeit, das Bewußtsein einer gewissen Gottgesandtheit und militärischen Primats. Und damit neben Arabern und Persern zum Träger einer dritten Sprache Vorderasiens, die des Lernens wert war.

Kaschgaris Divan wurde im 11. Jahrhundert geschrieben. Wer glaubt, daß sich an den prinzipiellen Inhalten solcher Propagandaschriften oder etwa an Volkstumskonzepten wie "Türk" viel verändert haben müsse, dem sei ein Blick in die reiche Broschüren- und Bücherwelt nicht nur turanistischer Durchhalteverlage in der Türkei empfohlen, wo noch immer die Verwandtschaft von Türken, Mongolen, Ungarn, Hunnen, Ariern sowie Sumerern und sogar "den Indianern" ("Amerika Türkleri") beschworen und bewiesen wird, und jedes Volk wie Bosnier, Albaner oder Tscherkessen als "bluts-"verwandt betrachtet wird, wenn es nur muslimisch ist und einmal dem Osmanischen Reich zugehörig war — ausgenommen Araber. Aber das ist ein anderer Aufsatz.

Literaturverzeichnis

DK = Dankoff/Kelly = Dankoff, Robert; Kelly, James = *Maḥmūd al-Kašġarī, Compendium of the Turkic dialects (Dīwān Luġāt at-Turk). Turkish Sources VII. Part I-III. Harvard: Harvard University Printing Office 1982–1985.*

K = Kaşgarlı Mahmud, *Dîvânü lügati't-türk. Kültür bakanlığı yayınları/1205, klasik eserler dizisi/11. Ankara. Türk Dil Kurumu. 1990*

Autorenverzeichnis

Dr. Caris-Beatrice Arnst, geboren 1959 in Leipzig; einziges Kind eines selbständigen Buchhändlers/ Antiquars und einer Buchhändlerin (Vater nach Enteignung angestellter Buchhändler/ kaufmännischer Disponent, Mutter Bibliothekarin/ wissenschaftliche Dokumentarin); Familie väterlicherseits aus einer Leipziger Bürgerfamilie mit Wurzeln um Stettin (Pommern) und Hessen, mütterlicherseits aus einer Leipziger Kleinbürgerfamilie mit sächsisch-thüringischen Wurzeln; aufgewachsen in der DDR, lebt in Berlin; ein mittlerweile erwachsener Sohn; Studium der Ägyptologie und Sudanarchäologie an der Humboldt-Universität zu Berlin, seit 1983 wissenschaftliche Mitarbeiterin am Ägyptischen Museum und Papyrussammlung der Staatlichen Museen zu Berlin.
Kontakt: c.arnst@smb.spk-berlin.de

PD Dr. Olaf Briese, geb. 1963 in Perleberg; Eltern Lehrer und Sekretärin, Familien väterlicher- und mütterlicherseits aus ländlichen Gebieten Westpreußens (Landwirtschaft und Binnenfischerei); aufgewachsen in der DDR, lebt jetzt in der BRD; Philosophiestudium an der Humboldt-Universität zu Berlin, Habilitation im Fach Kulturwissenschaft; seit 2002 wissenschaftlicher Assistent am Institut für Religionswissenschaft der Freien Universität Berlin.
Kontakt: briese.o.ms

Dra. Marleen De Meyer, was born in 1975 in Turnhout, Belgium; her father is a painter and her mother is a housewife. Her paternal family were middle class small business owners, while her maternal ancestors were farmers, all in the Kempen region of Flanders. She is presently working on her doctorate in Egyptology at the Katholieke Universiteit Leuven and is employed by the Deir al-Barsha Project. She is married to Troy Sagrillo, an American egyptologist from Colorado.
Kontakt: Marleen.DeMeyer@student.kuleuven.ac.be

Dr. Frank Feder, geb. am 02.12.1964 in Berlin (Ost), verheiratet, zwei Kinder. Studium der Ägyptologie und der klassischen Philologie an der Humboldt-Univ. zu Berlin, der FU Berlin und an der Université Lyon II; Promotion 2000 an der Universität Halle-Wittenberg; z.Zt. Mitarbeiter am Akademievorhaben Altägyptisches Wörterbuch der Berlin-Brandenburgischen Akademie der Wissenschaften, Unter den Linden 8, 10117 Berlin.
Kontakt: feder@bbaw.de

Dr. Martin Fitzenreiter, geb. 1962 in Bautzen, Eltern Bildhauer und Indologin/Lektorin; Familie väterlicherseits aus einer anhaltinischen Arbeiterfamilie mit Wurzeln um Nordhausen (Südharz), mütterlicherseits aus dem lausitzer (sächsischen) Ableger einer verzweigten rheinischen Bürgerfamilie; aufgewachsen in der DDR, lebt jetzt in der BRD, verheiratet mit einer Österreicherin; Ägyptologiestudium an der Humboldt-Universität zu Berlin, Kunstgiesser und freiberuflicher Ägyptologe in Berlin.
Kontakt: post@m-fitzenreiter.de

Dr. Wolfram Grajetzki, geb. 1960 in Berlin; Studium (Ägyptologie, Ur- und Frühgeschichte, klass. Archäologie) mit Magister an der FU Berlin; Promotion an der Humboldt Universität zu Berlin. 1992-2000: Mitarbeiter an der DASS (Datenbank für Särge und Sarkophage, Berlin); 2000-2003: Mitarbeiter an dem online Projekt Digital Egypt for Universities (University College London); Publikationen: Die höchsten Beamten der ägyptischen Zentralverwaltung zur Zeit des Mittleren Reiches (Berlin 2000), Two Treasurers of the late Middle Kingdom (Oxford 2001), Burial Customs in Ancient Egypt (London 2003).
Kontakt: WlfrmG@aol.com

Dr. Friederike Herklotz, Jahrgang 1971, geboren und aufgewachsen in Görlitz, Studium der Ägyptologie und Geschichte an der Humboldt-Universität und in Montpellier, Promotion. Vater ist Lehrer und stammt aus einer sächsisch/schlesischen Lehrerfamilie (direkte Vorfahren der Familie Herklotz lassen sich bis ins 17. Jh. im Erzgebirge nachweisen); Mutter (Vorfahren stammen aus Schlesien) ist Krankenschwester. Autorin lebt seit 1989 in Berlin und arbeitet derzeit am Lehrstuhl für Alte Geschichte der TU Dresden.
Kontakt: F.Herklotz@mailbox.tu-dresden.de

Prof. Dr. Karl Jansen-Winkeln, geb. 3.4.1955 in Mönchengladbach, Prof (apl.) am Ägyptologischen Seminar der FU Berlin.
Kontakt: jawinkel@zedat.fu-berlin.de

Prof. Dr. Manfred Kropp, geboren 1947 in Ludwigshafen am Rhein, Eltern Beamter und Sekretärin/ Hausfrau; Familie väterlicherseits aus einer pfälzischen Handwerkerfamilie, zumeist Steinmetzen, frz. oder schweizerischen Ursprungs, religiös wechselnd katholisch-protestantisch, die mütterliche Linie führt ins Fränkische, katholisch mit stark säkularen, antiklerikalen Zügen; mütterlicherseits thüringische, entschieden lutherisch-protestantische Bauern- und Handwerkerfamilie (Großvater aber ursprüglich Soldat, dann Polizeioffizier), die mütterliche Linie führt in die Südpfalz zu Handwerkern und Gewerbetreibenden, ganz katholisch mit mystischen Neigungen. Aufgewachsen in der südwestdeutschen BRD-Provinz - Neustadt a.d. Weinstraße. Verheiratet mit einer Sardin (ital. Staatsbürgerin), ein Sohn und eine Tochter, die sich beide als Sarden fühlen, durch Studium und Beruf die Tochter in Deutschland, der Sohn (noch) in England, mit Option auf Zukunft im Nahen Osten. Studium der Semitistik, Islamwissenschaft und Geschichte in Heidelberg und Paris; nach akademischen Wanderungen über Tübingen (Bibliothekar und Lehrstuhlvertretung), Neapel (Gastprofessuren), Lund (Lehrstuhl für Semitistik) und Mainz (Prof. f. Islamwissenschaft und Semitistik) z.Zt. Direktor des Orient-Instituts in der Stiftung DGIA in Beirut.
Kontakt: ORIENT-INSTITUT BEIRUT Prof. Dr. Manfred Kropp Postanschrift: R. Hussein Beyhum Str., Zokak el-Blat, P.O.Box 11-2988 Riad Solh Beirut 1107 2120 Libanon, E-mail: oib-dir@oidmg.org

Dr. Angelika Lohwasser, geb. 1967 in Wien, Eltern beide Lehrer. Familie väterlicherseits aus Böhmen/ Wien und Salzburg, mütterlicherseits aus dem oberösterreichischen Voralpengebiet. Aufgewachsen in Wien, seit 1992 in Berlin und hier verheiratet, zwei Kinder. Studium der Ägyptologie an der Universität Wien, Angestellte des CAA-Projekts am Kunsthistorischen Museum Wien, Wissenschaftliche Mitarbeiterin am Seminar für Sudanarchäologie und Ägyptologie der Humboldt-Universität zu Berlin, Wissenschaftliche Museumsassistentin am Ägyptischen Museum Berlin, derzeit Habilitationsstipendiatin in Berlin.
Kontakt: post@a-lohwasser.de

PD Dr. Ludwig D. Morenz, geb. 1965, Privatdozent und Heisenberg-Stipendiat an der Universität Leipzig. Forschungen und zahlreiche Artikel zu: ägyptische Literatur, Ursprünge der Schrift und der hohen Kultur Altägyptens, Visuelle Poesie, Kulturkontakte zwischen Ägypten, der Levante und dem Vorderen Orient sowie Ägyptenrezeptionen. Monographien: Beiträge zur Schriftlichkeitskultur im Mittleren Reich und in der Zweiten Zwischenzeit, Wiesbaden 1996; Geschichte(n) der Zeit der Regionen (Erste Zwischenzeit) im Spiegel der Gebelein-Region (Habilitationsschrift), Tübingen 2001; (mit E. Bosshard-Nepustil): Herrscherpräsentation und Kulturkontakte: Ägypten - Levante – Mesopotamien, Münster 2003; Sinn und Spiel der Zeichen. Visuelle Poesie im Alten Ägypten, i.Dr. (Böhlau Verlag); Herausgeber (mit T. Glück): Exotisch, Weisheitlich und Uralt. Europäische Konstruktionen Altägyptens, i.Dr.

Dr. Matthias Müller, geb. 1971 in Potsdam, Eltern Programmierer und mittelständische Unternehmerin; Familie väterlicherseits ins ungarische Kernland (Budapest) eingewanderte Szekler (Großvater aus Klausenburg in Siebenbürgen, heute Cluj-Napoca/ Rumänien) bzw. Südungarn (Großmutter aus Tótkomlós); Familie mütterlichseits aus Werder (Havel)/ Brandenburg (Großvater) bzw. Königsberg/ Ostpreussen (Großmutter); aufgewachsen in der DDR, lebt jetzt in der Schweiz, ledig; Ägyptologiestudium an der FU Berlin und der Georg-August-Universität Göttingen, Assistent im Projekt "Diachronic Grammar of Egyptian and Coptic" an der Universität Basel/ Schweiz.
Kontakt: Dr. Matthias Müller, Projektassistent, Ägyptologisches Seminar, Universität Basel.

Prof. Dr. Joachim Friedrich Quack, geb. 1966 in Husum, Eltern Gymnasiallehrer. Die Familie stammt väterlicherseits vorwiegend aus dem Rheinland, mütterlicherseits aus Mecklenburg. Ägyptologiestudium in Tübingen und Paris 1985-93, Forschungsaufenthalt in Kopenhagen 1995-96, Wissenschaftlicher Angestellter am ägyptologischen Seminar der FU Berlin 1997-2002, Habilitation 2003, seit Sommersemester 2005 Professor für Ägyptologie in Heidelberg.

PD Dr. Claus Schönig, geb. 1955 in Mainz-Weisenau (linkes, europäisches Rheinufer) und dort fest verwurzelt, Sohn des kaufmännischen Angestellten Rudolf und der Hausfrau Apollonia Schönig, verheiratet mit Dr. Hanne Schönig, diachron-vergleichender sprachwissenschaftlicher Turkologe, promoviert bei Johannes Benzing (Johannes Gutenberg-Universität), z.Zt. Leiter des Orient-Instituts Istanbul.
Kontakt: clcs@gmx.de

Ao. Univ. Prof. Dr. Martin Stowasser, geb. 6.2.1959 in Wien, Eltern beide Mediziner, ein Bruder. Verheiratet seit 1996, zwei Kinder, wohnhaft in Wien. Studium der Kath. Theologie in Rom, Promotion zum Dr. theol. und Habilitation im Fach Neutestamentliche Bibelwissenschaft an der Kath.-Theol. Fakultät der Universität Wien, dort in einem definitiven Arbeitsverhältnis.
Kontakt: Martin.Stowasser@univie.ac.at

Ao. Univ. Prof. Mag. Dr. Michael H. Zach, geb. 1960 in Wien, Eltern Schneider und Verkäuferin; Familie väterlicherseits aus Wiener Neustadt, mütterlicherseits aus dem nördlichen Waldviertel; Studium der Geschichte und Afrikanistik an der Universität Wien, Habilitation für das Fach afrikanische Geschichte, ao. Univ. Prof. am Institut für Afrikanistik in Wien, Board Member der International Nubiological Society, Herausgeber des Fachperiodikums "Beiträge zur Sudanforschung".
Kontakt: michael.zach@univie.ac.at

Internet-Beiträge zur Ägyptologie und Sudanarchäologie
Studies from the Internet on Egyptology and Sudanarchaeology

IBAES - www.ibaes.de

herausgegeben von Martin Fitzenreiter, Steffen Kirchner und Olaf Kriseleit

IBAES I

Die ägyptische Mumie – ein Phänomen der Kulturgeschichte. Herausgegeben von Martin Fitzenreiter und Christian E. Loeben. Mit Beiträgen von Beatrix Geßler-Löhr, Claudia Näser, Frauke Pumpenmeier, Martin Fitzenreiter, Caris-Beatrice Arnst, Jürgen Thiesbonenkamp, Wolfgang Davis, Karl-Heinrich von Stülpnagel, Studierenden der Ägyptologie, Christian E. Loeben
Online: Berlin: http://www2.rz.hu-berlin.de/nilus/net-publications/ibaes1, 1998;.
Print: London: Golden House Publications, 2004.

IBAES II

Geschlechterforschung in der Ägyptologie und Sudanarchäologie. Herausgegeben von Angelika Lohwasser. Mit Beiträgen von Iris Peinl, Claudia Näser, Katharina Waldner, Angelika Lohwasser, Friederike Herklotz, Martin Fitzenreiter.
Online: Berlin: http://www2.rz.hu-berlin.de/nilus/net-publications/ibaes2, 2000.
Print: London: Golden House Publications, 2004.

IBAES III

Martin Fitzenreiter, Statue und Kult. Eine Studie der funerären Praxis an nichtköniglichen funerären Anlagen der Residenz im Alten Reich.
Online: Berlin: http://www2.rz.hu-berlin.de/nilus/net-publications/ibaes3, 2001.
Print: London: Golden House Publications, in Vorb.

IBAES IV

Tierkulte im pharaonischen Ägypten und im Kulturvergleich. Herausgegeben von Martin Fitzenreiter. Mit Beiträgen von Dieter Kessler, Stefan Grunert, Ludwig D. Morenz, Frank Steinmann, Joachim Friedrich Quack, Alexandra von Lieven, Angelika Lohwasser, Yasser Sabek, Frank Feder, Katja Eichner, Katrin Adler, Martin Fitzenreiter.
Online: Berlin: http://www2.rz.hu-berlin.de/nilus/net-publications/ibaes4, 2003.
Print: London: Golden House Publications, in Vorb.

IBAES V

Genealogie. Realität und Fiktion von Identität. Herausgegeben von Martin Fitzenreiter. Mit Beiträgen von Olaf Briese, Manfred Kropp, Michael Zach, Wolfram Grajetzki, Martin Fitzenreiter, Joachim Friedrich Quack, Frank Feder, Ludwig Morenz, Marleen De Meyer, Karl Jansen-Winkeln, Angelika Lohwasser, Friederike Herklotz, Caris-Beatrice Arnst, Matthias Müller, Martin Stowasser, Claus Schönig.
Online: Berlin: http://www2.rz.hu-berlin.de/nilus/net-publications/ibaes5, 2005.
Print: London: Golden House Publications, 2005.

IBAES VI

Dekorierte Grabanlagen im Alten Reich – Methodik und Interpretation.
Herausgegeben von Martin Fitzenreiter und Michael Herb.
In Vorbereitung, erscheint 2006.